业财一体化
从应用路径到顶层战略规划

张能鲲　张　军　著

机械工业出版社
CHINA MACHINE PRESS

随着数字技术应用范围的扩大，业务产品和服务不断丰富和完善，财务服务支持从分散走向共享，企业在数字化赋能过程中从迷茫、盲目转向有序、理性。本书针对业务重塑+业财税一体化转型，解析业财一体化演进、顶层规划设计、智能化工具模块化、财务集成与共享、财务融合业务技巧、财务共享拓展与升级迭代路径等，并融入企业业财一体化转型案例，以理论与实践相结合的方式呈现企业业财一体化如何实现从基础应用到顶层规划落地，推动数字化管理和业务场景与财务不断融合。

图书在版编目（CIP）数据

业财一体化：从应用路径到顶层战略规划/张能鲲，张军著．—北京：机械工业出版社，2023.1（2025.3重印）
ISBN 978-7-111-72317-2

Ⅰ.①业… Ⅱ.①张… ②张… Ⅲ.①会计信息-财务管理系统 Ⅳ.①F232

中国版本图书馆 CIP 数据核字（2022）第 253835 号

机械工业出版社（北京市百万庄大街22号　邮政编码100037）
策划编辑：王　涛　　　　责任编辑：王　涛　李　前
责任校对：薄萌钰　张　薇　责任印制：李　昂
河北宝昌佳彩印刷有限公司印刷
2025年3月第1版·第5次印刷
184mm×260mm · 18.5印张 · 396千字
标准书号：ISBN 978-7-111-72317-2
定价：99.00元

电话服务　　　　　　　　网络服务
客服电话：010-88361066　　机　工　官　网：www.cmpbook.com
　　　　　010-88379833　　机　工　官　博：weibo.com/cmp1952
　　　　　010-68326294　　金　　书　　网：www.golden-book.com
封底无防伪标均为盗版　　　机工教育服务网：www.cmpedu.com

序 一

张能鲲先生二十余年致力于公司治理和数字化转型,张军先生二十余年致力于财务领域的教学。他们通过亲身参与的实践,并结合理论探索,持续学习和创新,成为独树一格且具有很强理论归纳能力和创造力及业财融合方面数字化转型的设计者和驱动者。因此,无论是从理论到实践以及从业务数字化到财务共享的融合,还是从主动转型到为各企业提供系统的服务以及从理论归纳提升到结合企业一线实践,我认为这本书都应该给予推荐。

企业数字化转型,即企业借助科技赋能变革商业模式,改变管理方法,实现一体化转型与升级,需要针对业务端口进行企业价值链视角的业务流程与管理流程再造,而实现这个有效再造的方式,就是业务层面的一体化顶层设计。这些都要把握住数字经济时代的脉搏,深刻理解由数字化转型的信息管理系统推动的各个模式与集成方案。尤其要借助从业务端和财务端的数据中台战略价值驱动,通过构建科技赋能的信息化平台及云平台等方式,从商业模式的顶层设计端开始推动,到充分的前期准备工作开始和路径设计规划,再到具体实施过程的纠偏,从业务一体化端口解决数字化转型问题,从而实现产业数字化转型从数字技术的单点应用转向复合应用的模块化集成,接口系统化链接,驱动企业高效优质转型,解决技术与业务的转型融合,实现互联互通。从这个层面来说,本书从企业发展视角出发,厘清了业财一体化在业务端口的应用模块的实现路径,并从管理顶层设计到基础应用落地,自上而下地促进创新应用模块化,推动创新应用的共享化,通过标准化复用模式推动以业务驱动为主的业财融合"两位一体"的转型。在业务标准化、业务共享化、业务数字化并实现数字经济方面,本书通过解读线上与线下融合及复合应用模式,明确一体化达成关键要素及路径,并给出了非常有实操价值的答案。

企业数字化转型不仅仅是业务端口的问题,财务支持系统的关键作用也不言而喻。基于企业商业模式驱动的财务转型涉及方方面面,从企业实践层面看,涉及从基础业务的财务共享到业务支持的财务业务优化,再到基于企业战略落地的财务战略支持的大框架层面。基于企业财富可持续性最大化的目标,财务核算标准、管理会计应用、量化分解和决策路径方案等方面,都要从企业最基础的业务实现出发,以解决企业业务拓展问题,实现企业计划性管控,推动企业财务管理并实现量化决策的有效性、及时性、准确性。

企业数字化转型还带动了共享模式的落地,这也推动了企业财务共享服务中心(FSSC)的发展。本书解释了财务共享服务中心的本质问题,并就财务共享服务中心的实现与服务模式、升级演进路径做了系统性解读。这些通过实践得来的、验证了财务共享服务模式的归纳是非常宝贵的经验总结。在融合业务一体化和财务一体化,针对中台的复用逻辑推动业财一体化、解决一体化问题进程中，在模块化优化迭代及一体化集成模式上，本书从共享财务、业务财务、战略财务的分类及与业务一体化融合的应用场景出发，融合风控合规三道防线的实现路径。本书印证并解释了传统企业聚焦核心业务并解决财务支持问题和实现业财一体化有效性的痛点与难点，在实现数字化场景化的发展和动态过程中解决业财融合问题。通过业务科技赋能与财务科技赋能的手段，实现业财一体化从顶层战略规划层面打通接口，读者可以从本书很多应用场景中得到启发。

本书聚焦企业转型目标，以企业发展所需要的业务与财务为抓手，从应用路径解读智慧业务与智慧财务融合，立足顶层设计，操作经济实用。本书还基于企业需求，通过将企业线上线下融合为产业发展和产业生态链条建设方式，把业务端口和财务端口连接起来，从而为推动企业业财融合、持续创造企业发展价值提供系统的有益借鉴。

本书基于业务与财务融合，推动企业可持续发展，针对既有科技赋能工具，结合业财融合的路径与规划，对业财融合案例进行解读，非常接地气，值得企业管理层与致力于业务和财务转型的企业人士一读。针对业财融合实现的路径与规划，本书给出了很好的落地建议，尤其系统化落地建议是基于企业发展战略规划目标的高度得出，也值得企业股东和董事会董事们一读。得益于作者长期推动数字化转型和业财一体化的一线实践，本书在应用端有不少创新的建议和探索，用于教学也是非常好的指导性教材。

对外经济贸易大学教授、博士研究生导师、原党委常委及副校长

张新民

2022 年 10 月 31 日

序 二

当前智能财务是非常热门的话题。智能财务离不开科技赋能,尤其是离不开互联网。结合企业信息化、数字化的变革,智能财务的转型路径是一个循序渐进的过程。加速拥抱智能财务,通过智能财务引擎实现可持续发展,支持智能财务引擎,推动财务数字化,是中国经济新常态下企业转型的必要之举。

企业实施业财一体化的思路非常好,但不是一蹴而就,也不是束之高阁。因为推动企业数字化转型,业财一体化落地的战略设计和实现,不仅要求企业决策者有足够的格局、丰富的从业经验,而且要具有互联网思维、管理精益化思维。在实际转型过程中,财务一把手需紧密结合企业发展的要求,针对业务层面的战略设计和动作,采取妥善的财务应对方案,包括:①共享财务模式解决基层业务的重复性复用问题,解决资金管控的智能化实现问题,甚至解决资金理财收益最大化问题;②业务财务的业务管理优化与流程化,甚至针对企业核决审核的支持效果最优,以及作业成本法等成本管理类管理会计的智能化落地;③战略财务的规章制度建设、全面预算建设、管理会计分析决策模型建设等,甚至基于企业投融资和投资模型量化及前瞻性预测的落地。这些财务功能实现的过程,也是财务痛点不断解决的过程,借助科技赋能手段和利用外部机遇,制定财务转型战略,搭建智能财务团队,基于企业自身步骤和进程需要实施适宜的财务转型策略,优化财务组织结构,释放财务从核算支持、管理支持、决策支持为一体并持续支持企业可持续财富最大化的功能。通过塑造并形成新的财务管理模式,发挥企业财务作为资金引擎、管理引擎、量化引擎、资本引擎、服务引擎的驱动作用,助力企业营业收入增长和资本市场价值提升。

张能鲲先生和他带领的数字化转型团队及智能财务团队,从早期财务 ERP(企业资源计划)到如今业财融合和数字经济下的智能财务领域,服务了众多细分行业的龙头及潜力企业,并借助基于战略格局的智能财务转型,成功为企业发展打造了不少财务团队和智能财务系统,助力企业财务智能化转型,形成了很好的从"实践中来到实践中去"的智能财务及业务数字化转型服务体系。

张军先生立足院校,立足财务方面的研究,在智能财务领域针对管理会计进行了很有深度的研究,对应用实践层面的理论归纳做了大量很有意义的探索,形成了一揽子科研成果。通过助力企业财务智能化转型的理论归纳和课程实践,也形成了系统的智能财务系统逻辑,对业务数字化、财务智能化方面的理论转型和实践领域的应用迭代转型服务体系的建设,具有实实在在的引领作用。

所有企业都必须拥有足够支持其发展的财务系统。随着具有创新能力、充满活力的企业雨后春笋般出现，业财一体化融合的技术支持瓶颈、企业部门瓶颈、硬件系统瓶颈、软件集成瓶颈等各类制约因素都会随着科技赋能的发展而不断被打破。因此，数字化赋能互联网，科技赋能整个社会的方方面面，科技改变和塑造所有企业的财务管理并实现财务智能化是不可逆转的方向。财务智能化是持久的话题和热点。业财一体化不断在应用场景端实现突破。传统企业要实现智能财务的转型布局，就必须站在产业高度、企业发展的一体化高度，从产业发展方向和科技发展方向出发，搭建基于风控合规的财务体系，结合企业业务生态的建设，在企业业财一体化有效融合层面实现业务部门与财务部门的协同作业、共进共赢，开创企业发展新格局。

中央财经大学会计学院院长、教授、博士研究生导师

2022 年 10 月 31 日

前　言

放眼当下，随着大数据等新兴技术不断演进迭代与发展，直接或间接利用数据来引导资源发挥作用，推动生产力发展的经济形态——"数字经济"应运而生。前所未有的万物智联、数字引领、技术驱动的大变革正不断推动经济发展转型。牵涉其中的各行各业均争先恐后地从传统的信息化建设向数字化建设转型。一方面，数字化技术的飞速发展正在改写全球的商业模式、重构行业价值链和新范式；另一方面，数字化技术不断重塑与重构新经济形态与新发展模式，在竞争法则之下，一大批经科技赋能、具有创新商业模式、实现线上电商和线下地推等多维发展的企业随之诞生。

这使得企业越来越重视财务系统与业务系统的深度融合。应用财务系统在数字方面的天然优势实现对企业未来发展的洞察，并用数字为业务系统赋能，进而给企业可持续性发展赋能。这包括采取新兴技术、金融科技等融合来解决财务管理的痛点，将客户互联网应用中的业务系统数据与财务系统数据打通，借助数据中台系统实现供产销数据的集成和有效风控，进而构建企业的数字化营销通路；构建企业产业链中生态企业的交易体系和风险评估体系，形成集成业财一体化的解决方案，快速响应产业链上企业的结算、融资、财务管理等综合需求，降低企业成本，提升产业链各方价值。这些对企业的业务经营、财务管理等工作提出了非常高的要求。

与此同时，科技赋能的另外一面就是企业转型需求使得业务职能提升，同时财务职能提升后，业务系统和财务系统都面临内卷严重的趋势。企业员工必须要思考如何适应智能业务和智能财务的融合环境，在业财一体化过程中支持企业发展、辅助管理决策，进而推动企业价值创造。

同样，企业数字化转型召唤财务管理的架构升级与科技升级。财务架构升级之下，企业的财务系统不断按照以战略财务、业务财务、共享财务三大组成部分为引领的转型模式进行模块化分解和集成化融合方式转型，不断替代视角单一、信息反馈滞后、财务支持准确性不足等无法为公司经营决策做出有效支撑的传统财务系统。

因此，本书基于业务财务与业财融合、业财一体化的理念，并结合企业财务转型的具体实践进行阐述。本书从业务一体化、中台支撑、财务一体化、业财一体化的模式和逻辑出发，解读业财融合过程，并就业务一体化实现的关键模式和融合方案，财务一体化的集成形成的财务共享模式和融合方案，基于衔接业务与财务的数据中台细分模式和融合方案，以及最终实现的业财一体化融合运用的方案，进行分类阐述和说明。

其中，在会计核算与财务管理的财务共享服务层面，作为连接企业财务系统的管理会计实现落地和赋能的基石，财务共享服务中心也成为全球财务管理发展的新趋势，成为助推企业财务升级和提升企业核心竞争力的必须建设的系统。通过财务共享服务中心信息平台的集成化，借助数据中台的支撑和赋能，企业的财务共享服务中心实现了集中式管控和风险集中管控，提升了财务系统的专业能力，也为财务共享服务中心从成本中心向利润中心转型打下了基础。

业财一体化的实现过程，就是数字化作为新的生产要素不断赋能的过程。业财一体化就是挖掘数据价值的能力，理解财务深入业务末端的管控，与财务通过数据分析与业务洞察服务业务发展的双重职能与双轮驱动的对策，形成让财务成为企业财务转型、服务业务、支撑决策与创造价值的"排头兵"，并真正为企业战略规划赋能的总体过程。

在数字化转型引领的科学技术发展和国内经济转型升级背景下，企业商业模式迭代加速，从传统模式到业财联动的财务一体化实现智能化转型迫在眉睫。数据挖掘需要顶层设计，还取决于人的价值发现能力。业财一体化的实现，需要在进一步理解企业管理、商业和业务本质的同时，掌握数据分析的能力和工具。通过数据分析，借助业务行为、财务量化结果，在企业层面产生新洞察和新认知，不断提升对业务实现的认知水平，从而为企业发展决策提供更有价值的支撑。

因此，本书针对业务重塑+业财税一体转型的融合，就业财一体化概念演进、顶层规划设计、智能化工具模块化、财务融合业务技巧、财务共享拓展与升级迭代路径、对策的分析，详细解读如何将业财一体融合应用到顶层规划的落地实施中，有效给出企业借助业财融合模式推动数字化管理及业务场景与财务不断融合的对策。

通过本书，可以看到数字经济引领的数字化之下业财一体化方面如下问题的答案。

从企业战略格局角度来说，很多人对业财一体化有不少疑问。这包括：业财一体化的逻辑应该如何解读？业财一体化是否涉及业务数字化的前置？业财一体化涉及的业务如何与财务实现一体化？标准化的逻辑是什么？财务实现一体化的逻辑在哪里？业财一体化是否必须先实现财务智能化？业财一体化的支持型财务能实现智能吗？业财一体化后的财务如何为企业赋能？如何有效通过降本增效模式来达成业财一体化？是否聘请了财务共享的信息化机构来推动财务共享？是否实现了设定的财务共享目标？是否用"钥匙"正式打开了推动业财一体化建设的大门？为什么目标都清晰了，"一把手工程"都基本明确了，在操作推动上却还是不行？为什么已经明白了上述道理，在推动数字化转型，在理解数字化的问题上却摇摆不定？业务一体化了，为何财务一体化嵌套没能实现？为什么业财一体化是价值化转化的重要环节？

即便明确了上述疑问，就企业业财一体化实现的业务路径来说，不少高层和中层管理人员及核心层人员依然还有不少疑问。这包括：在业财融合速度加快、业财一体化不断落地、基于业务闭环的业务系统自身机制不断优化改良、资金收支体系不断嵌入系统而实现数字化的趋势之下，财务人员的困惑不断沉淀，这是否意味着优胜劣汰环境下部分财务人员将出局？财务人员会被信息人员的信息系统替代吗？财务工作会被AI（人工智能）、RPA（机器人流程自动化）等智能工具及大数据分析系统替代吗？财务人员在数字化时代如何逆袭，实现成功转型？企业财务如何从传统财务向智能财务转型并协同实现业财一体化？如何实现企业与财务人员的同步转型，搭上业财一体化转型过程中财务智能化不断升级迭代的班车？作为财务人员，在企业推动财务智能化与业财一体化过程中不断学习，却仍未得到应有的机会，该如何系统思考？

对于上述问题，本书基于作者亲身实践，从应用路径到顶层战略层面进行分析。

本书在编写过程中得到了中雪投资（北京）有限公司、中和财智云数字科技有限公司全体员工的大力支持。北京物资学院会计学院教师郑可人先生、教师沈佳坤女士参与了本书部分章节内容的修订。参与企业智能化转型实践的 20 余位专家、学者和财务高级管理人员，部分高校会计专硕及 MBA，对本书编写和审阅提供了非常有价值的修改建议。再次向为出版本书提供帮助的所有同仁表示由衷的感谢！

目 录

序一
序二
前言

第一章 新特征，新趋势：业财一体化演进 1
第一节 从数字化到数智化企业转型下业财一体化特征 1
一、从数字化到数智化企业的特征 1
二、从数字化到数智化企业的业务属性 3
三、从数字化到数智化企业的财务属性 8
第二节 数字化转型下企业战略与业财一体化 11
一、企业管理目标与实现方式转型 11
二、财务管理目标与实现方式转型 15
三、数字化等科技对业财一体化赋能顶层逻辑落地瓶颈 16
第三节 业财一体化的概念、步骤与发展 20
一、概念与步骤 20
二、达成业财一体化的关键要素 24
第四节 案例与思考 27
一、上汽集团：制造行业业财一体化数字化转型策略与路径 27
二、康友为：网络科技行业业财一体化数字化转型策略与路径 33
三、孩子王：服务行业业财一体化数字化转型策略与路径 37
四、问题与思考 39
第五节 本章小结 39

第二章 顶层化，数智化：业务一体化前台实施演进 40
第一节 业务一体化与企业价值链 40
一、业务流程再造 40
二、管理流程再造 43
三、数字技术推动流程再造升级 48

第二节　业务一体化顶层设计 …… 49
  一、供应链一体化 …… 49
  二、纵向一体化与横向一体化 …… 52
  三、共享服务中心 …… 56
第三节　业务一体化与信息管理系统 …… 59
  一、ERP 管理系统建设推动业务一体化 …… 59
  二、商业智能驱动融合 ERP 推动业务一体化 …… 66
第四节　业务一体化模式与集成方案 …… 70
  一、数字化系统赋能业务一体化基础 …… 70
  二、业务一体化主要模式 …… 72
  三、业务一体化功能模组集成平台 …… 86
第五节　案例与思考 …… 96
  一、小米科技：互联网科技的 SBC 模式 …… 96
  二、美团：互联网科技的 O2O 模式 …… 96
  三、安徽合力：制造行业的 O2O 模式 …… 97
  四、冀东水泥：建材行业的 SBC 模式 + O2O 模式 …… 98
  五、老乡鸡：餐饮行业的 SBC 模式 …… 98
  六、问题与思考 …… 98
第六节　本章小结 …… 99

第三章　数智化，业到财：数据中台实施演进 …… 100
第一节　数据中台概念与特征、战略与路径 …… 100
  一、数据中台概念与特征 …… 101
  二、数据中台战略与路径 …… 105
第二节　中台战略价值驱动业财一体化路径 …… 111
  一、数据中台建设业务价值和技术价值 …… 111
  二、财务中台对业务中台的价值赋能 …… 114
第三节　数据中台技术快速为业务及财务赋能的逻辑与方法 …… 117
  一、数据中台战略下业财一体化实现路径 …… 117
  二、数据中台战略下财务中台实现路径 …… 119
  三、数据中台下业财中台功能模组 …… 124
第四节　案例与思考 …… 135
  一、中国建设银行：数据中台的直播中台 + 云模式 …… 135
  二、海尔日日顺物流：数据汇聚和大数据中台 …… 135
  三、厦门航空：大数据运营分析和运营成本优化中台 …… 136
  四、问题与思考 …… 136

第五节　本章小结 ·· 136

第四章　业到财，一体化：财务集成与共享 ·· 138
　　第一节　财务集成实现共享原理 ·· 138
　　　　一、财务集成共享原理与内涵 ··· 138
　　　　二、财务集成共享工具 ·· 146
　　　　三、企业财务集成路径 ·· 158
　　第二节　财务集成之财务共享 ·· 165
　　　　一、财务共享服务的概念与内涵 ·· 165
　　　　二、财务共享升级演进 ·· 168
　　第三节　财务共享服务模式 ·· 173
　　　　一、财务共享服务中心按集中模式分类 ·· 174
　　　　二、财务共享服务中心按服务范围分类 ·· 176
　　第四节　案例与思考 ··· 179
　　　　一、平安集团：智能技术驱动下的智慧共享财务 ····························· 179
　　　　二、阳光保险集团："数据＋算法"的财务共享服务中心 ················· 180
　　　　三、蒙牛集团：资金共享＋核算共享的数字化财务共享服务中心 ······ 180
　　　　四、海尔集团：物联网模式构建财务共享服务中心＋税务数字化平台 ···· 182
　　　　五、中兴通讯：财务共享组织的赋能服务 ······································· 185
　　　　六、中国石化：财务共享建设 ·· 187
　　　　七、问题与思考 ··· 189
　　第五节　本章小结 ·· 190

第五章　数智化，智能化：业财一体化赋能 ·· 191
　　第一节　企业战略与战略财务一体化赋能 ·· 191
　　　　一、战略规划工具一体化赋能的逻辑与路径 ···································· 192
　　　　二、全集成的智能化赋能方案 ·· 194
　　　　三、部分集成的智能化赋能方案 ··· 198
　　第二节　企业业务与业务财务一体化赋能 ·· 206
　　　　一、智能决策流程化与量化支持 ··· 206
　　　　二、智能管理会计战略转化赋能方案 ··· 207
　　　　三、财务共享税收风险量化集成赋能 ··· 209
　　　　四、数字化档案流程与战略赋能 ··· 213
　　第三节　业务共享与财务共享一体化赋能 ·· 216
　　　　一、智能化财务管理推动企业提质增效 ·· 217
　　　　二、RPA＋费用智能化赋能方案 ··· 218

三、商旅叠加积分模块化组合赋能演进 ………………………………………… 225
　　四、员工福利模块化组合赋能 …………………………………………………… 229
　　五、研发费用数字化流程及管控赋能 …………………………………………… 231
　　六、司库管理从初级形态到高级形态的智能化赋能 …………………………… 235
第四节　风控合规融合业财一体化赋能 …………………………………………… 238
　　一、贯穿战略到结果全过程风控融合的一体化 ………………………………… 239
　　二、业财一体化的合规风险识别赋能 …………………………………………… 245
　　三、企业数字化转型的合规风险防控对策 ……………………………………… 249
　　四、全流程业财一体数字化智能风控赋能 ……………………………………… 251
第五节　案例与思考 ………………………………………………………………… 254
　　一、中国电科：业财一体化支持平台 …………………………………………… 254
　　二、宝钢集团：作业成本法＋品种法的财务系统创新模式 …………………… 255
　　三、强生出租：财务共享服务中心 ……………………………………………… 257
　　四、步步高超市：模块及集成财务共享 ………………………………………… 257
　　五、华为：业财融合模式 ………………………………………………………… 259
　　六、乐杭康健：业财融合与风控模式 …………………………………………… 261
　　七、问题与思考 …………………………………………………………………… 265
第六节　本章小结 …………………………………………………………………… 266

第六章　结论与展望 …………………………………………………………………… 267
第一节　企业业财困境与问题 ……………………………………………………… 267
　　一、业财一体化痛点与瓶颈 ……………………………………………………… 267
　　二、业财一体化转型压力与趋势 ………………………………………………… 268
第二节　业财一体化闭环链接 ……………………………………………………… 269
第三节　业财一体化价值呈现 ……………………………………………………… 272
第四节　不足与进一步努力方向 …………………………………………………… 274

参考文献 ……………………………………………………………………………… 276

第一章

新特征，新趋势：业财一体化演进

本章从数字化概念、数字化升级到数智化的逻辑出发，阐明在时代的新特征下企业发展面临的新趋势。在如何实现企业业财融合的转型上，对企业数字化转型的步骤、发展及转型方式进行了界定和逻辑阐述；针对业财一体化的转型，从企业管理目标和财务管理目标的协同度角度进行说明，从数字化到数智化企业的业务属性和财务属性两方面概括其经历的发展阶段，并阐述其转化升级的必要性和实现方式。本章内容主要包括在数字化等科技赋能之下业务与财务的发展与协同，尤其是实现企业转型升级的关键要素及战略、运营、人员的协同；最后在顶层格局层面阐述从数字化到数智化的业财一体化赋能，以及由此引发的关于企业转型的解读。本章重点体现在概述与总论之战略定位：信息技术革命推动企业战略转型及财务信息化建设下业财一体化的定位。

第一节 从数字化到数智化企业转型下业财一体化特征

一、从数字化到数智化企业的特征

（一）数字化概念界定与内涵

自 2020 年以来，万物智联带动的大数据和人工智能成为技术驱动变革的推手。当下的各行各业开始或已处在从"信息化建设"迈向"数字化建设"的过程中。

信息化时代重点是"信息化建设"，以业务流、工作流、信息流贯通为主的模式确保工作环境与工作流程链接，采取的方式是计算机链接，通过业务与工作协同实现信息互联与敏捷传递。计算机链接模式大多采取 OA（办公自动化）、HR（人力资源）、ERP（企业资源计划）、CRM（客户关系管理）等支持业务系统，但多支持系统方式引发了流程构建的"烟囱化"和"孤岛化"。

信息化发展的下一个阶段是数字化时代，重点是"数字化建设"。在大数据、人工智能、移动互联网、云计算、物联网、区块链等科学技术推动下，IT（互联网技术）系统向数字互联、数字集成、数据融合的方向转化，一度通过数字链接实现了知识智能化。

因此，数字化概念就是对复杂、多变的海量信息进行处理，使其转变为具有规律性、系统性的可度量的数字，再将这些数字按照一定规律进行整理，并建立相匹配的数字化模型，通过数字化模型的代码在计算机内部按照一定规则进行统筹处理与转化。通过对数字进行集中、融合、链接和治理的过程，可以形成数据资产和知识，从而实现企业资产的数字化。

数据作为数字化业务的最基础的材料，是构成数字化资产最原始的形态。数字化技术由于可以实现对业务的重塑和转型，因此有助于对系统业态进行创新赋能。

（二）从数字化到数智化的量化回归

企业的本质是盈利，尤其是可持续性盈利。企业布局数字化转型，本质上符合其作为营利性机构的持续性盈利的通路构建。由于数字化转型是企业提升管理水平、实现业务优化、搭建商业模式架构、推进业务模式变革的重要措施，因此，企业在科技赋能的大环境下，通过数字化转型和创新实现商业模式转型需要做好业财融合。数字化转型体现在企业管理方面，可以打开降本、降造、增收、提效等通路，并借助数字化技术，推动和加速企业实现业财一体化转型落地目标。因此，数字化与业财一体化落地，能量化企业管理的效果与成果，改善企业经营模式，促进企业业务前台与财务后台支持系统的融会贯通，解决传统企业组织与实施落地的财务量化和财务管理支持瓶颈问题。同时，深化业财一体化落地，在强化业务部门市场渗透率、实现与财务后台协同、提升管控效率层面，也可以助推企业数字化转型。因此，在数字化转型过程中，借助业务财务标准化和共享化实现互联融合，最终实现业财一体化落地，是本书要解决的重要问题。

业财一体化是企业数字化转型中的一个重要目标。信息化基础建设并不意味着业财一体化的实现。在信息化建设过程中，通过搭建财务共享服务中心（FSSC）实现基础、重复的核算共享，提升效率，以及应用ERP软件实现企业基础、重复的业务流程共享，提升市场资源转化和深耕的效果，都不意味着做到了业财一体化，也没有系统实现数字化闭环模式下从企业顶层到基层、从集团到最末级子公司的管控系统的全面强化。严格意义上说，业务和财务流程最终标准化并形成业财数据一体化共享，实现业财一体化管控并有效防控风险，依然缺乏结合当下科技赋能的线上线下链接的业务实践，以及基于市场拓展需要的财务管理的支持与赋能。通过业财一体化真实、有效的落地，切实提升企业资源利用的效率和效果，及时、有效地量化企业业绩，完整、充分地分析企业经营成果，前瞻、预警企业的发展趋势，系统、整体提升企业价值，成为数字化转型的根本核心点。

从本质说，企业从数字化到数智化的发展演进，是以数字信息技术驱动变革，这是大数据技术连同人工智能、移动互联网、云计算、物联网、区块链等数智信息技术发展带来的结果。这些科学技术塑造了全新的经济形态，加速为传统产业赋能，不断推动企业转型升级为平台经济与智能算法生态链中的组织。转型升级之后，企业变成数智组织，进而成为数智化时代全新的、有别于过往传统模式的微观组织。

数智化时代下，数字技术呈现 2 个基础特性：

第一，数字技术具有高度渗透性。作为最基础形态与企业新一轮变革和转型的源头，数字技术源源不断地提供动能，推动企业从传统工业经济时代向数字化平台经济和数智化企业生态圈层颠覆式改变。由于生态圈层的改变，数字化平台型组织实现了以万物互联方式进行全系统资源重塑。这牵一发而动全身的模式改变了全社会的生产和营销方式，提升了生产效率和营销效率，突破了时空束缚。因此，基于用户的全网模式和线上线下智能化平台生态圈层逻辑，重塑了处于数字化转型微观层面的企业个体，并为其创造了巨大的商业价值。

第二，数字技术具有高度量化性。作为衡量转型效果的工具，数字技术使快速计算和量化产出结果成为必然。迅速发展的人工智能技术与数字化平台经济组织推动网络化资源重新配置，并且两者还在不断深度融合。在微观企业层面，数智化微观企业推动企业组织变革，带动数字化平台圈层下整个新经济的迭代发展。而得益于人工智能的赋能，数智化企业基于算法、数据与算力驱动，具有及时、完整、系统地量化现有经营成果，实时、准确地描述经营效率和效果，预警、模拟内控缺陷、流程缺失和防控风险的功能。因此，基于机器学习、智能数据挖掘、算法计算等人工智能技术的赋能，系统应用为企业组织实现生产自动化、决策自动化、销售自动化、仓储自动化等提供了有效的技术支撑。这种系统量化企业业绩、按现有元素预警和模拟企业发展前景的模式，基于数字技术的量化性能，使数智化平台企业能够将算法嵌入产品与服务，及时实现智能化生产、智能化决策、智能化运维、智能化分析，也使企业数字化赋能的价值得到量化。这为企业的业财一体化注入了内生式基因。

二、从数字化到数智化企业的业务属性

企业从数字化到数智化的转型，首先是基于商业模式实现业务落地的本质属性。业务落地的根本属性体现在，通过处于生态链的微观数智化企业，借助数智化转型升级，全方位实现用户体验的极致化改善、业务流程的全系统优化、产品服务的全网化渗透、商业模式的动态化升级等。

上述这些触达落地层面的企业业务属性，本身具有赋能的刚需。从数字化到数智化转变，需要企业解决核心痛点，先从业务系统出发，走好业务不断标准化和一体化的路程。

（一）业务一体化经历的阶段

（1）企业主要使用 MIS（Management Information System，管理信息系统）阶段。在这个阶段，业务一体化无从谈起，处于以产定销的管理断点状态。这是因为 MIS 采取的数据承载方式是记录式，大量原始数据收集、查询、汇总等方面的工作需要由人、计算机及其他设备等共同完成，进而对相关信息进行收集、传递、存储、加工、维护和使用。这个阶段的数据处于割裂、"孤岛化"状态，无法互联互通。

（2）企业主要使用 MRP（Material Requirements Planning，物料需求计划）管理系统阶段。在这个阶段，业务一体化实现了局部单体落地。MRP 主要是以降低成本、解决库存积压和物料短缺的业务改善为目标的管理系统，客观上推动了业务一体化局部实行，实现了依据客户订单组织物料需求计划的以产定销的管理系统化，减少了库存，优化了库存管理目标实现的过程。

（3）企业主要使用 MRP Ⅱ（Manufacture Resource Planning，制造资源计划）管理系统阶段。在这个阶段，业务一体化实现了局部串联落地，根本原因是市场竞争加剧，企业从库存式生产的以产定销模式变革为订单式生产的以销定产模式。在业务一体化局部串联之下，企业尝试了资金流和货物流"二流"的统一管理，实现了财务子系统与生产子系统的结合，进而演进到生产、财务、销售、工程技术、采购等各个子系统集成为一体化的系统整体。这个阶段把财务的功能融合进来，但各个系统的壁垒尚未打通。因此，动态监察到产、供、销全部生产过程的系统，实现了业务一体化局部串联落地。

（4）企业主要使用 ERP（Enterprise Resource Planning，企业资源计划）管理系统阶段。在这个阶段，业务一体化实现了机制落实与局部系统化的落地，主要是因为以计算机为核心的企业管理系统功能拓展到财务量化预测与资源协调层面，企业进行市场拓展、生产、决策的一体化机制得到落实。但企业内部架构之间尚未打通，主要依靠行政模式。因此，这个阶段的业务一体化局部形成了系统化。

（5）企业主要使用电商 ERP 管理系统阶段。在这个阶段，业务一体化实现了企业间数据交互的供应链一体化落地，主要是因为企业与供应商实现了数据共享及交互，强化了企业间的联系。这种共同发展的生存链助推了业务一体化的业态固化，解决了企业之间的链接转型问题。

（6）企业实现以数字化为代表的科技集成与赋能阶段。这个阶段表现为数字资产化并重构企业商业模式。在此阶段，业务一体化实现了企业互联串联的智能性和持续可渗透性。企业与企业生态互联互通，实现了管理智能化与平台化的转化，解决了业务数据集中采集与分析难题，可对用户端各类消费形态进行细分和统计，以直观的数据、多样的图表等方式向管理人员或决策层展示各类业态情况；同时还实现了效率效果的产出分析、设备管理、降本、计量收费一体化、运维、业务交易、数据增值等服务的链接。通过全系统的多种对外访问接口平台化与标准化，企业业务层面实现智能链接，从支持企业管理驾驶舱大屏到 PC 端，再到手机 App 端等各项智能终端访问，各类系统数据实现高效交互。

（二）业务一体化流程与优化

业务一体化，也就是业务集成一体化作业，体现在生产、营销、质量、采购、仓储、研发等企业各个功能性模块的集成与协同，保障企业业务链条的有效与转化，提升企业的生产效率，加快销售收款进度，改善企业采购和仓储的效率，减少资金积压，推动企业优质、快速发展。业务一体化科技赋能企业业务流程与优化路径具体见图 1-1。

图 1-1 业务一体化科技赋能企业业务流程与优化路径

结合当下数字化转型的进程，业务一体化主要体现为如下流程：

第一步，企业结合数字化转型和科技赋能，对商业模式进行优化设计；借助科技赋能，进行数字化标准的系统转化；通过数字化转型，实现数字化与商业模式的融合，进而实现接口标准化、模型规范化、指标体系化、诊断专业化、管理实用化、操作简便化等设计与融合，见图 1-2。

图 1-2 业务一体化科技赋能企业商业模式路径

从细化角度说，企业基于顶层设计格局，立足业务标准化、系统模块化、业务数字化、数字资产化、业财一体化的顶层发展目标和格局，梳理商业模式的端口，针对性地做 6 个环节的安排，主要达成的目标有：①接口标准化，体现在数据自动采集，达到行业接口、互联网接口、通信规约等标准化；②模型规范化，体现在数据处理能力，解决数据统一建模、模型的通用性、图模一体化问题；③指标体系化，体现在指标体系的建设，做好各类指标体系建设、基准及规则灵活性设计、良好维护性的安排；④诊断专业化，体现在针对量化诊断的有效性，细节落实在智能化监控、量化基准库、专业诊断工具等建设方面；⑤管理实用化，体现在绩效管理的系统安排，包括针对绩效管理的结果导向、预测预警、应急预案等层面；⑥操作简便化，体现在互联与交互的有效性和友好性，包括针对人机系统的多端交互，专业展示工具的系统化、简便化和智能化。

第二步，企业通过商业模式优化确定营销模式，确定预期时间段（可以为月、季、年等任何时间段）内能实现的销售额。在这个阶段，企业主要对市场指标和任务进行分解和落实。企业结合线上与线下市场渠道、市场终端的拓展预期，分解业务指标和任务目标，确定最终需要完成、出厂的产品，具体细化和分解到品种、型号、规格、区域、区域指标、人员分配、绩效方案、推广方案等方面。企业借助改善管理方法实现市场营销目标。

第三步，企业根据市场预期销售额，包括部分终端客户销售预期、部分终端客户合同执行预期，以及其他区域和新模式迭代市场预测等因素，确定服务与生产模式，并以此为基础制订主生产计划（Master Production Schedule，MPS）。作为独立的需求计划，主生产计划需要确定每个时间段内实现的产量。企业提前确定详细的生产产品规格、数量、生产时段等，并据此制订物料需求计划。这一阶段体现了经营计划中计划生产的产品系列具体化的转化，是针对生产需要的物料需求计划的依据，是营销计划下企业综合生产计划向具体实施和执行计划转化的过程。

第四步，企业执行供应链实施计划，安排针对生产产品的物料优化与采购物料清单（Bill of Material，BOM），通过计算物料需求时间、数量，综合考虑采购的价格波动因素和物料的资金占用情况，进而确定供应链执行的体量与时间。这个阶段的重要一步就是准确、及时地按照产品的规格等因素，计算出物料需求的时间和数量，针对产品结构和物料清单构成，确认物料清单涉及的所有部件、组件、零件等组成、装配关系，并对上述所有部件、组件、零件等要求进行明确。企业通过整理库存信息，确定供应链端需要采购的"物料"（产品、零部件、在制品、原材料甚至工装工具等的统称），对信息系统和物料质量等进行标准化，并对物料进行系统性编码，完成信息系统识别的关联。企业根据现有库存量、计划收到量（在途量）、已分配量、提前期、订购（生产）批量、安全库存量各个数值的系统平衡⊖，确定供应链端安排中某项物料的净需求量⊖。

第五步，企业供应链系统对物料清单库存信息进行整理，对系统平衡过后的所有产品、在制品、原材料再次进行信息化赋能，确保对库存量、在途采购量、生产批量、安全库存量、在途销售量等供应和销售信息的一体化动态、实时、完整管控。

第六步，企业结合营销端和供应链端的资源及产能等方面进行系统平衡，通过科技赋能和推动企业信息化管理系统建设，根据最终生产产品的需求量、交货期，确定生产产品所有物料及配件的需求量及时间；针对生产制造能力、外部协同机构的OEM⊖生产能力，

⊖ 各个数值系统平衡的计算要素包括：①现有库存量，是指在企业仓库中实际存放的物料的可用库存数量；②计划收到量（在途量），是指根据正在执行中的采购订单或生产订单，在未来某个时段物料将要入库或将要完成的数量；③已分配量，是指尚保存在仓库中但已被分配掉的物料数量；④提前期，是指执行某项任务由开始到完成所消耗的时间；⑤订购（生产）批量，是指在某个时段内向供应商订购或要求生产部门生产某种物料的数量；⑥安全库存量，是指为了预防需求或供应方面不可预测的波动，在仓库中经常保持的最低库存数量。

⊖ 净需求量 = 毛需求量 + 已分配量 - 计划收到量 - 现有库存量。

⊖ OEM：英文Original Equipment Manufacturing的缩写，也就是定点生产或代工生产。一般来说，产品的品牌拥有者由于品牌带来的价值，不直接生产产品，而是通过自身掌握的关键核心技术和品牌，只对产品设计、研发、开发、集成、市场等某一个或几个方面进行管控，从而控制销售渠道。

结合供应链的智能化程度，动态平衡订单下达日期和采购件采购订单完成日期，以及采购货物的发货期和到货期。企业借助需求资源、可行能力、资金结余存量、资金授信方式等进行平衡，从而有效解决供应链端物料采购及动态监管问题。

第七步，企业加大商业模式转型与数字化赋能力度，从传统企业模式向数字化赋能的智能企业转化。企业整个业务一体化过程涉及各个业态。企业在管理与生产制造过程中进行科技赋能，持续推进降本增效和市场拓展增效。这个过程中，从工厂产品到市场营销转化，企业涉及组织架构方面的部门设置和部门墙问题，涉及信息化和信息化屏障导致的"信息孤岛"问题，涉及上下游业务链条产销不顺等导致的市场拓展问题、产品质量问题、服务跟踪问题、生产制造问题、量化确认问题等，影响其可持续发展。而业务一体化是解决上述企业从营销到生产整个过程存在的问题的核心。

企业的业务一体化流程优化具有重要的现实意义，其价值主要体现在以下 6 个方面：

1. 提升企业管理效率和效果

业财一体化突破了传统的手工管理模式，是一种现代化的管理思想和手段，整合企业所有业务流程。它通过调整原有工作方法，建立新的管理理念，使企业管理步入有序化和规范化，体现了业务流程一体化的管理思想。

2. 推动企业降本，改善生产及运维质量

业务一体化能推动业务流程重组，使企业成本最小化、价值最大化。实现业务一体化，可以准确地将生产材料供应周期、制造工艺时间、制造能力范围等事项量化，集企业的生产管理、采购管理、库存管理、销售管理、运输管理、人力资源管理及财务管理于一体，使企业的经营管理实现协调、高效、准确、集团管控，为尽可能降低企业各项成本提供了充分的有利条件。

业务一体化还可以促进精益生产。精益生产的核心思想体现为用最经济、节约的方式进行生产和制造。精益生产的管理理念最早起源于日本丰田汽车公司的 TPS（Toyota Production System，丰田生产系统）。TPS 的核心思想就是想尽办法争取消灭一切"浪费"，以客户拉动和准时生产（Just-in-Time，JIT）方式组织企业的生产和经营活动，形成一个对市场变化快速做出反应的独具特色的生产经营管理体系。在此管理理念下，企业按照客户的需求，用尽可能少的资源耗费进行生产制造，为客户提供针对性的工业产品，从而实现低成本、高品质、高性能，并灵活、快速地响应市场变化，为自身在当今快速变化的市场经济中保持竞争力提供保障。企业将为其合作伙伴，如供应商、销售代理商、协作单位、相关利益方等，提供价值出众、质量高的产品，快速与生产、设计、采购、销售等市场环节无缝对接。

3. 促进企业增效，提高企业经济效益

业务一体化的实施可以降低企业的运营成本，提升企业整体管理水平、管理效率、管控能力，为企业"协同商务，统一管理"创造了现实条件，同时准时供货等目标的实现也为企业赢得了良好的声誉。这样企业自然会创造更多无形价值，实现股东价值最大化。

此外，业务一体化可以推动敏捷制造。敏捷制造是 21 世纪美国为了促进制造业发展而支持的一项研究计划。该计划始于 1991 年，许多大公司参与其中，其核心思想是提高企业对市场变化的快速反应能力，满足顾客的需求。敏捷制造思想强调，不仅充分利用企业内部所有资源，而且充分利用其他企业和社会上能使用的资源，以此组织本企业的高质量生产，从产品开发设计到整个产品生命周期，都是为了最大限度地满足客户的各项需求，最大限度地调动和发挥人的潜能，建立新的标准体系，从而实现技术、管理和人的高度集成，实现长期的股东利润最大化。同时，用最短的时间将新产品打入市场，时刻保持产品的高品质、高性能、多样化和灵活性。

4. 解决企业敏捷制造难题，提升市场反应能力

业务一体化有助于敏捷制造模式落地。也就是说，通过技术、管理和人的高度集成，用最短的时间将新产品打入市场，时刻保持产品的高品质、高性能、多样化和灵活性；通过提升企业对市场变化的快速反应能力，改善从产品开发设计到整个产品生命周期的效率，最大限度地满足客户的各项需求。

5. 增强企业市场竞争意识，提升企业供应链资源集成能力

在市场竞争意识之下，企业的内部系统体现为各部门内部和各部门之间的联系是否紧密，交接是否准确、及时。因此，企业的供应链体现为一家企业与供应商、制造厂商、分销网络等整个供应链之间在市场上能否对集中竞争做出快速反应。要具备这种资源集成能力，需要企业采取业务一体化的集成方式，系统地推动供应链资源端的集成。

6. 改善企业数字化转型及服务水平，提升企业核心竞争力

企业数字化转型及服务能力的增强，可以有效提高企业的服务水平，解除客户及终端用户的后顾之忧；降低企业全环节、全产业链各个节点的成本，提高企业效益；提升企业整体形象和竞争力。数字化赋能将引导企业管理方式变革，促进业务管理水平提高。数字化系统为持续分析系统和设备能耗、优化设备运行提供有效的工具平台。数字化系统还为保证企业安全、稳定地调度和运行提供关键的监控平台。因此，数字化赋能的科技系统能给企业带来超过直接经济效应的间接经济效应。

从上述流程和优化角度看，业务一体化的业务赋能可以实现企业战略层面的领导力转型，实现面向用户的数字化全方位体验转型和扩展规模的数字化系统转型，实现企业从传统公司向以信息和数据为核心资产的资产性质转型，实现企业从销售有形产品到提供无形数字化服务的运营模式转型，实现企业核心资源塑造并剥离分包非核心工作资源的专业化分工转型。

三、从数字化到数智化企业的财务属性

在科学技术引领的大数据推动下，数据成了核心资产。这个转变引发整个商业模式的重构，加上各类技术的赋能，企业的智能化和一体化不断加速。在迭代优化提速之下，新

科技替代加速，推动财务工作自动化、数字化、智能化速度加快。由于科技替代的加速，量化科技赋能效果的衡量手段重点体现在支付对价或总成本的节约上。而这个量化过程正是财务本身的度量功能的体现：一方面体现经济的效果性度量；另一方面体现成果转化的效率性度量。此类度量的结果，从传统的事后度量不断前移并转至顶层设计层面的设计端度量。因此，数智化企业的财务属性是不可缺失的核心部分。

（一）财务一体化经历的阶段

财务一体化转型的第一阶段始于20世纪80年代的会计电算化。电算化对企业会计核算起到了过程的信息化转化作用。这个阶段的财务从传统核算向信息化过度，重点是借助计算机及数据传输，将通信设备作为数据处理系统，形成了以硬件为主、以软件为辅的财务信息通路。

财务一体化转型的第二阶段始于20世纪90年代中期的财务ERP集成，主要得益于局域网技术有了突破。由于局域网的跨越式发展，企业内部各环节的信息化开始打通，企业内部的财务管理实现了整体闭环式落地，企业各个发展阶段的业务过程得到了财务的系统化支持。重点在量化评估方面，技术得到了快速落地。财务一体化层面显现出支持业务的效果，并逐步开始发展共享模式。

财务一体化转型的第三阶段始于2010年后，企业经历了从财务内部共享到业财一体化支持业务的过程。重点在于2020年前后各项科学技术的不断落地和转化，包括智能手机普及、从3G到5G的技术应用、移动互联网（MI）实现，以及物联网（IoT）、云计算（Cloud Computing）、区块链（Blockchain）、云服务（SaaS）、大数据（Big Data）、机器学习（ML）、人工智能（AI）、人脸识别、虚拟现实（VR）等技术落地。这实实在在地推动了企业财务支持业务的实时性、准确性、完整性，解决了企业从专项预算到全面预算、从全面预算到行为预算、从专项分析到系统分析、从系统分析到前瞻分析、从系统监控到智能管控、从智能管控到顶层决策等一揽子事项的升级落地，实现了全系统的信息化支持。

（二）财务一体化流程与优化

在数字化业务智能化标准体系推动和业务数字化趋势下，业务发展外因需要实现融合，最终形成数字供应链生态协同。在财务智能化标准体系推动财务数字化趋势下，财务落地内因需要综合考虑降本增效、提质增收等多方因素，见图1-3。

因此，在业务外因与财务内因的交互作用下，业财一体化呈现的发展趋势和流程落地重点如下：

第一，数字化财务支持体现在更多地为数据驱动提供决策支持。为企业数字战略提供及时、客观、量化的财务评价结果，并为管理层及经营者提供经财务确认的经营预测模型和数字化工具。业财一体化的融合为管理层提供可视化、动态、实时的经营决策信息和前瞻预测信息。

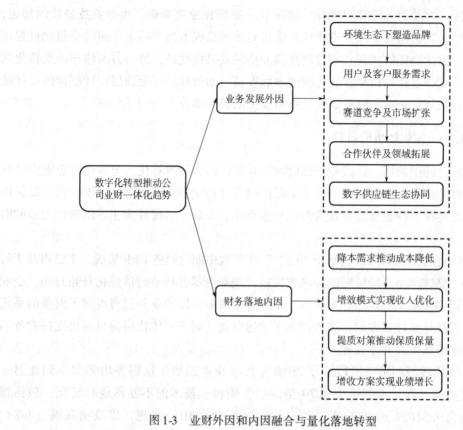

图 1-3　业财外因和内因融合与量化落地转型

第二，数字化财务支持体现在与业务循环融合结合的深度提高。数字化财务管控和反馈业务遵循科学的管理循环，结合财务量化的提示结果确保企业运营处在规范、可持续的方向上。数字化财务针对数字采集和存储的嵌套，实现业务循环的详细数据记录和财务评价记录，确保为管理循环提供及时的、与决策相关的报告，实现深入价值链的财务支持业务体系的落实，并借助数据的可溯源性，确保数字化财务支持系统能提供详细的业务与财务信息，实现有效的风险防控和业态合规。

业务平台系统涉及财务量化评估系统的实时和完整同步。从供应链采购端、生产线生产端、市场层销售端、管理层管理端的系统化降本角度，推动一体化协同型企业增效，借助数字工具实现生产采购一体化、研发销售一体化及部门协同一体化，结合公司之间生态一体化提高协作效率。数字化工具形成业务一体化及财务一体化并打通业财一体化，实现人力的结构性优化与提质。数字化工具将老客户衍生至客户上下游，迭代新数字化链条，实现新业态与新客户触达与转化，借助现有客户有效拓客并推动潜在目标客户转化。数字化工具实现数字化客户分类分层，并借助数据精益价值化，推动数字分类资产化，拓展潜在客户的门户网站与广告精准投放和推广，嫁接数字化第三方平台实现拓客等，都是企业数智化财务属性落地并优化的空间。具体内容见图1-4。

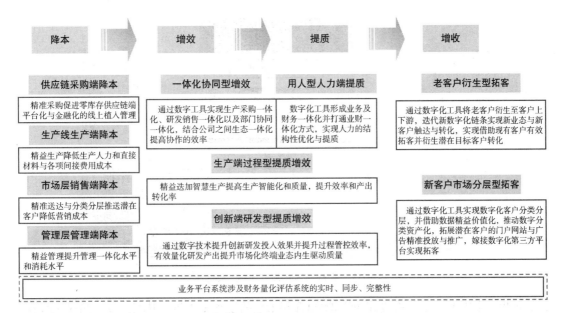

图 1-4 财务融合与量化落地转型内因路径

第二节 数字化转型下企业战略与业财一体化

一、企业管理目标与实现方式转型

企业战略是指为满足客户需求或实现客户价值而采取的行动方案。也就是说，战略是指组织为了实现长期生存和发展，在综合分析内外部环境基础上做出的具有全局性和长远性的谋划。

企业战略的实现过程也就是创造价值过程。它需要通过供产销来落地转化，包括供应链—企业内部运营—分销链—交换价值的一体化落地。战略目的是通过有效整合企业内部资源实现总体战略和业务战略，包括在公司总体战略指导下制定部门战略，并主要研究产品和服务在市场上的竞争问题，也包括未来产业、区域、产品、客户的定位，具体内容见图 1-5。

从图 1-5 可以看出，企业战略可以分解为业务与财务两大类型。业务战略包括品牌、产品、营销、生产、物流、采购、投资等细分领域，财务战略包括预算、资金、分析、模型、预警、成本、量化等细分领域。无论是业务还是财务，其细分的职能战略均从属于企业总体战略，为总体战略服务，服从于企业发展的总体方向。

作为企业价值管理者的财务战略，其范围取决于企业在战略发展方向中所扮演的角

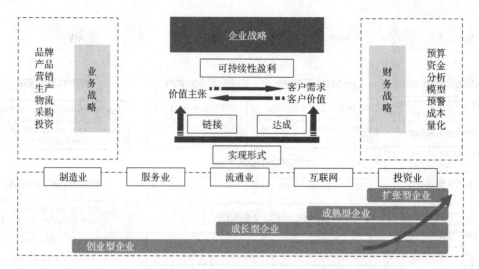

图 1-5　业财一体化模式下的企业战略

色,而财务管理模式需要根据管理职能和管理角色的变化来改变。因此,无论是业务还是财务,均处于为企业总体战略服务过程中,解决客户问题,通过渠道通路拓展,找到客户并做好客户关系维护,保障企业收入的可持续性。解决业务层面的客户问题,就需要对企业的业务内部进行改善,包括打造企业核心竞争力,对内部和外部的关键业务进行细化设计,推动企业供应链生态伙伴建设;通过系统的供产销一体化和研发生产质量一体化的落地,解决业务一体化的降本增效问题;借助财务的融合,实现业务层面的内生式革命性降本;通过提供物的转化,实现企业的价值主张,最终体现在财务的全过程、全流程服务和资金流的健康运转上。因此,从业财一体化协同角度看,企业管理类似管理的"蝴蝶模式"(或称"蝴蝶法则"),把企业管理目标融入业财一体化,并把管理目标的实现追本溯源到对客户需求的满足和创造性的满足上,见图1-6。

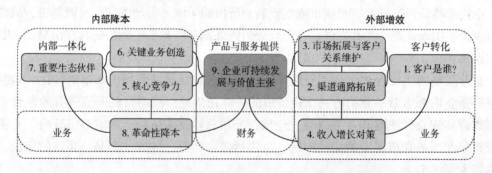

图 1-6　业财一体化下的企业管理"蝴蝶法则"

从企业战略角度出发,业务与财务的融合一体化是有效促进企业可持续性财富最大化的基础,也是企业的盈利本质属性决定的。从这个角度说,企业的财务管理本身就需要实现财务职能与业务职能的穿透式融合。通过重新组合,业财一体化得以落地,经营管理与财务管理工作实现穿透,从部门内部到企业层面被打通。换个角度说,企业在完成经营中心、预算中心、资金中心的"三中心"建设层面，业财一体化思维需要持续贯穿发展的始终。

企业财务管理的重要目标之一是企业价值可持续增长，具体分解来说，主要包括三大层面：首先是经营价值，体现的是经营商品和提供服务获得的溢价和差价；其次是管理价值，通过节流方式提高效率、降低成本、管控风险；最后是资本价值，通过资本的融资、并购、上市、整合，推动企业在合适的时机呈现指数式裂变增长。因此，要达到企业价值可持续增长这一财务管理目标，需要有效融合经营、管理、资本，并进行有效的排列组合，构建推动线上与线下市场拓展的共性与个性化市场拓展模式。而这个过程就是业务不断标准化和流程化、优化管控节点、实现市场拓展和转化的过程。

企业财务管理的另一个重要目标是采取妥善方式，不断革命性地降低成本，获得成本优势。具体而言，就是提高效率、降低成本、管控风险。而在这个通路上，需要做的是先分类，即按不同维度进行类别划分，包括按成本领域划分，不断寻找企业在市场外部的行情，落实企业内部指标，确定企业业务模式分类，推动外部采购、内部生产制造及创新研发提升产品附加值，落实共性与个性化灵捷制造和规模化生产降本的协同模式。而这个过程就是业务不断标准化和流程化、丰富成本优化管控节点、实现产品保质基础上的革命性降本，从而提升产品竞争力的过程。

从上述市场和内部管控来说，企业的财务管理目标与企业业务紧密衔接，因此，财务管理从基础的记账模式到核算，再到分析、预警、预测，都是一个财务和业务融合的演进过程。

（一）转型阶段与业财一体化演进

2000 年前后开始的信息化转型，实现了传统产业的软件系统集成，形成了流程标准化并解决了工作协同问题。

2010 年前后开始的数字化转型，针对消费互联网实现了软件系统集成。在这个阶段，可对业务实时监测，进而实时洞察业务。同时，完成了企业层面的流程管控与流程优化，通过业务的全面覆盖，解决了财务层面的降本增效问题和企业监管层面的风险管控问题。这个阶段的重要特征是数据融合、数据治理、数据应用通路被打通。

2020 年前后开始的智能化升级，实现了"互联网＋大数据"的集成积累，以及"人工智能＋智慧共享"的集成。在这个阶段，机器学习带动了数据智能的落地。业务优化之下实现了智能业务，机器学习之下实现了智能财务，数据变现之下实现了数据盈利，数据智能之下实现了企业业务重塑。数据智能模式带动企业组织体系的变化，重塑了企业员工与企业的业态、企业内部管控模式的业态。企业组织形式不断发生颠覆式改变。企业的组织扁平化、股东虚拟化、运作模式移动化、非核心模块外包化、员工及消费者沟通方式社交化等新应用场景不断转化。

因此，业态转化推动企业从系统集成、标准流程、工作协同、业务标准、财务标准的信息化转型，升级到数据融合、数据治理、数据应用、业务共享、财务共享的数字化转型，再不断向业务优化、数据盈利、业务重塑、业务一体、财务一体、业财一体的智能化升级进阶。

数字化转型演进路径和特征见图1-7。

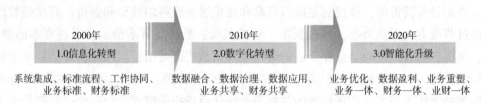

图1-7　数字化转型演进路径与特征

（二）业财一体化演进与财务记账方式演进

传统财务是分散式的、封闭的、手工作坊的操作模式。复杂的交易行为不断被压缩进会计科目，每一次压缩，都意味着信息价值的损失——经过从交易到原始凭证、从原始凭证到记账凭证、从记账凭证到明细账、从明细账到总账、从总账到会计报表的数据压缩过程。财务部门丢失了最能真实反映企业业务经营状况的过程数据，仅记录了经营结果，无法提供可信的经营决策支撑。如今，分布式账本技术的运用使传统中心式账本向区块链分布式账本网络演进。

从记账方法的演进来说，当下的分布式记账与不可篡改特征使记账工具兼容安全措施实现升级。科学技术的赋能使记账方式不断实现系统性突破。区块链（Blockchain）的这种分布式记账方法（或称分布式账本技术，Distributed Ledger Technology），由于采用多方共同维护方式，使用密码学保证传输和访问安全，能够保障数据一致存储、难以篡改并防止抵赖。区块链的"诚实"与"透明"也使这种记账技术助力传统记账模式升级，推动了记账方式的跨越式发展。

业财一体化演进与财务记账方式演进路径和特征见图1-8。

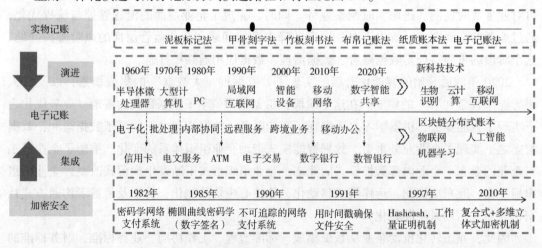

图1-8　业财一体化演进与财务记账方式演进路径和特征

二、财务管理目标与实现方式转型

财务管理目标,就是为实现企业发展目标,通过企业实施的财务活动和财务管控所要达到的根本目的。财务管理目标从属于企业总体战略目标,也从属于企业经营目标并为之服务,因此决定着财务管理的总体方向。

根本而言,财务管理目标是所有财务活动的起点,也是评价财务活动是否合理、是否达成既定效果的标准。作为企业总体战略目标的一部分,财务管理目标体现在企业经营目标上,就是企业经营目标在财务层面的执行效果,是企业经营活动在财务活动全流程闭环中的呈现。

财务管理的质量和运营效率的高低,往往是企业运营需要考虑的非常关键的要素。尤其是在企业运营结果的量化确认上,企业是否能够科学、合理地制定财务管理目标,是当下科学技术迅猛发展背景下,现代化企业的财务系统管理能否成功的前提。

财务管理目标首先涉及如何制定问题。科学、合理地制定可以落地执行的财务管理目标,才能在推进财务管理各项工作时有系统而明确的方向。然后是落地工具和方法选择问题。只有系统地结合科学技术的发展及企业实际情况,选择合适的工具和方法给财务管理赋能,才能推动财务管理目标优质、高效地落地。

企业面临科学技术不断更新的外部环境,以"大智移云物区"为代表的大数据、人工智能、移动互联网、云计算、物联网、区块链科学技术不断冲击传统业务形态。线上线下融合、个性化定制和灵捷制造等模式不断落地,企业对终端客户的渗透不断智能化,数据开始呈现从稀少到海量、从无规律到"清洗"后具有规律性的特征。

企业盈利模式及一体化趋势见图1-9。

纵使如此,如果企业依然采取传统的管理模式和应用工具,并且在分析企业内外部财务数据时没有做好顶层规划设计,以及未匹配好合适的科学技术工具,那么,最终数据的获取和筛选可能也会出现缺失,导致财务数据不具备完整性、真实性,财务管理的量化结果出现偏差,从而制约业务效率提升、公司治理优化、业绩量化达成和激励等。

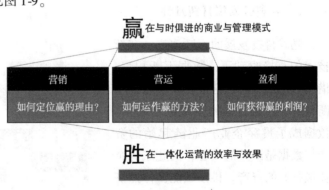

图1-9 企业盈利模式及一体化趋势

基于此,企业需与时俱进,推动财务管理升级,提升财务管理服务及时性和效率。而这往往需要推进企业业务与财务融合,也就是业财一体化落地。而业财一体化落地通常面临2个问题:

第一,在业务层面,随着企业体量的增大及业态的不断丰富和拓展,成熟的商业模式不断面临新业态和新模式的挑战，盈利空间不断收窄，市场拓展难度和市场维护难度不断加大，这导致企业的业务结构复杂程度持续加大，跨界运营模式、线上线下融合运营模式、供应链在采购端与营销端的一体化协同模式、企业整体产业链生态圈运营模式都呈现多元化发展趋势。企业实际管理与业务开展容易出现矛盾，运营管控难度增大。

第二，在财务层面，业务的科技赋能使交易量和规模呈现爆发式增长，财务管理的智能化不断需要从事后转到事中，各类科技加持之下的业务越来越丰富，要求财务必须做到事前设计才能有效支持业务。这意味着业务与财务的融合效率必须不断提升，直至系统性同步。而传统财务资源管理以事后核算与事后统计分析模式为主，事前预测与事中纠偏管控薄弱，导致财务人员以大量低附加值的基础工作为主，无法提供用于量化判断的前瞻性工作，也无法与业务部门融合，从而形成"两张皮"。这进而造成企业管理型财务人员匮乏，无法充分体现管理价值，难以实现财务管理目标——企业价值和可持续性财富最大化。

这些问题的主要致因是企业业务扩张速度大于财务响应能力，在传统模式之下，财务人员难以做出有效调整和优化，疲于处理业务后端的财务工作，没有使财务前移，导致管理脱节。

因此，企业业财一体化和财务管理职能转型中所面临的主要困局在于缺乏顶层规划和战略意识。企业顶层尚未形成各个层面利益诉求的趋同，同时，业财一体化意识不强，业财融合深度不足，各级人员的系统工作能力和产出转化水平有待提升。

三、数字化等科技对业财一体化赋能顶层逻辑落地瓶颈

（一）科技发展日新月异

随着科技发展的不断演进，在新技术的直接驱动下，数据不断积累，借助云、端、物的迭代互动，数字不断整合、反馈并最终形成数字资产。数据成了贯穿企业产业链起始的资产。数据是链接的核心，因此成为企业最核心的资产。科技赋能实体经济的智能链接数字经济网络见图1-10。

随着移动互联网的不断发展，社会个体的个性化社交需求不断演进，这使得个人与个人的协作协同和信息共享不断被挖掘出来，持续创造并激发出更多全新商业模式，以及更多的

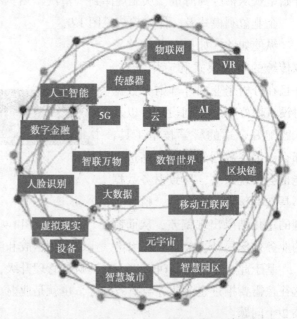

图1-10 科技赋能实体经济的智能链接数字经济网络

共享经济系统。

人工智能的发展不断提速，自学习赋能使机器学习步入深度学习领域。在做好设置情况下，机器人自主挖掘并实现在大数据中锚定新业态规律，不断实现转化。

基于云计算的应用，微观企业实现了数据集中、整理、分类、共享功能，并做到了价值化赋能的付费。云计算从全社会的公域领域向企业自建机房、软件多维开发、提供个性化服务的企业云中心等私域领域转化。交易云是数智化云服务场景中最具开发价值和应用价值的部分。它为生产厂家、商户和终端用户搭建桥梁，扩展平台化运营需求，打通上游供应链，构建全链路销售模型。营销云可以推动客户关系管理优化，实现私域运营营销技术落地，扩大销售能力。企业通过建设服务云、交易云、营销云并使其协同，可提升新客户转化率、老客户复购率及品牌传播力。

物联网的应用也越发成熟，可实时移动互联，解决链接问题。在互联网解决并实现人与人之间个性化互联的同时，物联网解决了物与物、人与物的链接。互联网 + 物联网融合跨界，可解决所有有形与无形、生命体与无生命体各类组合的互联互通问题，实现万物智联、互联互通的所有可能性。

区块链实现了去中心化、去信任化的共识机制的落地。克服了"信用"成本这一问题的区块链技术，加快了所有资产的数字化进程，也使过往传统的互联网金融成功转向金融互联网模式。在这个过程中，业务模式的升级也带动了财务记账模式的升级，实现了记账分布式网络化，见图 1-11。

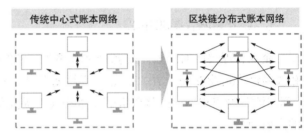

图 1-11　区块链技术推动账本模式升级路径与分布式账本路径

移动互联网、物联网、云计算、大数据在各行各业不断迭代，并形成了不少产业和行业的成熟应用及系统生态化场景。由 AI（人工智能）转化推动的虚拟现实（VR）和人脸识别系统，无人销售场景、智慧销售及体验，都需要推动业务的智能化与一体化，并通过与企业财务融合实现业务和财务一体化。

（二）业财融合加速导致系统欠缺顶层格局

在传统分工理论下，顶层格局的利益和目标不一致导致业务部门与财务部门缺乏应有的协同。公司治理在分工和制衡模式方面的管控问题，可能最终演绎成无法发挥团队作用，无法形成企业发展的合力。在市场竞争越发激烈的环境中，业务拓展面临残酷的竞争，业务系统与财务支持系统融合，进而实现财务系统对业务系统的无缝链接和支持的需求更加强烈。财务部门的内部服务有效性体现在为市场业务和内部流程提供及时、准确、系统的专业服务支持。而财务系统在提供服务过程中，若专业度不足，则容易形成会计业务流程和支持缺陷。

专业度不足更多的是因为企业顶层格局设计缺失。顶层格局问题导致的财务症结点主要表现为财务部门业务内容呈现"金字塔"结构缺陷，包括管理会计层面的预算、分析、控制、决策信息支持、成本管理等工作量大、重复性强的领域关联度差的缺陷，会计信息完整性与实时性滞后业务的缺陷，以及会计职业更多地强调专业技术，而针对业务需求的管理信息决策支持不足的缺陷。

从这个角度说，传统财务模式升级转型为业财融合模式的价值创造财务，坚定的思想意识是开展工作的必备要素之一。

在传统职能制组织结构中，管理层并未对业务和财务整合工作予以高度重视，缺乏企业发展全局观。基层人员对业财一体化流程再造中产生的新管理制度和工作方式比较消极，部门之间"各自为政"的管理模式延误了信息的顺利传递与共享。企业项目部财务人员对其职能定位较模糊，工作并未下沉到现场，疏于与各业务部门的联动。财务人员在付款审批、计量确认中被动地接收业务数据，风险意识淡薄，不联系具体业务节点，不深耕业务内涵，仅仅拘泥于数据形式上的审核，最终造成业务人员在与上、下游客户谈判时处于劣势地位，影响工作成效及效率。

因此，由于业财一体化管理意识薄弱，难以保证企业业财一体化的发展效率，继而对企业发展形成限制和牵绊。

（三）业财融合深度不足

企业管理层面的问题，更重要的体现在对人的管理。融合公司治理层面的部门设置，初衷是形成企业发展合力。在企业发展过程中，若受制于内控与制衡需要，管理会导致"部门墙"的出现。而此类事情的发生不利于提高信息共享性，也不利于实现财务和业务的高效融合。

由于实质性业务拓展需要企业全方位支持，而"部门墙"带来的"信息孤岛"使财务管理工作倾向于内部的"纸上谈兵"，无法对市场和业务信息进行有效分析与量化，更无法实现财务分析支持企业管理决策的重要"参谋官"角色。尤其是具有前瞻性、预测性的项目现金流策划、全面预算、纳税筹划、应急事件处理、项目财务风险管控等方面，受"部门墙"的影响，无法发挥财务指导业务、业务支持财务的协同效应。

由于欠缺财务管理理念，业务部门在日常经济活动中更多地关注业务指标的完成情况，往往忽视成本、风险、价值增值等因素，造成不可逆转的损失。在市场经济瞬息万变的形势下，企业业务呈现多元化，"牵一发而动全身"使业财一体化建设任重道远，这也倒逼财务管理职能必须转型升级。财务管理转型升级的重点在于财务系统的战略定位是否合适，它绝不仅仅是采用一个健全的差旅和招待开支管理框架提高工作流程效率，也不单单是减少备用现金的使用量、减少虚报冒领、增加差旅和招待开支的透明度、提高报销程序的效率，而更多的是做好业务拓展，挖掘市场发展增量，提升内部管控效率与质量。

（四）员工工作能力有待提升

在企业实施业财一体化的大背景下，数字化学习能力、专业素质和沟通能力都需持续加强。尤其企业的数据标准化、模型的改善与优化、管理理念的改变与转型、数字化赋能下的功能需求均发生了实质性改变。在数据端口,主要是如何解决接口的规范与标准化,以及海量数据的高速查询、统计支撑问题。在模型端口,主要是如何统一设备模型,规范能耗指标体系、量化分析模型。在管理端口,主要是管理理念问题,包括采取哪些企业数字资产体系化和综合提质增效相关措施、闭环管理方法,以及持续优化手段;实现平台转化,利用灵活的平台满足用户不断变化的基本现场需求;对市场拓展计划、对标的客观性、关键绩效指标(KPI)、定额等实施量化管理。在功能端口,主要是功能的需求问题,体现在针对降本增效、提质增效、市场增效的评估和效果评价与量化管理,实现设备层—监控层—管理层生产全过程的业务平衡分析、效果诊断、运行优化、量化对比分析、市场拓展规划与优化。

因此,传统企业员工工作模式与新形势下对企业管理工作的高标准、严要求存在较大差距,极易对企业管理职能的转型造成阻碍,不利于顺利推进业财一体化。员工需要重新审视自身的工作水平,提高专业素质,增强沟通能力,改善专业知识储备,提升与新岗位职责的匹配度,进而形成较强的适应性,积淀针对技能的快速转型能力。

(五)面临较大的系统支持和网络安全隐患

当今社会已经步入互联网高速发展时代,大数据、云计算在为企业业财税一体化管理创造机遇的同时,也带来了较大的网络信息安全隐患,进而限制了业财一体化的发展进程。

关于网络信息安全方面的问题,首先,哪怕是实现业财融合之前的企业运营,通常也需要具备基础的硬件支持系统,这是企业实现正常产出的基础。其次,推动智能化的业财融合,不仅要实现现有软硬件的集成,加上智能化集成系统,叠加平台和存储等,而且要物联网系统的支持。最后,针对应用的前台端,需要链接各类采集设备,为实现设备关联,要确保网络接口的标准化并采取妥善的网络安全防护措施,见图1-12。

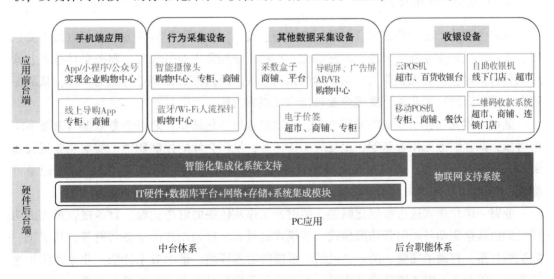

图1-12 业财一体化需要具备的基础硬件设施及网络基本布局

具体来说，网络信息安全问题主要体现在以下3个方面：

第一，当前很多企业在财务管理方面仍以传统模式为主，在网络安全意识方面有所欠缺，管理懈怠，对网络数据安全防护措施重视不够。当出现病毒攻击及非法入侵行为时，由于防护等级偏低，企业无法做到及时应对，进而导致业务、财务等相关数据丢失、被窃取，严重的甚至会影响到整体运营管理。

第二，很多企业无法适应现代化的网络交易模式，滞后的身份认证方法极易造成认证信息被非法盗用，从而遭遇经济损失。

第三，即使企业具有较好的现代网络交易系统，防控方面仍欠缺足额投入，尚未真正对管控体系进行系统化安全防范，有关防控产品的落实也跟不上商业模式变化带来的各项软件集成系统和硬件支持系统的升级。覆盖面和风控及时性滞后导致企业无法经受住网络的刻意攻击，面临风险防范的内控缺失。由于内部稽核层面涉及的知识具有较强的专业性，因此，企业一旦被攻击，就可能导致整体核心数据资产泄露，进而面临由"门户大开"引发的可持续经营风险。

第三节 业财一体化的概念、步骤与发展

一、概念与步骤

（一）业财一体化概念

业财一体化，也称业财融合，是指借助信息技术，将数据平台作为财务信息的主要载体，推动微观企业业务与财务资源标准化，推动企业经营中业务流程、财务会计流程、管理流程有机融合，实现企业人、财、物的紧密集成，使财务数据和业务融为一体，从而促进企业顺利开展经营业务，实现企业可持续发展的方法。

业财一体化在科学技术的赋能之下，借助财务数字化转型，通过业务数据与财务系统的对接，减轻财务工作者基础、重复的工作任务，发挥会计的控制职能，实现业务流程和财务支持的闭环管理，从而提高财务量化业务的数据准确性、反馈及时性、数据记录可溯性。

业财一体化模式通过数字化赋能，使财务工作从传统的财务记账、财务报告模式成功转型到由数据驱动各项财务功能模式。该模式通过数字技术创建的业务与财务，基于统一标准的数据，打通了完整、统一、灵活、敏捷的运营环境。借助数字特征，业务团队快速拓展企业的业务，财务团队通过实时、直观的业务数据对企业的发展进行预测、量化，并提供针对顶层格局和战略角度的意见，使得企业可以及时调整战略、应对风险，确保企业

获得可持续增长的途径。

业财一体化的实现,主要得益于信息技术革命推动企业管理一体化集成运营。一体化集成的管控模式与不断完善的信息化架构,推动企业全渠道业务运营闭环的销售模式迭代。企业业务不断实现平台化,平台化的前端和后台两部分借助标准化接口实现链条链接。其中,平台前端包括"顾客触达前端"和"一线作业移动工具前端",平台后台包括"运营支持平台"和"物流供应链作业平台"。信息技术革命推动满足客户需求与创造性的一体化运营。而标准化的财务系统和支持系统正是业务一体化落地的支撑基础。

业财一体化模式注重企业内部科学管理工作的开展,并打破部门界限,做到相互协作、资源共享;通过业务流程和管控模式的标准化,提高资产质量,增加财务数据的真实性,实现财务数据与业务数据的有效融合,推动财务和业务流程的优化和再造。业财一体化的迭代是管理会计发挥作用的根本和基础,可以不断解决所有传统业务与财务脱节的问题,实现业务数据和财务数据同步、同源、统一。业财一体化中的中台业务数据非常重要,业务数据在生成的同时,同步产生对应财务数据,供管理层及时做出决策并提升决策效率。管理会计与核算会计不断转型和标准化,可以让共享模式服务于业务。

业财一体化集成的管控模式与发展架构见图 1-13。

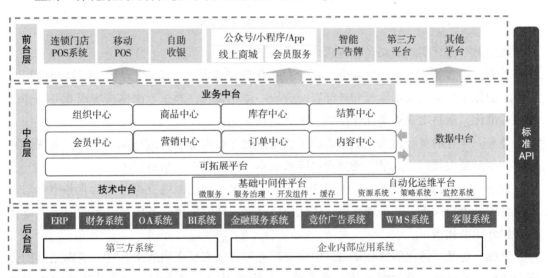

图 1-13 业财一体化集成的管控模式与发展架构

(二) 业财一体化步骤

2016 年,财政部正式发布《管理会计基本指引》,提出了以融合性原则为基础的财务管理方法。这种以"财务嵌套业务,业务流程基础导向,推动财务和业务逻辑有机融合"为主的模式,以实现业财一体化作为发展方向。因此,业财一体化落地是管理会计实现价值的体现,也是确保管理会计价值增值的重要路径。

业财一体化落地有 3 个重要步骤:首先是业务一体化,其次是财务一体化,最后才是系统完成业财一体化。财务一体化的重要标志是财务在通过财务集中化管控降本增效过程中，不断沉淀优化，实现企业基于财务标准化和复用的财务共享服务中心的落地。而业财一体化很重要的一个标志是数据中台建设完成和良好运转生态形成。业财一体化具体实现步骤见图1-14。

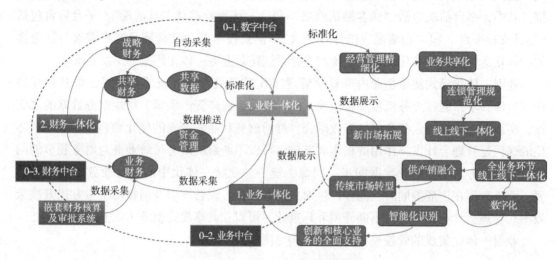

图1-14　业财一体化实现步骤

按业财一体化实现的路径和逻辑，细化步骤如下：

首先，落实业务一体化。业务一体化是指借助信息技术，立足顶层设计的管理思想，以科学的方法对企业内部资源和外部资源进行一体化整合，通过数据链接实现业务操作流程的标准化，最终实现资源优化配置、业务流程优化。

业务一体化的整合逻辑，最核心的思想就是对企业内部资源进行集中管理，实现协同价值，创造最大效果。效果主要体现在降低成本、减少库存、精益生产。

业务一体化的落地逻辑，很重要的一环就是借助中台的系统支撑，包括业务中台与数字中台的系统协同支撑，实现业务一体化快速落地，同时为由财务中台支撑的财务一体化衔接做好标准化接口。

因此，业务一体化的核心是透过中台支撑业务共享实现正向效果。这一逻辑是借助打通业务层面的壁垒，有效管理整个供应链。在此过程中，需要实施"企业流程优化和再造"，针对财务系统完成财务一体化。

这个推动过程体现在基础业务层面和创新业务层面的各2个方面。基础业务层面，第一，企业的经营管理精细化，针对不同管理主体进行精细化经营，涉及供应链管理、品类管理、销售链管理、其他辅助管理等；第二，企业实现连锁管理规范化，借助行业一般业务实践和标杆最佳业务实践，达成基于规范的连锁业务模式和流程设计。创新业务层面，第一，企业管理向线上线下一体化的供销融合和新市场拓展转型，线上线下一体化实现响应市场全渠道需求的一体化运营体制，改善企业以客户为中心的数字化，推动全业务环节线上线下一体化；第二，企业管理从数字化向智能化转型，这个过程跟随行业技术驱动节奏，基于全渠道运营数据，快速应用数字化落地技术，主动推动运营向智能化发展。

其次，由于信息技术革命推动企业商业模式改变，业务功能拓展引发财务决策支持系统架构基本面改变。随着以大数据为引领的科学技术的兴起，企业以行业多元创新业务为支持起点，既需要关注多元业务的协同与融合，又需要关注传统业务系统的互联网化重构。企业在不摒弃传统业务的基础上，紧跟行业创新方向，不断加强系统对创新和核心业务的全面支持。

由于业务一体化集成的管控模式发生改变，数字技术同样给财务管理带来了新的生产力，管理会计体系建设也在通过财务标准化模式向前推进。企业推动业财一体化管理理念有效落地，以及财务流程标准化和再造，对财务流程进行系统梳理，实现财务内部标准化，建成财务共享模式。

关于如何衡量业务一体化，在业务支撑和支持层面，财务管理最终需要实现向战略支持型财务管理的转型。财务本身的后台功能体现在以货币资金的支持、财务管理赋能，以及财务内部流程的优化上。云计算改变会计信息记录存储方式，会计信息系统的重新整合获得数字化赋能尤其重要。

业务集成一体化具体内容见图 1-15。

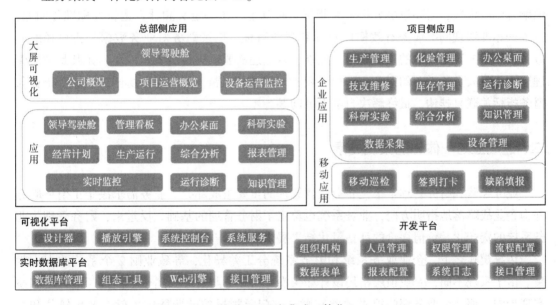

图 1-15　业务集成一体化

由于财务的资金通畅迭代，财务报表和管理结果作用于业务系统，财务标准化作业提质增效的价值过程相对隐性、长期，是一个从成本中心向利润中心转变的过程，也是一个动态、循环、优化、迭代的过程。

由于财务提供服务的效率转型，财务共享非常有必要。财务共享可以实现标准化、专业化的集中输出，集中提供针对研发、采购、经营、质量、营销、物流等生产运营型职能战略的服务，支持人力资源、信息化、知识管理等资源保障型职能战略，落实组织管控、企业文化、公共关系等战略支持型职能战略。因此，从协同角度看，融合和协调业务系统与财务系统是关键。

最后，企业作为价值链创造和传递的有机体，也如人体一般有精密的构成，业务流程之间的衔接和价值传递是一个复杂的过程，如同遍布全身的经脉。因此，系统接口的设计很重要。在业务层面的API（应用程序接口）方面，企业通过打通财务与业务的数据接口，在财务一体化共享流程与业务标准一体化流程间建立关联，利用数字系统实现信息集成并确保可溯源性，真正达成业财一体化的管控目标。

借助财务的量化支持作用，解决商业角逐从地段到流量、从流量到粉丝经济的核心转变。在这个过程中，企业借助业务与财务的标准化和系统接口，推动组织升级和平台化，把共享中心转化成连接业务前台和财务后台的接口，借助中台系统构建平台化生态体系；借助数字化，在流程再造过程中进行平台化运营和模块化运作。企业通过打破内部与外部业务边界，以及激励方式与雇佣关系的变化，解决内部业务外部化和专业化外包问题。因此，在业务流程再造背景下，同步融合的财务作业平台模式的共享化和智能化转变引发财务运营中心作业方式变化。

财务是所有业务流程的价值衡量者、反映者、保护者和创造者。企业推动业财融合，但融合难度很大，需要解决分析体系指标口径问题，统一定义和计算逻辑及标准化问题，按统一标准实现同类业务有效横向对标和行业对标，以及财务对业务数据分析口径的一致，聚焦业务真正关注的重点问题。此外，企业还需要解决各级管理人员，尤其是中层管理层和业务人员所需要的财务、法律、业务知识储备问题，并与财务协同，使业务指标与财务指标关联且挂钩，最终解决自身发展问题。

二、达成业财一体化的关键要素

业务经营和财务管理本来是企业经营管理的重要组成部分。业务需求决定了财务服务并为企业战略落地指明方向，业务系统也奠定了财务管理的基础。反过来，财务管理为业务系统的资产化及价值评价的评估量化结果提供支持。

传统模式之下，企业业务系统和财务系统分工差异化，导致业财2个系统的人为割裂。由于系统不同，企业顶层格局设计如果没有将业务与财务分属于不同部门的最终利益实现趋同，那么，业务部门追求效益和财务部门重视风控的职能定位就会产生错位和交叉，人为割裂带来信息屏障和内部壁垒，继而引发业财矛盾升级。

做到业财融合，能够化解上述人为割裂因素导致的矛盾。企业借助业财一体化，实现标准化之下业务市场拓展价值，以及财务系统支持业务系统价值创造的协同。

财务职能本身通过业财融合逻辑的落地，可以实现从关注结果到重视过程的改变，财务实现从传统向智能决策的转型，以及从规范制度到注重风险防控的升级。战略指引层面完成从聚焦内部到统筹内外的转型，价值创造层面则可以做到从书写历史到塑造未来的前瞻性升级。

因此，企业大力推动业财一体化，就是将可持续财富最大化的目标放在最重要的位置,在数字化等技术赋能之下,回归管理本源,促进业务和财务的融合统一。

(一) 业财融合的实施路径

从业财融合实施路径看,结合企业战略设计与愿景,借助企业数字化转型实现系统化的标准转化,实现数字从无到有和资产化。从落地的总体逻辑看,通过构建 KPI 体系,推动财务后台内部共享化与业务前台市场智能化和生产系统产品支撑平台化的协同。

因此,借助财务智能化标准体系结构的核心路径设计实现业财融合,需要完成 6 个领域的演进和转换,包括:①业务标准化;②流程自动化;③数据一体化;④数据结构化;⑤模型可视化;⑥系统一体化。

从更加直观的角度看,企业还可以借助可视化系统,实现财务共享和融合可视化,从而为业务智能化标准体系结构的核心路径转型做好支撑,也为业务未来发展的平台化管控及预警提供量化的视觉冲击,借助量化系统和可视化系统改善监控指标方式,不断反思与复盘业务,调整和优化业务流程。

业财融合背景下,在由数据中台支撑的产品体系衔接财务共享和市场拓展体系过程中,可以借助智能化与自动化系统,推进业务系统和财务系统的半自动化或全自动化融合,从而提高工作效率。

业财融合发展过程,一般先是主营业务业财一体化,解决采购、生产、销售等主营业务与核算集成问题;之后是主辅业务业财一体化,解决商旅、薪酬、资产等方面的叠加问题。

业财融合核心路径具体内容见图 1-16。

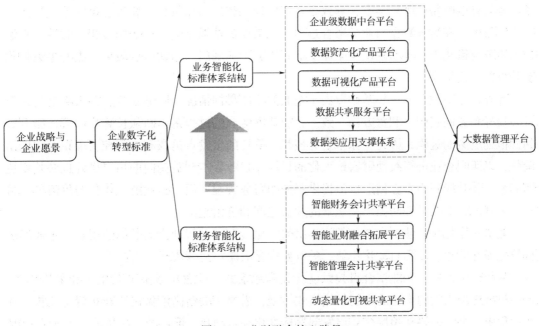

图 1-16 业财融合核心路径

(二) 业财融合的实施效果

业财一体化的实施，可以解决系统化的融合和转化问题，促进业务执行、业务审批、财务执行、预算管理、会计核算、风控合规层面的提质增效。这些成效体现在：

（1）改进业务流程，强化工作配合。企业借助业财融合过程，可以强化业务与财务在业务工作方面的协同和配合，并不断改进业务流程。

（2）完善信息建设，促进信息整合。企业通过加快推进信息化建设，借助信息技术构建业财大数据平台，将相对分散的业务数据和财务数据集中至统一的数据平台，有效促进业务与财务数据的整合和共享。

（3）优化组织架构，增进人员融合。企业推动从以会计核算为导向向以战略引领为导向的财务共享模式转型，改进业务流程，完善信息系统，优化组织架构，创新财务管理，并为人员融合带来有利契机。

(三) 业财融合的关键要素

由于传统模式向新的业财融合模式转型，在新增的管控节点和剔除传统模式老节点的优化迭代上，一方面要加强顶层设计；另一方面流程管控难度加大，协调工作增多，财务内部协调及与业务部门的沟通节点需要系统实现，配合难度加大，信息整合容易遭遇落地执行偏差、人力资源协同度不足等瓶颈。

延伸至整个价值链的线上与线下平台融合，供应商、消费者和竞争者等外部完整的业务流程信息接收路径越发丰富，导致企业产供销一体的信息收集、整理、反馈等一揽子转换难度较大。在财务数据与业务融合过程中，借助数据描绘业务全貌的过程及时性、真实性的服务与量化工作容易缺位，全面支持并服务业务部门、增加服务效率、提升决策量化有效性的难度加大。

此外，业财融合的信任基础取决于企业战略的贯彻情况，财务融合和升级需要与企业发展目标和方向趋同，利益方向一致。企业业财融合的过程是不断从核算型和管控型升级到价值创造型的过程，因此，原来财务核算、管控的出发点是权利与管控，现在必须做出调整，以匹配企业可持续性财富最大化的目标。财务根本利益趋同的顶层设计也必须变更和调整，并升级到为企业创造价值提供服务的财务管理方面。而业财一体化的价值创造目标，体现了企业全员在防控风险之上的利益趋同和价值趋同。

业财一体化转型使所有企业都面临由数字化转型带动管理全面升级的现实。企业实现科技赋能标准化、流程自动化作业，关键要素是战略、运营模式、人员。

从战略定位看，企业结合科技赋能优化商业模式，改善市场业务及生产和采购作业，推动科技进步引发的丰富的市场触达模式转型，需要从战略高度做出重新布置与安排。在此过程中，企业需要从顶层格局出发部署标准化和自动化，既解放人力资源，又确保RPA融入顶层信息发展子战略。

从运营模式看，企业除了战略高度的部署，还需要战术性落地，对与商业模式匹配的营销模式、市场方案、生产方案、采购方案等进行一揽子系统化部署，通过加大信息部门的监督力度，参与可持续发展的流程自动化设计及实施。企业针对自身所处的发展阶段，结合标准化作业和流程自动化的可行性，匹配足够的自动化流程。从具体落地层面来说，企业实施和推动从简单流程向复杂流程扩展，在此过程中提升业务流程的标准化、自动化水平并及时优化迭代。同时，财务结合需求，内部同步推动标准化和集成共享模式的转化，通过财务共享输出高效、及时的财务报销能力，提升精准财务核算能力，实现财务数据分析的针对性、前瞻性和可视化，为企业精益管理等奠定基础。

关于人员，分为企业人力资源部署和个人转型2个层面。人力资源部署层面，针对类似RPA的替代，企业需要对优化后的人力资源进行重新培养和提升，并为其部署更有价值的企业管理或财务管理的管理型任务。个人转型层面，在系统推动转型的前提下，企业员工用新知识丰富个人知识体系，完善个人知识结构，提升学习能力，与时俱进地实现自我解放。

因此，实施企业业财一体化，达成全员管理转型，需要将业务人员和财务人员都从繁杂、基础、重复的日常事务中解放出来，通过转型和调整实现管理赋能的价值创造，突破过往传统、基础工作繁杂而无法提升管理价值赋能的瓶颈。企业推动科学技术在企业的转化过程中，需要从顶层战略、运营模式落地、人力资源改革入手，有效借助信息化工具开展标准化作业，完成流程自动化，推动业务与财务智能化，实现业财一体化转型。

第四节 案例与思考

一、上汽集团：制造行业业财一体化数字化转型策略与路径

上海汽车集团股份有限公司（简称"上汽集团"）是目前国内A股市场最大的汽车上市公司。上汽集团主要业务包括整车和汽车零部件的研发、生产和销售，积极推进新能源汽车、互联网汽车的商业化，并开展物流、汽车电商、出行服务、节能和充电服务等移动出行服务业务，在产业大数据和人工智能领域积极布局，汽车产销链条从研发、生产制造、物流运输、销售、营销到最终端客户。随着产业互联网的发展，上汽集团品牌未统一，资金未有效利用，产业发展转型压力大，在加快创新转型过程中，需要从传统的制造型企业向为消费者提供全方位产品和服务，以及综合供应商转型升级。

因此，针对自身各个品牌商城的独立运营和财务分散运作模式的转型问题，上汽集团推动各个环节进行聚合式信息化改造，通过建立数字化"营销商城"，将销售和营销环节搬到线上，收集详细的客户数据并打通产销数据全链路，实现C2B（Customer to Business，即消费者到企业）模式的精细化运营和管理，见图1-17。

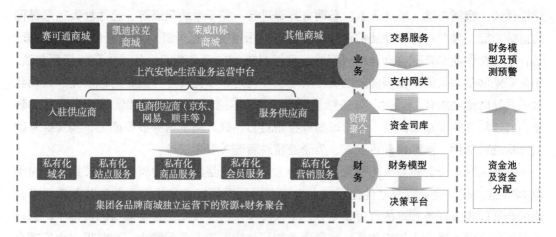

图1-17　上汽集团业财融合的资源+财务聚合路径

（来源：根据上汽集团官网及《万物智联，线上数字：数智化转型升级理论与实战》一书中上汽集团案例绘制）

（一）业财一体化的业务前台营销数字化

1. 业财一体化的业务前台营销数字化目标

上汽集团以造车人、卖车人、买车人和用车人等客户为中心，建立产品"定制化+个性化"的营销商城，连接上游供应链、内部生产线和客户。上汽集团通过对各个渠道客户数据的收集和分析，了解客户的群体偏好，从而反向推动上游供应链的配件供给及车间的排产计划。上汽集团通过客户数据指导产销链条各个环节的优化，再为客户提供更好的体验和服务，反过来获取更多的线上客户和数据，继续进行优化，形成良性闭环，同时建立合规管理体系，保障产销数据链各环节的安全和稳定。

上汽集团实现业财一体化的前端，就是从简单到复杂的转变演绎过程。从容易入手的营销端开始，有助于价值快速实现，减少转型障碍。

因此，上汽集团推动营销数字化转型的主要目标如下：

第一，以车为本、以客户服务为中心构建集团统一的客户平台。上汽集团旗下有荣威、通用、大众、凯迪拉克、雪佛兰等众多品牌，各品牌商城既要独立经营，实现差异化运营，又要聚合资源，共享信息，通过各品牌间相互引流，降低获客成本，提升商业效率，建立大中台、小前端的业务架构，进而实现提升品牌竞争力的目标。

第二，集合资源，聚合服务，为客户提供更加全面、系统化和精细化的服务体验。上汽集团需要提升客户的消费体验，通过各品牌、各板块客户的数据传递、权益互换、服务共享，实现客户利益最大化、权益服务化和数据共享化等业务目标。

第三，支持对接多方外部供应链服务，支持不同前端商城业务的个性化和差异性。上汽集团需要实现针对不同人群的精细化和差异化运营，全方位定义客户，进而采取精细化的运营措施，实现降本增效的目标。

第四，建立全产销业务链条的合规管理体系，通过业财一体化促进提质增效。上汽集团需将合规审查贯穿于经营决策、业务上线、订单签约等业务环节，组建包括合规管理人员和业务人员在内的工作团队，通过业财一体化整合及合规审查，持续做好市场营销、业务合作、客户服务、招标采购等领域的合规风险防控工作，实现提质增效的目标。

2. C2B数字化营销模式

上汽集团作为全球首家实施C2B大规模个性化智能定制的车企，能让客户按自己的需求定制理想汽车，从而实现精细化运营管理。在C2B模式下，产品定义、开发、验证、选配、定价、改进等业务流程都是客户、设计师和工程师共同思考和努力的结果，并通过专业化、模块化和标准化的板块进行风险控制，实现良好的合规管理。

上汽集团通过C2B大规模个性化智能定制的数字化营销模式，将产品的选择权和主导权交给客户。C2B定制就是将客户个体的需求数字化，并将"B"（Business，企业）端根据"C"（Customer，消费者）端需求制定的解决方案也数字化，通过大数据收集和分析实现"C"端与"B"端的直联，加强企业与客户之间持续沟通的交互关系。基于互联网与大数据技术的应用，上汽集团突破了传统的产销边界。上汽集团通过C2B大规模个性化智能定制模式，采集客户需求数据并进行分析，形成大数据库，从而加速品质提升、产品迭代。同时，上汽集团打通了研发端、制造端、营销端等端口，大幅提升企业效率，降低成本。上汽集团使消费者可以与企业形成信息对称，实时获取车辆交付信息、零部件信息等，从而提升消费者的安全感。通过C2B大规模个性化智能定制模式，上汽集团以精致化服务收获客户满意度，形成客户自发的口碑传播，提升了品牌价值。

上汽集团通过建立大数据平台和管控系统，保障C2B大规模个性化智能定制的安全、合规。上汽集团通过大数据平台建设，在采购、生产、物流、售后等环节梳理和打通了客户、工程、制造各板块的关系，改变了原先只有销售部门对应经销商，再由经销商对应客户的格局。首先，上汽集团以技术升级的方式打造透明工厂，推进信息传递实时化、透明化，使工程、制造、物流等内部部门可以实时获悉客户的订单要求，并以产能在线的形式全透明地呈现给客户，让客户也能够实时跟踪和共同监督。其次，零件供应商根据企业发布的零件订单进行生产。定制化生产零件不仅能够让生产和管理更加高效，避免传统模式下的库存成本，而且能够保证售后车辆维修的高效、便捷。最后，车辆完成全部安装后，手持设备会提示操作员进行专属车辆的装配检验，从而保证专属订单的质量。质检线上每一段重要工位都会配备质监人员，散布在全程做质量监察和布局，全力保障每一辆汽车的质量。

3. 数字化智能客户平台管理

上汽集团开发了基于云计算的新一代数字化服务平台，包括互联中台和数据中台，并通过智慧车联系统融合各子品牌的优势资源，提供各项车主权益和车主服务，管控合规风险。

上汽集团通过数字化营销的客户服务平台建设，着力打造内容、活动、权益和商品4个中心。在客户管理平台方面，上汽集团打通各品牌客户流量，多渠道引流。2020年，上汽大众"大众一家"会员系统焕新升级为"会员俱乐部",使得集团旗下其他品牌的车主也能够加入,并且享受相应的福利和服务。同时,全新升级自有各大渠道,支持总部、区域、经销商三级联动,线上线下场效合一,"玩转"私域,重构渠道。在数据协同方面,上汽集团搭建了业务数据中心,整合客户数据并打通"数据孤岛"。上汽大众建立了客户数据管理平台,整合各个业务系统的客户数据、车辆数据、流程数据,打造客户全方位的"画像",实现客户的分类培育和转化,创造更优的客户线上体验,同时赋能服务客户的业务流程。

在汽车销售的存量时代,消费者尤其是年轻消费者的消费理念全新升级,正在从单一的商品消费向全方位的消费体验转变。上汽集团立足产品、品牌、渠道、服务等关键点,从客户角度进行更具前瞻性的服务思考和改变。上汽集团通过积累的客户数据搭建私域流量池,打造以客户为中心的产品应用场景,与客户建立更直接、更有温度的连接,从而进一步提升营销效率。上汽集团自主研发"上汽集团数据平台",从技术上打通不同信息系统间的数据,使各品牌内成员企业的数据都接入平台,既可实现自身业务系统数据的共融,也可借用平台资源实现产业数据、链内数据的共享,并在统一的治理框架下形成数据的标准化、规范化,促进更精准的客户管理与营销,避免全量推送对客户的干扰,提升营销目标的转化,降低推送成本,并通过技术手段保障信息安全。

4. 数字化营销中的信息安全保障

上汽集团建立赤霄网络空间信息安全实验室,以保障汽车设计、生产、销售、使用、运维等过程中涉及个人信息的数据安全。

上汽集团积极建立覆盖智能网联汽车全生命周期的网络安全运营体系,并通过深度融入整车研发制造流程的方式,提升汽车云管端一体化的网络安全水平。我国于2021年10月1日正式实施的《汽车数据安全管理若干规定(试行)》明确了汽车数据的范围,并且提出要规范汽车数据处理活动,防范和化解汽车数据安全风险,保障汽车数据依法、合理、有效利用。上汽集团建立了贯穿全产销链的安全管理体系,包含总体安全管理要求、整车开发的全流程融合、测试要求、运营要求、风险评估方法等。在技术团队建设上,上汽集团建立了纵深防御体系,从接入层、运营层、主机层、数据层到物理层,形成了每层对应的防护体系,确保云上的应用,尤其是与车相关的应用安全、可靠。

上汽集团建立数据安全管理制度与合规稽核流程,落实数据安全保护义务,并通过稽核的手段保证汽车数据运转处于合规状态。首先,梳理企业的数据资产和数据场景,包括大数据处理加工分析、智驾数据的标注、第三方委托处理等重要内容,为技术管控、合规应对、管理体系建设做好基础铺垫。其次,评估自身的数据管控状态和合规状态,根据《个人信息保护法》《数据安全法》等法律法规,以及《汽车数据安全管理若干规定(试行)》等政策文件,开展定期合规审计及合规差距分析。最后,对安全运营体系进行查漏补缺,针对性地提升自身所缺乏的安全技术,如数据加解密、数据脱敏、电子认证等核心内容,提升网络数据安全硬实力。

（二）企业数字化营销中数字化转型路径与方案

1. 企业数字化营销数字化路径

企业数字化营销数字化路径探索，需要基于自身的产销业务全流程进行各环节的合规风险管控，以保障良好的运营效果。企业数字化营销的合规管理，首先需要根据自身定位建立明确的数字化转型目标。其次对营销模式、客户平台管理等方面进行数字化转型升级。最后通过技术和管理手段进行合规风险控制，保障数字化营销转型升级的安全性与稳定性。

企业数字化营销的数字化路径见图1-18。

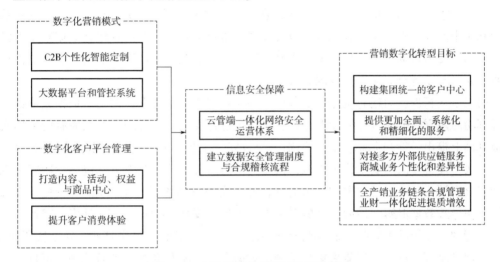

图1-18　企业数字化营销的数字化路径

由图1-18可知，企业需要通过构建和完善保障信息安全的数字化并建立数字化的合规管理体系，才能有效推动以客户为中心的数字化营销模式与平台管理，进而实现营销数字化转型的各项目标。

第一，企业从资产投入到产品转型的数字化市场营销，需要线上与线下连接并实现产业链条互联互通。企业通过打造以客户需求为主体的产品应用场景，持续将线上定制与线下体验进行链接与融合，实现线下运用场景的线上虚拟化转移，借助客户服务平台加大"私域流量""圈层文化"的运营，并打造产品营销及衍生品的闭环。

第二，企业数字化管理体系的建立需要基于技术方面的云管端一体化网络安全运营体系，以及管理方面的数据安全管理制度与合规稽核流程的共同保障。企业数字化转型过程中需要通过构建云平台保障信息安全，避免内部数据及客户个人数据被篡改、删除或窃取，保障数据的完整性、真实性和安全性，构建内部数据传递与共享各环节的稽核流程，提升内部数据共享效率、智能化水平和可审计性。

第三，企业在数字化营销目标实现过程中，通过构建统一的客户中心，借助数据赋能，将大数据分析结果直接用于客户的精益化管理和精细化运营。企业可以从人和物2个层面出发，挖掘客户的隐性与潜在价值，对接多方外部供应链服务，进行全产销业务链条合规管理，并通过构建业财一体化体系实现提质增效的目标。

2. 企业数字化营销的合规方案

根据前述企业数字化营销合规路径，从技术和管理2个层面提出企业数字化营销的合规方案。

第一，从技术层面解决企业内部数据安全问题，保障营销数字化合规运营。首先，以信息技术保障交易信息安全，通过加密技术避免交易信息在传输过程中被侵犯者截获或窃听，并通过数字签名和数字信封技术，保证信息的完整性和不可抵赖性。其次，以数据备份和储存技术保障产品数据安全，由备份软件将数据备份到磁带库设备中，并灵活设置数据库、表大小等技术参数，支持对多媒体数据及大数据处理的技术需求。最后，通过数据备份和灾难恢复技术、防火墙技术、数据加密解密技术和防病毒技术建立数据安全保障体系，对关键交易数据，如商品数量、交易金额、付款状态等，提供较强的数据安全性控制机制，防止对系统有业务操作权限的人进行篡改。

第二，从管理层面建立企业产销各环节的合规稽查流程体系。首先，根据企业数据安全管理功能建立数据安全分级管理体系，对数据进行安全分级管理，并在原有的数据安全分级基础上提出"客户隐私信息"类别，通过安全保护，起到"客户隐私信息保护"作用。其次，设置专门的安全管理组织，根据产销链需要安排安全人员，包括专职安全管理员和安全审计员，对敏感数据的导出进行管理，实现敏感数据"不落地"，避免人工参与数据操作导致数据泄露。最后，开展安全审计工作，按月上报安全审计月报，审计内容包括人员管理、安全补丁安装、病毒防护更新、远程接入规范、漏洞修补、安全代码审核、安全培训讲座等，从生产环节采集开发测试数据等工作需严格遵守策略管理、审批、审计等安全管理制度要求。

（三）业财一体化数字化营销赋能成果

"互联网+"营销大变革推动了企业必须通过营销数字化转型提升业绩和竞争力。实现产销链条各环节的数字化和数据流通，运用大数据和智能算法技术挖掘数据价值、自动化处理业务、提供决策支持、驱动商业模式创新等，是企业营销赋能的必然趋势。其中最重要的是把离线的客户在线化，多场景收集全面的客户数据，对客户从线索、购买到服务全部进行数字化记录，不仅实现客户数据对销售营销策略的指导，而且反向驱动企业对研发、生产制造、物流运输的模式创新，并加强合规风险管理，保障企业营销数字化转型安全、平稳进行。

上汽集团结合业务先行、财务融合，构建以产品为根本、以用户服务为中心的模式；创新性地提出建设基于用户、积分及权益的业务通兑平台，集合业务、聚合财务、业财融合下全面、系统和精益的用户服务模式，提升了效率。上汽集团通过提升各板块用户消费体验、打通各板块用户通路下的积分通兑、权益互换、业财共享，实现用户利益最大化、权益服务化和数据统一化等业务场景。发展层面，上汽集团打造基于用户、积分、业财一体化的服务平台，为构建私域用户流量池奠定了良好的基础。具体内容见图1-19。

图1-19 上汽集团通兑平台品牌整合打造业财一体化体系

（来源：根据上汽集团官网及《万物智联，线上数字：数智化转型升级理论与实战》一书中上汽集团案例绘制）

二、康友为：网络科技行业业财一体化数字化转型策略与路径

相对于其他行业，医药流通行业壁垒和进入门槛较高，受医改政策等因素影响较大，业务一体化的难度大。因此，身处医药流通行业的企业能否做到基于合法合规的业务一体化，实现精准的降本增效，直接关系到其能否生存和持续发展。企业以全流程业务网络平台的合规管控体系为基础，构建业务一体化转型通路，对实现业财一体化具有非常重要的意义。

北京康友为网络科技有限公司（简称"康友为"）总部设在北京，与各类大型大健康产业的知名品牌企业开展战略合作，主要经营医药、医疗器械、保健品、功能食品、健康咨询和健康金融等业务，具有线下城市合伙人公司、线下实体店和线上友店，全时空和零距离服务顾客。

（一）数字化全流程企业业务一体化

康友为为克服传统医药企业依托线下业务人员管理模式的低效率高成本、业务和客户数据缺失、价格信息不透明等缺陷，通过全流程业务数字化升级，联动线上与线下业务体系，构建人客合一驱动的大健康网络平台。康友为网络科技利用一站式医药营销的云服务系统，构建由平台管理方、供应商、线下门店、地推团队、个人用户和企业用户等共同参与的数字化产业平台，实现全流程业务的数字化升级，并助力所有参与者实现合规化赋能。

康友为健康大数据引擎平台见图1-20。

1. "全融合"构建线上线下业务联动体系与数字化平台

康友为利用互联网、大数据和云服务技术，建立了"全融合"的多维度渠道管理，推进全流程业务的数字化转型。其中，"全融合"模式下，针对所有涉及营销通路的路径进行系统构建，包括"天网""地网""人网""关系网"。"天网"是指企业线上平台、微

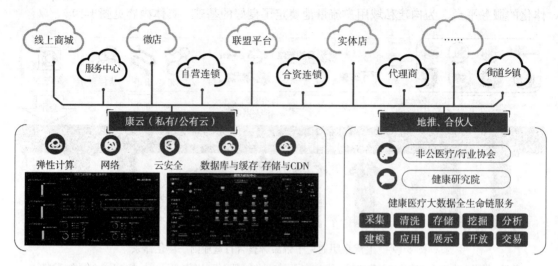

图1-20　康友为健康大数据引擎平台
（来源：根据康友为官网公开资料绘制）

商城、异业联盟等线上营销及商业合作平台；"地网"是指企业线下代理商、体验店、办事处、加盟店、合作店、发货点等销售服务配套门店；"人网"是指企业内部员工及合作方员工、独立经纪人、微店主等；"关系网"是指企业相关非公医疗、互补平台、资本协同等圈层关系网络。康友为通过"四网融合"，贯穿线上与线下全流程业务及供应链条，打造众友电商新模式，为友店提供最好的产品、策略和服务，通过实用的销售工具和深入浅出的行业培训为友店赋能，让员工、药店老板、微店店主、平台用户等价值链的利益相关方共创共赢。

2. "人网合一"提升业务人员工作效率与规范化水平

康友为组建由内部员工和合作公司员工共同组成的地推组合，通过"人网合一"工具实现在线拜访、培训学习、绩效考评和监督管理等业务活动的执行。康友为搭建一站式的数据可视化开发平台，适配云上云下多种数据源，提供丰富多样的2D、3D等可视化组件，采取拖拽式自由布局，有利于企业决策者和业务人员快速定制、管控或应用数据。一方面，地推组合吸收具有医疗资质的专业人士，如医生、护士、营养师等，将线上微店与实体药店融为一体，通过专业人士将大健康产品发布和分享到朋友圈、熟人圈、社群等网络社交平台，向用户传递药品、保健品、器械相关知识，并提供健康咨询、疾病咨询、心理咨询等服务，打造零库存、零投入的零成本网店模式；另一方面，全国范围内的实体药店无须投入专项资金，只要接入平台微店，就能轻松进行电商销售，通过线上线下互联互通的营销模式，让药店老板、微店店主、平台用户等价值链的利益相关方共创共赢。

3. "健康问诊"以健康服务为核心，为全流程业务合规化赋能

康友为建立"健康问诊"平台，通过对接具有专业互联网资质的医院及医生资源，为用户提供基于图文的在线疾病咨询服务，在线远程方便快捷地满足用户疾病咨询需求，并为用户建立健康档案。首先，"健康问诊"平台提供经专业认证的医生在线问诊服务。用

户可通过平台进行在线问诊,获得疾病诊断结果和处方单,并直接在线上购买处方药,省去线下去医院挂号、看病、问诊、购药的烦琐环节,使看病更加简单、快捷。其次,"健康问诊"平台基于大数据、用户数据自建症状库、疾病库,为用户提供健康自测服务,通过智能搜索,精准匹配用户健康自测关键词;根据用户自测关键词,为用户进行"画像"分析,并基于该"画像"介绍疾病百科知识、推荐相关药品。最后,"健康问诊"平台整合权威、专业的心理咨询师,为有心理康复诉求、心理疾病咨询需求的用户提供服务,以健康服务为核心对全流程业务进行全链路合规化赋能。

(二) 数字化全流程业务一体化嵌套合规管控体系

康友为通过全流程业务数字化升级,开展线上线下相结合的高效运营,并在网络平台建立和对接全流程合规管控体系,从源头采购、信息溯源、销售数据跟踪等方面实现全链路信息管理及合法合规监管。

第一,康友为将多种由数字化赋能的业务模式相融合,构建从供应到产销完整的商业生态体系平台,实现了全流程业务数字化赋能与合规管控。首先,康友为通过建立SBC健康网络平台,整合下上游产业及相关服务体系,提供信息化工具、品牌背书、数据分析、精准营销、高质量商品、基础仓配等服务;相关企业共同形成协同网络,结合门店、分销商的客源优势,为终端消费者提供更好的服务及商品。其次,康友为打造用以大健康在线知识传播的有为学院和在线课程体系,实现了内容营销、专业输出、品牌见识及推广的目的和作用;通过用户数据分析,提供更个性化的营销方案,实现对客户的精准定位并为其提供CRM服务,从而完成整个供应体系从源头到消费终端的数据闭环。最后,康友为通过集成在线问诊、互联网医院提供全面的在线交易、问诊、咨询、看病等服务;集成相关业务处理系统,如物流、即时通信、财务系统、风控系统等,实现在线数据的协同、实时处理及风险管控。

第二,康友为将全流程业务与合规管控功能对接,通过数字化赋能为药房提供线上销售渠道,并通过销售业务支出、企业大学、移动办公及数据分析对接合规管控功能。首先,康友为利用O2O(线上到线下)平台,结合线上线下模式,严格审核药房资质与药品安全,提供药品免费展示服务和溯源查询服务,引导药房到平台上来,并为其提供线上销售渠道;同时结合社区药店地理位置优势,提供同城2小时快速配送及客户上门自提服务,提高消费者购药体验及药房效益,并培养消费者购药忠诚度。其次,康友为通过健康网络平台建立健康社交圈,专为平台用户、专家打造友群社交模块,借助精准的推荐有效促进客单转化;通过专家与用户互动、发帖,让用户传播更多健康知识、了解更多健康理念,并利用账号风控、身份认证、通信账号一键登录等方式保障社交圈的安全、可信。最后,康友为为企业内部员工打造的人客合一工具,通过销售业务支出、企业大学、移动办公、数据分析4个模块进行赋能和合规管控;销售业务支持工具通过信息化手段,在提升效率的同时降低相关销售中的成本;企业大学通过建立内部培训课程与机制,增强工作人员的业务水平与销售能力;移动办公实现了对业务员日常办公、任务的管理,更好地进行工作安排和绩效考评；数据分析提供客户、业绩、店铺经营状况等相关数据，辅助改进销售业务及日常任务。

康友为全流程业务一体化实现数字化赋能，完成与合规管控系统的嵌套路径，见图1-21。

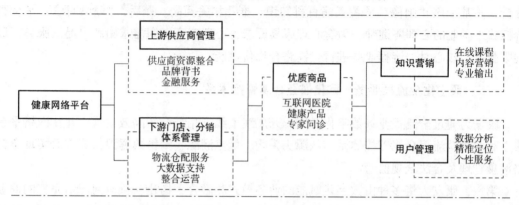

图1-21　康友为全流程业务一体化实现数字化赋能与合规管控系统的嵌套路径

（三）业财一体化的数字化赋能成果

全流程业务数字化转型及网络平台构建在为企业带来崭新发展机遇的同时，也要求企业配套构建完善的合规管控体系，以保障业务流程和模块运营的稳定、安全、合规。在全流程业务平台构建过程中，合规建设和风险防控成为影响企业生存和发展的关键命题，需要认真研判外部法治环境和数字化转型对合规管理的新要求，通过推进依法合规管理体系建设，实现合规管理组织体系健全、制度体系完备、工作流程规范、管控措施到位等，同时结合无缝连接的财务支持系统实现资金归集、收入变现，量化分析系统，助力企业全流程业务数字化转型和高质量发展。康友为业财融合的一体化商业模式路径见图1-22。

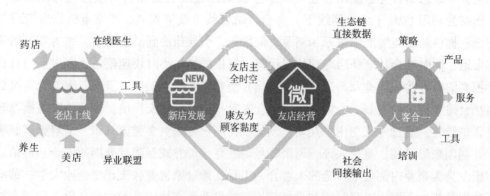

图1-22　康友为业财融合的一体化商业模式路径

（来源：根据康友为官网资料绘制）

三、孩子王：服务行业业财一体化数字化转型策略与路径

孩子王儿童用品股份有限公司（简称"孩子王"），是一家针对母婴全渠道提供系统服务，打造数据驱动体系，基于社交价值延伸推动线上社区+电商相互融合，实现线上社区+线下社区+电商引流并构建私域流量的专业化品牌公司。因此，孩子王对信息化水平要求较高，比拼的是供应链的整合能力。孩子王为解决线上线下分隔，互动和补充作用亟待提升，以及会员管理、商品库存、营销整合完全分离的困境，加强线上投入，提升团队电商能力，解决线上渠道分散问题，构建针对会员体系的私域闭环运作方式，提升线下会员沟通效率，实现对顾客全流程的数据记录和管理。孩子王充分考虑创新技术带来的机遇和挑战，把握被新技术赋权的消费者行为变化，应对颠覆性的外部竞争，通过对消费者的精准洞察和体验场景的重构驱动自身整体转型升级。

因此，孩子王打造了线上线下联合、供应链平台嵌套、向新零售转型的复合模式。孩子王实现了公司运营端到端业务中轴线，以数据驱动业务协同、管理决策和创新的转型升级；业务层面实现供应链一体化、业务和财务一体化、质量管控一体化、目标决策一体化。具体到营销方面，主要措施如下：

首先，针对消费者体验，强化订单业务和渠道管理，以及价格规范化管理，实现全程一瓶一码追溯，强化质量管控，从传统渠道粗放化管理转型为全渠道精细化运营；同时建设会员中心、提供新零售门店体验场景、实施精准营销等。

其次，商业智能（BI）与数据创新平台都与业务系统集成，从而打造孩子王指挥中心、数字化董事会，实时掌控业务进展。

最后，在营销费用方面，通过"三算合一"闭环式管理，对预算、活动申请、活动执行、费用核销的流程加以管控，实现数据透明化并进行深度分析。

孩子王自成立以来，一直紧贴财务模型发展，以快速拓宽线下门店作为主要战略，线下运营优势明显，但电商业务发展缓慢。伴随着信息化时代的到来，移动入口逐渐成为母婴电商的主要流量。为此，孩子王启动了超体项目。该项目基于两大技术平台和营销、技术、服务三大创新手段，围绕四大渠道，着力打造五大关键能力建设，重点为会员提供至臻的消费体验，见图1-23。

孩子王超体项目上线后，聚焦会员购物的全生命周期，建立起全渠道协同的五大关键能力。一是全渠道零售，保持前后台信息一致，强调会员信息、物流、库存、订单、产品信息、支付和营销活动的一致性，为客户提供良好的体验。二是门店数字化，利用云购物车、位置地址服务等技术加强门店品类管理、支付管理，通过不同的客户触点将会员引流到实体门店，实现整体销售。三是数字化会员营销，提升门店导购与平台销售对客户关系管理的能力，加强会员运营和精准个性化营销；实施从了解客户到认知产品、认知品牌、达成销售、完成交易、客户关怀的常态化客户关系管理，提升会员忠诚度。四是全渠道互动中心，延伸既有的传统业务系统，支持新的全渠道互动，以客户喜欢的时间和方式有效

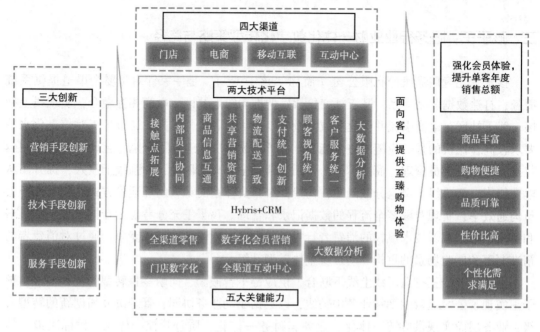

图 1-23　孩子王数字化建设超体项目构建业务渠道

(来源：根据孩子王官网资料绘制)

地满足他们的需要。五是大数据分析，通过会员喜好分析、品类分析、产品分析、渠道分析、经销商分析等维度加强客户和商品洞察，挖掘新的销售增长机会。

结合孩子王线下优势和经营顾客资产的理念，在超体项目中需要围绕业务链和接触点，构建三大业务模式和四大支撑要素，见图1-24。

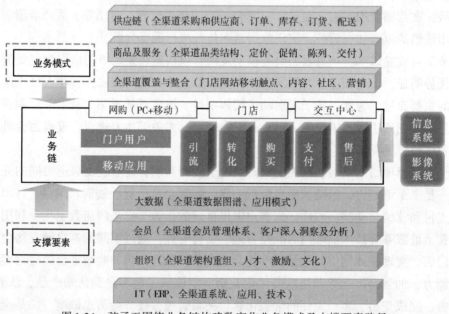

图 1-24　孩子王围绕业务链构建数字化业务模式及支撑要素路径

(来源：根据孩子王官网资料绘制)

孩子王通过前中后台的建设，为会员提供全渠道的服务和体验；通过后台会员和数据运营系统建设，形成对会员的深刻洞察；围绕数据运营与移动技术，设计智能的单客操作系统，提升单客经营能力。

四、问题与思考

（1）什么是数字化转型？业务数字化转型与财务数字化转型有着怎样密切的关系？

（2）数字经济带来了什么样的巨大变化？为什么要进行数字会计赋能？脱离财务的业务数字化转型有哪些瓶颈？

（3）如何推进业财一体化，构建企业的智能中枢，实现数字会计赋能？

（4）业务数字化转型如何为企业实现数字会计赋能提供场景？数字会计反过来如何支撑业务数字化？

（5）在数字经济时代，以数字资产为代表的新技术、新模式不断迭代，企业如何继续推进数字会计赋能？

第五节 本章小结

在新时期新的科技赋能之下，企业的总体发展战略和财务战略都需要在实现方式上进行转型。企业基于顶层设计与转型的目标，从企业数智化向数智化企业升级。在此过程中，业财一体化有助于其快速实现发展目标。但业财一体化的顶层战略设计、运营模式执行、人力资源转型等需要采取妥善、循序渐进的步骤实现。从业务一体化到财务一体化，再到业财一体化，阶段性标志是标准化和自动化的实现、企业数据中台和财务中台的出现、企业财务共享服务中心的建设。因此，数智化企业运营体现企业数字化转型的业务与财务融合的驱动力，通过业财一体化的落地实现新技术、新模式的转化。

就业财一体化的未来趋势看，企业业务与财务通过由数字赋能的数字经济实现数字化转型，会给企业带来广阔的发展前景。在业财融合过程中，财务不断数字化，财务系统真实、准确、及时、完整地记录企业所有经营性数据，并实现有效输出专项或全面性分析报告，通过积累的数据模拟未来内外部环境的发展变化，结合企业的核心优势，通过管理会计模型对企业发展进行前瞻性预测，从而更加精准地支撑企业决策。企业对每一项经济活动的运营设置有效的风控流程，在经营中及时识别并控制风险，实现持续性发展。

第二章
顶层化，数智化：业务一体化前台实施演进

本章从业财一体化路径首先需要实现的业务一体化入手，对顶层规划业务标准化及数智化的过程进行系统解读，说明业务一体化的顶层作用及共享服务中心对业务一体化的关键影响；对企业价值链实现的模块化分解、流程再造、顶层设计规划、信息系统支持层面进行说明；对供应链和企业内部一体化所需要的信息系统支持，以及信息系统采取的主要模式和集成方案进行解读。从实现路径看，条条大路通往企业业务拓展的数智化转型，且需要找到事半功倍的方式。因此，本章重点是业务一体化的顶层设计逻辑，以及实现业务一体化的模式和组合设计方案。

第一节　业务一体化与企业价值链

业务一体化是企业管理过程中的一种先进的管理思想，与信息技术的高速发展密不可分。业务一体化的核心思想是强调企业内部的"协同效应，集中管理"，从而树立降低成本、减少库存、精益生产的精神，实现对整个供应链的有效管理，离不开企业流程优化和再造及会计业务流程的优化。业务一体化实现其价值是一个长期、动态循环的过程，也是一个不断优化的过程。因此，业务一体化体现的业务流程再造和管理流程再造是核心，也是业务实现标准化和共享，进而打通接口、达到融合的核心。

一、业务流程再造

（一）业务流程再造概念界定与内涵

业务流程再造（Business Process Reengineering，BPR）是在传统管理模式很难适应企业竞争环境情况下"腾空出世"的企业改革方案，被IBM、科达、福特等很多国际知名企业采用，同时它也是企业管理信息系统开发的流程再设计环节的重要组成部分。自20世纪90年代美国麻省理工学院教授迈克尔·哈默（Michael Hammer）和CSC管理顾问公司董事长詹姆斯·钱皮（James Champy）首次提出业务流程再造概念后，其便在欧美等国家

和地区盛行，并使不少企业获得了很大的收益，随后在亚太地区也受到广大企业的欢迎。

业务流程再造，通常是指通过对企业战略、增值运营流程，以及支撑它们的系统、政策、组织和结构的重组与优化，达到工作流程和生产力最优化的目的。业务流程再造强调以业务流程为改造对象、以关心客户的需求和满意度为目标、对现有的业务流程进行根本的再思考和彻底的再设计，利用先进的制造技术、信息技术及现代的管理手段最大限度地实现技术上的功能集成和管理上的职能集成，以打破传统的职能型组织结构、建立全新的过程型组织结构为目标，推动企业经营在成本、质量、服务和速度等方面的突破性改善。

业务流程再造的定义有较多的提法：有的观点认为，BPR 就是对组织及组织间的工作流程与程序的分析和设计；有的观点认为，BPR 是使用信息技术从根本上改变企业流程，以达成企业主要目标的方法性程序；也有观点认为，BPR 是对企业流程的基本分析与重新设计，以获取绩效的重大改变。业务流程再造的奠基人迈克尔·哈默和詹姆斯·钱皮将其定义为：BPR 是对企业的业务流程做根本性的思考和彻底重建，其目的是在成本、质量、服务和速度等方面取得显著的改善，使企业能最大限度地适应以顾客（Customer）、竞争（Competition）、变化（Change）为特征的现代企业经营环境。尽管观点的描述不尽相同，但它们的内涵是相似的，即 BPR 的实质是一个全新的企业经营过程（这里的企业经营过程是指为了达到某一经营目标而实施的一系列逻辑）。这个过程要不受现有部门和工序分割的限制，以一种最简单、最直接的方式设计企业经营过程，面向经营过程设置企业的组织结构，以实现企业的重组。中国协同软件付勇团队认为，业务流程重组关注的要点是企业的业务流程管理，并围绕业务流程展开重组工作，业务流程管理是指一组共同为顾客创造价值而又相互关联的活动。哈佛商学院教授迈克尔·波特（Michael Porter）将企业的业务流程描绘为一个价值链，即竞争不是发生在企业与企业之间，而是发生在企业各自的价值链之间，只有对价值链的各个环节——业务流程进行有效管理的企业，才有可能真正获得市场竞争优势。

因此，较全面的业务流程再造定义应是指通过资源整合、资源优化，最大限度地满足企业和供应链管理体系高速发展需要的一种方法。它更多地体现为一种管理思想，已经远远超出了管理工具的价值，其目的是在成本、质量、服务和速度等方面取得显著的改善，使企业能最大限度地适应以顾客、竞争、变化为特征的现代经营环境。

就业务流程再造的过程来说，是企业家、领导等企业高层角色分析组织各个业务部门之间的相互关系，对整个业务关键流程进行重构，建立新业务流程模型的过程。目前，已经有很多专家、学者对 BPR 的实施步骤进行一系列研究，针对某些应用 BPR 的企业或公司，从不同角度和实施过程进行归纳和总结，但是各自提出的实施阶段的数量、内容等有所不同，其中最典型的是迈克尔·哈默和詹姆斯·钱皮提出的 BPR 实施步骤，见图 2-1。

图 2-1　业务流程再造过程

首先是动员，是指企业领导角色领头，组织其他管理者和员工一起参与BPR项目。一个没有领导支持及员工积极配合的企业业务流程再造项目是不可能成功的。角色的扮演者是项目的执行者，所以BPR项目管理角色要调动企业员工的积极性。其次是聚焦，企业高层领导者应该站在企业战略计划层面，以开拓的业务流程视野为基础，提出新的组织目标，总结企业的业务流程优劣之处，设计新的流程规划。再次是程序设计，指对前一步"聚焦"，设计新流程规划，建立新业务流程模型，提出具体实施方案。最后是按照程序实施设计方案。这些就是最简单的BPR实施步骤，原理很简单，但在实际操作中仍有一定的难度，不仅BPR规划的目标要准确，而且BPR完成的效果也必须非常明显。唯有如此，才能算是一个成功的BPR项目。

（二）业务流程再造特点及原则

业务流程再造特点主要体现在6个方面：

（1）以客户为中心。全体员工以客户而不是领导为服务中心，每个人的工作质量由顾客做出评价，而不是公司领导。

（2）企业管理面向业务流程。将业务的审核与决策点定位于业务流程执行环节、缩短信息沟通渠道和时间，从而整体提高对顾客需求和市场变化的反应速度。

（3）注重整体流程最优化的系统思想。按照整体流程最优化的目标重新设计业务流程中的各项活动，强调流程中每一个环节的活动尽可能实现增值最大化，减少无效或非增值活动。

（4）重视发挥每个人在整个业务流程中的作用。提倡团队合作精神，并将个人的成功与其所处流程的成功当作一个整体来考虑。

（5）强调面向客户和供应商整合企业业务流程。企业在实施BPR的过程中，不仅要考虑内部的业务流程，而且要对自身与客户、供应商组成的整个价值链的业务流程进行重新设计，并尽量与外部只保持一个接触点，与供应商的接口界面化、流程化。

（6）利用信息技术手段协调分散与集中的矛盾。在设计和优化企业业务流程时，强调尽可能利用信息技术手段实现信息的一次处理与共享，将串行工作流程改造成并行工作流程，协调分散与集中之间的矛盾。

业务流程再造主要有以下3个原则：

（1）根本性。业务流程重组所关注的是企业核心问题，如"我们为什么要做现在这项工作""我们为什么要采用这种方式来完成这项工作""为什么必须由我们而不是别人来做这份工作"等。通过对这些最根本性问题的思考，企业将会发现自己赖以生存或运营的商业假设是过时的，甚至是错误的。

（2）彻底性。业务流程重组应对事物进行追根溯源。企业对自身已经存在业务流程不是进行肤浅的改变或调整性修补和完善，而是抛弃所有陈规陋习，并且不需要考虑一切已规定好的结构与过程，创新完成工作方法，重新构建业务流程。

（3）戏剧性。业务流程重组追求的不是一般意义上的业绩提升或略有改善、稍有好转等,而是要使企业业绩显著地增长、极大地飞跃和产生戏剧性变化,这也是流程重组工作的特点和取得成功的标志。

二、管理流程再造

(一) 管理流程再造概念界定与内涵

流程再造(Process Reengineering)是由美国的迈克尔·哈默和詹姆斯·钱皮提出、在 20 世纪 90 年代达到全盛的一种管理思想。企业在流程再造过程中必须追求整体流程最优化,但并不是要求每个环节都最优。流程再造必须有再造的参照物和基准,才能够做到有的放矢。流程再造推行后,如果没有及时建立健全以流程为导向的绩效评估机制,原有的绩效评估机制就会与新的流程发生冲突,误导员工的价值取向,使流程偏离主航道。

流程再造基本思想的核心是面向顾客满意度的业务流程,而核心思想是要打破企业按职能设置部门的管理方式,代之以业务流程为中心,重新设计企业管理过程,从整体上认定企业的作业流程,追求全局最优,而不是个别最优。

随着互联网对重构完整的价值链的要求越来越高,品牌之间的竞争和对抗将日益淡化,取而代之的是关于企业价值链的强度和效率之间的竞争。企业必须大量投资、谨慎管理、保护资产并对其持续进行改良。拥有保持第一位的客户关系、快速反应并参与客户需求的动态价值链的企业将成为赢家。

流程合作就是将业务流程作为一套离散的任务在多种资源(人、商业组织、公司)之间共享。这些任务的分配既可以事先达成一致,又可以根据规则和资源能力实时协商完成。流程合作涉及反复进行的协商式业务流程的两方或更多方,该流程在本质上更具关系性,而非交易性。

企业管理应该是流程驱动的管理,一贯实施流程管理,而且管理做得比较得当的企业,确实可以在日常管理过程中适时对流程进行修正、调适,所以,这种企业的流程往往适应性比较强,流程的设置和运行也要科学得多,但这并不意味着,它们就不需要对流程进行再造。如果客户需求和市场发生了巨大的变化,企业的生意模式要实现根本性的变革,流程就必须再造。例如,戴尔公司推行的直销模式,如果套用在 IBM 公司的传统流程中,恐怕就难以产生预期效果,但是 IBM 公司的传统流程对于自身奉行的生意模式却是有效的。另外,流程再造的目的也是要通过对企业和产业流程的梳理、精简实施流程化管理。也只有在经过流程优化的企业中,实现流程导向、推行流程管理才可能成为现实。

从管理流程再造具体内涵角度看,重点如下:

1. 标杆管理在流程再造中的作用十分突出,必不可少

标杆管理的基本环节是以最强的竞争企业或行业中领先和最有名望的企业在产品、服务或流程方面的绩效及实践措施为基准,树立学习和追赶的目标,通过资料收集、比较分析、跟踪学习、重新设计并付诸实施等一系列规范化的程序,将本企业的实际状况与这些

基准进行定量化评价和比较，分析这些基准企业达到优秀绩效水平的原因，并在此基础上选取改进本企业绩效的最佳策略。

通过辨识最佳绩效及其实践途径，企业可以明确本企业所处的地位、管理运作方式及需要改进的地方，从而制定适合本企业的发展战略。标杆管理分为战略标杆管理和运营标杆管理两大层次。战略标杆管理寻找最佳战略，进行战略转变，收集各竞争者的财务、市场状况信息并进行相关分析和对比，寻求绩优公司成功的战略和优胜竞争模式。运营标杆管理注重具体运作，找出达到同行最佳运作方法，通过对环节、成本和差异性3个方面进行比较寻求最佳运作方法。运营标杆管理从内容上可分为流程标杆管理和职能标杆管理。其中，流程标杆管理以最佳工作流程为基准进行；职能标杆管理以优秀职能操作为基准进行。

2. 必须选择恰当的流程推行流程再造

流程再造如果成功，将给企业带来高回报、高收益，但是流程再造的高风险性也不容忽视。企业内部流程种类众多，构成复杂，不能指望在一夜之间将原有流程全盘推翻，废旧立新。流程再造启动之初就全面推行，往往将超出企业和员工的承受能力，容易遭到组织本能的反抗。同时，四面开花也不利于企业集中精力、时间和资源，战线太长，幅度太宽，都可能使企业资源分配不当，顾此失彼。另外，全面同步地推行流程再造可能导致企业出现"运营真空"，处理不当则可能引发内部混乱，带来灾难性结果。

3. 必须尽快健全以流程为导向的绩效评估机制

流程再造的绩效靠什么维持？靠企业员工持之以恒的激情。企业的运营可以靠流程驱动，员工的激情依靠什么驱动？除了责任心和敬业精神，长期来看，更多的还是需要以薪酬拉动。流程再造推行后，如果没有及时建立健全以流程为导向的绩效评估机制，原有的绩效评估机制就会与新的流程发生冲突，误导员工的价值取向，使流程偏离主航道。如果新绩效评估机制推出的时机过于滞后，员工追寻新流程的信心和激情就会弱化，新的流程就难以正常运行，绩效也就无从提高。因此，在流程再造之后，企业必须尽快出台并逐步完善以流程为导向、鼓励团队作业的绩效评估体制，依靠积极有效、公正公平的薪酬机制，拉动员工，拉动流程，这样才能确保再造后的流程长期维持高效，不出现反弹。

4. 必须有效整合既有资源，将决策权下放到流程中

在现代化的信息系统支持下，让流程段中的执行者拥有工作所需的决策权，可有效消除信息传输的延迟和误差，充分授权和放权对执行者也有比较明显的激励作用。决策权下放的前提就是让信息处理工作融入流程实际工作。在信息化建设初期，很多企业建立了单独的信息处理部门，但其工作仅仅是收集和处理流程中产生的信息。由于信息处理部门远离流程一线，信息往返存在周期，因此往往影响决策的效率。在信息技术被广泛应用的今天，员工运用信息化手段的能力显著提高，信息处理工作已经完全可以交由流程中的员工完成，从而为及时有效做决策提供支持。

5. 交流渠道必须始终保持通畅

从企业决定实施流程再造开始，其管理层与员工之间就要不断进行交流。企业要向员

工宣传流程再造带来的机会，如实说明流程再造对组织机构和工作方式的影响，特别是对他们岗位的影响，再说明所采取的相应解决措施，尽量获得员工的理解和支持。如果隐瞒存在的威胁，就有可能引起企业内部动荡不安，从而使威胁成为现实。企业要建立通畅的交流渠道。在流程再造过程中，最艰难的就是与习惯做斗争，与传承沉淀下来的企业文化做斗争。员工心智模式转换的程度往往决定流程再造的效果。所以，从企业决定实施流程再造开始，管理层就要不断与员工进行交流，从全员示警到全员沟通，最后引导全员再设计；同时要积极引导并帮助他们顺利完成心智模式的痛苦转换，再造企业文化。

（二）管理流程再造框架与步骤设计

企业管理流程再造框架包括了再造过程中的各个部分，主要包含以下几方面：一系列的指导原则；企业流程再造的过程（一系列活动和它们的内部关系）；一系列方法和工具，以及这些方法和工具在支持企业流程再造过程中的作用。企业管理流程再造框架涵盖了再造的重要环节，可以按照框架内容顺利地完成流程再造过程，见图2-2。

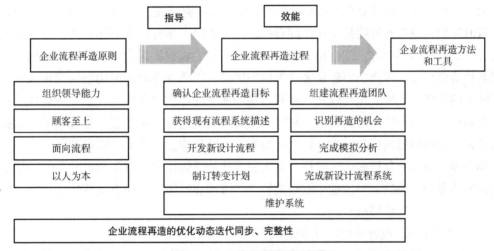

图2-2 企业管理流程再造框架

企业流程再造过程是框架的核心内容，包括组成过程的各项活动及活动之间的关系。企业流程再造原则是进行企业流程再造的指导思想，涵盖了管理学家的研究成果和各个实施流程再造厂家的实践经验。企业流程再造的方法和工具促进了企业流程再造的实践，为企业流程再造提供了具体的分析、设计和实施技术，确保企业流程再造的顺利进行。

从步骤设计角度看，管理流程再造分为以下5个阶段：

（1）第一阶段：预备阶段。任务是搭建团队，锁定目标。

第一步，建立组织。在企业管理高层成立由企业掌舵人牵头的流程再造工作推进机构，并给予充分授权，直接由企业最高管理层负责，建立定期进度报告和追加授权制度。

第二步，设定标杆。通过对现存及潜在竞争对手的全面分析，选定一家或几家比自己强大且具有可追赶性的成长型优势企业，作为标杆企业。

第三步，识别目标。在高度市场化的今天，客户需求呈现多元化和个性化特征，任何一家企业，哪怕位居世界500强之首的企业，都不可能独占市场，不可能满足所有客户的需求。企业只能尽力追求目标客户群最大化，而追求目标客户群是有限的。企业如果要生存，就必须清楚地知道自己需要为哪些客户提供服务，这样才能促使经济效益和社会效益最大化。所以，要参照标杆企业，重新识别目标市场，对客户源进行分析，分析的重点包括现有客户群的忠诚度、流失客户的特征及流失原因、潜在客户的成长性及共性特征、客户的需求、满足客户需求的可能性，为客户区分重要度。只有找准最重要、最具价值的客户群，企业战略才能有的放矢。

（2）第二阶段：自检阶段。任务是系统诊断，判定症结。

第一步，自检战略导向。对比检查各类客户各层次需求的满意率和满足率，根据差距检查战略导向存在的问题，对企业战略导向进行调校。

第二步，自检生意模式。依据调校后的企业战略导向推动生意模式转型。按照美国学者玛格丽塔的观点，生意模式不是固定不变的，成功的生意模式与现存的生意模式相比，代表的是一种"更好的方法"，应该随着环境的变化和自身竞争能力的发展进行适应性调整，有时这种调整甚至可能是革命性的重构。中国人民大学教授黄卫伟认为，如果企业能力与客户价值之间不对称，就会出现能力—价值困境，表现为能力超越客户价值能力，达不到客户价值要求。解决能力超越客户价值的困境，需要改变现行的生意实现模式，帮助价值链上的相关企业建立盈利模式。随着市场的演变和需求的多样化，企业赖以成长和生存的生意模式已经无法再帮助其创造利润、维持增长。这时，企业要生存和发展，就必须尽快改善或抛弃陈旧的生意模式，迎合市场和客户的需求，推动生意模式转型。

第三步，自检运营模式。运营模式是生意模式的具体体现，也是推进并最终实现生意模式调整或重构的关键。要依据生意模式转型的方向和特征，对现有运营模式进行彻底的适应性诊断，确定其症结所在。

（3）第三阶段：设计阶段。任务是营造环境，设计方案。

第一步，转换思维模式。流程再造要顺利推进，必须在发起之初就尽早消除组织对变革的抗拒情绪。可以公布前一阶段自检诊断结果，组织对流程再造可能形成阻力的人员和主要参与人员到标杆企业参观，进行全员示警和危机教育；采用组织大讨论、征文、演讲、研讨、笔会等有效方式，自上而下地进行思想渗透，转换职工心智模式，增强职工承受能力，推动企业文化变革，逐步形成新的核心价值观，营造创新氛围，建设创新文化，消除组织抗拒能量聚合的机会；统一企业职工的思想认识，打消顾虑，认同企业新的愿景，在组织中形成强大的支持变革的场效应力。

第二步，设计运营模式。在创新文化包围下，发动全员，自下而上地引导员工发挥积极性和原创精神。集中群众的智慧和高层的判断力，全员参与，全员设计，根据新的客户和市场需求的生意模式，为企业选定新的与生意模式相配套的运营模式。

第三步，诊断现有流程。比照新选定的运营模式，聘请外部专家参与，以内部流程再造推进团队为主，鼓励全体员工全面介入，诊断企业现有流程，评估流程效率和效能，判定症结所在，确定冗余流程和边缘地带。

第四步，设计再造方案。组织内外部专家，在系统诊断的基础上，参照标杆企业流程再造的经验做法，以新的运营模式为中心重新设计企业流程和推进流程再造的实施方案。

（4）第四阶段：推行阶段。任务是以点带面，强力推行。

第一步，局部试点。选定试点单位，开展局部试点，对实施方案和新流程进行试验性验证。考虑到流程再造的高风险性，局部试点一般不选择核心流程，通常选定辅助流程，在见效比较快、职工基础好、管理者认识到位、对核心流程不会形成致命影响的流程段进行试验。为了更全面地验证实施方案的科学性和适应性，可以选择同时多点试验或进行长效试验、多轮反复试验。通过试验，取得比较完整、可信度高的原始验证数据和相关资料。

第二步，完善方案。根据试点采集的信息分析情况，以及对方案预期目标的验证情况，对设计方案进行修订和完善，对预期目标进行调校，确定方案实施顺序和重点。因为对主流程的再造，尤其是对核心流程的再造牵涉面比较广，方案实施需要一定的过渡和调试，在此期间，企业往往需要被迫停产或减产，出现任何意外，都可能给企业带来巨大风险，所以，在正式拟制方案时，通常应该设计应急预案，增强企业流程再造的抗风险能力。

第三步，交流沟通。在流程再造推进过程中，必须建立沟通渠道。流程再造方案涉及所有组织机构和全体员工的权利调整，方案出台前应广泛而充分地与全体员工交流沟通，获得大多数人的理解和支持。一线员工虽然没有太多的决策权，但是他们的热情、情绪和群体价值取向完全可能影响一个部门甚至一个组织的决策。获得员工的支持可以有效减弱管理层中利益受损人员、部门发动集群抗拒的可能性。在方案转入实施以前，还要对全员进行分层培训和宣传教育，使上上下下的员工都明白为什么再造、怎样再造，以及自己需要做什么。

第四步，权力模式变革。实施阶段，首要的是撤障，迅速变革原有的组织结构，调整管理人员，重新分配权利，为流程再造打好组织基础。

第五步，新旧流程切换。流程再造虽然要稳妥地推进，不能冒失，但一旦条件成熟需要全面推进时，又必须快刀斩乱麻，果断地完成新旧流程的同步切换，废旧立新。如果过渡期设得过长，新旧流程就容易打架，矛盾交织，难以排解。

（5）第五阶段：调校阶段。任务是完善规范，持续改进。

第一步，流程调校。在新流程运行过程中，要不间断地对其与新的运营模式之间的适应性进行调校，通过短期模式做到彼此适应。流程调校阶段最重要的一项任务是邀请重要客户和主要利益相关人参与对新流程的评估，并根据评估结果参与对新流程的改进和完善设计。这不仅可以增强流程对重要客户和主要利益相关人期望值的适应性，而且可以更全面、及时地了解他们的需求变化，从而提高新流程的适应性，更重要的是可以通过交流，提高新流程在客户中的认知度和影响力，使客户得到心理满足。

第二步，信息化跟进。很多人认为，应该先实施信息化手段，再推进流程再造。退一步讲，至少也应该让信息化与流程再造同步进行、互相支撑。其实，信息化不宜早行，过早推行信息化，可能将过时流程中的一些做法通过现代化的手段固化下来。因为在流程没有再造以前实施信息化，只能对现有流程进行信息化描述，现有流程的一些不足也可能通过信息化包装被隐藏起来，给后来的流程再造带来很大的不便，影响流程再造的效果。何况，在流程重新调整、优化后，信息化需要做大量的配套调整工作。如果在流程再造以后，针对精简优化后的流程及时跟进信息化建设，将有效地发挥新流程的功效。

第三步，评估体系跟进。流程再造以后，新流程的启动惯性和员工的兴奋感、自豪感可能带动流程正常运行一段时间。但是，从长远讲，流程的正常运行必须靠薪酬拉动。在流程再造以后，如果绩效评估体系没有做相应的调整，薪酬不与流程绩效挂钩，新流程就无法维持运行。在全面实施流程再造以后，要重新设计以流程绩效、对整体流程贡献率大小及流程协调度为主要考核重点的新绩效评估体系，并根据新的绩效评估体系，在新流程运行惯性消除以前，及时出台新的薪酬制度，实现对流程的有效拉动。

第四步，规范流程。新的流程出台后，要有计划地进行推广，让价值链相关企业、客户、利益相关人知晓，及时给予评定。新流程经过一段时间的循环运行与反复修正和完善，逐步成熟和稳定，被企业内外各方面广泛认可以后，要以正式流程管理文件、图表等企业标准的形式对其规范化，也就是说，将新的流程相对固化下来，作为一段时间内的标准。

第五步，流程随诊。客户需求在不断变化，市场格局在不断调整，企业也需要不断调整自己的生意模式、运营模式，与此同时，要随时诊断流程，查找问题，提供改进意见，供决策参考。

第六步，持续改进。流程再造并不是一劳永逸的，而是一个循环往复、逐级递进的过程。企业要根据诊断情况，反复改进和不断完善流程。

三、数字技术推动流程再造升级

在科学技术赋能基础上，业务流程再造和管理流程再造模式发生颠覆式的变化。数字技术的赋能改变了传统业务流程再造路径和管理流程转型路径。具体来说，步骤设计发生了改变，见图 2-3。

图 2-3　四阶段流程再造演进路径

从数字化转型的长期性来说，转型需要具有持续性，因此这个过程要做好安排。数字化转型需要业财融合，尤其是量化协同。从量化标准融合角度看，量化的协同性是数字化转型落地的保证。而在数字化转型量化核心指标方面，需要做到数字化转型的全面性与盈利持续性的财务量化，确保整个执行过程符合数字化转型的顶层战略，达成业务流程与管理流程再造，实现数字化转型量化的长短期结合。

第一阶段：重新形成再造转型。业务流程再造落地，首先需要针对现有资源做好互联互通摸底和打通工作。

第二阶段：推动既定模式数字化。积累数字化资产，启动数字化资产设计工作并推动数字化资产形成。

第三阶段：针对流程和管理形成一体集成。在企业原有的信息化水平基础上，提升智能化、信息化水平，结合共享模式进行信息化提炼和反馈。

第四阶段：实现有效的流程优化与线上线下互动并一体化管理赋能。在这个过程中，借助量化可视模式，实现数据的可视化、模块化，达成有效的价值赋能。

第二节　业务一体化顶层设计

一、供应链一体化

（一）供应链概念与内涵

中华人民共和国国家标准《物流术语》（GB/T 18354—2021）对供应链是这样定义的：供应链，生产及流通过程中，围绕核心企业的核心产品或服务，由所涉及的原材料供应商、制造商、分销商、零售商直到用户等形成的网链结构。供应链管理，即利用计算机网络技术全面规划供应链中的商流、物流、信息流、资金流等，并进行计划、组织、协调与控制。美国经济学家史蒂文斯认为，通过增值过程和分销渠道控制从供应商的供应商到用户的用户的"流"就是供应链，它开始于供应的源点，结束于消费的终点。美国另一位经济学家伊文思认为，供应链管理是通过反馈的信息流和反馈的物料流及信息流，将供应商、制造商、分销商、零售商直到最终用户连成一个整体的模式。

因此，供应链是指围绕核心企业，通过对信息流、物流、资金流的控制，从采购原材料开始，制成中间产品及最终产品，最后由销售网络把产品送到消费者手中，将供应商、制造商、分销商、零售商直到最终用户连成一个整体的功能网链结构。

从供应链角度看，客户是在购买商品，但实质上客户是在购买能带来效益的价值。各种物料在供应链上移动，是一个不断采用高新技术增加其技术含量或附加值的过程。

（二）智能供应链一体化

智能供应链一体化规划的发展促进了互联网技术（IT）的进步，并对其提出了更高的要求：具有更加完备的数据库，更快的访问速度，更强大的数据支持功能和决策辅助功能。

供应链一体化随着经济全球化及跨国集团的兴起而形成，企业产品生产的纵向一体化运作模式逐渐被横向一体化运作模式所代替，围绕一家核心企业的一种或多种产品，形成上游与下游企业的战略联盟，上游与下游企业涉及供应商、生产商与分销商，这些供应商、生产商与分销商可能在国内，也可能在国外。在这些企业之间，商流、物流、信息流、资金流形成一体化运作，这样就构成了供应链的一体化运作。

供应链一体化的运作模式是对企业纵向一体化运作模式的扬弃。随着市场竞争愈演愈烈，以及科技的发展和不断赋能，企业与企业之间的竞争已经从产品线的宽度、企业的规模等延伸到产品的总成本、生产的及时性、产品的触达性、线上与线下服务方式的便捷性等全方位的竞争。

随着技术的飞速发展，企业的竞争战略从成本领先战略、差异化战略和聚焦战略升级到数字化赋能的商业模式和运营模式。

在标准化产品的特色很容易被其他企业仿制，差异化程度不断缩小，致使产品同质化席卷整个产业链，甚至整个服务链的情况下，为了在市场上获得领先地位，每一家企业都在想方设法消减产品的总成本，积极创造自己产品的特色，并不断拓展产品的市场可及性。因此，在当下数字化转型浪潮的席卷及科技的不断赋能之下，企业产品差异化不断被供应链一体化和智能化所弱化。

在产品成本层面，企业之间的竞争不断被供应链一体化模式改变，而智能化不断升级加快了供应链一体化模式的迭代速度。供应链一体化运作模式不断推动基础性工作的线上线下链接，以及人工劳动被程序自动化和机器人自动化替代。

因此，在传统模式下，企业的重心应是加强对供应链中组织结构柔性化和业务流程规范化的管理，通过采用全面质量管理、准时制管理提高生产的柔性，降低生产成本，改善产品质量；在外部，企业应提升与合作伙伴的业务流程规范化水平，缩短提前期，降低物流成本，增强市场竞争的协同性和顾客服务的一致性，赢得市场竞争优势。

在新科技赋能之下，企业的重心应是建设线上线下一体化供应链系统，将用户按照智能化的可视化模式纳入一体化的供应链产品供应目标管理系统，根据市场反应情况把客户关系管理系统（CRM）、柔性管理系统（FMS）植入企业智能平台系统，在线上实时转化客户需求，提升针对客户的多渠道、全方位的供应水平，结合 LBS 定位系统软件和可视化系统软件等进行精准定位并提供可视化服务，增强对客户需求的精准响应能力，从而提升企业的服务水平。

在新时期，针对智能化供应链一体化建设和供应链一体化链条上的各方，核心企业的上游集成和快速响应服务，以及核心企业的下游生产商、销售商、终端客户的集成和快速响应服务，均应借助信息系统的智能化 SaaS 或 PaaS 等系统，实现核心企业与供应商乃至供应商的供应商组成的供应商合作伙伴的集成，并通过集成的平台系统固化从上游到下游的关系，推动一体化线上作业与线下作业融合，使核心企业推进供应链上下游所有企业的生态化转换，形成利益趋同的一体化整体。

供应链一体化的信息网络管理很重要，这涉及数字化资产的沉淀，以及针对客户数字化特征的采集和针对供应链企业集群传递客户需求。供应链一体化模式运营的好坏是供应链运行顺利与否的关键。在供应链一体化模式下，需要建立企业之间的信息交换系统，包括线上线下对接系统，企业与企业之间ERP系统或其他数字化应用系统对接的有效方案。由于一体化模式将企业之间的链接进行了固化，除了保证信息在企业之间传递的流畅性，还要求有效搭建企业与企业之间、企业与非直接关联企业之间的生态系统，以确保信息传递的准确性。

对供应链企业之间信任度的管理是一体化模式的关键。品牌商和合作商城的转换取决于一体化商城平台的建设，且平台上所有企业的上下游等各级关系都需要实现基于链条的对接，建立基于合作的双赢关系或多赢关系。在一体化商城平台上，通过由系统支持的具备平等关系的链条，促使核心企业和网链上的其他企业保持平等，在企业之间建立相互信任的关系。一体化供应链线上系统在供应链成员之间建立了信任度评价机制，所见即所得的系统和智能化赋能的逻辑解决了企业之间缺乏信任的问题。

节点企业之间通过供应链一体化系统实现业务无缝对接，从而彻底消除传统供应链企业之间业务对接的障碍。因此，供应链的智能化融合主企业的供应链平台建设，使品牌商、商城等获得通畅的信息交流系统。企业之间的信息在统一平台上实现互联互通，信息流标准实现统一化，保证整个供应链上的信息能够被所有链上的企业和被授权的企业人员接收并有效反馈。通过供应链一体化系统实现企业和企业之间的跨界融合管理，在平台上打破企业之间的"墙"，使各企业人员各司其职并融合联动，在整个供应链利益最大化之下，解决企业独立运作与协同作业的关系问题，使平台上所有企业之间的供应端业务实现无缝连接。

建立供应链运作异常处理机制，安排维护平台的技术人员和管理人员，并由这些人员组成危机处理项目组，为整个供应链的发展提供应对未来危机的方案，从而保障供应链一体化系统平台平稳运行，在异常情况发生时纠错纠偏；同时，还需要结合一体化供应链系统，建立供应链运作绩效评价机制和体系，对平台上所有的供应链企业进行绩效评价，实施优胜劣汰，激发平台上所有生态链企业的活力，保证供应链成员体系平台优化和激励措施得到贯彻。

业务一体化的智能供应链一体化系统见图2-4。

图2-4 业务一体化的智能供应链一体化系统

二、纵向一体化与横向一体化

（一）纵向一体化

纵向一体化战略的详细体现形式通常划分为前向一体化与后向一体化。前者是指企业突破已有边界，向更加靠近用户的营销端、渠道端、销售端、服务端扩展业务，借助得到对应的所有权或管理权强化企业控制的组织行为；后者指代企业借助获得对原料、生产工艺等的管理权或控制权，达到减少供应端成本、提升供应端效率目的的行为。

1. 前向一体化的概念与内涵

前向一体化是企业沿产业链向下游的用户方向扩展，即企业在被动接受用户委托进行快件传递的现有业务经营的基础上，向服务的应用层拓展，通过收购、自建、联合等方式进军网络购物市场，或与业有显著关联效应的出口导向型经贸企业和相关组织单位开展合作，根据市场需求，主动设计并向客户提供定制化、个性化的业务与延伸服务，以增加企业业务量和业务收入。

通俗地说，前向一体化战略是企业自行对本公司产品做进一步深加工、资源进行综合利用，或建立自己的销售组织来销售本公司的产品或服务。如钢铁企业自己轧制各种型材，并将型材制成各种不同的最终产品，即属于前向一体化。

从前向一体化基本目的看，企业之所以决定进行前向一体化，通常是想突破销售或技术瓶颈，借此解决日趋严重的销售或技术方面的问题。由于亚洲地区部分国家的交通设施不够发达，销售就成了一个大问题。因此，有些生产消费品的企业就建立起广泛的销售网络，向销售领域进行前向一体化。企业控制了销售，就能够更快地对顾客需求做出反应，提供更好的售后服务，获得更多的潜在优势，从而领先于竞争对手。企业还可以在技术方面进行前向一体化。比如，一家零部件生产企业就可以充分利用本企业的零部件向组装领域发展。例如，日本的京瓷公司本来是一家硅酸盐材料生产企业，为其他厂商提供各种电子元件与瓷制零部件。现在，京瓷公司在原有生产范围之外，又生产电话设备与数码相机等商品，成为大型电子联合企业之一。

前向一体化战略要点体现在：企业现在利用的销售商或成本高昂，或不可靠，或不能满足企业的销售需要；可利用的高质量销售商数量有限，采取前向一体化的公司将获得竞争优势；企业具备销售自己产品所需要的资金和人力资源，可以是剥离富余人员的替代；当稳定的生产对企业十分重要时，意味着通过前向一体化，企业可以更好地预见市场对自己产品的需求；现在利用的经销商或零售商有较高的利润，意味着通过前向一体化，企业可以在销售自己的产品中获得高额利润，并可以为自己的产品制定更有竞争力的价格。

2. 后向一体化的概念与内涵

后向一体化是指企业利用自己在产品上的优势，收购或兼并若干原材料供应商，改为自行生产的战略。当供货成本太高、供货方不可靠或不能保证供应时，企业经常采用这种战略，如钢铁公司自己拥有矿山和炼焦设施；纺织厂自己纺纱、洗纱等。

后向一体化基本目的是保证物资供应来源，以发展自己的产品。采用这种战略，一般是把原来属于后向的企业合并起来，组成联合企业或总厂，以利于统一规划，保证企业顺利发展。当企业目前的供货方不可靠、供货成本太高或不能满足企业需要时，尤其适合采用后向一体化战略。

后向一体化战略要点是：企业当前的供应商或供货成本很高，或不可靠，或不能满足企业对零件、部件、组装件或原材料的需求；供应商数量少而需求方竞争者数量多；企业具备自己生产原材料所需要的资金和人力资源；价格的稳定性至关重要，这是由于通过后向一体化，企业可稳定其原材料成本，进而稳定其产品价格；现在利用的供应商利润丰厚，意味着其所经营的领域属于十分值得进入的产业；企业需要尽快获取所需资源。

3. 纵向一体化的局限性与优势

纵向一体化的局限性体现在以下5个方面：

第一，带来风险。纵向一体化会增加企业在行业中的投资，加高退出壁垒，从而增加商业风险，有时甚至还会使企业不能将其资源调往更有价值的地方。由于在所投资的设施耗尽前，放弃这些投资成本很大，所以，纵向一体化企业采用新技术的速度通常比非纵向一体化企业要慢一些。

第二，代价昂贵。纵向一体化迫使企业依赖自己的场内活动而不是外部的供应源，而这样做所付出的代价可能随时间的推移变得比外部寻源还昂贵。产生这种情况的原因有很多。例如，纵向一体化可能切断来自供应商及客户的技术流动。如果企业不实施纵向一体化，供应商经常愿意在研究、工程等方面积极支持企业。再如，纵向一体化意味着通过固定关系进行购买和销售，上游单位的经营激励可能会因为内部销售而使竞争有所减弱。反过来，在从纵向一体化企业内部的某个单位购买产品时，企业不会像与外部供应商做生意时那样激烈地讨价还价。因此，内部交易会削弱员工降低成本、改进技术的积极性。

第三，不利于平衡。纵向一体化存在一个在价值链各个阶段平衡生产能力的问题。价值链上各项活动最有效的生产运作规模可能不大一样，这就导致完全纵向一体化很难达成。对于某项活动来说，如果它的内部能力不足以供应下一个阶段，差值部分就需要从外部购买；如果内部能力过剩，就必须为过剩部分寻找顾客；如果生产了副产品，就必须进行处理。

第四，需要不同的技能和管理能力。尽管存在纵向关系，但是在供应链的不同环节可能需要不同的成功关键因素，企业可能在结构、技术和管理方面各有不同。熟悉如何管理这种具有不同特点的企业是纵向一体化的主要成本。例如，很多制造企业会发现，投入大量时间和资本开发专有技能和特许经营技能，以便前向一体化，进入零售或批发领域，并不是总如期望的那样为核心业务增值，而且拥有和运作批发环节，零售网络会带来很多棘手的问题。

第五，延长了时间。后向一体化进入零配件生产领域可能会降低企业的生产灵活性，延长改进设计和模具的时间,以及企业将新产品推向市场的时间。如果一家企业必须经常改变产品的设计和模具,以适应购买者的偏好,它通常会发现后向一体化,即进入零配件的生产领域,是一件负担很重的任务,因为这样做必须花费时间实施和协调由此带来的变化。从外部购买零配件通常比自己制造便宜和简单一些,使企业能够更加灵活、快捷地调节自己的产品,进而满足购买者的需求偏好。世界上绝大部分汽车制造商虽然拥有自动化的技术和生产线,但他们还是认为,从质量、成本和设计灵活性的角度看,从专业制造商那里购买零配件而不是自己生产会获得更多利益。

纵向一体化的优势主要体现在以下 8 个方面:

第一,带来经济性。采取这种战略后,企业将外部市场活动内部化有如下经济性:内部控制和协调的经济性;信息的经济性;节约交易成本的经济性;稳定关系的经济性。

第二,有助于开拓技术。在某些情况下,纵向一体化提供了进一步熟悉上游或下游经营相关技术的机会。这种技术信息对基础经营技术的开拓与发展非常重要。例如,许多领域内的零部件制造企业发展前向一体化体系,就可以了解零部件是如何进行装配的技术信息。

第三,确保供给和需求。纵向一体化能够确保企业在产品供应紧缺时得到充足的供应,或在总需求很低时获得畅通的产品输出渠道。也就是说,纵向一体化能减少上下游企业随意中止交易的不确定性。当然,在交易过程中,内部转让价格必须与市场接轨。

第四,削弱供应商或顾客的价格谈判能力。如果一家企业在与其供应商或顾客做生意时,供应商和顾客有较强的价格谈判能力,且它的投资收益超过了资本的机会成本(为了得到某种东西所必须放弃的东西),那么,即使纵向一体化不会带来其他的益处,企业也值得去做。因为纵向一体化削弱了对手的价格谈判能力,这不仅会降低采购成本(后向一体化)或提高价格(前向一体化),而且可以通过减少谈判投入提高效益。

第五,增强差异化能力。纵向一体化可以通过在管理层控制的范围内提供一系列额外价值,改进本企业区别于其他企业的差异化能力,使本企业保持核心竞争力。

第六,提高进入壁垒。企业实行一体化战略,特别是纵向一体化战略,可以将关键的投入资源和销售渠道控制在自己手中,从而使行业的新进入者望而却步,防止竞争对手进入本企业的经营领域。企业通过实施一体化战略,不仅保护了自己原有的经营范围,扩大了经营业务,而且限制了所在行业的竞争程度,在定价方面拥有更大的自主权,从而能获得较大的利润。例如,IBM 公司即是采用纵向一体化的典型。该公司生产微机的微处理器和记忆晶片,设计和组装微机,生产微机所需要的软件,并将最终产品直接销售给用户。IBM 公司采用纵向一体化的理由是,其生产的许多微机零部件和软件都有专利,只有在公司内部生产,竞争对手才不能获得这些专利,从而形成进入障碍。

第七,方便进入高回报产业。企业现在利用的供应商或经销商有较高的利润,意味着其经营的领域十分值得进入。在这种情况下,企业通过纵向一体化可以提高总资产回报率,并可以制定更有竞争力的价格。

第八,防止被排斥。如果竞争者是纵向一体化企业,一体化就具有防御的意义。因为竞争者的广泛一体化能够占有许多供应资源，或者拥有许多称心的顾客和零售机会。因此，为了达到防御的目的，企业应该实施纵向一体化战略，否则将面临被排斥的处境。

（二）横向一体化

横向一体化战略也称水平一体化战略，是指为了扩大生产规模、降低成本、巩固企业市场地位、提高企业竞争优势、增强企业实力而与同行业企业进行联合的一种战略。其实质是资本在同一产业和部门内的集中，目的是扩大规模、降低产品成本、巩固市场地位。国际化经营是横向一体化的一种形式。

横向一体化局限性体现在：战略存在一定的风险，如过度扩张所产生的巨大生产能力对市场需求规模和企业销售能力都提出了较高的要求；同时，在某些横向一体化战略如合作战略中，还存在技术扩散的风险；组织上的障碍也是横向一体化战略所面临的风险之一，如"大企业病"、并购中存在的文化不融合现象等。

横向一体化优势体现在：采用横向一体化战略，企业可以有效地实现规模经济，快速获得具有互补性的资源和能力；通过收购或合作的方式，企业可以有效地建立与客户之间的固定关系，遏制竞争对手的扩张意图，维持自身的竞争地位和竞争优势。

横向一体化适用准则主要是：规模的扩大可以提供更大的竞争优势；具有成功管理更大规模企业所需要的资金和人才；竞争者经营不善而发展缓慢或停滞。

（三）集成一体化

在新的科技赋能之下，以及当下生态协同模式引发的集成一体化模式之下，纵向一体化和横向一体化这两种传统模式已经出现较大的劣势。当下采取集成一体化模式，有助于企业实现生态协同，解决企业与企业集群之间的落地问题，并通过线上与线下融合，对企业内部的营销、质量、生产、人力、行政等各个相关部门进行模块化协同，推动企业管理流程与业务流程按照市场最优方式进行改造，见图2-5。

图2-5　线上线下一体化作业规则

通过数字化技术，推动企业在营销端的营销产品与消费客户的场景数字化的发展；实现一线业务移动化，并以此为基础，推动业务线下实体升级为由数字化赋能的线上线下融合、互相支撑的一体化模式。在这个过程中，可以推动营销端批量、零售运营智能化的进化，并且解决正规军（员工、导购）、非正规军（兼职、会员等）并存问题，建立社会化营销体系下的利益共享机制，把正式员工融入类似合伙人制度，把非正式员工融入类似分销分佣制度，通过有效的系统转化实现价值链的系统集成。

从管理流程、核心流程、支撑流程看，企业通过数字化赋能的价值链集成，有效实现供应链协同，将生产、采购、仓储运输系统集成至供应链体系中，实现全渠道的销售体系一体化作业。

在上述各个环节实现优化与赋能之后，企业可以推动产供销、研发和物流等系统的集成，借助数字化技术实现以数字化底层为基础的"四流一致"（合同流、发票流、资金流、业务流），提升发展效率。

在线上与线下一体化及演进方面，价值链重塑并不改变现代社交以人为中心的关系链营销方式，但消费者需求从共性到个性化层面不断发生变化，创造出个性化、独特化的消费观念，并不断挖掘原有客户消费领域和新消费群体新的转化领域。这推动客户从消费产品到提供服务转化，从追求传统的物美价廉、功能实用性向互联互通、体验互动、社交参与的场景触达转变，从被动接受产品和服务向主动构思和主动定制化转变，从公域公共化分享向私域局域化定制转变。客户和消费者的个性化越强，企业的数字化底层挖掘能力、数字化结构分层转化能力、数字化经济适用能力就需要越强。

这意味着数字化赋能需要结合线上与线下创新两条路线，实现进化与分化。一方面，进化赢得竞争力。数字化经济赋能逻辑，数字化技术提供数据获取和数据分析的各类工具，通过不断升级迭代技术，沿着客户线上的社交平台、消费平台等的数字化轨迹，借助底层逻辑对个性化信息进行系统性的处理并集成，提取个性化的消费和产品需求信息，挖掘客户的隐性需求，释放客户的个性化需求，推动精准投放，赋能品牌，使企业在未来的零售市场保持竞争力，实现进化。另一方面，分化带来新机会。资本加持下的两栖团队，根据消费市场升级需求，不断创造新产品物种，虽然本质上还是线上和线下相结合的交易，但是整个业务链条和运营模式的个性化大大加强，培育与传统企业不同的获得客户的新业态、新物种，实现业态分化。

三、共享服务中心

共享服务中心（Shared Service Center）是共享经济从生活到办公的经济性的产物，实现了基于人、财、物的企业资源共享，解决了由供、产、销市场推动的企业业务共享。共享服务（Shared Service）是集成化服务的创新管理模式，在科技赋能推动下实现运营管理模式的变革、创新和迭代。共享服务中心，则是企业内设的以专属资源为基础，为企业其他业务单元提供标准化流程处理、专业知识服务的单位，主要体现在通过内部专业化服务、系统资源专用、标准化流程处理、信息化管理提供服务。而在网络技术和当下科技赋能并借助管理实践的需求，以及市场化竞争和转型需求的内生式驱动推动下，企业可以运用共享服务中心的云嵌套模式，提升线上线下协同的管理效率，创造社会价值。

(一) 共享服务模式特征

共享服务和数据中台所具有的集成、复用、共享基本特征一致，也就是通过服务实现的共享逻辑，提供专业化、标准化、流程化和信息化的服务，快速、高效地满足企业内部业务单元的业务需求。共享服务模式消除了企业内部的壁垒，打破了工作流程、组织和系统的地域、空间限制，解决了流程再造、快速响应、提高质量、降低成本、优化迭代等问题。

从共享服务模式实施、形成共享服务中心并有效对外服务角度说，共享服务中心落地的关键在于组织架构、内控流程、信息系统、管控模式的安排与设计，需要解决标准化问题，实现统一的业务流程与核算规则、统一的信息系统、统一的管理要求、统一的业务审批与财务审核、统一的集中管理可行性。组建共享服务组织的关键业务模块见图2-6。

图 2-6　组建共享服务组织的关键业务模块

共享服务中心是信息技术赋能推动的产物，尤其是由信息技术共享服务带动的信息技术共享服务中心建设赋能效果非常明显。数据中台的出现，云计算的不断应用，使企业计算、存储资源的方式实现了网络化，并做到了标准技术输出，以及提供基于能力集中的共享服务。

共享服务把数据中台的标准化特征进行了系统性转化，对企业业务单元过于分散和过于集中2个层面的企业管理病进行了系统性解决。将重复性的业务标准化转化系统地整合到共享服务组织中，通过集合企业有形资源和无形资产，集中精力专注各个独立模块中的核心业务；通过聚焦质量和客户服务，实现降本、增效、提质、增收，提高企业内部业务单元满意度。

(二) 共享服务的优势

共享服务中心的路径就是一个实现复杂问题简单化，简单问题精细化的拆分、转化过程。在共享服务中心推动流程再造，实现自动化、智能化、数智化迭代过程中，企业实现人、财、物共享，很重要的一点就是工序拆分。通过组织内部分工不断拆分工作工序，并将拆分的工序标准化，通过人员分类及专业化分工、共享服务进行分类授权，重复业务的分拆分解方式，解决了管理人员制定任务管理策略与作业人员执行任务管理策略的衔接问题。这一方面实现了资源的沉淀优化；另一方面实现了面向流程的信息化管理和协同管理，推动业务流程不断优化迭代并快速用最优路径解决企业内部管理问题。通过管理人员管控策略，可以做到跟踪过程管理，解决过程管控问题，使工序不断复用、沉淀、优化，从而获得持续性的降本增效。

共享服务中心解决了信息技术服务企业技术提升和转化的内部化问题，也解决了共享服务标准化输出的服务化问题。因此，一方面解决了外包模式下供应商和客户之间的割裂问题；另一方面通过共享服务的优化降本和专业化分工，打通了外包服务接口，通过签订服务级别协议，能够提供链接共享服务的部分业务的专业化外包服务。

基于标准化信息技术服务，共享服务中心促进了企业内部系统设计、数据处理、信息安全、报告生成等工作的自动化，本身集成了分散和集中的各自优点。通过共享服务中心，企业实现了人员集中、组织结构扁平化，并在数据中台赋能之下不断优化迭代，使最优方案落地；对于各业务单元，决策权、控制权、优先权等不变，客户需求响应方式不变。从企业统筹角度看，这又促成了系统支持的标准化、系统化、规模化和经济化，从根本上解决了小企业管理模式和大企业病带来的各种问题。

总的来说，共享服务中心通过流水线作业，打破了传统分工和管控的一体化模式，将一揽子工作进行工序化分拆并将各个工序标准化，以此做到基于总体降本增效的高效率、专业化，克服了公司发展到一定阶段后出现的内部机构臃肿、部门墙过多、业务条线独立、规则过多等问题。

（三）线上线下集成与共享服务协同模式

集成一体化模式下，企业通过数字化转型不断推动数字资产转换，打通标准化接口，包括实现应用程序界面（API）丰富接口、支持客户化、支持异构对接，从而解决复杂多变的线上系统和以稳定为主的线下异构系统对接难题。这包括支持客户化具体业务模型，可根据客户业态特点开关菜单权限，并与市场上所有主流的传统软件对接，数据对接方便，数据接口友好，新旧系统交流顺畅。在交付模式方面，交付模型先进，可以敏捷交付，快速响应需求。

这种协同模式解决了管理决策层面的管理人员和执行个人任务的作业人员的专业化分工和高效率操作落地转化的问题，以及管理流程再造问题；从原来的分散式管理转变并提升到集中资源用于制定共享中心任务，针对共享中心的模块化进行设计，针对管理策略与机制进行优化，实现共享模块分解、共享模块执行、共享模块决策、共享管控策略等；从原来的分散式流程路径转变并提升到系统的业务流程再造。同时，打通任务承接的标准化接口，解决个人和专业化组织对接问题；进行实时任务跟踪、纠偏和处理，达成溯源及过程管理协同，把传统模式下管理过度干预任务的公司治理问题、专业服务问题、流程管控问题、内控稽核问题等进行系统化，实现过程管控效果提升和全系统转型。

在系统管理流程再造及业务流程再造赋能模式之下，企业结合子任务池的系统模块化，再有效匹配财务决策量化分析，构建基于运营数据的标准化管理体系的事后评价机制，依据数据子任务池完成情况对子共享中心的效率效能进行评价，再对共享任务池的整体运营效率进行评价，同时推动整个管理链条和流程的调整、迭代和优化。在推动降本并持续性增效基础上，企业还可以建立指标体系的量化分析系统，实现管理指标可视化；结合影像识别系统，实现档案资料管理的集中化；通过呈现个人任务完成效率和分工标准工序效率的数据分析结果，实现人员技能的培训与提升。具体内容见图2-7。

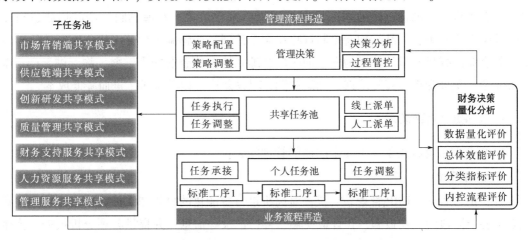

图2-7　线上线下一体化的共享任务作业路径

基于作业路径模式，企业持续优化共享服务是有必要的。由于业务的快速迭代性，基于开源框架、敏捷交付、快速反应思路，结合线上线下融合并采取共享服务模式的持续迭代具有刚需。因此，只有推出互联网架构产品，才能用交付模型解决互联网行业通用项目交付模型（敏捷开发）业务实践的融合问题。"持续集成（CI）""持续交付（CD）""持续部署（CD）"并针对共享服务中心原型产品进行快速初始化配置，及时优化业务模式，实现基础平台快速交付后的快速迭代。

针对任务池的分解及客户需求的快速分解，对任务指标和任务池进行快速迭代，并对量化分析标准和呈现结果进行改善，通过定期升级实现对需求的快速反应。针对快速迭代模型，在共享任务的作业路径层面持续推动实现：①初始化配置上线；②优化需求搜集；③产品模块化转化；④标准工序二次开发。由此，企业可推动传统"瀑布型"实施服务模型向"敏捷开发"实施服务模型转变，缩短实施周期，减少实施投入，降低实施成本。

第三节　业务一体化与信息管理系统

一、ERP管理系统建设推动业务一体化

（一）ERP管理系统概念

ERP管理系统是现代企业管理的运行模式。它是一个在全公司范围内应用的、高度集成的系统，覆盖客户、项目、库存、采购、供应、生产等管理工作，通过优化企业资源达

到资源效益最大化。

ERP管理系统的价值在于其可以建立企业的管理信息系统,支持大量原始数据的查询、汇总工作;借助计算机的运算能力及系统对客户订单、在库物料、产品构成进行管理,依据客户订单、产品结构清单制订物料需求计划,达到减少库存、优化库存的管理目标;在企业内部形成以计算机为核心的闭环管理系统,使企业的人、财、物、供、产、销全面结合、全面受控、实时反馈、动态协调,以销定产、以产求供,进而降低成本。

(二) ERP 系统管理

ERP 管理系统解决了以下 5 个层面的管理问题:

1. 销售管理

针对销售管理,ERP 管理系统统一对商机进行智能化的分析和维护,使用户可掌握每项业务各个阶段的成功概率、预计成交额、拜访记录等信息,并提供各项分析报表,为企业强化或调整销售策略提供依据;依据企业的实际管理制度,由业务员制订相应的工作计划,并针对某一工作计划形成相应的工作报告,便于管理者了解下属的实际工作内容和业务进展情况,掌握企业销售的全局;提供群发邮件、个性化分组和智能发送邮件功能,提高业务人员工作效率和质量;通过实时记录竞争对手、合作伙伴动态,挖掘企业最合适的销售策略。

2. 订单管理

订单管理整合了企业采购和销售环节,适应于不同企业的销售和采购全程控制和跟踪,生成完善的销售和采购信息,创造全面的采购订单计划环境,降低整体采购成本和销售成本。

订单管理层面,ERP 管理系统提供实时报价、历史价格查询、生产订单进度查询等销售管理功能,以及询价管理、智能化采购管理、全程验收管理等采购管理功能。除标准售价之外,企业可根据实际情况设定不同的产品售价和折扣,并根据市场动态制定促效策略,即时进行库存分析和利润预估,在销售人员接获订单同时即可直接了解企业库存动态,并即刻产生预估利润。销售主管或领导可实时了解每个阶段企业的销售状况,改善销售策略,提高企业业绩,并且系统会主动提示其中的风险因素,帮助企业规避销售风险。存量预估报表全面整合订单、库存及生管系统,使企业随时掌握最新存货流量状况,轻松达成存货管理。物流监控能力方面,可依据产品设定验收要求进行收料、验收、验退、退货管理的全程监控,即时确保产品品质,并提供交货延迟分析及产品采购验收状况分析的各式报表,对供应商进行全面评估,有效提高采购质量和效率。

3. 生产管理

生产管理层面,ERP 管理系统对从生产制令生成到制令完工入库的全程进行严密控制,实时掌握当前生产状况,有效解决企业现场管理不善、绩效评估困难、生产进度不明、在制品多等生产问题。

管理过程包括：

（1）即时的产品结构查询。用户透过结构窗按钮直接查询产品的结构树及各子件的批量需求与成本，从而形成清晰的生产流程可视化管理；用户可在单据中查询相关单据来源、关联单据的当前信息，从而完成实时的生产信息穿透式查询；系统可直接查询入库状况、材料领用状况等当前生产信息，并通过单据的穿透式追溯功能调用关联单据的具体信息。

（2）BOM管理功能。用户可对将建立的BOM指定为样品、试制品和正式品，以便进行分开管理；也可指定BOM的生产方式为厂内生产、委外生产或多次加工生产，明晰产品的生产流程；同时可进行产品BOM的复制，丰富产品BOM查询报表。用户可根据母件进行单阶、多阶和尾阶相关子件信息查询，也可根据子件进行单阶、多阶和尾阶相关母件信息查询，满足其在产品开发和成本分析方面的需求，以多角度的成本分析查询满足不同人员的管理需求。

4. 库存管理

库存管理帮助企业降低库存，减少资金占用，避免物料积压或短缺，有效支持生产，并与采购、销售、生产、财务等系统实现数据双向传输，保证数据统一。

具体包括：

（1）自定义物料预警规则。根据预警自定义进行有效期、超储、失效存货预警，以及最高、最低预警和盘点预警，并自动提示，将企业库存数量保持在合理水平。

（2）优化生产管理作业模式。设置领料、入库、批次入库、退料、入库对账、产品生产线期初设定等功能，帮助企业实现简易的生产管理，并提供相关生产成本分析，进行入库、销货、领用、转拨、调整、盘点等强大的存货出入库管理。同时，可处理非采购单到货、多张采购单、分批来料等复杂情况，根据物料需求计划自定义补货方式，并依据订单和工单需求自动计算补货数量，进行库存批号自动生成、原辅料与产成品批号追溯等多层次处理。其通过涵盖所有交易明细、排行、月统计、图表、地区分析及责任绩效比较分析，实现客户、厂商、产品、业务、部门交叉分析，并提供强大的渗透查询功能，让企业掌握横向和纵向库存信息。

5. 财务管理

财务管理模式上，ERP管理系统能够彻底摆脱手工做账，实现自动化，严格控制财务流程，防范企业资金风险。针对经营目标，ERP管理系统为管理层提供各种财务报表，让管理层随时掌握企业资金流向和流量，诊断企业财务状况和经营成果，为经营决策提供数据支持，提高资金利用效率。

具体如下：

（1）现金流向和流量的预估功能和预算实时查询功能，使财务人员提前安排防备措施，确保资金安全，提高资金利用效率。

（2）将原始凭证直接传输成财务记账凭证功能，可使财务与业务实现一体化，在此基础上，还可实现批次冲销，极大地降低了财务人员的工作强度，并自动生成损益分析、资产负债分析、现金流量分析、收入费用比较分析及银行对账、银行资金预估、应收/应付票据分析等报表，作为各级管理层决策依据，提高决策的实时性和精确性。系统根据企业需求，自定义营运分析指标公式，方便、快捷地核算每个阶段的经营成果。

（三）ERP 系统支持企业管理

1. 全面管理

ERP 系统的销售管理功能提供的销售预测、销售计划和销售合同（订单）是生产管理中主生产计划（MPS）的需求来源。销售计划根据市场信息与情报，同时考虑企业的自身情况，如生产能力、资金能力等，制订产品系列生产大纲。销售部门制订销售预测、计划或客户订单后，将产品订货和交货情况汇总并通知生产部门做成生产计划。

生产部门根据计划安排领料生产，进入生产作业控制环节。可见，企业生产经营活动的顺利进行是在销售管理系统的指导下实现的，而一系列销售事务的顺利开展以生产管理的有效性为基础。

采购部门根据物料需求计划制订采购计划，适时、适量、适质和适价地完成采购任务，为生产部门提供生产所需要的原材料（或外加工件）。物料需求大部分来自生产计划产生的需求，采购部门必须将物料规格、数量、需求时间及质量要求提供给生产部门。因为采购部门对市场的加工能力、供应情况更加了解，对要求外协加工的物料需要由生产技术部门（或生产部门）与采购部门共同确定外加工方案，或者由采购部门主要确定外加工方案。可见，采购部门要为生产做必要的准备工作。而库存管理部门在维持生产稳定方面起到重要作用。

企业按销售订单与销售预测安排生产计划（参考主生产计划部分）并制订采购计划、下达采购订单。采购的物品需要一定的提前期，且此提前期是根据统计数据或是在供应商生产稳定的前提下确定的，但存在一定的风险，有可能会拖后而延迟交货，最终影响企业的正常生产，造成生产不稳定。在这种情况下，企业就可以通过增加材料库存量降低风险。可见，库存管理是生产顺利进行的稳固后方。

销售、生产、采购需要借助物流实现物资在各个车间、各个部门及最后终端的转移。例如，以产品为单位及以工种为单位相结合设计物流管理模式，实现多方作业流转。通过物流信息化，所有物流活动的控制将更为直观、科学。ERP 系统帮助物流管理贯穿整个生产经营活动，在配合企业运营方面起到提高业务流程效率的作用。

财务管理工作的顺利开展为企业生产经营提供保障，可通过高度的信息化水平实现。销售与应收账款的密切联系，资金流的较大变动，都需要依赖每个管理环节进行处理。ERP 系统的运行能够针对不同管理环节采取有效的措施，这也是很多企业较为关注的核心内容。

2. 销售管理

企业以往的销售管理手段较为分散、管理方式陈旧，如各个分厂、子公司都拥有一定的销售权限。但是由于各个分厂或子公司的利益点存在差异，容易导致企业内部出现恶性竞争，产品的市场价格不统一，给企业的市场信誉度带来负面影响，甚至使企业失去大量客户资源。企业在应用ERP系统时，要利用其完善的功能优化管理授权、创建管理平台、构建客户清单和强化票据管理。

首先，ERP系统对企业内部销售资源进行统一管理和整合，对集团内部各个分厂和子公司的销售权限进行科学划分。在分配销售任务时，ERP系统能够实现纵向商品订单库权限维护，实行"金字塔式"管理授权。根据授权创建管理平台，企业结合销售管理的工作实际，根据各个管理环节的具体职责和分工情况，编制角色矩阵和岗位责任书。

其次，ERP系统对产品价格实行线上管理，要求各个分厂和子公司统一产品销售价格，严禁出现以低于市场价格销售的行为，避免企业内部发生恶性竞争情况。同时，ERP系统能够加强产品销售价格和产品销售订单审核，避免订单信息错误，并加强线上监督管理，为企业实现经济效益最大化提供保障。企业在线上审核时，要注重发挥ERP系统的优势，对没有岗位交集点的人员授予审核权限，避免滋生滥用职权、贪污腐败等问题。

最后，企业通过构建客户清单，为各项管理工作的有序开展奠定基础。由内勤主管根据企业内控要求，对所有客户信息进行登记和输入。将客户信息输入ERP系统后，对客户开展销售管理，对产品销售明细进行定期分析和维护，并对所有客户的信誉度、资质及经济实力进行评估，建立并不断完善客户资源库，保证所有产品价格符合客户既定要求。

3. 采购管理

企业应用ERP系统，结合产品的销售计划和供应商的物料情况制定采购方案。企业通过查看销售订单和供应商的历史记录，对基本资料和所需采购产品信息进行分析，将采购商品范围制限定在合格商品中，以策划出科学、合理的采购方案。

首先，企业考虑物料的实际需求、采购的商品量、存储方式及运输方式等事项，并且使用ERP系统对物料进行科学的分类与合并。企业在选择供应商时，通过ERP系统对供应商的基本信息进行归类与比较，直接了解供应商的产品不良率、价格及纳期等指标，在此基础上选出合适的供应商。

其次，企业在制订合理的采购计划之后，可以使用ERP系统自动生成采购需要的所有费用，并且制定有效的用款计划。这其中，企业采购部门可以通过ERP系统把采购用款直接上报财务部门，财务部门在确定款项之后反馈有用的信息，而2个部门都确定之后就可以进行采购付款。ERP系统可以自动生成采购订单，这主要依据采购产品存量、时间、运输方式、用款等相关信息。每天发送的订单也能够依据ERP系统中最新物料功能进行及时调整，提前对长期库存产能不足情况实施管理。

最后，企业将ERP系统用在采购管理中，可以设置订单跟踪周期和时间，以此构成跟随计划。采购部门在工作中可以根据ERP系统生成的计划开展供应商跟催工作。在对订单进行跟催时，ERP系统还可以为采购部门提供供应商产品质量、生成及运输进度等相关信息。在对商品进行验收时，采购部门可对供应商提供的发票与订单进行详细检验，并把发票和收货单信息输入 ERP 系统。在验收工作结束之后，采购部门要和财务部门配合，对整个采购活动中支出的费用进行整体结算，并根据采购计算单和计划之外的费用情况对整个采购过程的投入成本进行计算。

4. 生产管理

生产管理系统包括主生产计划（MPS）、物料需求计划（MRP）、能力需求计划（CRP）、车间管理和准时生产（JIT）管理。生产管理系统流程见图 2-8。

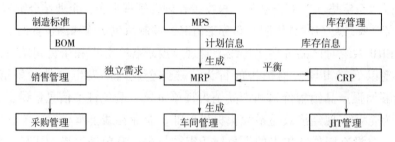

图 2-8　生产管理系统流程

主生产计划是一个重要的计划层次，可以说，ERP 系统计划的真正运行是从主生产计划开始的。企业的物料需求计划、车间作业计划、采购计划等均来源于主生产计划。主生产计划在 ERP 系统中起着承上启下的作用，实现从宏观计划到微观计划的过渡与连接。同时，主生产计划又是联系客户与企业销售部门的桥梁，所处的位置非常重要。

物料需求计划与主生产计划一样，处于 ERP 系统计划层次的计划层，由 MPS 驱动 MRP 的运行。物料需求计划是针对主生产计划的各个项目所需的全部制造件和全部采购件的网络支持计划和时间进度计划。物料需求计划子系统是生产管理的核心（也是生产计划部分的核心），它将主生产计划排产的产品分解成各自制零部件的生产计划和采购件的采购计划。物料需求计划子系统能帮助企业摆脱按台、套组织生产的旧管理方式，提供一套全新的科学管理方式。

能力需求计划为实现企业的生产任务而提供能力方面的保证。车间管理按物料需求计划的要求，按时、按质、按量和低成本地完成加工制造任务。JIT 作业安排实行适时、适量和适地安排生产。生产管理是企业，尤其是生产型企业，非常重要而又复杂的环节，是企业赖以生存和发展的基础。生产管理系统设计的好坏对 ERP 软件开发的成败起着决定性作用。

5. 库存管理

在整个 ERP 系统中，有多种与物品存储和使用相关的信息，依据这些信息可以对企业物资需求规律加以分析。ERP 系统可以被当作一个数据性平台，为供应库存决策提供数据支持，然后依据系统对供应物资分类的需要做好核算工作，在此基础上获得较为合理与精准的物资订购量信息。

第一，通过将库存决策的相关数据输入 ERP 系统，库存管理人员可以准确、快捷地进行库存查询，使用领料、入库、批次入库、退料、入库对账、产品、产线期初设定等功能，还可以开展相关分析工作。除了完成所售产品的库存管理，管理人员还能通过系统及时发现仓库中存在的缺货现象或呆滞物品，根据预警自定义进行有效期、超储、失效存货预警，以及最高、最低预警和盘点预警，并自动提示，将企业库存数量保持在合理水平。若是在其中使用了批号管理方式，则管理人员还能够查询超出半年或是一年都没有使用的材料。

第二，将ERP系统用在企业库存管理中，能够让企业库存信息及时化、动态化和透明化，并且在整个企业中共享库存数据。企业各个部门的管理人员若在工作中有一定的需要，都可以随时查到库存动态数据。ERP系统通过涵盖所有交易明细、排行、月统计、图表、地区分析及责任绩效比较分析，实现客户、厂商、产品、业务、部门的交叉分析，并提供强大的渗透查询功能，让企业对横向和纵向库存信息了如指掌。

6. 物流管理

ERP系统下的物流管理除了供应链物流管理，还包括与物料流通有关的运输管理、仓储管理及在线物料信息管理等，可分为原料采购及设备供应、生产及销售配送3个阶段，对应产生企业横向上的供应链物流、生产线物流和销售线物流，见图2-9。

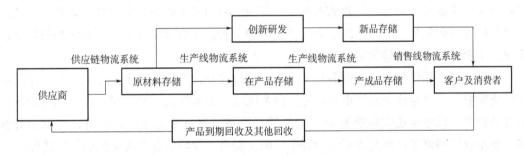

图2-9 物流管理的信息通路

供应链物流系统是从供应商的配送中心将采购的原料或零部件运送至生产企业，也包括由销售网点回收（重复使用）运输容器的回收物流。生产线物流系统是与企业仓储相关的入库、保管及出库，即厂内物流，包括原料（零部件）、半成品、在制品、成品及其他物料物流，也包括产成品运送至物流配送中心及其他仓储基地，在仓库及物流配送中心进行的运输包装和流通加工等。这个过程也包括企业基于创新驱动需要，完成的新品研发及新品生产全过程并实现新品的运输、包装等业务流程。从企业仓库、物流配送中心或其他仓储基地将成品运送至批发商、经销商或消费者手中的运输配送过程称为销售线物流系统，包括将部分成品运输配送至其他分中心的物流。产品到期回收及其他回收包括退货物流在内，总体而言是与商品退、换货有关且与销售方向相反的物流，囊括运输、验收和保管等一系列过程。在这个过程中，到期回收也包括包装材料及容器等需要回收的物流，均包括运输、保管等过程。

ERP系统下的物流以信息流畅通为基础，通过物流信息化使所有物流活动的控制更为直观、科学。与此同时，借助全方位物流信息的实时更新，企业的系统控制决策可以更加准确、有效。ERP系统下的物流管理也包括在供应链环境下企业生产活动之间的衔接及客户关系管理。正因为物流管理贯穿企业生产经营全过程，覆盖企业内外部及整个供应链，所以改善和优化企业生产物流可以带来额外的收益。

7. 财务管理

首先，与传统会计核算系统相比，在以往的功能模块基础上，ERP 系统包含了固定资产、总账、现金管理、应收应付账款、采购管理和存货管理等多个模块，而且能够对这些功能模块实施集成化管理。在进行财务核算时，ERP 系统能够结合科技的赋能进行智能化管理，除了传统的自动生成相应的票据凭证、自动完成普适性分析专报和报表，还能针对性地进行管理会计层面的预警分析和企业指标的个性化分析，从而提高财务信息核对效率和会计核算工作质量。此外，针对会计核算执行，ERP 系统能够对财务基础业务和模块进行标准化定义，并筛选数据，将重复的数据剔除，避免重复性数据输入影响会计核算结果，有效避免中间环节数据的遗漏和失真情况，保证会计核算结果的准确性、及时性和完整性。

其次，ERP 系统能够通过分析企业的产品订单、获利能力、作业中心等实现成本管理。一般功能较为完善的 ERP 系统有多种成本管理工具，以作业成本法为例，在系统中将各个生产作业环节划分为作业成本中心，资源动因和成本动因会自动对企业各个环节的成本费用进行归集和分配，帮助企业管理者更加全面、准确地掌握和了解企业的资源消耗情况，从而针对性地实施成本控制措施。

最后，ERP 系统包含多种财务预测模型，通过这些模型，并基于企业的实时动态数据和历史数据，可对企业未来的市场环境、财务风险、成本投入、经营风险、盈利等情况做出合理预测，以便企业管理层制定相应的管理决策。最重要的是，企业可以借助会计核算、成本管理和财务预测实现对流动资金、固定资金、专项资金等现金流的综合处理。

二、商业智能驱动融合 ERP 推动业务一体化

过去几十年，企业推动信息化以 ERP 系统建设为主流。随着科技的快速发展，ERP 系统建设完成之后，企业面临以数字化为代表的新数字技术等一揽子技术的赋能，包括 ERP 系统等应用平台更新升级、商业智能（BI）、协同电子商务、人工智能（AI）等。

（一）商务智能与 ERP

商务智能分析，即数据仓库（DW）和联机分析处理（OLAP）的综合应用。由于缺少足够的数据，在实施 ERP 系统的初级阶段是不可能同时开展 BI 应用的。在这个阶段，ERP 仅仅是联机事务处理（OLTP）系统，只能用于完成业务功能作业，存留在 ERP 系统中的是没有被充分转化为信息的浅层次作业数据，而高层管理者更需要综合性的历史信息，以发现有助于决策的趋势。此时的 ERP 系统如同未经开发的金矿，更大的潜能并未被挖掘出来。

一般来说，企业在 ERP 系统正常运行 2 年左右，就能积累足够的业务数据，同时在数

据处理方面具备较丰富的经验，因此 DW、OLAP 或 BI 应用的时机逐步成熟。企业应及时引入这些技术，把 BI 和 ERP 作业系统连接起来，构成决策和执行的闭合循环系统：ERP 为 BI 提供集成的数据源，BI 帮助企业将 ERP 系统中的数据变为信息和知识，为企业提供开发"金矿"的工具，从而形成计划、执行、分析、决策、调整的不断优化过程，释放 ERP 系统的能量。

（二）供应链管理（SCM）与 ERP

"业务流程并没有停止在公司的大门口"。企业用 ERP 系统练就了内部管理的基本功以后，必须将信息化的重点转移到相关企业间的业务流程有效链接、监控和管理上来。但是，这种企业间的连接并不仅仅涉及网上的信息交换或电子商务，关注供应链上所有关键业务集成的 SCM，将是企业需要持续改进的重要方面。供应链内、组织间的战略、计划、执行和协调所产生的数据和信息，以及不同系统之间的数据交换，远比企业内部要复杂得多，因此支持 SCM 的信息系统就成为跨越不同组织之间传统界限的桥梁和重要工具。

首先，采用动态服务器网页（ASP）技术，盟主企业或第三方作为 ERP 系统的 ASP 服务商，统一供应链信息系统平台，进一步在供应链伙伴之间实行管理作业的标准化。当然，也有采用接口的方法将多个异构系统连接起来的情况，如服务接入点（SAP）的业务应用程序编程接口（BAPI）。在此基础上，APS（高级计划与排程）才能发挥作用，进一步对供应链的预测、存货设计、可承诺交货量、供应瓶颈计划进行全局性优化和执行监控。

其次，建立供应商和客户门户，允许供应链上的企业相互访问现有信息系统，共享部分信息（如存货、需求记录和预测、订货情况、设计和技术规范等）。供应链内部信息的透明化将提高整个供应链的响应速度和竞争能力。

最后，建立供应链数据仓库，将供应链关键过程的数据收集起来，使供应链上所有成员都能按其权限从中获得相关信息。这种将集中的供应链数据仓库作为供应链提供信息中心的做法，将大大加速信息传递和加工的速度。同时，供应链数据仓库本身就可以作为一种接口，解决难以集成的信息系统之间快速交换信息问题。

（三）协同电子商务与 ERP

在协同电子商务时代，ERP 模式被定义为企业外部资源和内部资源的协同集成，企业管理者不仅可以充分协同调度企业内部资源，而且可以及时集成客户、供应商、金融变化形势，与客户、供应商及环境实现层层深入的业务渗透，适应企业业务、客户业务及供应商业务与系统功能的协同，体现系统功能随业务变化的协同进化。在协同电子商务时代 ERP 系统中，协同供应链管理均衡各方利益，集结各方利益的偏好，形成供应链组织偏好，辅助企业内部各个环节依据环境变化对资源进行分配，并将企业的总目标与相互依赖的各个环节的目标协调起来，体现企业经营的对称协调和均衡发展。

协同供应链是全球性的网络组织，该网络组织应能做到：①从不断快速重构的网络组织运作中取得最大收益；②保证信息的安全性及完整性；③兼顾电子服务状态及服务者的信息可达性；④适当响应传统业务流程，包括不同的数据处理，提供具有优先权的组织任务；⑤不断容纳新技术等。

协同管理机制主要表现在3个方面：①通过将协同管理问题结构化来实现协同；②通过约束导向来实现协同；③通过目标导向来实现协同。

在协同过程中，目标导向是基础，可以实施以上不同方式的控制策略，但一般使用混合方式。协同管理过程的关键技术包括以下3个方面：

首先，采用智能代理技术自动获取企业所需资源的算法。ERP系统及互联网上信息量巨大且庞杂，出现了"信息爆炸"和"资源迷向"问题。智能代理技术可以支持协同管理有效获取ERP系统及互联网上的信息资源，如"智能代理技术导航"可以帮助群体决策成员找到所需要的资源；"智能代理技术过滤"可根据群体决策成员的要求，从ERP系统及互联网上大量信息中筛选出符合条件的信息，并以不同的级别（全文、标题、摘要等）呈现给用户；"智能代理技术知识发现"可从大量公共原始数据中发掘有价值的信息，向群体决策成员发布。智能代理技术在应用于电子商务领域时可贯穿于电子商务全过程。企业可通过智能代理技术收集需求信息，据此进行产品开发决策；还可通过智能代理技术找到合适的供应商和产品需求客户，并通过多智能代理技术进行买卖双方的商务协商，做出令双方满意的商务群体决策。

其次，智能代理技术协同管理的广义算子模型用于描述协同管理过程，实现依据环境变化分配企业资源，并协调总目标与子目标的关系。

最后，协同管理中的知识表示方法依据协同管理过程定义，知识表示宜采用多种方法混合方式，以知识的因素表示为基础，以因素神经元等为形式化框架，实现智能代理技术对复杂知识的存储与加工。

（四）集成化的智慧业务与ERP

鉴于实时数据采集的便利性，一些先进的ERP系统解决方案开始尝试结合智慧平台模式，集成大数据与人工智能等方式，从而形成独特的智能化功能，推动ERP系统更智能、更自动化，并基于机器学习的强大计算能力与预测能力，在企业的生产计划、销售预测中日益发挥价值。

智能ERP系统不是基于特定技术，而是基于访问各种技术，实现智能功能。在大多数公司中，这始于后台自动化重复的例行程序。随着时间的推移，ERP系统还会添加其他功能，如用于生产中错误检测的机器学习和深度学习，用于需求计划和预测分析，用于生产中或仓库中语音控制系统的自然语言处理，以及用于自治系统的学习算法。

基于智能业务集成的智慧生产系统见图2-10。

首先，利用智能业务集成云及人工智能等强大的数据分析、数据挖掘能力，可以在销售端提升潜在客户的挖掘能力和现有客户的复购能力。销售人员可以更好地理解客户行为，从而提升营销效率。在集成平台的数据挖掘及AI系统帮助下，企业可以对客户年龄、

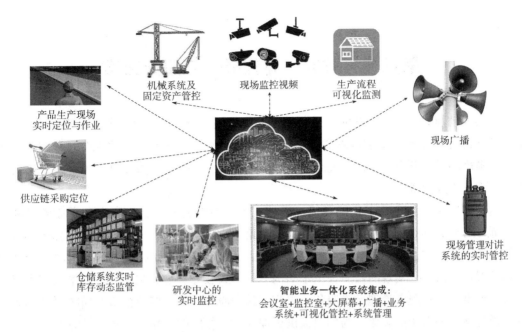

图 2-10 基于智能业务集成的智慧生产系统

教育程度、消费习惯、社交特征等多种因素进行综合分析，制订个性化营销方案，提供智能化营销服务及精准广告投放服务，进而快速、有效地挖掘潜在客户。

其次，借助一体化集成的智慧生产系统对生产过程进行数据分析，并加以改进。具体而言，工业生产线在运行过程中会产生大量实时数据（如温度、压力、转速等），对这些数据进行分析，能提前预测可能出现的机器故障、残次品率等，进而优化生产流程，达到节约成本、提高效率的目标。

再次，借助智慧生产系统对创新过程进行系统跟踪和绩效对接，实现对创新过程的无缝支持。具体而言，企业对创新研发项目的过程数据进行分析，能确保各个研发创新环节的数据准确呈现和完成进度节点确认，落实对应创新考核的结果比对，实现对创新人才的有效管理和研发过程的有效优化，从而达到及时实施创新管理、提高研发产出、降低创新损耗的目标。

最后，一体化集成的智慧生产系统应用于供应链物流领域，对仓库选址、库存管理、仓储作业、运输配送和物流数据分析等方面产生重要影响。将传统库存管理转型为智能库存管理，在联网技术、可视化技术和大数据运算能力的推动下，不仅可以实现仓储数据的读取快捷化，而且可以实现各个仓库信息的联网实时化，有效降低企业库存量，节省仓储成本，使库存管理获得更高的安全性。一体化集成的智慧生产系统技术帮助智慧物流从人工化向自动化和智能化转变，便于数据交换和信息共享。企业通过路径优化算法、调度算法等不同算法，结合数据中心的实时数据进行最优路径的动态规划，提高生产过程的物流行动效率，降低物流成本，达到整体最优。

第四节 业务一体化模式与集成方案

企业推动业务一体化方案助力商业模式迭代拓展。企业实现业务端口的数字化转型，需要结合自身综合能力确定解决方案，这包括在企业商业模式和数字化融合过程中，不断提升、提炼而重新塑造出来的产品交付能力、方案设计能力、技术创新能力、多维支付能力和管理直达能力等。

这就需要企业结合数字化的赋能，借助成熟、标准的产品，为客户电商业务打通路径，通过跨界思维在服务业制造化、制造业服务化领域的拓展，构建商城、商圈、分销、直播的新赋能模式，借助积分系统解决业务痛点，改善业务落地能力。与此同时，企业可以借助数智化赋能下实现的微服务技术架构、分布式服务、集成主流开源技术的技术能力升级，提供一站式服务治理运维服务，提升产品和服务质量，以及衍生产品和服务的转化率，透过互联网系统的转化，为用户提供更加安全、稳定的产品并提升交付能力。

因此，数字化转型推动的企业业务一体化模式，借助灵活的系统设计，自主扩展模式链接。当下业务一体化的成熟模式有：B2B2C模式、O2O电商业务、积分商城、跨境进口电商业务等。这些模式可以相互叠加，并随着科技的发展不断优化迭代。业务一体化模式挖掘客户新需求与新痛点，打造新的线上产品和服务，提供新的用户体验，持续为企业发展转型深度赋能。

一、数字化系统赋能业务一体化基础

不少企业在发展信息技术、实现业务一体化过程中不断摸索并推进业财融合，尤其是用数字化赋能业务端的模式落地，商业模式得以有效运作，提升了自身价值，并为实现业财融合、发挥财务一体化共享功能打下了坚实基础。

这些企业之所以成功，主要是因为前期完成了支持系统建设，包括在ERP系统实施沉淀并优化之后，对资源系统进行沉淀和转化，推动数字标准化，完成标准支持系统建设，并针对数字化进行系统运营，形成由数字化运营支持的协同效应，从而完成数字化赋能模式的前期转化工作，为形成业务一体化独立运作模式夯实基础。

（一）数字化标准支持系统

业务一体化很重要的特征就是，随着企业的跨界式发展，制造业服务化和服务业制造化的多元模式和个性化模式不断迭代。市场层面的消费端，无论是企业还是个人，均实现了移动购物模式的多样化，与场景相关的应用成为驱动消费迁移的新增长点。因此，就业务一体化打造的基础来说，数字化是全场景营销和全渠道零售的基础性配置。企业推动产品个性化制造与销售，从而实现零售要素的数字化转化有一个重要的前提，即实现市场端的人、货、场、财的数字化。

就人的数字化来说，企业内部需要设立数字化组织架构，解决管理的数字化转型问题，落实员工的数字化管理；企业外部则需要实现会员数字化。因此，企业做到员工系统的数字化，是实现运营移动化的基础，而会员的数字化则是会员多渠道、全场景线上运营的基础。

就数字化营销来说，解决全场景营销运营问题，使基于企业实体店的"LBS营销"和"以顾客为中心"的社交化营销同步，是数字化线上标准能有效执行的关键。企业通过顾客深度的消费体验，实现基于门店位置的LBS服务与线上线下一体化运营（O2O），让用户在门店亲身体验产品，提升其信任度，借助门店社交化落地营销工具达到销售目的。

因此，标准化前期基础要尽量解决连锁管理规范标准化、零售经营精益精细化、后台基础业务精细化等问题。在这个过程中，企业不断解决前台业务系统数字化和移动化、前台业务模块数字化和移动化等问题，通过提升线上线下一体化水平，不断推动收支系统集成化、营销市场智能化，从而实现全场景营销运营和全渠道会员运营。

（二）数字化运营支持系统

企业建设标准化支持系统之后，还需要打造运营支持后台，这是核心基础业务，其主要以商品、供应商、合同、营销、会员管理等基础业务流程有效达成为目标，见图2-11。

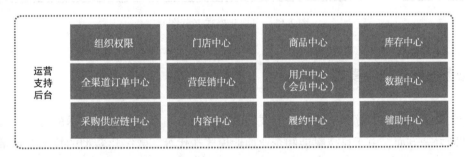

图2-11 运营支持后台

因此，数字化运营支持系统的功能模组需要结合市场拓展的需要，实施系统性分解并完成相关模块开发，做好应用的植入工作。这包括但不限于：供应链管理模组SCM、基础业务管理模组BMS、会员管理模组CRM、仓储管理模组WMS、物流配送管理模组TMS、财务辅助管理模组FAS、数据报告管理模组RPT等，由此确保相关应用功能模组齐全，实现业务后台支持闭环，而不能有管控缺项。

数字化运营支持系统建设，需要搭建全场景管理与运营模块，这包括店铺管理、商品管理、客户管理、订单管理、活动管理、结算管理、配送方式等。在建设过程中，同步植入量化分析的财务功能，做好支撑工作，重点是针对数据分析能力、运营难题，打造全方位、多维度的数据分析体系，精准做出数据决策，增强消费行为分析能力。

数字化基础分析支持系统是确保主要模式成型并实现可持续性叠加的核心，从基础分析层面来说，需要解决数字化的实时概况、核心指标呈现问题，落实驱动业务的流量分析、商品商业化分析、智能化交易分析、消费地域分析，以及确定产品供应的渠道来源、量化客户终端构成等。这些基础分析支持系统需要覆盖全方位数据节点，推动数据平台化接口标准化及有效对接，透过可视化平台实现智慧大屏管理的驾驶舱化，解决可视化设计及参数配置问题。具体内容见图2-12。

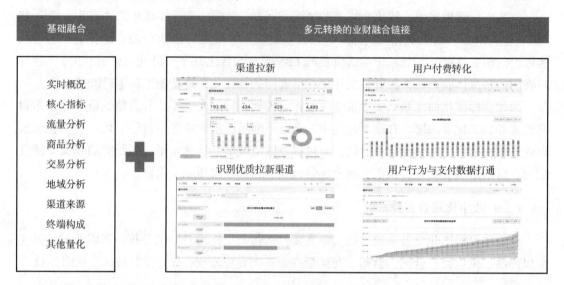

图 2-12 可视化模式（截图）

二、业务一体化主要模式

企业数字化转型的综合能力解决方案涉及产品能力、方案能力、技术能力、支付能力和管理能力等方面。由于科技赋能和企业商业模式迭代等，数字化转型的技术变革带动了整体产业结构升级，并在产业系统不断标准化、数字化的逻辑下，在显性层面与隐性层面不断推动整个数字化产业链升级。从新经济发展角度看，新技术催生了新模式，新模式带来了新业态，而新技术、新模式和新业态不断优化迭代又推动产业生态持续发展。

当下业务一体化呈现不断拓展、演绎和衍生出新模式的趋势，主要模式见图2-13。

（一）B2C 模式及 BBC 模式

B2C（Business to Consumer），简称"商对客"。"商对客"是通常所说的直接面向消费者销售产品和服务的一种电子商务模式。

这种形式的电子商务一般以网络零售为主，主要借助互联网开展在线销售活动。B2C即企业通过互联网为消费者提供新型购物环，也就是通过网上商店开展业务。消费者通过网络实施网上购物、网上支付等消费行为。B2C业务实现路径见图2-14。

第二章
顶层化，数智化：业务一体化前台实施演进

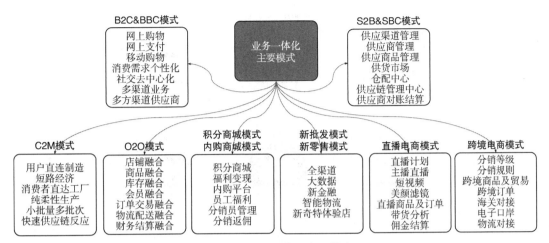

图 2-13　业务一体化主要模式

（来源：根据《万物智联，线上数字：数智化转型升级理论与实战》相关内容绘制）

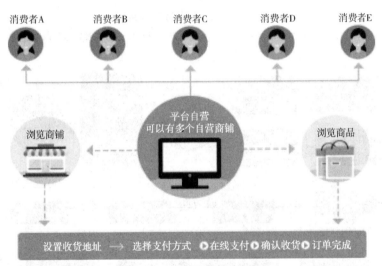

图 2-14　B2C 业务实现路径

（来源：根据《万物智联，线上数字：数智化转型升级理论与实战》相关内容绘制）

B2B2C（Business to Business to Consumer，也可简称"BBC"），是一种新型网络通信销售方式，也是一种电子商务类型的网络购物商业模式。第一个"B"指广义的卖方（即成品、半成品、材料提供商等）；第二个"B"指交易平台，为卖方与买方提供联系渠道，同时提供优质附加服务；"C"指消费者，也就是买方。卖方可以是公司，也可以是个人，即一种逻辑上的买卖关系中的卖方。B2B2C 业务实现路径见图 2-15。

BBC 是多商户商城业务模式，如果按照完整路径和模式，则可以实现全渠道覆盖；如果功能完全覆盖，则涉及的领域包括 PC 端、App 端、H5 端等端口。小程序端可以帮助企业整合自身多渠道业务和多渠道供应商，以加盟或联营方式入驻平台，精细化平台运作与用户管理，帮助商家强化品牌知名度、提高交易转化率。BBC 多商户商城业务延升拓展模式见图 2-16。

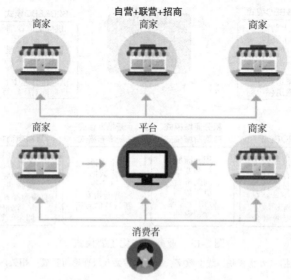

图 2-15　B2B2C 业务实现路径

（来源：根据《万物智联，线上数字：数智化转型升级理论与实战》相关内容绘制）

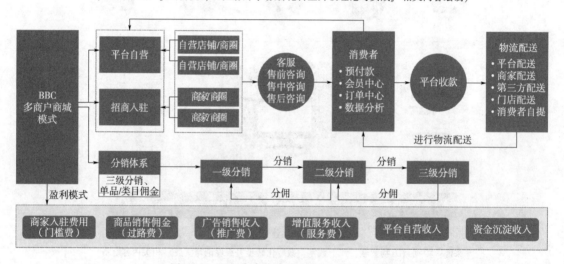

图 2-16　BBC 多商户商城业务延升拓展模式

从 BBC 多商户商城业务延升拓展模式系统可以看出，BBC 模式在 B2C 模式基础上进行了系统的嵌套，其中前后端都实现了程序与模块的嵌套。这包括：在 B2B 前端可以融入 App 小程序、H5 商城、POS 系统；在 B2B 后台，可以融入供应链管理模组 SCM、基础业务管理模组 BMC、会员管理模组 CRM、仓储管理模组 WMS、物流配送管理模组 TMS、财务辅助管理模组 FAS、数据报告管理模组 RPT。这使平台端搭建的新业态实现了转化，具体包括：①自营模式，也就是平台建立自营线上商城，自营店铺运营自主商品；②招商模式，也就是平台建立商城，进行对外招商，多家供应商加盟，签约入驻平台；③联营商业运营模式，也就是平台采取一体化运作模式，实现平台自营、统一仓储、统一物流、入库联营；④混合模式，也就是上述自营模式、招商模式、联营模式等多种模式混合协同；

⑤O2O 模式，也就是推动线上线下统一的市场营销和用户消费，提升用户线上虚拟平台与线下实体门店协同的配送与体验模式。

BBC 多商户商城业务模式可以推动业务一体化线上数字化赋能和转型落地，包括多种经营模式融合、支持多商圈运营等拓展层面。该模式覆盖全渠道终端，并在开发管理平台基础上满足全平台业务管理诉求，包括商家管理、商品库管理、会员管理、订单管理、广告位设置、活动发布等。

（二）S2B 模式及 SBC 模式

S2B（Supply Chain Platform to Business），是通过整个供应链平台来完成客户需求的企业之间合作的电子商务营销模式。"S"指供应链平台供货商；"B"指平台端的渠道商，其中平台端对应企业集群，是企业生态端，这其中还包括各种规模的企业。供应链平台企业与生态集群类企业之间的关系经历从加盟到协同的转变，实现互相赋能。B 端解决用户沟通问题并了解用户需求和痛点，S 端通过整个供应链的整合能力满足用户的定制化需求。

这种系统的效果在于，企业可以集中精力将资源重点投资到自身优势领域，借助供应链平台实现供应链各环节的业务合作，与其他企业形成优势互补和合作共赢。S 端通过供应链技术建立数据库，为 B 端提供品牌保证、品质保证、集中采购通道，并为 B 端实现数据化、智能化、可视化打下基础。

S2B2C（Supply Chain Platform to Business to Consumer）是一种集合供货商赋能渠道商并共同服务于顾客的全新电子商务营销模式。这种模式在 S2B 模式基础上引入终端客户 C 并实现链接。其特点在于，集合了供货商赋能渠道商，两者共同服务顾客，从而创新出全新电子商务营销模式。

S2B2C 的重点是供货商 S 整合上游优质供应商，通过提供 SaaS 工具、技术支持和培训支持为渠道商 B 进行系统化赋能，将优秀的供货商筛选出来，供渠道商集中采购，协助渠道商 B 完成对顾客 C 的服务。渠道商 B 通过针对顾客 C 的个性化沟通，发现需求并定制需求，把有效需求信息反馈给供货商 S，以落实顾客 C 所需的服务。

S2B2C 模式为供应商和渠道商协同打造具有"护城河"效应的企业私域流量，通过供应商搭建基于终端门店的数字化会员权益和传播体系，为渠道商数字化赋能，助力渠道商实现精细化运营与精准化营销。

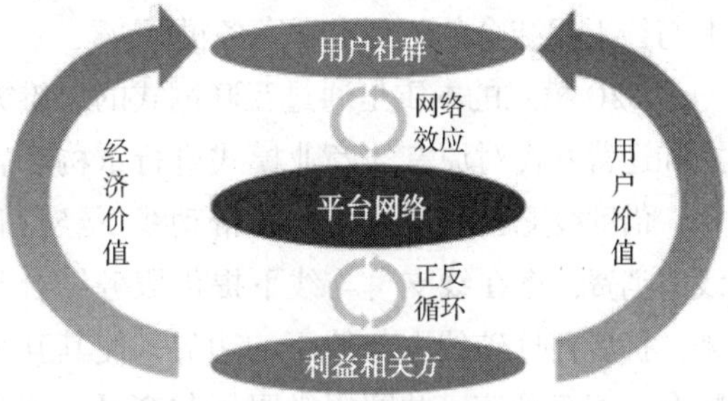

供应商甚至可以借助有效的技术支持工具，数字化平台智能化的手段，根据用户购买频率、周期和偏好为会员"画像"，并根据标签对用户进行分组，为用户提供全方位的产品供应和配套服务体验，从而提高顾客的购买欲、复购率、购买品类覆盖率。同时，结合供应商与渠道商的协同效应，针对品类创新商品、精准实时库存、一致性交

图 2-17　S2B2C 供需融合和统一的数字化业务价值理念

易、智能自助订货、渠道供应协同、任务驱动绩效、消费大数据分析层面，还能实现可持续性拓展。

S2B2C 供需融合和统一的数字化业务价值理念见图 2-17。

（三）C2M 模式

C2M（Customer to Manufacturer），为个性化定制或用户直连制造，是一种新型工业互联网电子商务商业模式，又被称为"短路经济"。C2M 模式也就是用户直连制造商模式，实现了消费者直达工厂的目标，强调制造业与消费者衔接。消费者直接通过平台下单，工厂接收到消费者的个性化需求订单之后，根据需求进行设计、采购、生产和发货，能够做到纯柔性生产，以及小批量、多批次的快速供应链反应。因此，这种模式被称为"聪明"模式。

C2M 采取的方式是反向定制，通过反向定制为用户提供高品质产品。C2M 反向定制是智能制造、智慧零售、灵捷制造的重要价值体现，可以为用户提供更贴合需求、更具性价比的产品。

C2M 模式是消费互联网与产业互联网融合发展而带来的消费者直联 + 上游制造商模式。个性化定制模式减少了中间环节，节约了中间流通成本，实现了生产制造厂商更大获利和消费者更多实惠的转化。C2M 模式促进了生产制造商精准研发，增进了制造商的创新动力。同时，由于可以实时获取客户需求，并加快生产、流通、销售等流程的数据反馈，中小微制造企业可以依托平台经济优势和大量的消费数据进行生产。生产制造企业还能通过销售预测与行情预测、设立动态定价模型、打通全链路服务等措施，推动智慧制造 + 智慧服务等多种产品供应链模式的转型，实现基于用户需求的高质量产品供应，从而完成数字化改造。

（四）O2O 模式

O2O（Online to Offline），即线上到线下，或线上与线下融合。第一个"O"是 Online 的简称，第二个"O"是 Offline 的简称，通俗理解就是将线下的实体店与互联网结合，形成线上与线下相结合的新型电子商务模式。

O2O 模式的本质是通过互联网式的思维方式和运营方式对原有的商业模式进行重构和整合，借助线上营销及线上购买带动线下经营和线下消费，将在线支付与线下提供服务结合起来，扩展到打破线上与线下的边界，使其互相融合、相互导流，共同提供服务与产品，实现线上线下双向流通的商业闭环。

分布式嵌套的 O2O 组织交互形态见图 2-18。

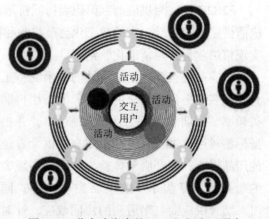

图 2-18　分布式嵌套的 O2O 组织交互形态

O2O 必须要讲究物流速度与供应链。物流的快慢决定了用户二次购买机会成本的高低。所以，物流供应链的能力决定企业提供"最后一公里"服务是否被消费者认可和信任。O2O 的发展趋势主要是不断实现场景化、体验化、标准化、差异化并提升这些细节的可触达性。

从场景化角度来说，O2O 在移动场景的生活圈中满足终端用户的需求。一方面是人们的需求无处不在，并且渴望需求问题得到及时解决；另一方面是场景化需求的及时性解决效果是转化的核心命脉。顾客通过 LBS 电商端进入线上店，定位为最近的门店以后，线上店商品、库存、营销活动都以该店为准，实现快速触达和有效服务。

从体验化角度来说，消费形态趋向体验消费领域。多渠道线上线下商品、库存、订单、会员、营销等一体化管理不仅将各种服务送上门，而且把人们推出去，享受生活。未来的消费形态将更多地聚焦在体验消费领域。O2O 模式不光提供快递产品、上门服务，还涉及具有巨大市场潜能的以体验经济为主的精神文化消费领域。在 O2O 模式下，顾客可以线上订货，线下取货或选择送货到家；可以线上领券，线下购物核销；可以线上预约服务，线下体验。因此，体验经济才是未来 O2O 的方向。

从标准化角度来说，O2O 模式通过整体服务体系标准化建设，使得管理体系、供应链体系、服务体系及信息化数据等越来越标准化、体系化，通过标准化、体系化降低运营管理成本。

从差异化角度来说，O2O 模式通过提供个性化服务，满足不同群体的个性化、差异化需求。店务管理和基础管理移动化后，店员或销售服务人员可以通过移动应用在线上一对一对会员客户发起营销。企业只有能够满足不同群体的多样化和个性化的要求和需求，才能在未来抓住用户，走得更远。

多渠道的线上线下一体化业务协同模式（O2O）主要特点体现在全渠道协同。企业通过平台建设，实现线上线下渠道融合，总部、门店打通，门店、网店打通，将店铺、商品、库存、订单交易、财务结算、物流配送、客户、营销、服务等多个环节融合到一起，提高消费者的购物效率，增加客户引流，降低运营成本，提升用户体验。O2O 业务流程具体见图 2-19。

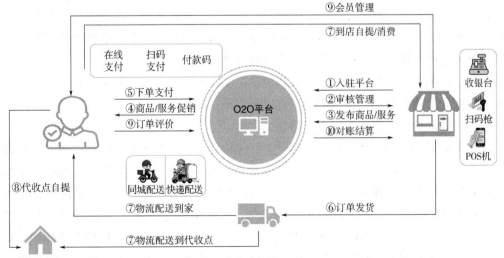

图 2-19　O2O 业务流程

（五）积分商城模式及内购商城模式

积分商城模式的"积分"概念，指的是用户在消费后获得的一种奖励，是大数据推动基于企业积分商城的应用的结果。积分的中间度量和结算模式可以达到客户关怀、客户忠诚度提升的目的；积分的量化方式和实现方式可以使终端客户所有行为与积分产生深度关联。积分商城业务实现路径见图2-20。

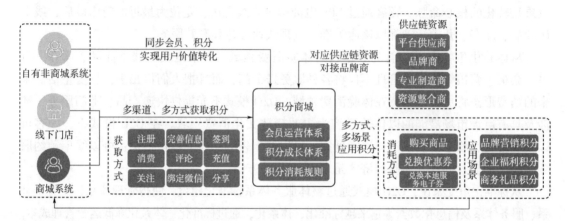

图 2-20 积分商城业务实现路径
（来源：根据《万物智联，线上数字：数智化转型升级理论与实战》相关内容绘制）

实现深度关联的关键，就是积分商城开展的三大业务：会员运营、供应商整合和福利发放。

第一，会员运营。积分商城在建设之前，需要结合客户个性化需求，构建多维度前端展示平台，以及之后的会员交互工具平台。通过会员积分这个载体，实现有效互动，增强会员黏性，创造会员消费、兑换的一体化零售业务场景。

第二，供应商整合。积分商城整合多渠道供应商资源，对线下供应商、线下品牌商、渠道供应商等各种供应商资源的产品进行集合和整合，转换各类产品的身份，将其统一转变为平台上的会员消费产品，延伸为会员权益类产品。通过不断集成各类供应商资源，实现品类扩充，并不断完善会员积分商城的供应链。

第三，福利发放。积分商城建立集团内部员工福利体系，以各种专项积分形式发放员工福利，兼顾合规性和员工自由定制，解决众口难调问题。

业务一体化的积分业务模式实现路径见图2-21。

在积分商城系统中，通过建立全面、有效的用户成长运营体系，可以打造"获取积分和消耗积分"的内生闭环系统，从而达到激活潜在用户并唤醒沉默用户，引爆用户新增和转化的效果。转化的关键在于，针对客户自有系统的存量用户，以各种利益点驱动为基点，以积分活动为载体，实现用户价值的转化。从落地层面来说，企业对接平台供应商、品牌商等供应链资源，实现品牌直达的轻资产运营，并借助这些成熟的供应链体系，提供成熟、高效的售后服务，打造系统的生态积分商城应用平台。具体商业模式见图2-22。

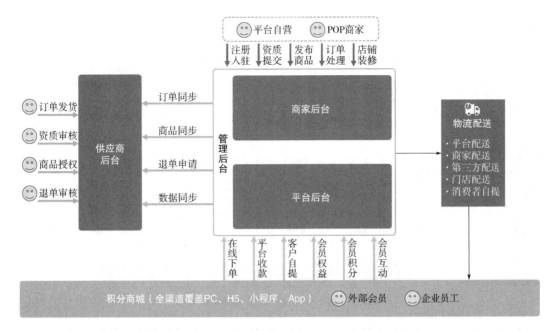

图 2-21　业务一体化的积分业务模式实现路径

（来源：根据《万物智联，线上数字：数智化转型升级理论与实战》相关内容绘制）

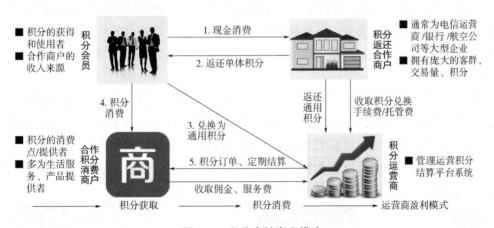

图 2-22　积分商城商业模式

（来源：根据《万物智联，线上数字：数智化转型升级理论与实战》相关内容绘制）

从逻辑层面看，积分商城需要打造全流程闭环。积分是基于会员体系存在的，并且是一项需要长期运营的工作。积分商城的全流程闭环打造，包括积分的规则制定、获取、消耗、对账和结算，且积分管理需要嵌套至公司整个业态环境和业务情境中。具体内容见图 2-23。

常规来说，建设内购商城的企业一般具有一定的人员体量规模，或是与上下游企业协同后形成的生态企业集群有一定的人员体量规模。此外，企业还要具有主动求变、主动结合线上与线下融合模式实现数字化赋能管理的迫切诉求。这体现在企业内部如何达成员工

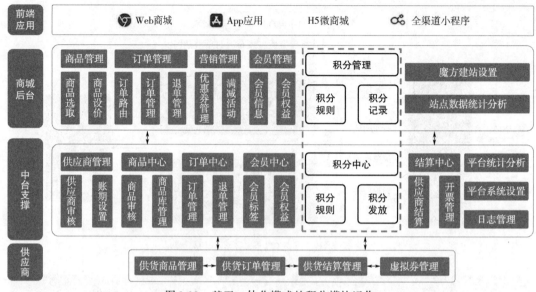

图 2-23 基于一体化模式的积分模块运作

福利的满意度方面。就员工福利而言,企业欠缺有效的线下方式和方法,以及一体化的管控系统支持,对员工福利发放模式的管控效率不高,导致自身缺乏亲和力,员工凝聚力不强。因此,积分平台模式嵌套相关福利方式,有助于将企业文化有效触达员工,通过精神鼓励协同积分商品的物质鼓励模式,可提高积分奖励、发放与兑换物品的效率,促进物品线上兑换与线下送达有效落地。因此,借助企业内购商城实现积分嵌套的转化,是企业文化建设的一个有效途径。

各级公司的商品面向平台所有员工展示和销售,集团公司统一管理平台商品及订单,再由系统自动分发至各级公司处理,实现企业员工购物自提或配送需求。未来可引进第三方供应商,实现商家入驻,丰富平台商品。企业内购商城建设的立足点是满足员工购买内部经营商品的需求,同时解决企业福利商品采购、发放问题,并建立企业员工新的福利发放形式和结算体系。企业内购商城一体化模式与路径见图 2-24。

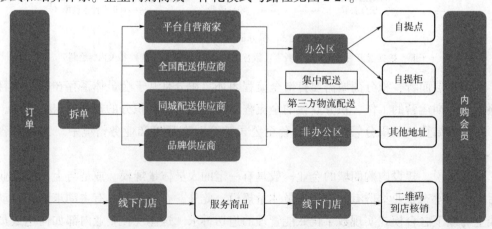

图 2-24 企业内购商城一体化模式与路径

业务一体化的企业内购平台模式需要结合企业组织架构设计会员体系，对接实物货源，落实充值缴费服务资源，甚至针对员工饭卡的集成及集团下属各企业分布，还需要系统设置自提点。为了达到落地效果，内购平台需要做好 API 接口，嵌入企业自有平台。

（六）新批发模式及新零售模式

无论是新批发模式还是新零售模式，核心其实就是人、货、场三要素的智能化升级，即通过对消费者、供应链和场景精细化运营，实施全链条的数字化管理与智能化控制，提升全产业链效率。在批发商层面和消费者层面，融合线上线下的用户营销、触达、交互、履约、售后等环节，精准实现对消费者的数字化挖掘，并不断打造基于用户深度需求的智能化解决方案，提升线下触达与线上视觉感知的效率与体验感；在商品与供应链层面，通过将数字化技术与商品相结合，实现营销运营、物流配送、供应链管理的线上叠加和线下联动的智能化；在场景层面，通过线上线下融合、多业态布局、门店数字化等方式，打造智能化的消费场景，实现批发端和零售端进、销、存、配、服务的全面协同，助推用户端的精细化运营。

（1）新批发模式是指市场管理方结合数字化转型的科技赋能，借助 SaaS 等工具整合档口商户及采购客户，为双方提供在线交易及沟通互动通道。具体内容见图 2-25。

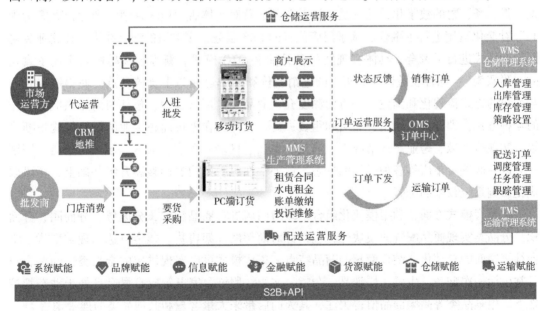

图 2-25　新时期基于业务一体化的新批发业态模式与路径
（来源：根据《万物智联，线上数字：数智化转型升级理论与实战》相关内容绘制）

新批发模式解决了批发商、档口商户、市场端的协同问题。一方面，新批发模式为批发商提供 App、H5、小程序等移动采购前端，批发商可随时随地订货；另一方面，新批发模式为档口商户提供运营管理后台，档口商户可以进行商品上下架管理、订单处理、客户管理、收款/开票、商城建站、营销活动管理等。在新批发模式下，市场端作为平台运营方,可以统一管理商家入驻、商品审核、财务结算等事项,以及商城会员和各项数据,并通过大数据运营指导档口经营、优化平台运营。

(2)新零售模式也称"零售操作系统"或"零售运营支持系统",特指支持全场景、全渠道的零售运营支持平台模式。这种模式一般采取功能模组全集成的一体化平台方式。新零售模式分为2种,分别是:①介入运营的友商"零售操作系统";②不介入客户运营业务、完全中立的独立"零售操作系统"。

新零售模式体现了零售行业以多元创新业务为支持起点,既关注多元业务的协同与融合,又关注传统业务系统的互联网化重构。这种模式在不摒弃传统业务基础上,紧跟行业创新方向,不断强化系统对创新和核心业务的全面支持。

新零售模式催生新的商超连锁业态。所谓超市,特指超级市场(Supermarket),是开架售货、集中收款、满足消费者日常生活需要的一种零售业态。根据需求对象不同,超市分为便利超市、社区超市、标准超市、大型超市等。其中,大型超市还可以分为综合超市、大卖场等形态。而从商超角度看,其涵盖除便利店以外的所有超市业态,包括大卖场连锁、标准超市连锁、社区超市连锁等。商超要实现智能化,就要对商超连锁进行数字化转型。

商超连锁数字化转型的核心在于解决商超的人、货、场问题。也就是说,商超的人、货、场的数字化是实现新零售模式的基础。数字化打造全场景营销和全渠道零售,赋能人、货、场、财的数字化,尤其是全场景营销运营对实体店"LBS营销"和"以顾客为中心"社交化营销进行了融合。基于门店位置的LBS服务,多渠道的线上线下一体化业务协同运营模式进行了融合,具体实现路径参见前文O2O模式。新零售商超模式实现了真正的"做买卖",综合收益以商品买卖的进销差价和品牌返佣为主要盈利点,使得链接企业与客户的方式流程化和固化。一方面深度介入商品买卖运营过程,包括与商品供应商合作的4种方式,即经销、代销、联营和租赁;另一方面,在零售商超企业的组织架构不断升级,实现跨区域、跨业态的情况下,演化出单店、区域—单店、大区—区域—单店、国别—大区—区域—单店等各种层级的形态。此外,在组织架构的调整和升级基础上,还可以优化影响系统权限的配置。

在销售模式方面,利用模块化组合手段对门店进行商品配置,分区域、分商圈、分面积、分品类实现商品配置的模块化,包括针对商超的开架售货、顾客自选、现款现货、银台结算层面的自动化。结合商超的商品特点,集成模式可以实现供应的全品类,确保客户日常生活一次购齐,生鲜、快消品、杂货、文娱、服饰、家电等应有尽有且处于动态管控之下。生鲜品类等高频商品值得关注,其为门店带来大量客户和其他品类的连带销售。

在采购供应链方面,新零售商超模式体现在集中供应链的建设上。新零售商超模式通过科技赋能建立中央统一的采购体系;通过渠道层次实现对供应商的有效管理,提升供应商关系质量,与供应商展开长期合作;借助系统化运营,落实并缩短供应链,根据企业规模与市场影响力提高供应商层次,加强与高端供应商的合作,降低与末端分销商或经销商合作占比,进而实现供应链端的成本集约化和有效性。

在物流供应链方面,物流配送实现专业化及多区、多仓、多级化。内部供应链管理复杂，业务协同效率要求高。此外，部分企业有生产加工环节（生鲜配送中心和门店生产加工），通过系统化转化，可以实现监管跟踪和服务的系统化落地。

在财务配套处理方面，新零售商超模式对供应商实施动态往来管理及赤字控制，通过对内部往来实现账套和多维度管控及多法人、多税制的财务自动处理，保证业务经营的专业性与集约性。

而达成此逻辑的重点在于新零售模式的系统集成化和模块化。具体来说，集成体现在平台化的前端和后台两部分，见图 2-26。其中，前端包括顾客触达前端和数字化移动应用前端；后台包括运营支持后台和物流供应链作业后台。

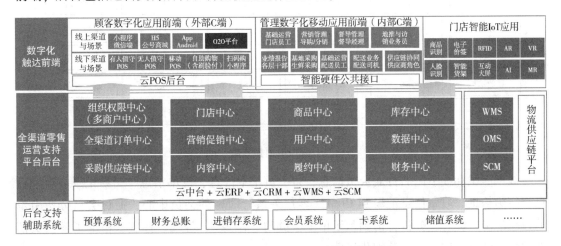

图 2-26　云融合的新零售全渠道运营平台

在新零售商超模式下，整体运营系统实现了云技术重构、开源架构、API 接口的技术赋能，新零售呈现显著的移动互联网特色。新零售商超模式具有线上线下一体化业务支持能力，以及移动应用的功能特色。一线业务各角色的数字化和移动化解决了"四个在线"问题：①员工在线，有效提升一线作业效率，使无纸化业务成本降低；②管理在线，有效提升内部管理效率，解放管理层；③营销在线，有效利用社交化应用程序，自带流量；④供应链协同在线，降低零供沟通成本，提升沟通效率。因此，新零售商超模式通过一线基础业务全面数字化和移动化，能够大大提升一线员工作业效率，降低工作难度，削减人资成本和运营成本，并借助基础运营（订、补、验、退、调、存、盘、损、销）实现线上订单履约（抢单、拣货、打包、贴签）。

在新零售商超模式下，新商超企业及企业集团具有显著的智能零售（IOT）支持能力，并可以实现商超连锁行业一般业务实践、业财一体化、线上线下业务一体化的融合，通过应用端植入的特色功能增值包（品类管理、生鲜管理、供应链管理、物流管理等），有效保持正常运转。

（七）直播电商模式

直播+短视频电商模式下，优质的直播购物助力商家全面、直观地传递商品信息，边播边卖,可加快用户做出购买决策,促进消费者有效决策,增加成交量。线上模式实施轻资产运营,可有效降低营销成本,尤其是社交营销方式可助力商家低成本快速裂变,大大降低营销成本。此外,这种模式还可以系统地满足各类推广场景,包括直播导购、产品展示、新品发布等,助力商家流量变销量。直播电商模式各项功能具体内容见图 2-27。

直播		短视频		管理后台	
美颜	特效	美颜	特效	创作者审核	主播审核
回放	互动	在线录制	本地上传	视频审核	分类管理
BGM	弹幕	点赞	评论	主题管理	视频管理
关注	转发	分享	转发	评论管理	商品绑定
收藏	分享	BGM	分享	开关设置	审核设置
推荐	边看边买	图文上传	粉丝互动	图文上传	粉丝互动

图 2-27　直播电商模式的功能

线上商城和线下门店打通会员信息,将会员基本信息、订单信息、交易记录、评价信息、行为信息、收藏信息汇聚到 CRM(客户关系管理)的会员中心,通过会员分析引擎的数据清洗、整合、分析,得到基于单个会员的"画像"、等级、标签,精准了解会员消费习惯,针对不同人群做精细化运营。

直播电商模式深度洞察用户线上和线下行为,构建全面、精准、多维的用户"画像"体系,提供丰富的用户"画像"数据,具备实时的场景识别能力,从而全方位了解用户。

(八)跨境电商模式

跨境电商一体化的模式和路径主要体现在将各个跨境贸易模式进行分解,从商品备案、税费维护、税费计算、订单拆分、订单分配、商品清关等各个维度整理和归纳跨境业务,从而实现智能化转化,并依据跨境进口电商涉及的贸易模式的不同,针对性地对接平台模式,包括一般贸易、保税备货、保税集货、邮关模式、快关模式、平台模式等的对接转化,见图 2-28。

跨境进口电商运营平台结合平台自营、商户入驻、商品清关、税费计算、订单拆分、线下自提等场景,通过网上商城、线下门店、免税店面向终端消费者,为消费者提供多渠道、多触点、快捷便利的境外商品购物体验,同时为运

图 2-28　跨境电商模式

(来源:根据《万物智联,线上数字:数智化转型升级理论与实战》相关内容绘制)

营者提供方便、易用的电商管理系统。

提供跨境进口电商业务服务的企业包括：①零售企业，如国内经销商、品牌代理、大型零售商；②资源企业，如具有仓储、物流、资金、供应商等资源，准备开展跨境业务的集团企业；③跨境网点，如通过"海淘"、代购等已涉入跨境电商的商业组织；④外资企业，如准备直接面向中国消费者的国外经销商。

跨境电商业务难点在于涉及报关活动和国际贸易合同等方面，具体来说有：一是进口税计算复杂；二是海关对接流程烦琐；三是销售环节容易踩雷退单，超免征税额需要交纳更多的进口税，导致严重影响销售；四是清关效率低下；五是发货效率低；六是企业运营分析缺失，商城经营数据及销售数据缺乏沉淀及分析，对商城运营缺乏指导及助力。因此，一体化平台解决方案的推进有助于系统解决上述问题。

跨境电商将各个跨境贸易模式进行分解，从商品备案、税费维护、税费计算、订单拆分、订单分配、商品清关等各个维度整理归纳跨境业务，见图2-29。

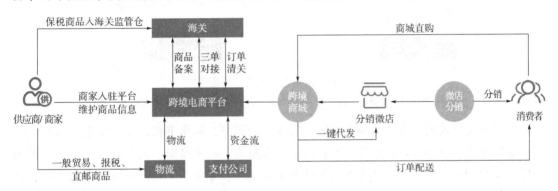

图2-29　跨境电商平台业务流程

（来源：根据《万物智联，线上数字：数智化转型升级理论与实战》相关内容绘制）

跨境电商平台流程的关键点是通过平台化、标准化、规模化服务，重点针对物流和财务的税务完税情况，嵌套智能化系统，解决关键节点的落地问题，从而达到降低供应链物流成本、提升税收筹划效率的目的。首先，在物流服务方面，针对跨境电商平台业务，提供海运、陆运、空运、铁运等业务，以及订仓、国内拖车、装箱、国内运输、仓储及海外清关、派送等服务。其次，在税收业务方面，采取妥善方式进行税务筹划，通过嵌套税收政策大数据，动态收集各地税收政策信息，实现企业个性化自我挖掘并定制税收筹划服务方案，精准制订外部税收筹划方案，结合业务逻辑，制订全流程内部税收筹划方案，解决企业降本节税的根本问题。

跨境电商物流发货流程见图2-30。

跨境电商物流发货流程中的运单对接存在多种方式：一是物流企业同海关完成后端对接，清关后返回商城运单号；二是平台从物流企业获得运单号后，统一进行订单清关申请；三是商品发布页面支持多海关选项；四是存订单支付后，系统根据会员收货地址判断和优选海关保税仓；五是在商品走不通海关口岸进行拆单。

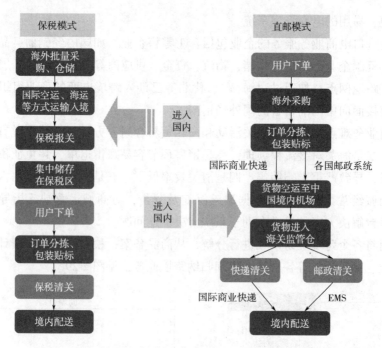

图 2-30　跨境电商物流发货流程
（来源：根据《万物智联，线上数字：数智化转型升级理论与实战》相关内容绘制）

跨境电商模式借助数字化通关系统，实现智能归类、简化申报，并持续优化迭代，增强系统易用性；打通接口，连接全国各口岸城市海关、电子口岸、公共服务平台等，采用微服务架构和分布式与集群部署方式保障系统稳定性、安全性，提升系统处理高并发和大数据量的能力。同时，通过可视化的数据分析系统，实时查看各个口岸通关单量、贸易额，并多维度分析不同时间段、不同口岸、不同国家出口订单数据，以及各类商品的销售、通关和运输情况。跨境电商模式通过区块链技术赋能，实现针对销售订单管理系统的溯源，以及订单从销售、通关、运输、配送的全流程在线实时追踪，并可及时预警各类异常订单，在线实时处理异常情况，全流程跟踪订单的各个节点及环节处理和流转情况。

三、业务一体化功能模组集成平台

针对上述模式的应用，在各模式本身延展衍生层面和有关模块的叠加拓展层面，可以实现基于数字化转型驱动的组合，并结合组合需要，将接口不断标准化，形成平台层持续平台化、应用层不断专业化、跨界融合不断一体化、业务不断集成共享化的转化。

科技赋能之下的全模式集成闭环方案见图 2-31。

通过科技赋能及私有云的转化，推动 O2O、S2B 产业电商化，解决微服务产品 SBC 的转化问题，并不断拓展和推动各模式的跨界迭代和 PaaS（平台即服务）化，实现大数据营销中台产品及全渠道小程序、直播电商的植入。

科技赋能之下的模式融合方案见图 2-32。

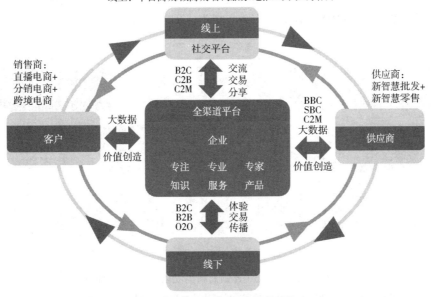

图 2-31 科技赋能之下的全模式集成闭环方案

（来源：根据《万物智联，线上数字：数智化转型升级理论与实战》相关图片绘制）

数字化赋能使所有模式按照企业实际需求进行组合。组合模式有助于解决企业基于商业模式需求的功能集成问题并实现运营转化和落地。模块化集成和标准化接口的设计使得互联网思维下的科技赋能企业呈现价值链的叠加链接功能。

业务一体化的集成和跨界可以解决数字化驱动之下产业的 4 个问题。①市场感知问题：实现消费端的精准采集、具象理解，解决行业端的预见风险、精确定位、全量维度问题。②客户响应问题：解决消费端

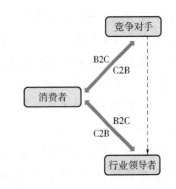

图 2-32 科技赋能之下的模式融合方案

的视角统一、最短路径实现问题，并促进行业端的资源匹配、全景支撑落地。③实际触达问题：通过消费端体验为王、高效履约的落地，解决行业端绿色通道、共享协同的落地效果问题。④产业赋能转化：通过消费端的授信风控、融合贯通，实现行业端模型复制、资源池打造、能力集成的转化。因此，就上述积累模式本身的延展和跨界融合，以及市场需求的管理模块化矩阵运营模式的系统化落地而言，转化模式主要有以下 5 类：

（一）O2O +连锁商超融合与财务支持模式

线上线下链接连锁商超的融合模式可以实现 O2O + B2C + 连锁商超融合一体化，实现业务一体化延伸；还可以结合多种前沿连锁的线上营销模式，实现线上线下的复合式互助

方式转化。因此，解决零售创新行业痛点的一般应对方法就是结合上述融合模式，推动零售企业开展创新业务。O2O + B2C + 连锁商超集成创新业务平台模式见图 2-33。

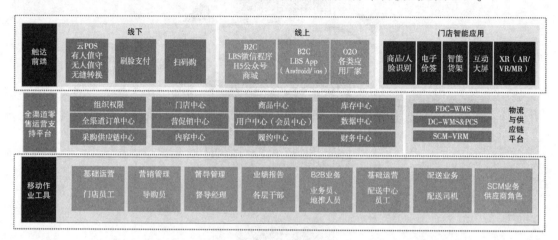

图 2-33　O2O + B2C + 连锁商超集成创新业务平台模式
（来源：根据《万物智联，线上数字：数智化转型升级理论与实战》相关内容绘制）

传统的实体零售企业业务量不断萎缩，运营成本却只增不减，同时面临人才、资金、技术、方法等全面欠缺瓶颈。而对于层出不穷的创新业务，这些企业不知道要不要跟进，即使跟进也不知道怎么开始，摸索改进并实现转型的成本巨大。因此，在传统模式之下，实体类零售企业在业务上没有一体化运营能力，在技术上没有一体化运营平台，缺少一体化运营组织架构、职能角色、业务流程和管理规则。这带来的恶性循环就是高成本、高投入、回报小、回本慢，有时候付出的不仅仅是金钱成本，更重要的是机会成本。因此，解决的办法就是采用创新的 O2O + B2C + 连锁商超转型模式来应对内卷环境下的业务"出口"问题，并借助财务量化模式的融合嵌套及测算嵌套，落实零售类企业服务融合技术方案和业务方案并重的解决方案，通过引进新的管理机制，实现对市场的快速反应。在这个过程中，企业可以从小规模业务入手，逐步培养能力、磨炼团队、打磨业务，并通过嵌套大平台方式逐步从合作发展到独立。这就是企业摒弃落后的管理模式并采用创新管理体制推动信息化，放弃落后的工艺并采用线上线下链接的方式推动自动化，借助业财融合一体化不断标准化和数字化沉淀的方式打好数字化基础并推动智能化的过程。新管理体制下业财融合一体化转化路径见图 2-34。

传统实体零售企业转型采取的方式有：①引进新的技术平台，主要是实现针对性系统上云，使企业做到敏捷响应；②构建新的业务模型，主要是进行线上线下链接，实现企业多个市场业务拓展的协同；③引进新的管理架构，主要是实现企业组织扁平化管理，解决企业各方利益共享的机制落实问题。线上线下一体化的新型连锁商超模式有着显著的连锁管理特色，以及区别于传统模式的线上线下协同运营支持特点。因此，从根本上说，企业为了适应新角色和新方法，可以没有组织，但不能拒绝这种转型方式。线上线下一体化的连锁零售管理组织架构转型路径见图 2-35。

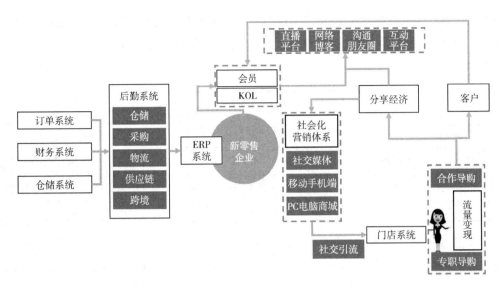

图 2-34　新管理体制下业财融合一体化转化路径

（来源：根据《万物智联，线上数字：数智化转型升级理论与实战》相关内容绘制）

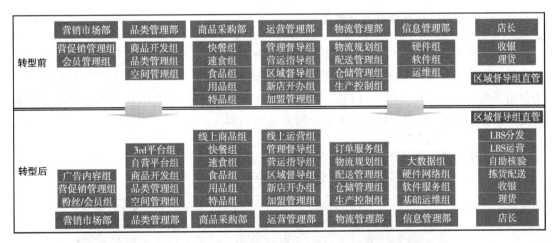

图 2-35　线上线下一体化的连锁零售管理组织架构转型路径

（来源：根据《万物智联，线上数字：数智化转型升级理论与实战》相关内容绘制）

从执行进度和步骤上，可以采取以下方式：首先，传统 POS（销售点）系统无法支持多终端 POS 订单承接，所以要先搭建云 POS 系统。云 POS 系统是搭建智慧门店支持体系的基础，完成云 POS 上线后，门店收款台除了有人值守 POS 机，还提供自助交款机用以扫码购物，进而加深顾客对门店新科技应用的基础印象。其次，待云 POS 系统运营平稳之后，可以引入 O2O 系统，为不习惯到店购物的顾客提供线上订货、送货到家服务；同时引入线上门店系列移动应用工具，提升门店一线员工作业效率，也可以利用移动应用发起营销。此外，门店智能应用是最后一环，电子价签和智能货架可以大大提升线上线下业务的协同效率和一线工作效率。最后，通过部署人脸识别/大屏系统的 IoT 设备，可以随时感知到店顾客,不仅使客流分析获得确切的原始数据来源,而且使后续商品规划、顾客营销更有针对性。连锁商超及零售的 O2O + B2C + 连锁商超集成创新业务平台模式推进步骤见图2-36。

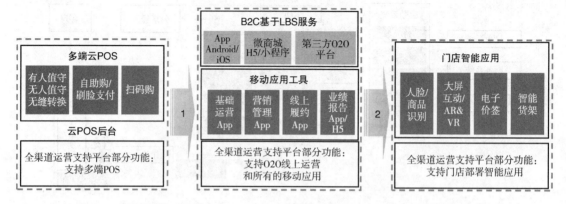

图2-36 连锁商超及零售的 O2O + B2C + 连锁商超集成创新业务平台模式推进步骤
(来源:根据《万物智联,线上数字:数智化转型升级理论与实战》相关内容绘制)

(二) S2B2C + 社交业务融合模式

线上线下的跨境模式可以实现 O2O + S2B2C + 社交业务 + 跨境电商的融合一体化,以及业务一体化延伸。社交业务 + 跨境电商运营模式融合拼团、分销、信息流等多种前沿社交营销模式,可以实现流量入口锁定,针对性地引爆流量,并提供以人为中心的社交电商解决方案。O2O + S2B2C + 社交业务融合模式见图2-37。

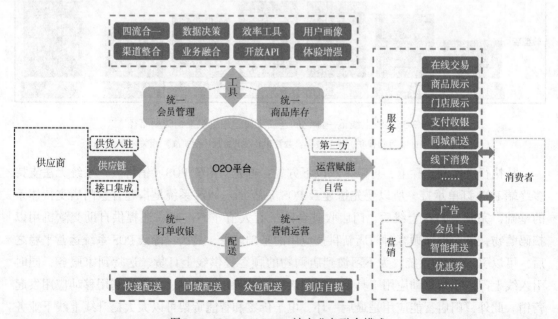

图2-37 O2O + S2B2C + 社交业务融合模式

O2O+S2B2C+社交业务+跨境电商的融合一体化模式提供线上下单、支付，线下同城配送到家或到店自提服务。该一体化模式能实现产品/服务多渠道覆盖，形成全方位信息闭环，精准定位消费需求，降低地理位置依赖性，拓展服务边界，实时展现信息，满足不同场景下的多种消费需求，使得交易机制更透明、消费评价更方便。

在具体操作上，一般操作方案是：首先，社交分销快速裂变，搭建包括小程序、公众号、微商城、App在内的一体化分销渠道，迅速获得新用户；其次，拼团爆款引流量，拼团模式可快速拓展新客户，引爆流量，提高单量；再次，构建分销体系，制定分销规则，激励用户进行消费、分享等，用利益和规则聚拢分销合伙人；最后，使用内容营销工具，内设分销素材图文，一键发"圈"，为社交分销提供强大的拉新工具。

此外，社交业务的植入可以借助社交价值延伸方式，实现线上社区辅助线下社区，打通与电商相互融合的通路，解决社交模式的用户积聚问题，并通过社交工具互动交流，对用户进行"教育"并为其提供咨询服务，巧妙地借助电商模式实现变现。线上社区+线下社区+电商融合模式不断推动企业从外部公域流量向内部私域流量转化，同时借助品牌的电商植入和社区互动交流形成的社区衍生产品的植入，实现社区价值链的延伸。线上社区+线下社区+电商融合模式实现路径见图2-38。

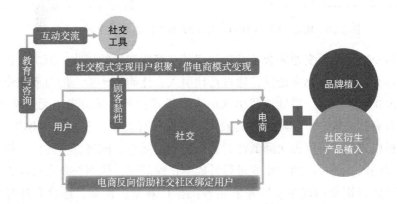

图2-38 线上社区+线下社区+电商融合模式实现路径

（三）B2B+B2C+O2O+云ERP等模组矩阵及变通融合模式

通过B2B+B2C+O2O+云ERP等模组矩阵方式，移动创新应用平台和财务支持系统可以实现无缝链接。通过变通融合，还可以拓展线上带货渠道，即一体化业务落地的模组矩阵链接B2B2C+C2M直播业务+跨境电商落地的二次拓展模式。这种拓展性有助于直播业务+跨境电商运营模式提供优质直播购物体验，促进消费者有效决策，降低营销成本，增加成交量。

从模组矩阵模式的功能性实现角度来说，B2C基于LBS服务，通过LBS微信程序+H5公众号商城，借助LBS App（Android/iOS）的定位系统，嵌套O2O各类应用厂家，获得POS终端+B2B的融合支持，借助POS功能后台实现角色权限的分解、线下实体业务的线上转化，以及线上线下数据同步传输和无缝转换。在财务支持层面，该模式通过嵌套融合的支付结算系统实现实时结算，通过资金归集和量化分析进行系统的决策分析，实现购买、复购、退换货等会员管理层面的系统衔接融合，从而获得 B2B 前端与 B2B 后台的衔接支持，解决 B2B2C + C2M 直播业务的支持问题。B2B + B2C + O2O + 云 ERP 等模组矩阵及变通方式路径见图 2-39。

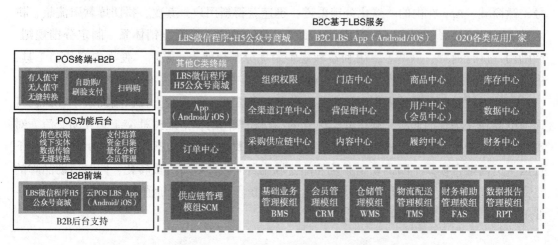

图 2-39　B2B + B2C + O2O + 云 ERP 等模组矩阵及变通方式路径

这种采取模组矩阵等变通融合及二次迭代甚至多次迭代的模式，有 7 个优点。一是商品更直观。具有较强的购物渗透性，通过迭代引入直播购物体验，助力商家全面传递商品信息。二是加快购买决策。借助迭代引入的直播模式进行边播边卖，无须额外跳转链接，可促进消费者有效决策。三是降低营销成本。革命性降低融合使用各项模组的综合成本，如果叠加直播模式，还可以再次降低针对客户的营销成本。同时，上述模组矩阵如果再次叠加社交营销模式，还可以助力企业进行低成本快速裂变，从而在革命性降低拓客成本的同时，大大降低营销复购成本。四是满足各类推广场景。例如，迎合直播导购、产品展示、新品发布等场景需要，助力商家流量变销量。五是满足厂家灵捷制造及个性化定制需求。六是使 B2B + B2C + O2O + 云 ERP 进行系统融合，实现新供应链植入和市场拓展协同。七是结合上述转化，实现财务支持系统的标准化植入和资金归集，针对量化分析与决策及时进行数字化传递。

（四）新批发 + 新零售供应链融合制造业 + 服务业融合模式

新批发模式实现了 SBC 模式的集成批发落地，新零售模式解决了消费品的分销、零售流通领域拓展的问题。这 2 种模式作为数字经济的主要组成部分，在培育我国经济发展新动能方面起到了重要作用。

新零售系统可以为客户提供全渠道私域电商系统、会员精准营销中台系统、连锁门店新零售管理系统、垂直产业 SaaS 电商系统等产品和技术服务。

新批发模式的智慧批发功能，结合新零售模式的智慧零售功能，能够促进批发及零售产业上下游链接，有助于加快传统线下业态的数字化改造，使其实现升级。例如，加速推进农产品上行与乡村振兴，助力消费品质与用户体验的优化，协同上游企业推动智造升级等，真正引领新型消费快速发展，扩大内需，构建产业新发展格局。

鉴于新批发模式、新零售模式的集成性，以数据为中心的精细化运营体系建设既是服务业的需求，又是制造业拓展市场的需求。批发及零售购物中心的升级转型和一体化转化能够打开市场通路并推动企业实现生态转化。在电商趋于饱和的状态下，新零售模式还可以采用供应链+门店+社交电商的组合方式下沉新市场，获得新机遇。

新批发模式与新零售模式上需要打造一体化的运营支持平台的后台。这是基础的核心业务，基本围绕商品、供应商、合同、营销、会员管理等基础业务进行。为此，针对运营支持平台的后台集成功能建设，功能业务模型的模组需要进行分类并模块化。新零售企业连锁模式智能应用植入业务路径见图 2-40。

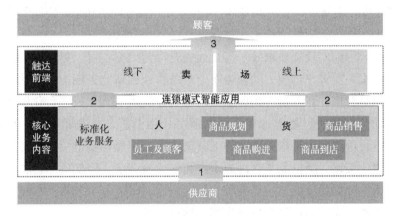

图 2-40　新零售企业连锁模式智能应用植入业务路径

功能模组包括但不限于供应链管理模组 SCM、基础业务管理模组 BMS、会员管理模组 CRM、仓储管理模组 WMS、物流配送管理模组 TMS、财务辅助管理模组 FAS、数据报告管理模组 RPT 等，见图 2-41。

图 2-41　传统模式融合转化实现新融合智慧供应链系统模组

运营支持平台作为业务一体化平台落地的核心，既能推进制造业服务化拓展，又有助于服务业实现链条延伸。功能模组落地有效支撑一体化的集成后，企业就不必再为了支持核心业务而采购不同独立软件供应商（ISV）的软件，从而以更少的系统对接时间和成本投入将全链路、全场景数据集中到一个平台上，使全场景数据视图成为可能，也为由大数据支持的智慧批发、智慧零售的一体化功能拓展夯实基础。

这样一来，在一种数字化业务下，一体化平台具备过去需要几种传统软件、各种复杂对接才能完成的功能，"数据孤岛"现象不复存在，从而使企业节省采购不同软件的时间成本、人力成本、采购成本和运维成本。

（五）新零售+分销电商+CRM系统融合模式

新零售+分销电商+CRM系统融合模式支持线上线下业务协同闭环、全场景零售运营、全渠道线上线下业务协同。流通的全渠道运营支持线上线下业务协同和业务一体化模式运行。一个平台即可实现线上线下一体化运营的零售模式。

这可以从4个层面实现提质增效。①全面提升经营效率：可以提高盈利能力，形成社群运营能力，挖掘终身客户价值，并使得企业具备快速创新业务能力，优化用户体验，从流量、转化率、复购率、客单价等角度全面增加营业收入。②形成平台化服务能力：为生态合作伙伴输出应用服务、数据服务、金融服务、运营服务、仓储服务、物流服务等。③降低运营成本：可以实现精准营销，降低营销成本；智能补货订货，降低库存成本；实施大数据品类优化策略，降低品类管理成本；智能比价调价，降低商品价格管理成本；完善物流配送体系，降低物流成本；提高资金周转效率，降低资金成本；推进全面数字化运营，降低人力成本。④实现会员全生命周期精准化运营。

新零售+分销电商+CRM系统融合模式覆盖拉新、转化、促活、复购、留存、推广全生命周期，通过促活及复购引导，实现流量转化并引导用户进行体验，解决全方位数据采集问题，推进以人为核心、从数据采集到指标展示的一体化用户行为分析系统的转化，实现线上渠道与多终端数据来源的协同，以及线上PC端、App端、小程序端、HTML5端与线下实体门店的协同，解决全渠道数据分析中的系统日志、业务数据、行业数据、消费者行为数据及线上线下数据整合问题，做到多样化数据采集。具体体现在2点：①线上实现可视化埋点采集，解决代码埋点采集API数据接口问题，完成DMP（数据管理平台）、LBS的智能化；②线下实现视觉捕捉的转化，解决顾客行为识别问题，完成地域热力分析、页面热力分析、客流分析等事项。

在O2O融合植入方面，结合技术赋能，运用具有线上Cookie跟踪功能与线下业务特性的FaceID用户跟踪技术，实现基于用户无感的行为数据采集。

数据云采集平台转化的交互系统见图2-42。

新零售+分销电商+CRM系统融合模式应用于购物中心等零售业态，在非购物中心系统中完成会员积分的获取、消耗、优惠券发放等CRM会员管理相关事项，实现线上线下互动。真正的可视化拖拉拽操作让商城界面轻松DIY（自己动手制作），满足运

第二章
顶层化，数智化：业务一体化前台实施演进

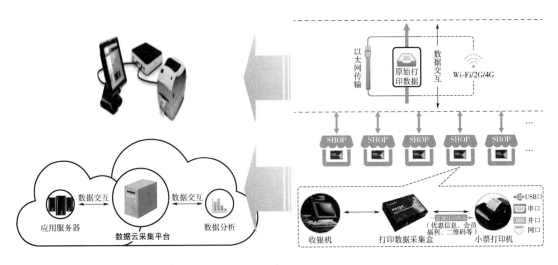

图 2-42　数据云采集平台转化的交互系统

营日常站点管理需要，支持从首页到智能广告牌系统各个层面的 CMS（内容管理系统），包括首页 CMS、营销页 CMS、POS 副屏 CMS、智能广告牌 CMS，实现前台展示丰富多样，支持富文本、标题、商品、商品列表、商品搜索、文本导航、图片导航、图片广告、分割线、辅助功能、顶部菜单、橱窗等页面要素。多渠道平台的前端一体化集成实现路径见图 2-43。

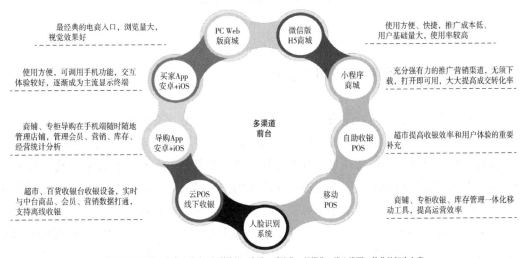

图 2-43　多渠道平台的前端一体化集成实现路径

（来源：根据《万物智联，线上数字：数智化转型升级理论与实战》相关内容绘制）

多终端支持 PC、App、H5 页面元素模块化设计，丰富样式和模板，轻松调整布局，灵活配置运营位内容，支持所见即所得的可视化页面效果展示，以及定时发布等。另外，该模式为连锁企业提供线上经营管理工具，对接物流平台，实现线上线下统一运营，以及

O2O 商城 + POS 收银 + ERP 进销存管理，见图 2-44。

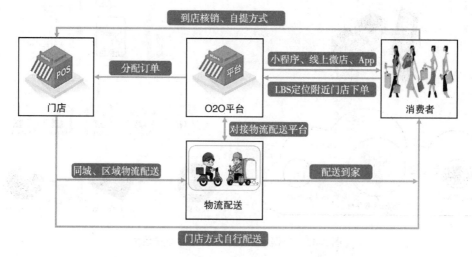

图 2-44　O2O 商城 + POS 收银 + ERP 进销存管理

（来源：根据《万物智联，线上数字：数智化转型升级理论与实战》相关内容绘制）

第五节　案例与思考

一、小米科技：互联网科技的 SBC 模式

小米科技有限责任公司（简称"小米科技"）实现了数字化赋能供应链。其以互联网产品开发思维为主，借助新零售模式开展手机产品和互联网服务全域营销。小米科技在高速发展的同时，应注意多业态信息化分散建设，急需进行统一的平台整合和重构。日渐复杂的创新生态发展环境要求企业迅速提升跨职能的协同能力。多品牌及产品运营的研发周期、产品交付期、服务周期要求小米科技对生态级的供应链协同做深入变革。

小米科技采取的 SBC 数字化赋能模式，经过整体数字化的打造，使财务处理效率提升 2 倍、国际业务增长 400 倍；100% 支撑了生态供应链业务；构建了 2 000 种以上的供应协同网络；100% 实现了集团合规内控风险清理。

二、美团：互联网科技的 O2O 模式

作为生活服务电子商务平台，美团的营销模式是本地生活 O2O，通过线上平台营销推广，给用户提供本地生活化的各种线下服务，包括美食、电影、酒店旅游、休闲娱乐和外

卖等，几乎覆盖用户生活的各种需求。美团从团购到一站式生活服务平台，横向+纵向多方向延伸业务，并着手参与行业上下游的产业互联网化。

在业务模式方面，美团实行本地生活服务O2O模式，实现的路径是线上与线下融合。美团外卖通常采取线上下单、支付，线下同城配送到家或客户到店自提方式，主要涉及商家与消费者2个端口的线上链接。

在商家端口，美团多渠道覆盖产品及服务，实现了全方位信息闭环和精准定位消费需求的功能，并针对服务模式降低了地理位置依赖度，拓展了服务边界。

在消费者端口，美团能够实时展现信息，并通过信息转化，满足不同场景下消费者的多种个性化需求，使交易机制透明且可溯源；同时使消费评价更方便，对后续复购形成直接影响力。

美团O2O模式实现路径见图2-45。

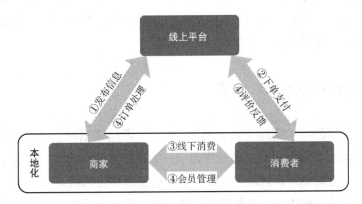

图2-45 美团O2O模式实现路径

（来源：根据美团官网及《万物智联，线上数字：数智化转型升级理论与实战》相关内容绘制）

三、安徽合力：制造行业的O2O模式

安徽合力股份有限公司（简称"安徽合力"）实现了O2O模式的落地赋能，通过集成产品研发设计管理流程体系，构建了贯穿研、产、供、销、服的产品全生命周期管理平台，搭建了供应链、生产制造和运营管控平台，并通过信息系统集成打造了覆盖其所有销售网点的销售系统。

通过数字化管理模式，安徽合力细化了管理维度，在O2O场景中实现了产品维度信息与经营维度信息的融合，以及端到端的信息集成。同时，安徽合力建立了物料、客户、供应商等基础数据标准，统一了各部门及各业务板块的数据，搭建了数据共享平台，实现了数据跨岗位、跨部门传输。

经过一系列升级，安徽合力的生产制造周期较之前降低了45%，产品生命周期管理成本降低了38%，产品上新时间也大大缩短，平均订单交付时间较之前快了30%。

四、冀东水泥：建材行业的 SBC 模式 + O2O 模式

冀东水泥股份有限公司（简称"冀东水泥"）在工业领域不断创新，通过采取"两步走"战略，实现了业务一体化模式的创新，以及 SBC 模式和 O2O 模式的集成。

第一步，冀东水泥搭建了一体化管控和运营信息化平台，实现了水泥主业系统全覆盖，实施多项目集并行管理，ECC（错误检查和纠正）运维、系统升级及功能优化三线并行。这些模式使得冀东水泥缩短了项目周期，管控平台已经覆盖全部 50 家工厂，2 000 多用户可同时在线，核心报表查询时间由原来的 3 小时左右降至 10 秒，实现了报表查询速度数千倍的提升，从而使得各级管理层能实时获取经营分析数据。

第二步，冀东水泥在加强一体化管控的同时，实现了与互联网电商、阳光采购、智慧物流平台与物流系统的集成，建立了统一的运营管控体系；解决了线上线下联动与供应链集成问题，实现了智慧供应的生态集成。

五、老乡鸡：餐饮行业的 SBC 模式

老乡鸡餐饮有限公司（简称"老乡鸡"）建立了供应链系统，采取的底层数据稳定、安全、便捷，并优化了 SBC 模式，包括搭建统一数据管理平台和统一数据发布平台，明确数据管控流程，规范数据管理规则。同时，老乡鸡整合和优化供应链资源，结合批次管理和质量管理建立食品追溯体制，从种植到存储运输，再到烹饪加工，实现从农场到餐桌的全程可追溯。

为了更好地获客，老乡鸡通过统一数据管理平台，奠定了稳定、安全、便捷的数据基础，配合会员管理系统，对到客量、所点菜品、口味偏好等信息进行更加精准的分析，最终反馈到研发端，为了解消费者喜好提供数据保障。

老乡鸡搭建的业财一体化平台能够使财务流、业务流、信息流在系统中匹配，实时、准确地采集和处理物料移动的财务账信息、财务核算信息和费用管控信息。

六、问题与思考

（1）科技赋能引发了企业商业模式的优化与迭代，具体哪些模式引发了企业业务模式的改变？

（2）企业商业模式改变会引发业务生态变化，尤其在科技赋能之下，各种线上线下业务模式实现了嵌套与集成，具体体现在哪些方面？

（3）业务共享中心有助于推动企业与外部科技的全方位融合，具体来说业务共享中心有哪些优势与特点可助力科技融合？

第六节　本章小结

企业通过数字化转型实现业务一体化互联（连接平台服务）、一体化共享（扁平、柔性、实时），借助科技赋能实施管理模式变革（企业平台化组织扁平化共享服务化业财融合化管理智能化），带动业务模式创新（智能制造云、采购数字化营销、产业链金融、共享经济）及业务一体化不断加速。企业价值链从业务流程再造到管理流程再造，加速向数字技术推动的再造快速升级。因此，在供应链一体化的实现方式上，企业不断从纵向一体化与横向一体化的组合方式向集成一体化的多维化模式转变。随着科技的发展，企业业务一体化从原来由 ERP 管理系统推动发展到由商业智能驱动，再延伸到由当下的新科技赋能模式推动，进而从数字化的标准化支持拓展到数字化运营支持。

在这个阶段，业务一体化的转化模式不断丰富，B2C、S2B、C2M、O2O 等线上线下基础融合模式涌现且模式之间实现了融合；同时积分商城模式、内购商城模式、新批发模式、新零售模式、直播电商模式、跨境电商模式等新系统化模式的出现，也使得业务一体化的功能模组集成和融合呈现不断丰富态势。不少企业在由科技赋能的商业模式转变实践中，获得了长足发展。因此，企业数字化转型在业务端的快速发展，在让其步入发展快车道的同时，也使其可选择的运营模式丰富化、立体化，且让商品和服务更加智能化，更具个性化和前沿性。从建立适合企业自身的功能模组并进行组合发展角度来说，如何选择和优化数字化转型模式，已成为企业必须做出的重要战略决策。

由本章内容可以看出，在新的科技赋能之下，业务标准化接口的各种业务一体化模式与集成方案不断加速走进企业并得到落地。企业数字化转型在业务端的模式选择问题，并不是"数字技术模式"的简单引入或转化问题，而是一个融合其他模式并进行系统重构的复杂的改革与变革工程。

因此，企业需要系统定位数字化应用场景，加快模式的优化，通过数据沉淀、挖掘、分析做出模式的优化迭代方案和决策，推动运营流程优化和平台生态系统构建，实现数字化转型实施方案的落地。在通过模式集成和功能模组叠加优化实现可持续发展方面，企业需要系统提升模式设计与组合的决策设计水平，改进模式落地的运营效率，链接外部生态资源，最终重塑核心竞争优势，打好科技赋能模式的基础。

在此基础上，通过开放赋能构建数字新模式的新生态、智慧业务模式驱动实体行业的智造升级、创新业态催生新就业形态，企业不仅能实现品质供给，以及全场景、全渠道渗透，而且能解决过往基层渗透较困难的问题。另外，数字化运营模式的赋能也为业务一体化落地提供了保障。因此，推进模式功能集成，建设产业模式融合平台，是智慧业务模式发展和叠加推进的重要方向，将有效助力企业发展。

第三章

数智化，业到财：数据中台实施演进

本章主要针对企业数智化，阐述业务标准化后，从业务一体化向财务集成共享化融合需要建设的数据中台的演进过程。首先，结合数据中台的概念和特征，以及实现的战略和路径，针对数据中台战略在业务端和财务端的呈现，解释数据中台的顶层设计和发展路径。其次，结合数据中台战略价值驱动业财一体化的路径，解释企业业务价值、技术价值，并针对数据中台在财务层面的驱动，分析财务中台如何对业务进行价值赋能。再次，解释数据中台分类逻辑和原理，以及财务中台的定位、核心思想的转化；结合功能模组，解释数据中台功能化模块的集成和模块化赋能逻辑。最后，通过案例呈现，对数据中台在业务和财务层面的落地进行归纳。

第一节 数据中台概念与特征、战略与路径

随着企业在业务端和科技端的持续发展，其数据种类、体量、维度等均不断扩大和丰富。如果企业没有合适的措施来解决数据架构、数据标准、数据量化、数据转化等问题，随着其从信息化建设到数字化升级的不断推进和持续深入，数据"堰塞湖"问题将越滚越大。

数据中台需求的出现，是企业数字化转型的一个标志性转折。数据中台成为热点，标志着"在企业信息化或数字化的历史上，数据从来没有距离业务这么近，数字化转型正从流程优先走向数据优先"。数据中台产生的逻辑与路径见图3-1。

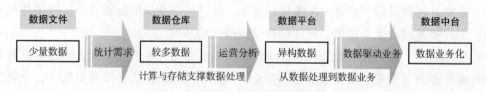

图3-1 数据中台产生的逻辑与路径

因此，数据中台带来持续需求，是企业数字化转型的里程碑事件。数据中台从概念到落地，再到成为热点，代表企业数字化转型和业务不断融汇融合。借助数据中台的枢纽作

用，企业数字化转型从流程优先走上数据优先的新台阶。无论是业务、技术等层面，还是财务层面，数据中台都有很大的诉求。第一，从数据角度说，数据孤岛和碎片化、数据应用和开发的"烟囱式"等问题，使传统模式下数据不标准、不规范、不统一；第二，从业务角度说，由于上述问题的存在，业务获得的支撑有限，不能充分发挥数据价值，数据服务化不足；第三，从开发者角度说，"轰炸式"要求使数据人员类似取数机，对各种要求应接不暇，无法在后台直接为市场一线提供有效的服务；第四，从数据部门角度说，由于没有系统挖掘数据，在数据沉淀过程中成为成本中心，无法借助数据挖掘形成利润中心，也无法直接产生效益；第五，从财务量化部门角度说，无法通过数据的及时融合和确认解决价值确认和评估问题，也就无法解决实时动态量化问题。因此，数据中台建设非常有必要。企业借助它可有效实现业务一体化和财务一体化并有效实现业财融合。

一、数据中台概念与特征

（一）数据中台概念

数据中台是一套可持续"让企业的数据用起来"的交换机制，也是一种战略选择和组织形式。数据中台需要结合企业的资源禀赋来贯穿企业的业务模式和组织架构，借助实施方案和有效产品，形成一套持续不断变数据为资产并服务于业务的交换机制。

数据中台是把业务生产资料转变为数据生产力，同时用数据生产力反哺业务，不断迭代循环的闭环过程——数据驱动决策、运营。数据中台聚合和治理跨域数据，将数据抽象封装成服务，为前台提供业务价值逻辑，从操作本质上来讲就是加工和处理数据。对于企业而言，数据中台建设就是加速从数据到价值转换的过程，可提高企业响应力。

数据中台和数据仓库、数据平台的关系为：数据仓库和数据平台是提供数据的系统，而数据中台是提供业务服务的系统，可以构建在数据仓库、数据平台之上。它能够以提供数据服务的方式直接驱动和改变业务行为本身，距离业务更近，为业务产生价值的速度更快。

总结来说就是：数据仓库、数据平台提供的是数据本身，而数据中台提供的是有直接业务价值的数据服务，距离业务更近。

数据中台体现在闭环应用方面，推进业务、数据、资产、服务4个层面的转化循环及优化迭代，并在迭代过程中实现服务业务化、业务数据化、数据资产化、资产服务化，见图3-2。

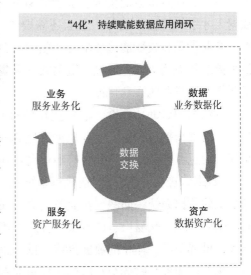

图3-2 数据中台"4化"持续赋能数据应用闭环

数据中台是在数字化转型过程中对业务数据进行积累，实现企业全链路业务与数据的沉淀。在这个过程中，企业通过数据技术、数据治理、数据运营、数据量化等，借助数据中台转化，形成数据体系并实现数据赋能。因此，数据中台是企业数字化转型应用框架体系的核心，见图3-3。

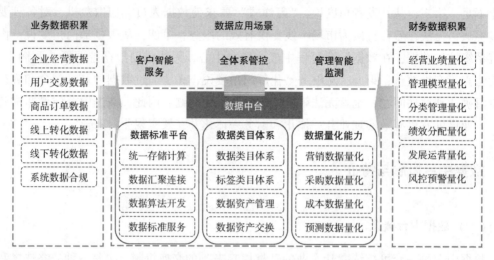

图3-3　用数据推动业财融合的中台通路

企业不断积累业务数据，并协同财务数据积累，结合数据应用场景转化实现数据资产化，进而推进数字化转型。企业需要基于顶层战略格局落实战略定位，确保从管理决策层到基础执行层落实数字化转型和建设中台的目标，并协同业务中台与财务中台建设，这是数据中台落地的根本前提。为实现战略目标，企业要确保自身基于组织系统得到组织保障，保证人力支持，实现公司股东大会、董事会、管理层等各级决策层人员协同中层、基层人员，实现董事会定决策、管理层编决策、中层及基层有效执行的闭环组织体系，建立数据人才组织架构。此外，企业还需要结合自身实际情况，合理使用平台化集成管控工具。企业借助科技赋能选择配置成熟的平台式集成数据工具，利用工具和接口支持和保障整个数字化战略落地，通过全链路数据采集方式，在业务系统和财务系统支持下，完成基于开发的质量和流程双保证。

从数据中台的功能看，迭代优化的过程需要进行业务与财务建设且两者实现不断交互。在数据交换过程中，业务数据透过数据的量化来实现价值，业务量化过程也是相互关联的。通过业务数据从内到外打通业财一体化，能解决数据互联互通问题，以及业务 PDM（产品数据管理）、MES（制造执行系统）、ERP（企业资源计划）、CRM（客户关系管理）等系统的数据源统一问题。在业务端口，通过数据接入与数据清洗形成数据体系，进而沉淀数据后，统一交易层、成本层、客户层等数据层，最终形成业财一体化的有效数字资产体系，呈现业财一体化的数据价值，见图3-4。

从上述业务与财务交互形成融合标准看，数据中台是一套具备数据交换（数据接入、交换、流动、量化）、数据资产化（数据开发、治理、质量、监控、合规、安全）、资产

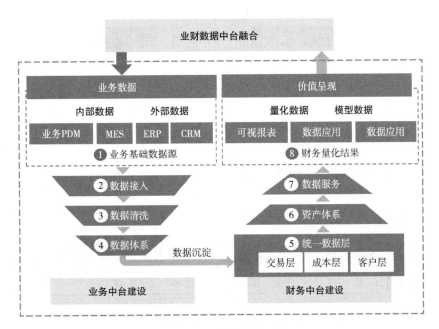

图 3-4 业财数据中台融合

服务化（数据来源、溯源、财务应用）功能的机制。

（二）数据中台特征

数据中台这个中间层逻辑起到了"无形的手"的作用。数据中台的发展经历了多个阶段，但"共享"和"复用"思维系统确定之后，数据中台建设逐渐成熟并不断迭代优化，通过搭建对市场快速反应的架构体系，实现了业务前台和管理后台之间有效的业务业态转化。这一过程呈现的财务量化结果就是企业的业务提质增效之后，财务指标获得了全面、系统、体系化的改善，从而优化了资产质量，提升了风险防控水平，推动了资产的价值转型。

数据中台的架构体系要具备提炼数据并使数据价值化的能力，起到"数据转化工厂"的作用，完成数据共享、数据融合、数据转化、数据分类、数据处理、数据建模、数据分析；同时借助上述过程实现管理标准化、应用标准化、服务标准化、口径标准化，最终形成标准的"可视化数据商品"。

数据中台的构建要兼顾企业所有标准、复用、共享的任何场景，数据中台的作用体现在支撑与支持转化方面，尤其需要为市场业务拓展运营前台提供支撑，为企业内部产品及服务创新提供支撑，为财务全面及专项的量化工作提供支撑。换句话说，数据中台的核心创新逻辑是借助数据资产化过程，实现企业商业模式的数字经济赋能，增强"业务价值最大化"的 4 项核心能力。这 4 项核心能力分别是数据集成能力、数据加工能力、数据可视能力和数据变现能力。业财一体化中台系统方案见图 3-5。

数据中台打造这 4 项核心能力，需要由模块化、专业化、系统化、组件化、开放化等

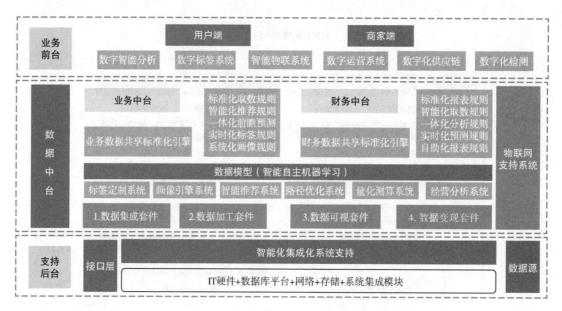

图 3-5　业财一体化中台系统方案

开放式的价值体系来支持。具体分解说明如下：

1. 数据集成能力

数据集成能力体现在数据集成套件落实方面，包括汇聚、整合一揽子数据治理功能，借助数据整合丰富数据库，并不断系统化和合并数据，实现优化迭代；数据集成能力还体现在必须能够借助数据中台系统实现数据的易得、易用性，在可视化任务下发挥有效、多样化的监管功能。

数据集成层面，包括数据集成的运营系统建设，必须确保在接入、集中、转换、沉淀、分类环节实现各来源数据的标准化。为此，企业需要开展数据目录化工作，并对数据进行分类治理，使用户快速获取数据定位；同时，还需要解决数据访问权限的分级问题，从而保障数据安全。针对数据的标准化过程，用本地、公有云、私有云等多种方式进行灵活部署，实现用户对数据的标准化使用和异构性数据的使用，同时满足便捷性和扩展性要求，解决数据的共享、复用和易用性问题。

2. 数据加工能力

数据加工能力体现在数据加工套件落实方面。数据加工是指数据的提纯加工，借助加工过程实行数据标准化，对数据进行资产化处理，实现数据的深度提炼与系统化加工和分析。数据加工能解决数据安全存储与安全访问控制问题，确保数据质量保障体系有效，保证数据具有规范的、紧密结合业务的、具有财务量化能力的、可扩展的标签定制体系。

数据加工能力体现在能推动面向业务主题的资产平台及财务平台的转化，借助数据加工的智能数据映射能力，实现数据资产化，并借助加工过程，增强数据资产生成能力。

数据加工能力还体现在于不断迭代中增强数据中台本身的功能性承载能力，包括数据资源盘点迭代、数据应用规划设计迭代、数据中台建设迭代、数据开发迭代、数据运营迭代、数据治理迭代等领域。这些领域既相互促进、互相赋能,又相互制约,不断形成合力。迭代过程具有不断加速优化并系统上升的特性,最终形成中台赋能生态体系。因此,在整体架构搭建完成后,数据中台就开启了企业数据化的持续性建设。

3. 数据可视能力

数据可视能力体现在数据可视套件落实方面。数据可视套件是在数据服务过程中实现可视化,借助数据可视能力推进数据资产化、资产服务化,并最终解决数据财务量化问题。因此,数据可视能力实现的套件是解决数据资产化和财务量化融合的关键要素。

为增强数据可视能力,数据中台需将业务中台的数据标准化和财务中台的财务量化进行融合嵌套,由此提供自然语言等人工智能服务,发挥多元化、多维度、立体式数据分析功能,提升数据可视化的友好度和亲和力,为专业业务人员提供灵活、快捷的数据开发服务,并实现与服务开发环境的融合,为企业实时进行业务定性分析与财务量化分析打下基础。从发展角度看,数据中台还能提供基于企业业务前景的本量利分析、预测模型设计及数据分析、机器人及机器学习等更高层级的融合服务。

4. 数据变现能力

数据变现能力体现在价值变现的可行性、有效性、及时性等方面。通过数据变现,企业才能使数据应用的管理能力具有价值,获得基于数据有效洞察力的内生式价值驱动力,保障业务路径的可行性,以及财务量化路径和量化结果的有效性。

数据变现能力能有效解决数据的跨界应用问题,增强跨行业和跨领域的多维转化能力,改善企业内跨部门标准化的适应性,具有打破企业内生壁垒的业务价值赋能效果,推进基于企业各种不同应用场景的数据量化应用和落地。最后,基于数据变现能力和财务量化变现结果的呈现,为业务行为效率与效果评判工作提供可统一度量和衡量的标准。

二、数据中台战略与路径

在数据演进过程中,传统的 ERP 系统强调由一个系统满足业财一体化的全部业务业态需求。但在求大求全模式下,企业很难有效对 ERP 系统进行模块化分解,对软件和硬件系统提出了更高的要求,代价也很高,最终回归基础原始需求。

因此,基于满足未来发展的数据战略,企业重点工作是有效实现数据资产价值驱动业务发展,做到精准定位,从落实企业级战略出发,在顶层采取全局谋划方式,以及模块化分解和数字化标准底层模式,解决业财一体化的数字化转型问题。

数据中台建设承载了平台化的端口,实现了各模块、各产品单元、各元素的底层建设,解决了数据接口打通问题,有效衔接了前台推动业务和后台推动管理技术实施工作,避免了数据与业务脱节,具备将企业数据转化为资产的能力,实现了对数字资产的管理赋能,为企业业务生态的优化转型奠定了良好基础。

数据中台对分散于各业务单位的大量、重复数据进行整理、清洗、集中存储和管理,并将可靠、通用的业务核心能力进行沉淀、分类、可视化,借助标准化、流程化、信息化进行二次转化,形成对前台的标准支持和对后台服务的链接。通过系统集成和标准化规范支持,推动企业级的公域资源向私域资源转化,借助将财务量化转化为企业数字资产,以及业务转化与财务量化协同,形成资源集成共享机制。数据中台模块化及功能定义融合路径具体见图3-6。

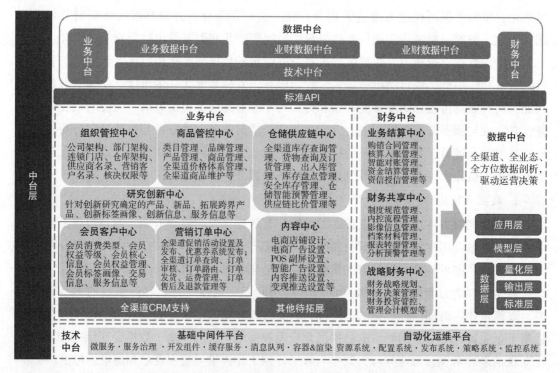

图3-6 从业务端到财务端集成的数据中台模块化及功能定义融合路径

数据中台在业务层面和财务层面可以推动双重价值增长,体现出较强的管理优势。

业务层面,数据中台可以推动业务创新,构建企业持续创新能力,打造企业核心驱动力并形成创新壁垒的业务价值能力。在业务价值增长路径方面,通过资源积聚,设置以客户为中心的根本定位,用洞察驱动企业聚焦资源并采取妥善行动;通过以数据为基础的整合,基于数据复用原理,推动企业从传统商业模式向新型商业模式颠覆式变革;通过盘活企业存量数据,完成数据的二次迭代更新及标准化,结合数据持续转化,建设企业数据资产体量和应用场景迭代变化的运营壁垒,确保企业业务层面持续领先。

财务层面,数据中台的财务优化模式能改善企业的集成复用模式,集约化降本增效,实现多元复用和应用推广,丰富标签数据,降低企业管理成本,推动数据资产化,准确输出业务系统的数据,聚焦转化效率效能,解决数据打通的跨界融合问题。企业借助财务降本量化模式,可实现技术价值的转化。

数据中台加速了生产资料向数据生产力转换的过程。通过此过程,企业能用数据驱动决策,改善运营效果。按功能划分,数据中台可分为业务中台和财务中台。从数据中台的业务端和财务端进行分类如下：

（一）数据中台战略业务端

基于数字化转型诉求，以及企业快速反应和价值转化需要，数字化中台的中枢功能建设就从传统意义上的前台与后台独立出来。随着数据中台的发展，其概念不断演绎，分为广义模式和狭义模式，其中广义模式属于常规模式。广义模式下，数据中台分为业务中台和数字中台2个部分。狭义模式将数字中台进一步拆分为运营中台（狭义数字中台）和技术中台。营销中台、采购中台、生产中台、量化中台及一揽子其他中台概念，都是细分演绎的结果。数据中台依靠业务中台和数字中台这2个不可或缺的中台或再次拆分出的多个中台，支撑前台业务与后台业务。

实施中台战略，是有效实现企业业务新模式快速迭代上线，甚至取得商业模式变革的革命性成果的关键。业务端的业务价值，就是以客户为中心，用洞察驱动企业稳健行动，以数据为基础，大规模创新商业模式，盘活全量数据，构筑坚实的壁垒，实现持续领先。技术价值应对多数据处理需求，完善标签数据，降低管理成本，使得数据价值体现业务系统效果，而不仅仅是准确度，支持跨主题域访问数据，解决数据快速复用问题。具体内容如下：

1. 业务中台

企业的商业模式需要通过业务层面的中台解决业务出口问题。业务中台由直接支持前台业务落地的接口链接转化而来。业务中台提供业务服务能力，是对前端业务的各类应用服务功能的集成，推动后台资源到前台业务商业模式的转化。前台业务的目的是通过客户下单消费回流资金，使得商业模式有效实行。通俗来说，业务中台推动企业快速创新，进行快速模拟和新业务试错，解决业务瑕疵、内控缺失及市场拓展流程不畅问题，推动新业务快速上线。

2. 数字中台

数字中台集成技术支撑体系，聚焦数据标准化和数据统一性任务，构建数据底层规则和逻辑，解决数据标准化问题，以及操作跟踪的纠偏问题，集成企业主数据与画像标签，对数字进行分类、归集、沉淀、清洗等，形成狭义层面的数字运营中台。针对数字运营需要的技术模块，数字运营中台集成业务模型与业务算法，而集成需要的一揽子系统软件也支持数据交换。

因此，数字中台为了实现中台的技术赋能，必须考虑数据化平台的软性投入与硬件投入，包括一系列模块化和集成的系统支持软件。数字中台的重要工作是集成技术体系，包括数据开发、数据仓库建模、数据分析体系、数据应用技术等。为此，技术中台作为数据中台系统中枢和科技赋能中枢系统，能够帮助企业进行数据沉淀与优化，同步实现技术优化和提升，并借助软件系统与硬件系统的支持，促进研发创新的数字化转型。基于系统推动运营中台与技术中台的融合，可以实现中台叠加并加速迭代，在中台层面完成模拟试错过程。这使得数字中台实现了针对企业内部数据的集成、沉淀、管理、迭代等核心环节的系统转化，也因此大大加速了企业业务模块快速上新进程。

(二) 数据中台战略财务端

从数据中台实时性、结果呈现、绩效评价、量化资产体量与价值规模层面看，财务端的预测、评价、量化等功能不可替代。财务量化转化为企业数字资产，业务转化与财务量化协同，实现资源的集成共享，要求业财一体化系统落地具有松耦合性，多模块应用业务系统与财务系统协同组成。

由于传统模式下量化结果的滞后性与业务的及时性融合难，加快量化结果的快速性，解决滞后问题，就需要针对业务与财务设置标准化接口，打通模块链接并有效集成系统。而这个跨软件的应用端集成难度较大，体现在：业务系统的落地涉及成本质量端、营销市场端、线上线下融合端及标准化衔接层面，需要财务系统本身具备量化支持的及时性和有效性。财务系统的刚性支持与刚性约束是"双刃剑"，一方面对业务支持有巨大的协同效果，另一方面也容易导致业务数据错误率提升，进而造成企业运营混乱。

因此，财务数据中台系统建设，也就是财务中台建设，就尤为必要。财务中台承担财务规则制定、财务数据处理、财务数据存储、财务数据分析的基础功能。中台系统中财务中台支持的功能融合集成路径见图3-7。

图3-7 中台系统中财务中台支持的功能融合集成路径

一方面，业务系统摆脱了数据处理过于烦琐且财务后台数据可能滞后的刚性约束问题，也解决了财务与业务标准化转化问题，减少了数据处理量；另一方面，业务系统的业务中台可以最大化地灵活支持业务迭代需求，并在标准化接口端与财务中台进行所有业务模块的数据比对、校验、转换、清洗、整合、迭代。因此，业财一体化落地的财务共享支持系统形成标准化，针对财务核算及支持服务系统可以按照业务口径进行多次迭代，实现按经营分析口径的业务系统有效转化，建设统一、准确的数据生态系统，从而在各自子系统中实现财务共享支持与分析预警提示的及时性，以及量化数据评价的快速可视化。

(三) 数据中台路径

从战略选择角度看，在企业对数据驱动的外部推动和内生需求下，数字中台既是数字化转型过程中自然演进发展形成的必然结果，又是新基建时代新商业模式下实现由数据驱动新型企业运营系统的必然要求。因此，数据中台建设成为企业数字化转型的必要一环。尤其是在数据中台发展演进过程中，就实现路径层面来说，企业数智化转型必然要在业务端和财务端进行转化和落地，系统设计业务端和财务端的2个技术体系，完成从业务到财务的数智化平台建设。具体内容见图3-8。

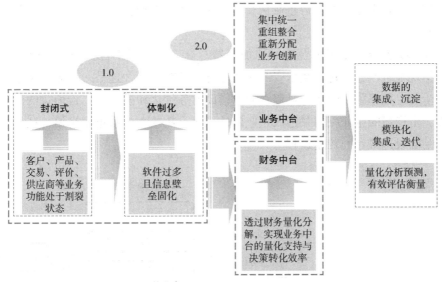

图3-8 中台数字化实现路径

从数据中台的数字化赋能角度看，数据准则层面需要加强可视化的落地，尤其是中台在可见、可用、可运营层面的转化。在可见层面，数据中台需要解决有哪些数据资产、资产从哪里来、资产被谁用及用的效果如何等问题。在这个过程中，同步解决中台数据的可用问题。应用中台需要确保数据采集加工稳定性，技术中台需要确保数据含义可理解，解决资产开放性和快捷性问题。可运营层面，运营中台需要保证可运营性得到落实，尤其是针对数据资产的可维护性，权衡数据资产的构建成本和效益的落地性问题。在保障内容上，通过技术、数据、服务和运营多角度保证中台建设的全面性和可持续性。技术中台的大数据应用基础一站式转化见图3-9。

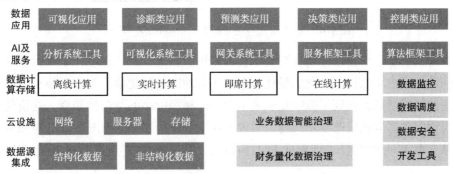

图3-9 技术中台的大数据应用基础一站式转化

从中台的治理路线来说，需要保证路线清晰、确保组织保障、制度规范、技术支撑、执行体系的有效性，并防控风险发生；同步实现基于数据质量的管控体系向基于数据价值的运营体系转变。数据中台的技术层面，推进技术中台的转化和落地，需要针对技术中台进行功能化的数栖平台定位，建设大数据应用开发的基础设施，从而为企业降低大数据能力建设的门槛打好基础，同步提升大数据应用效率。因此，技术中台为数据中台提供了整体技术支撑，从技术体系上支持企业从 0 到 1 搭建数据中台，为企业的业务创新提供源源不断的动能。

在企业大数据应用赋能平台这一"加速器"之下，数据平台实现了业财一体化的融合，主要体现在资产业务化和数据资产化的融合，见图3-10。这是一个数据汇聚、数据开发、数据治理、数据服务的融合过程，通过借助财务量化和模块化、价值化的确认，实现业财融合，生产新的企业应用并进入企业评估系统。从技术体系角度来说，这是一站式大数据应用基础设施平台的转化过程。

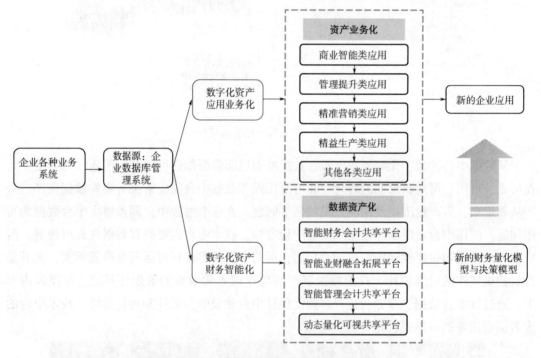

图3-10 财务量化与决策模型下的应用路径转化

中台架构的核心价值还体现在财务中台的作用。财务智能化标准体系不但解决了数据资产化问题，更由于数据资产化的量化，形成了新的财务量化模型与决策模型，支持新的企业应用的管控基础，实现了数字化从成本中心向利润中心的革命性转变。这也使得企业在业务层面解决了数据资产复用问题，实现了从服务复用到共享服务、从共享服务到互联互通、从互联互通到克服"烟囱式"架构设计、从避免重复建设到提升集成化效率的转变。

第二节 中台战略价值驱动业财一体化路径

一、数据中台建设业务价值和技术价值

（一）数据中台价值驱动概念与内涵

数据中台在夯实数据基础、发掘数据价值中起到重要作用，其具有 4 项核心特征，分别是数据实现沉淀集成、数据完成加工接口、数据实现闭环式的可视化、数据具有量化价值变现能力。这 4 项核心特征支撑了业财一体化的落地，见图 3-11。

图 3-11 数字化中台业财一体化支撑流程

（来源：根据咨询公司 Forrester Consulting 研究成果及调研结果绘制）

首先，数据实现沉淀集成，解决了标签体系、数据智能映射、质量跟踪体系、合规防控系统、数据整合系统、集成优化系统的建设问题。

其次，数据完成加工接口，解决了形成标准化闭环、推动数据可加工、实现接口标准化、数据运营系统化、分级分类授权化、数据复用共享化的建设问题。这个环节的重点在于离线开发中心的建设，这对数据接口和标准化转化具有巨大作用。离线开发中心主要解决一站式离线批量计算集成环境改善问题，通过离线数据交换打破"信息孤岛"，应对未来可能发生的不确定性。在离线作业方面，中台建设通过不断降低开发难度和技术门槛，确保开发过程和结果安全、稳定。在底层平台和计算引擎方面，中台建设通过可视化图形界面操作，快速构建开发任务。这个过程中，通过统一调度，减少开发工作量，从而快速构建复杂的开发任务。

再次，数据实现闭环式的可视化，解决了数据服务可视化、数据开发平台化、智能服务系统化、数据分析闭环化、数据呈现完整化、数据能力穿透化的建设问题。这个环节的重点在于实时开发中心的建设。实时开发中心的主要任务是建设一站式流式计算处理平台，通过实时开发，解决业务场景对数据加工的时效性问题，并推动可视化的实时作业开

发落地。

最后，数据量化价值变现能力，解决了数据系统性量化、数据跨部门流转、业务价值数据化、数据量化平台化、数据预测体系化、业务通路流程化、数据价值标准化、数据场景可变现的建设问题。这个环节的重点在于算法开发中心、资产管理平台及标签中心的建设。针对算法开发中心，提出数据量化解决方案，并建设一站式企业级机器学习平台。通过算法开发中心建设，增强处理和分析各类数据的量化能力。针对企业资产管理平台及标签中心，建设全生命周期的资产管理平台。关键在于通过建设数据资产门户，实现数据资产可见化、可量化。在这个过程中，借助资产门户展现企业的整体数据资产信息，多角度统计数据资产数量及其与业务的相互关系，实现财务量化对资产管控的赋能。通过资产管理，建设数据质量管控体系，提升数据的可用性。通过服务管理平台，打通数据应用"最后一公里"，借助标签或算法进行封装和透出，灵活地满足上层应用的需求，快速为企业赋能，进而为业务赋能。

数据中台提供了全生命周期的数据治理能力，按照"事前评估、事中监控、事后防范"原则，实行全过程、全方位、全流程的数据监控和管理。事前对进入大数据平台的数据进行全方位、检查、诊断和探索；事中对进入大数据平台的增量数据进行全链路的数据治理和完善，分层、分步骤地检查、核对，针对性地进行数据监测和预警；事后对数据结果进行定期的检查和核对。基于事前、事中、事后的业财一体化中台数据体系架构规划见图3-12。

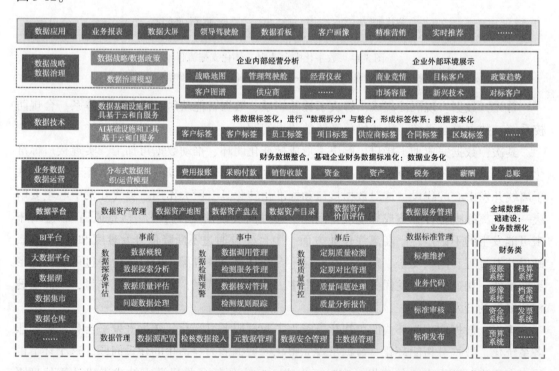

图3-12　基于事前、事中、事后的业财一体化中台数据体系架构规划

因此，中台战略下数据中台的 4 项核心能力可以支撑业财一体化高效落地。结合业务需求，选择不同的系统模组、不同的模式组合，由不同的应用系统推动业务与财务有效融合。

此外，数据中台功能的实现需要比较庞大的全系统体系，功能性模块的集成较多。而企业自身情况各异，如何结合企业自身的资源实施合适的对策很关键。

（二）数据中台价值驱动业财一体化实施路径

一般来说，采取如下步骤推动业财一体化：

第一步，总体策略是进行系统的顶层规划，并结合企业资源禀赋遵守设计优先原则。这个阶段从数据中台顶层规划出发，做好设计的优先调研工作，并针对顶层规划做好基础调研，明确建设的总体目标、实施的业务及技术价值、落实的内容、实施的步骤等事项。顶层规划的效果对企业整体数字化转型意义重大，针对数据中台的价值支撑做好基础衔接工作，以及数字化转型的目标分解与阶段性建设成果呈现工作，实现企业内部统一。

在顶层规划过程中，需要系统了解数据中台服务商的能力，包括数据资源盘点、数据应用规划、数据应用设计、数据仓库设计、数据开发服务、数据应用开发、数据算法服务、数据中台技术设计、数据实体标签设计、数据实时量化、数据预测模型等方面，并进行系统规划。

第二步，采取分步实施模式，以业务先导推动业务平台转化。从推动数据业务中台建设角度看，数据统计权限从过往的分散发展到集中至业务中台，根本上改变了传统模式的利益链条，也改变了进程模式。

重点在于针对数据资产层进行系统积累，并在业务中台支撑下进行企业数字化资产的平台化建设，将业务中台的基础平台属性和分应用层面的模块化数据应用全景进行转化。通过业务中台的前期数据中台部分工作，系统沉淀数据资源，使前台业务与中台支撑平台建设协同，整体推动数据的资产化转化。对数据资产进行集中、整理、汇聚、分层，实现数据资源层的平台化。结合前台业务数据应用的使用，实现中台的核心架构建设。同步优化迭代，实现企业业务数据应用的加速。

针对顶层规划设计的逻辑顺序，业务中台推动采取的实践方案主要有：明确数据中台项目的顶层设计，由最高决策层启动此项工作并进行系统部署；提前研讨和确认技术方案，推动相关环境搭建，落实数据应用的设计及业务层面、财务层面的数据仓库设计，对数据开发、数据应用开发及运维后数据结果进行比对；完成由系统化数据运营支撑的中台建设。

第三步，同步推动企业数据资产的价值量化。因为数据中台建设的成果首先是实现业务中台的业务导向，挖掘业务价值，而业务价值更多地体现在降本增效这种实实在在的成效上。因此，业务部门推动业务量化成果呈现很重要。对数据资产价值进行评价与评估，财务中台建设同步融合及及时量化评价在其中的作用非常大。

通过财务的数字化赋能，实现财务同步资产量化，使数据具有资产价值衡量与评价标准。借助财务中台的建设,推动数据应用价值量化模式落地,同步推动企业数据资产的价值确认。数据资产的应用价值是实现资产价值确认的基础,数据资产的价值体现在企业实现市场拓展、营业收入增长或成本降低的优化效果上。以此类降本增效的数据应用为切入点,企业的数据应用价值至交易价值被系统确定,借助数据资产业务统计、分类应用、业务标签、画像应用等功能,在实际的各个业务场景中展现数据本身的价值。

在这个阶段,财务中台的作用体现在对数据应用效率和效果的支撑及双重确定与评估上。

首先,财务中台的量化评估体系建设要落地,包括数据应用效果评估指标体系的建设。针对数据算法类应用,一方面搭建好应用场景,另一方面制定业务量化效果评价标准。否则,由于数据算法类应用无法量化效果,将无法保障财务量化结果评价的准确性,进而无法推进项目。

其次,财务中台量化评估效果提升的价值化要落地,主要是数据应用的效果。先针对量化结果给出定性评价;之后考虑如何更好地提升业务价值,业务价值如何叠加实现更深层次的赋能,如何结合本身数据供给与外部资源和内部业务流程优化进行系统升级,如何结合企业的组织架构、企业文化优化应用场景,并及时为数据应用效果提升和再量化做好支持。

综上所述,由业财融合思路推动的数据中台建设实施步骤见图3-13。

图3-13 数据中台建设实施步骤

二、财务中台对业务中台的价值赋能

数据中台落地是一个系统工程,很多细分的业务中台和财务中台并不会产生直接的业务价值。比如,数据资源盘点作为一项落实数据家底的工作,无法直接带来业务价值变现;同样,数据应用规划立足分解建设阶段和建设内容,也无法直接变现。顶层设计、认知格局、发展定位是数据中台生存的关键。

数据中台的本质是设计出能保证最优投入产出比、不断贴近帕累托最优状态的架构。因此,在提质增效过程中,需要同步实现投入成本与产出的准确量化,做好系统性支持。

数据中台本身是对传统管理模式的重构,甚至是对企业商业模式的重构,因此,它兼具组织属性和管理属性。一方面实现了数字资产管理的集中化,实行集权式管理;另一方面实现了业务应用端和财务应用端的管理自主化和分散化,实行授权式管理。数据管理的集中和应用数据的分散改变了权利的落脚点。因此,只有及时针对有效的量化产出结果提出改进对策,才能保证企业数字化转型朝着原定目标和路径前进。

除了量化数据成效带动业务中台推动企业整体管理水平提升,财务中台对数据中台的支撑作用还体现在用数据的量化方案衡量和评价市场一线业务部门的新业绩,并通过这个过程促进业务部门不断寻找不足和短板,持续提升营业收入。

通过数字化赋能,不断推动科技技术和信息化建设在企业端口的应用。企业数据应用和存储有助于量变上升到质变,从宏观总体的量化分析不断细化到个体的微观量化分析。中台系统支持的量化模式和应用衔接得好,企业业务前台拓展效果和系统后台支持效果会呈现共享式一体化协同特性,量化结果也会实现系统的叠加。

智慧物联数字中台财务服务引擎路径见图3-14。

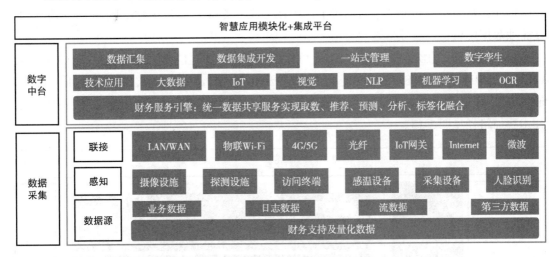

图3-14 智慧物联数字中台财务服务引擎路径

财务支持及量化数据等都会推动企业将丰富的交易数据和行为数据进行归集、沉淀、升级、迭代,并创造出针对IoT(物联网)应用的拓展空间。围绕不断丰富实体行为数据,实现基于市场需求的管理模块化矩阵运营模式的综合性落地。这些管理模块化矩阵运营模式产生的数据资产,借助财务中台的量化评估评价功能,能有效进行实体标签标识,从而厘清业务经营环节中的所有实体特征,解决了各种精准应用的量化分析和效果分析问题。

财务中台除需要落地外,还通过系统建设沉淀提供企业级资产服务的能力。通过服务API的方式对企业拥有的数据资产,如标签、算法等,进行封装和透出,灵活地满足上层应用的需要,快速为企业赋能,助力企业以高效、稳定、低成本、低风险的方式实现数据资产和业务能力的变现。

财务中台除了通过资产服务化和量化赋能实现业务变现,还需要实现运维监控智能化。针对基线监控和运维，支持告警定位和快速纠错，确保中台高质量运营。通过异常监控告警方式，告知作业一旦运行失败，则触发监控告警；通过消费延迟告警，告知作业在读取流式数据并进行处理时，一旦处理缓慢，堆积的数据超过阈值，将触发消费延迟告警。通过实时数据传输流速监控量化，提供流数据输入输出节点的实时流速监控信息，并支持查看各节点的实时数据传输"血缘图"。通过财务中台的日志审计功能，针对页面各种关键性操作进行日志留痕，以便追溯问题出现的原因及寻找解决方案。

面对瞬息万变的外部环境及颠覆性技术的巨大冲击，唯有敏捷行动，企业才能打造领先的竞争优势，实现高质量的内涵式发展。财务部门作为企业价值管理的核心部门，将推动财务职能转型与业财务一体化，摆脱传统管理模式和运营模式的束缚，以"中台"的角色打通业财链路，整合财务核心资源，沉淀财务核心能力，集成财务核心系统，形成专业能力中心，对不同的业务单元进行总协调并为其提供支持，提供更敏捷的财务专业解决方案，帮助企业随时保持对市场的灵敏洞察，积累快速创新能力，以适应数字化浪潮下的商业环境。

因此，财务中台对业务中台的价值体现在赋能、支持、变现、预警上。这些功能价值使企业数据中台得以有效落地。

科技赋能和优化之下，财务中台还可以实现云技术的叠加，如云 POS、云中台、云 ERP、云 CRM、云 WMS、云 SCM、云 O2O、云 B2B（新经销）及移动创新应用平台等。通过同步 API，与线上和线下各渠道异构系统完成基于业务协同的数据对接。财务中台云技术叠加路径见图 3-15。

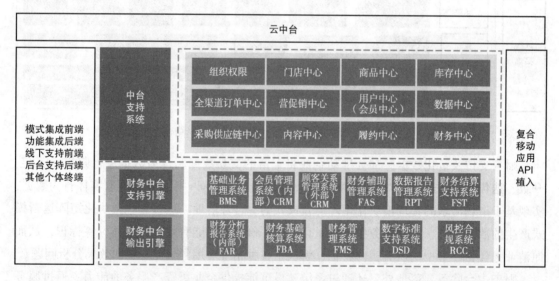

图 3-15 财务中台云技术叠加路径

财务中台云技术叠加路径涉及多个全系统完整闭环的模式和生态融合，具体如下：

（1）全系统完整闭环的云中台，包括全渠道商品中心、全渠道库存中心、全渠道订单中心、全渠道会员中心、全渠道营促销中心、全渠道内容中心、全渠道组织中心、全渠道客服中心、全渠道数据中心，以及支持量化和财务结算的全渠道财务中心。这个闭环模式可支持所有线上应用和基础业务移动应用。

（2）全系统完整闭环的云 ERP，包括供应链管理模组 SCM、基础业务管理模组 BMS、会员管理模组 CRM、仓储管理模组 WMS、物流配送管理模组 TMS、财务辅助管理模组 FAS、数据报告管理模组 RPT。这个闭环实现了所有企业基础业务的链接。

当企业将全渠道市场业务支持能力全部通过中台支持战略实现时，中台战略平台化的业务中台和财务中台功能得到系统性落地，该平台就是全渠道、全场景运营的"综合支持平台"，实现了数据中台的全面升华。

从上述模式融合特征和转化目标看，云中台凸显了业务中台与财务中台的融合，以及财务中台对业务的量化支撑作用。

在这个阶段，人、货、场等透过标签或算法进行封装和透出，在数据标签体系下完整地呈现出独立特征。因此，从人、货、场各自量化投入产出角度看，任何精准的操作都会带来最佳方案的落地，获得性价比最高的产出。如果按照这个价值赋能落地逻辑，那么建设数据中台的最终目的将顺理成章地实现。因为这可支撑企业业绩，量化企业发展目标，使客户消费与服务效用最大化，实现货物管控及价值输出最大化，达到企业降本、增效、提质、增收的结果，有效优化并推动企业数据量化价值最大化，从而推动数字平台的成功建设和优化迭代。

综上所述，从价值变现角度看，财务中台的赋能和支持系统作用巨大，体现了价值评估和确认及持续赋能业务、支持业务的功能。

第三节　数据中台技术快速为业务及财务赋能的逻辑与方法

数据中台不只是一个技术平台，更是一个体系。数据中台建设的调整和策略面临的最大挑战是如何找到有价值的业务场景。因此，数据中台的建设策略，就是围绕业务价值不断演进迭代。数据中台在发展过程中，基于中长期发展规划，实现迭代式的创新。

一、数据中台战略下业财一体化实现路径

数据中台战略下，业财一体化实现路径是从共享化到智享化、从数字化到数智化，并形成业务中台与财务中台的融合，见图3-16。

为达成财务中台对业务中台的价值赋能效果，财务本身的战略定位要支持企业战略的落地。作为子战略，财务战略的财务中台逻辑就是结合企业层面的战略定位，基于企业可持续发展顶层设计的战略落地，规划好财务数字化转型路径，找到财务中台的建设逻辑，确保有效支持数据中台落地。

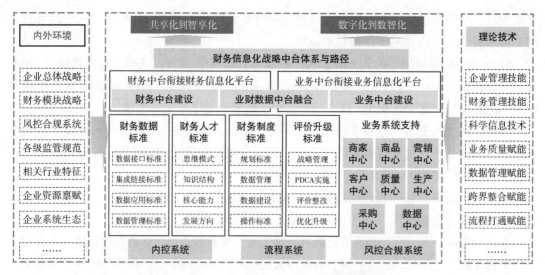

图3-16 数据中台战略下业财一体化实现路径与框架

在这个层面上，企业除了需要做好组织保障，其核心管理层及中层经理层、专业技术层、基层落地层、关联企业层的全套生态组织体系都需要进行设计并启动。做好顶层人才储备，尤其在思想统一并推动一致前提下，把管理的顶层设计和数据专业人才协同起来。借助企业组织架构，推动财务信息化战略中台体系与路径落地；借助一站式工具，配置成熟、完整的一站式大数据应用平台工具软件，结合工具软件的平台化和应用嵌套化，为整个战略落地提供支持和保障。

就业务信息化及财务信息化的协同战略中台体系与路径来说，按照企业实际需要将各个中台支持系统分解成不同的模块并使其标准化。标准化模块工作的重要一点是完成对标准化模块的定义，它要涵盖企业所有核心内容，并循序渐进、从易到难地推进。之后，针对如何实现标准化模块内容的系统运转做好系统接口，在业务中台层、技术中台层、财务中台层的子层面实现数据中台系统功能的支持转化，并保持动态平衡。

中台层业财一体化模块化分解与动态交互路径见图3-17。

数据中台的内部衔接问题主要涉及3个层面，如下：

首先是财务中台建设。通过对全链路的数据采集，确保开发质量和流程顺畅。该部分的关键在于财务信息化平台建设。财务信息化平台是在数字中台架构基础上，企业财务实现智能共享化并支持数据中台功能的核心系统。在以融合支持为目的的中台战略驱动下，财务中台建设重点解决财务数据的标准化问题，并结合由数字赋能的财务中台模式，对财务人才进行标准化。通过对财务数字化转型所需要的财务、信息化相关人才进行标准配置，从财务的战略高度来系统设计并落实数字赋能下人才融合与系统升级的知识系统，以及财务系统的发展方向。

其次是业财数据中台融合系统建设，核心是接口。确定标准化路径后，落实财务制度的标准和评价升级标准。这个层面的业财数据标准体系建立在财务制度的可延展性和与业

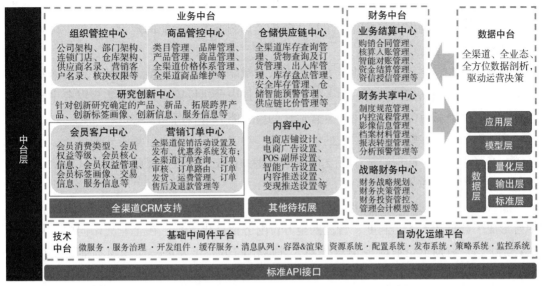

图 3-17　中台层业财一体化模块化分解与动态交互路径

务对接上。通过评价升级体系标准的明确性，推动风险防范、财务规划等全生命周期有效执行和风控合规转化，识别企业风险并保障财务信息化常态化运转，有效嵌套并服务于业务前台。

最后是基于业务中台建设配套的财务标准化支持功能。通过内外环境条件的推动、理论技术的转化，企业业务中台衔接业务信息化平台建设，在实现各个业务中心标准化运转的过程中，通过内控系统、流程系统、风险合规系统助力业务系统支持功能。

二、数据中台战略下财务中台实现路径

基于企业发展战略目标，财务系统的主要职责是为管理者提供数据驱动的预测与决策支持、深入价值链的业务支持，采取合适的风险防控方式，有效进行内部控制，针对全面预算和业务实际执行后的财务数据情况，前瞻性地指导企业未来发展。在数字科技赋能之下，企业财务系统结合财务标准与复用的逻辑，推动"业财中台"功能模组形成，也就是运用先进的运营模式和技术工具，实现财务数字能力的不断升级，将财务系统打造成企业全域数据汇集中心，把经营数据转化为信息与知识，可视化地呈现给企业各级经营管理者和利益相关者，为企业风险管理、经营预测、战略决策提供服务，成为企业数字化转型决胜的关键。财务中台是在财务领域，基于财务系统支持企业发展的需要，有效为财务共享服务提供支持，并为财务共享支持和财务决策支持提供系统方案和对策的承接组织。

（一）财务中台定位

数字赋能的财务中台，核心是建设财务信息化管理体系，做到财务一体化、财务共享

标准化，实现财务智能化转型，发挥财务系统可持续战略支持作用并结合业务发展不断提升财务管控能力，确保财务核算、预算、分析、预测等各项功能的建设、实施、优化管理有效落地。

财务管理中台将财务信息化能力沉淀下来，赋能业务中台，助力业务平台快速量化及评价，解决企业战略支持问题。财务管理基于数据中台建设模式，推动实现财务中台的标准化赋能，将具备重复性、通用性、普适性的财务能力进行沉淀、集成、优化、系统性转化，实现财务中台在财务赋能层面的能力复用、功能共享，并通过集中式的服务，使财务系统本身降本增效，确保财务系统支持服务快速、有效、直达，缓解商业模式改变引发的业务变化对财务工作的支持压力。

新科学技术推动财务信息化不断迭代。随着中台战略思想与技术的演进和发展，财务中台形成了数据、人才、制度、管理的全方位财务信息化体系。在企业战略向中台化转型的背景下，这有助于企业财务信息化与人才队伍的进一步发展，实现财务能力复用、共享，提高资源利用效率；加快数据标准的统一、数据孤岛的消除及业财数据的贯通；为财务信息化人才发展提供指引，有助于财务人员面对转型挑战；通过财务业务中台与业财数据中台的构建，有效应用新兴技术，从而实现财务信息化、智能化目标。

财务中台定位是连接众多前台系统与财务核算系统的桥梁，使业务信息能及时连通财务记录，解决传统 ERP 端到端流程固化的弊端，依据中台规则对前台业务和后台财务进行灵活配置与转化，通过自动化、灵活的方式支持业务快速发展。财务中台定位见图 3-18。

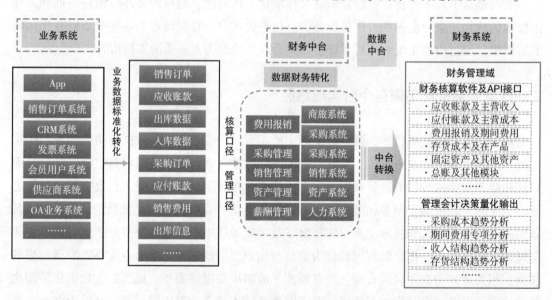

图 3-18　财务中台定位

按照标准化模块支持系统的复用性、共享性，业务系统支持的及时性、直达性、完整性，财务标准量化的及时性、准确性要求，财务中台主要由具备财务业务平台功能的共享业务中台、具备业财数据平台功能的业财数据中台 2 个大类构成。

按照重复性和价值创造大小的不同，共享业务中台分解为财务共享平台和财务业务平台。借助财务共享平台，对基础、重复业务进行标准化共享。借助财务业务平台，对外部业务、管理业务进行系统化共享。根据标准化复用和价值创造大小不同，将直接对接内外部业务的接口打通，优化财务中台支持系统，为财务服务公司内部的业务客户做好支持和保障工作，衔接财务后台的服务能力和标准化能力。

业财数据中台是与业务数据前台衔接，并与业务中台嵌套的服务支持平台。业财数据中台起到承接财务业务与企业支持的共享作用，实现了针对业务前台支持的复用、共享。业财数据中台解决了财务数据仓库存储问题，以及财务共享业务中台的数据转化和量化问题。

财务中台的功能实现路径见图3-19。

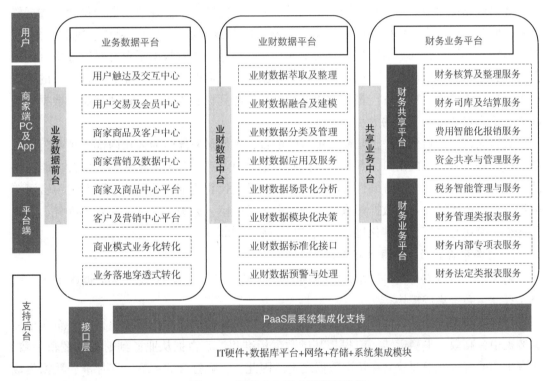

图3-19 财务中台的功能实现路径

通过业财数据中台的量化、存储、转化支持，系统支撑业务数据前台的财务处理能力和转化支持能力。借助这个中间衔接，推动业务前台针对用户、企业或商家端应用支持，平台端平台化流量转化，解决后台链接问题。具体如下：

1. 共享业务中台

通过梳理财务全流程业务，按照财务对业务的赋能价值高低，对财务输出价值的价值链进行识别。针对识别结果，将业务主要分解为初级层面的财务会计基础业务和高级层面的管理会计高级业务。

这2类业务可以实现中台输出的核心在于标准化、重复性、集中化。因此，从企业财务技术输出角度出发，对重复度高的职能进行分类归集，形成各个不同的财务功能性中心。针对可以重复和标准化的财务功能，建设类似企业财务仓储中心的财务仓库，输出企业"财务细分产品"。财务中台的共享业务中台将高度标准化、重复性、集中化、价值化的功能进行共享集成并对外输出，从而实现财务核心能力沉淀。

按照初级层面的财务会计基础业务，将平台功能分为财务核算及整理服务、财务司库及结算服务、费用智能化报销服务、资金共享与管理服务；按照高级层面的管理会计高级业务，将平台功能分为税务智能管理与服务、财务管理类报表服务、财务内部专项表服务、财务法定类报表服务。这2类业务是财务后台支持服务的衔接基础。

2. 业财数据中台

业财数据中台对业财数据平台的功能进行分类、标准化，做好数据资产量化和数据资产化。因此，财务中台中的业财数据中台起到对经营数据进行集成、提炼、沉淀、分析，对数据转化和资产化的业财数据进行加工和存储的作用。业财数据平台针对业务中台的数据标准化进行资产化确认、资产化量化，为数据资产化赋能。因此，业财数据中台的数据加工、数据资产化、数据资产量化、数据绩效评价起到核心作用。这种共享业财数据管理能力决定了财务中台功能的大小。

具体而言，业财数据中台是财务中台的前台，类似财务部门为公司内部各个部门服务的一线，是财务输出的出口，是财务功能实现的"代表"。因此，业财数据中台功能模块除了标准化，其及时性、准确性等时效功能，以及迭代功能都很关键。业财数据中台涵盖的细分点主要体现在业财数据萃取及整理、融合及建模、分类及管理、应用及服务、场景化分析、模块化决策、标准化接口、预警与处理等方面。

3. 财务中台后台支持接口层系统

财务中台后台支持接口层由PaaS层系统集成化支持，涉及IT硬件+数据库平台+网络+存储+系统集成模块。

后台支持系统的重要性体现在数据的顶层决策与数据的标准化落地执行上。企业要确保数据中台高效、平稳运转，前提是基础数据标准化，且数据从业务到财务的逻辑一致。所有工作的有效性都要建立在精准数据之上。因此，业财融合的数据应用标准、数据集成标准、数据服务标准、数据管理规范的一致性很重要。基于IT硬件的系统化、数据库平台的标准化、网络支持平台的规范化、接口集成标准化、数据压缩存储规范化、数据编码标准化、系统集成平台化是其主要内容。

这为数据模型优化迭代及数据编码标准、数据属性标准资产化和量化等方面提供保障，为财务中台相关数据管理人员的行为规范提供准则标准，并为业务中台和财务中台的数据管理人员进行对标提供执行标准。

（二）中台的核心思想

中台的核心思想是"共享""复用"，个性是快速组合服务、扩展差异化业务、适应灵活业务，共性是以服务为中心，使得共性业务抽象、业务逻辑解耦、业务数据隔离、分布式技术架构。

在企业快速发展的同时，市场竞争日益激烈，客户需求逐渐个性化。企业现有的运营体系存在业财脱节、管理粗放等问题，不利于持续性、指数级的业务扩张，也无法满足风险与合规要求。现有 ERP、OA 流程、数据都未与财务系统集成，财务会计与管理报表需要大量手工处理；缺乏系统支撑高效的供应链管理，如采购计划、申请、合同、订单、检验、入库、出库、调拨、退货、发票校验等；采购及供应链不透明，货品流难以追溯，无法保障食品品质和安全；财务自动化水平低，库存管理成为"信息孤岛"，系统应用不佳，入库记录不完整，与出库记录缺乏关联，未与财务不集成，无法追溯库存差异。

在业务运营与服务支持层面，可以对标准化的业务支撑系统进行平台化建设，采取外松内紧的管理模式，支撑业务快速、灵活发展。外松是对外体系实现创新、应变、开放、高并发、可扩展；内紧是对内传统业务系统做到严谨、规范、集中、可追溯、可深挖。通过共享服务实现业务共享、运营共享和业财融合，快速支持上层业务，见图 3-20。

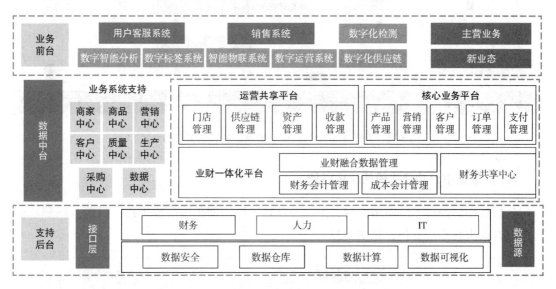

图 3-20 数据中台支持上层业务

数据中台带来的价值不断沉淀和转化，其承上启下的核心作用主要体现在以下 4 个方面：

一是推动业财融合，加强财务管控。财务向业务延伸，深入参与到业务活动当中，更好地为业务提供服务；将财务组织打造成"企业业务伙伴"，实时获取业务信息，反映业务情况。

二是强化数据应用。数据共享、透明提升数据价值，实现企业业务数据实时、统一、在线，对财务信息进行统一治理，避免出现"信息孤岛"，加强对企业财务数据的分析和洞察。

三是降本增效、能力共享和复用。避免资源浪费，降低经营成本，提高综合运营效率，快速响应业务变化。

四是助力数字化转型，利用共享信息打造智慧财务。将财务人员从传统事务性工作中解放出来，转向企业决策辅助等高价值工作。

三、数据中台下业财中台功能模组

业财中台的功能性模组融合可支持中台运行，借助中台的有效支持与转换功能，系统地构建企业终端+系统+平台+知识库等各类功能的组合。尤其借助各类云、物联网等科技赋能手段，以业务市场服务体系为支撑，以数字业务终端为入口，实现全场景业务转化服务的路径，见图3-21。

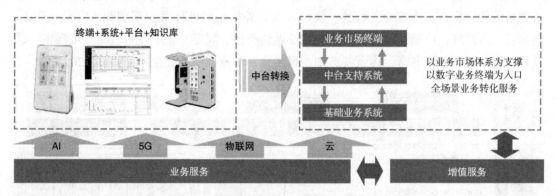

图3-21　基于中台功能实现全场景业务转化服务的路径

（一）数据中台功能化模块集成赋能

从数据中台的技术赋能角度看，由业务及财务的功能化模块模组进行赋能，按照功能化模块方式进行系统支持，见图3-22。

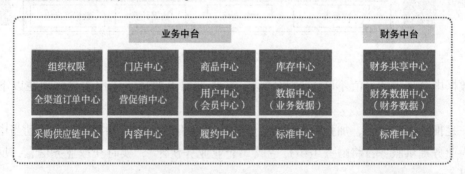

图3-22　全渠道运营可视化支持中台

数据中台需要涵盖的功能如下：

（1）在数据服务的服务管理上，实现API管理，解决数据服务创建、详情记录、测试、发布、授权、监控问题。在应用管理层面，落实应用管理中很重要的签名密钥管理。

(2)在数据治理问题上,针对资产管理,做好资产门户设置,解决资产"血缘"的关联问题。在数据管理层面,做好数据表及元数据管理,解决数据的定时采集、手动采集和元数据查询问题,落实采集日志。在数据质量管理上,做好质量评估、质量监控、告警通知工作。针对标签管理,做好标签创建、标签查询、价值评估和标签目录数量统计工作。针对数据标准,解决数据标准创建和数据标准查询问题。

(3)在数据开发问题上,实现数据离线开发与实时开发的协同,实现项目管理的多租户资源隔离,解决开发中心功能落地问题,实现开发中心的作业任务、临时任务、资源文件、函数开发、分布式调度及表管理的转化。在发布管理层面,创建发布包及发布审核问题;在运维中心层面,解决运行总览、工作流实例、离线实例、离线任务问题;在监控管理层面,实现基线管理、基线告警的量化;在算法开发层面,实现可视化建模、Notebook(笔记本)方式建模,进行发布管理。

(4)在数据汇聚层面,解决数据交换问题,实现离线数据表单同步、整库同步,并解决实时数据同步和数据存储问题。针对结构化数据存储,实现主流关系型数据库存储,对非结构化数据存储进行系统化。

(5)在公共模块层面,解决审计日志、数据源管理、资源管理、用户中心管理等相关问题。在基础设施层面,解决计算层、存储层的集团统一用户中心问题。

当全渠道零售运营支持平台完成其线上线下业务的协同对接时,该平台就是"云中台"。云中台链接的中心系统包括全渠道商品中心、全渠道库存中心、全渠道订单中心、全渠道会员中心、全渠道营促销中心、全渠道内容中心、全渠道组织中心、全渠道客服中心、全渠道数据中心和全渠道财务中心等。这些中心有效衔接,使得云中台系统能够支持所有线上应用和基础业务移动应用,见图3-23。

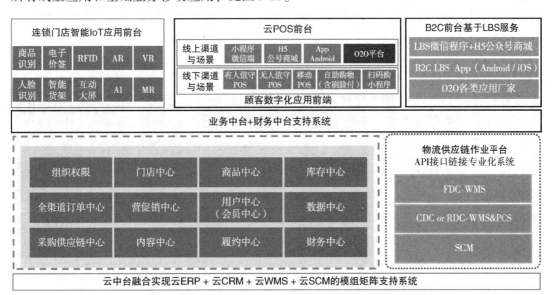

图3-23 云中台支持线上线下一体化业务

从功能模组来说，云中台基于行业一般业务实践，覆盖零售行业通用的功能模组，如ERP、POS、CRM、WMS、SCM等。一个平台即可完成传统的需要由几个软件、通过各种复杂的对接才能完成的功能，数据孤岛现象不复存在，可以为企业节省采购不同软件的时间成本、人力成本、运维成本等，实现线上线下协同，以及产品流通的全渠道运营。功能模组通过融合，能够支持线上线下业务协同和业务一体化模式。在一个平台上即可实现线上线下一体化运营的零售模式，不但支持到店业务的自助购、刷脸付、扫码购，以及POS有人值守和无人值守无缝切换，还能对接多个线上平台（小程序、H5公号商城、企业自有App、O2O平台），提供基于门店网络LBS的O2O到家服务。

云中台具有显著的移动互联网特色，广泛支持移动应用程序，支持全渠道营销运营和会员管理，也支持供应链协同运营和精细化的零售管理。此外，云中台还支持客户化和异构对接，构建支持客户化具体业务的模型；可与市场上所有主流传统软件对接，并根据客户业态特点设置开关菜单权限。云中台数据对接方便，数据接口友好，新旧系统交流顺畅。除此之外，针对当下的科技发展水平，技术架构可以全面应用云计算技术。基于云服务构建，可与市场上大多数主流云平台进行无缝集成，实现企业基于行业特色的数字化、智能化升级所需要的弹性巨大的平台资源转化，并一步轻松跨越转型门槛。

（二）数据中台功能化模块模组赋能

数据中台系统按照业务中台与财务中台大的划分口径再对模块进行细分。从企业基本功能的实现角度及传统企业模式看，业务中台与财务中台又可以分解为12个基本运营的中台支持模块。因此，数据中台的融合与分工协同作用明显，可支持企业全渠道运营，推动物流供应链作业集成，实现以云POS为核心的顾客触达前端的智能化转型，使中台输出便捷的一线移动作业工具，为系统标准化打好基础，整合并实现智能化IoT应用的轻松对接，见图3-24。

图3-24 业务中台与财务中台模块化支持平台

在当下科技赋能之下，交付模型不断发展。随着企业数字化转型对接互联网行业通用项目交付模型（敏捷开发）业务实践的推进，模块化融入并不断提升集成效果，解决持续集成（CI）、持续交付（CD）、持续部署（CD）问题，并实现基础平台的模块化快速交付、业务即时应用，以及客户需求快速迭代、符合企业要求的定期升级。这帮助企业在瞬息万变的时代进行业务拓展，落实中台支持的财务量化和服务能力，实现财务支持系统的及时性、有效性，从而对企业业务需求变化进行快速反应，见图3-25。

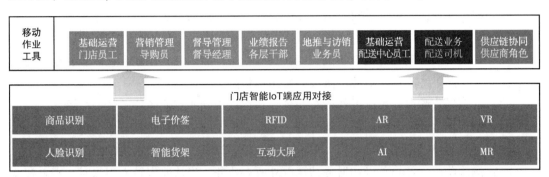

图 3-25　移动作业工具端及门店智能 IoT 端应用接口支持

组织权限层面，解决组织架构、门店和渠道、角色权限、部门和岗位、岗位角色权限、数据权限、操作权限、基础配置等相关问题。

门店中心层面，解决基本信息、营业时间、商品与价格、运费模板、电子围栏、配送时间、内外部员工、财务与报表等相关问题。

基于运营层级及采购层级的组织架构顶层设计方案见图3-26。

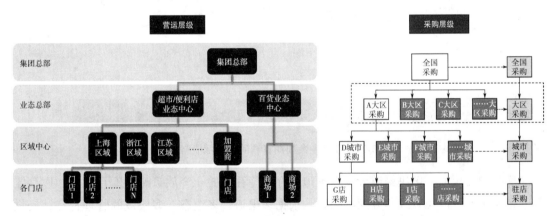

图 3-26　基于营运层级及采购层级的组织架构顶层设计方案

首先，满足基本诉求。支持门店基础运营，支持门店线上商品个性化配置和个性化运营，支持门店本地化订单履约。

其次，落实功能要点。这包括门店基础资料、组织、角色、服务范围和时段，以及第三方配送、电子围栏、运费模板等；门店商品清单及基础资料刷新定时任务、个性化首页、活动运营配置；门店营销组织、实施与评估；门店订单拣货位基础设置、拆单合单、拣货包装、包裹递送、自提订单，退换货处理；门店线上线下对账和运营服务报表。

最后，明确应用价值。全渠道零售业务在门店端落地和执行，可赋予门店自主运营权限，有效提高一线作业主动性，提升线上线下业务一体化运营水平和零售运营水平。

商品中心需要解决类目管理、商品管理、价格管理、关联商品、品牌管理、属性管理、特码商品（生鲜、服装等）管理、商品标签管理等一揽子问题。这涉及企业生产或采购的商品的生命周期管理，见图3-27。具体来说，涉及商品全生命周期的以下7个阶段：

（1）建档阶段。创建商品时默认为建档，建档的商品需要手动审核，审核后进入新品状态。

（2）新品阶段。新品可以维护试销期，试销期结束后商品自动转入正常；在全生命周期中，也可以将新品转入"正常"阶段或常态销售阶段。

（3）常态销售阶段。可以操作所有业务，且可以查到所有业务涉及的商品资料。

（4）销售但停购阶段。停止采购订货、采购收货、门店补货；其他业务不受影响。

（5）停售阶段。停止采购订货、采购收货、门店补货、零售及批发的销售和退货。

（6）淘汰阶段。停止盘点和财务结算以外所有业务。当从停售转入淘汰时，需要校验库存（所有门店不能有任何库存，包含在途、占用库存）。

（7）归档阶段。无法操作所有业务，且不能查询到所有业务涉及的商品资料，但保留历史数据。

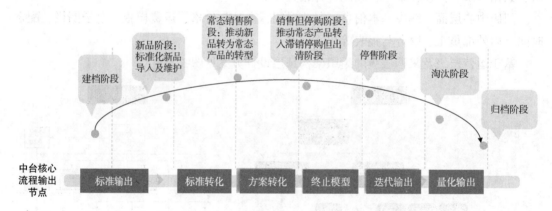

图3-27　商品生命周期管理的中台赋能路径

库存中心层面，解决渠道分仓、虚拟库存、库存预警、释放策略、库存抓取、库存监控、锁库策略、库位管理等方面的问题。根据多渠道、多业态、多层级的管理特点，提供全渠道共享库存、专享库存功能，实现库存的全过程跟踪、监控、预警与智能决策。

全渠道订单中心层面，解决订单列表、手工审核、路由策略、驳回与退货、自动审核、订单取消、拆单和支付与发票等方面的问题。统一处理全渠道订单，跟踪和监控全程，连接和打通订单、库存和物流体系。通过全渠道订单归集、系统智能分单、订单流程引擎、订单作业过程跟踪，实现作业效率的提升。

营销促销中心层面，解决价格促销、包邮免运费、秒杀预售、安全策略、满量满额、拼团砍价、营销监控、营销评估等方面的问题。该层面主要涉及2个角度：①在促销业务规则接转上,实际促销活动引擎、促销活动定义和发布、券模板及定向积分类型定义等事项;②在促销活动组织发起上,涉及促销活动创建、修改、追踪、删除、状态变更等事项。后端关联应用系统解决 ERP 后台、全渠道订单中心、会员中心、商品中心链接问题。基于中台支持的营销推广模块子中心系统路径具体见图 3-28。

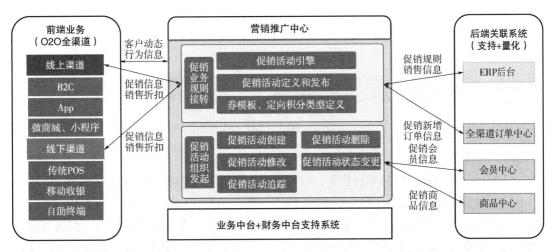

图 3-28　基于中台支持的营销推广模块子中心系统路径

会员(粉丝)中心层面,解决会员资料、升降级规则、卡券与储值、会员营销、成长值规则、积分规则、会员标签、积分商城等方面的问题。在业务诉求方面,落实线上线下会员一体化招募工作,解决资料统一管理,升降级、成长值、积分、券和储值账户统一管理问题,以及线上渠道灵活的会员营销方式问题。在功能要点方面,导入前端渠道平台账户和后端商家会员,绑定账户与商家会员,根据线上渠道的积分规则统一管理积分兑换、抵现。在应用价值问题方面,形成企业会员整体视图,落实企业会员统一管理和统一运营并为商家带来更多会员。

采购供应链中心层面,解决供应商管理、合同管理、采购订货、总部分货(推式订单)、自动补货、门店订货、仓库订货、生鲜订货、永续订单、OTB 总量订单等方面的问题。

就供应链端口的中台赋能路径而言,需要协同考虑中台的业务及财务输出标准,并为业务执行提供标准支持,见图 3-29。这主要包括以下方面:

(1)在供应商与合同上,主要涉及合同编辑与审核、合同变更与审核、合同查询、采购协议编辑、采购协议审核、采购协议查询、供应商资料管理、供应商扣项管理、供应商状态维护、供应商供应商品状态维护等方面。

(2)在细化管理标准输出上,中台支持需要提供多种经营方式,如"经代联租";提供多种结算方式,如账期、预付;实施合同全过程管理,如到期预警、合作过程;联营专柜码或单品管理,如扣率、促销扣率;实施供应商状态管理,如正常、停订、终止;实施供应商供应商品状态管理,如正常、停订、终止;"一品多商",如一家供应商使用多种结

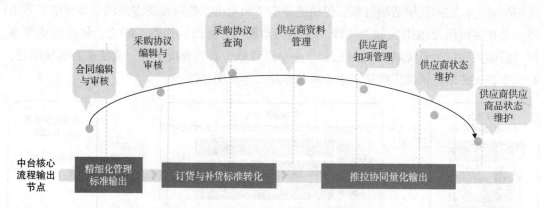

图 3-29 采购供应链中心系统的中台赋能路径

算方式、经营多个品类。

（3）在订货与补货的标准转化上，需要结合企业及产业的特点做到推拉协同。

（4）在量化输出方式上，中台支持的标准解决订货模式问题：采购发起订货，涉及新品、统采商品、促销商品；门店发起订货，涉及自采商品、直送商品；订货、配送规格自动匹配；订单自动汇总和分发；订单生成方式，如手工订单、自动订单（补货建议报表）；进行订单管理，涉及普通、特价、永续、总量、赠品订单等；订货规格、配送规格定义；赠品关系定义、赠品自动匹配添加；订单有效期、订单辅助信息。

内容中心层面，主要是实现内容生产（文本、图片、短视频、音频）和内容分发（分发规则、分发渠道管理）。

财务中心层面，则是按类型解决线上业务与线下供应链业务 2 类业务的对接问题，见图 3-30。

履约中心层面，解决接单核对、拣货合单、配送与跟踪、订单关闭、订单打印、打包交运、退货与返架、日结与报告等方面的问题。履约中心的中台标准化支持系统发挥移动互联网特色优势，解决中台赋能问题；提升一线业务各角色的数字化和移动化能力，推动企业在履约层面实现"四个在线"。

图 3-30 线上业务及线下供应链业务对接系统

"四个在线"包括：①员工在线，即有效提升一线作业效率，降低无纸化业务成本；②管理在线，即有效提升内部管理效率，解放管理层；③营销在线，即有效利用社交化应用，自带流量；④供应链协同在线，即降低零供沟通成本，提升沟通效率。因此，获得中台赋能的履约中心能实现基础业务全面数字化和移动化，大大提升员工作业效率，降低工作难度，减少人力资源成本和运营成本，从而进一步增强履约能力，提升履约质量。

履约中心系统功能具体内容见图3-31。

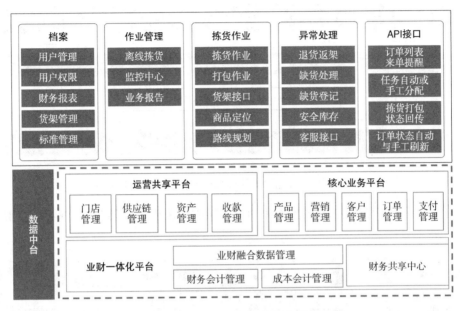

图3-31 履约中心系统功能

数据中心层面，解决日结与报告、分析报表、角色权限、大屏支持、报表评价、报表决策、报表分发、移动支持等方面的问题。中台标准输出下的物流供应链作业平台、仓储管理系统及云POS顾客触达前端实现路径分别见图3-32和图3-33。

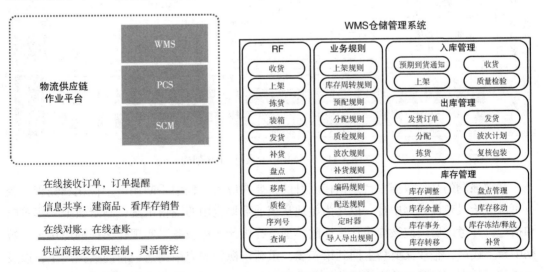

图3-32 中台标准输出下的物流供应链作业平台及仓储管理系统

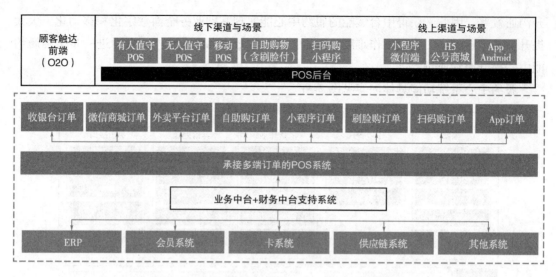

图 3-33　中台标准输出下的云 POS 顾客触达前端实现路径

系统化交互的客户需求和创造层面，CRM 架构解决引流和转化、复购落地问题，见图 3-34。

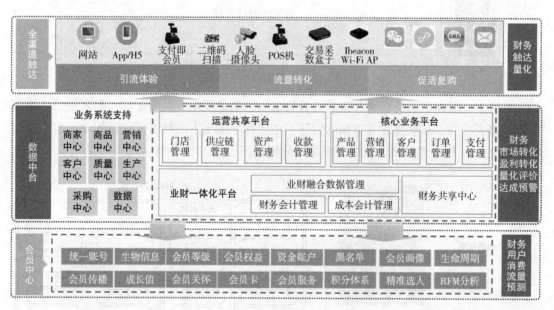

图 3-34　一体化中台支持 CRM 架构

必须强调的是，数据中台是迭代上升的，要在应用过程中不断调整、优化和完善。企业可以分阶段建设数据中台，以终为始地从当前数据应用的视角出发，制定数据采集策略和措施，并考虑后续应该构建什么样的模型、提供什么样服务、实现什么样的应用等。数据中台上线后，企业又要马上回到第一步，重新审视新的应用创建、新的数据产生，以及如何使用数据等问题，并据此持续优化数据中台。这是一个循环往复、螺旋式上升、小步快跑的过程。

(三) 技术中台功能化模块聚合赋能

伴随着信息化技术的不断升级换代，数据中台需要不断模块化并不断提升支持服务能力，做好技术输出和财务层面输出，使企业基于中台的功能化模块聚合获得赋能，推动企业从原中台标准赋能模式向模块化聚合迭代转型和提升。

聚合迭代转型和提升主要包括：①设备数据采集的实时监控平台；②面向业务流程化管理的管理信息基础平台；③面向大数据分析及展现的可视化商业智能平台等。这些平台不断融合和积累，实现丰富的互联协议沉淀和应用模型沉淀，基于此可打造综合物联网大数据分析基础平台。此外，为确保平台应用程序的亲和力，从中台技术集成角度看，还需要提升技术中台的可视化能力，使其具备高分辨、高性能、高集成、高品质、高智能特质，推动高速响应、持续积累、稳定可靠、可视配置的物联网终端传感的采集监控平台落地。

基于上述聚合和提升，可以对技术中台的信息集成层面进行组合提升，包括：①基于系统基础服务、业务通用服务、通用技术组件的组合提升；②基于设备控制、视频集成、设备状态采集监控的组合提升；③基于数据集成、处理转换处理、存储和输出、流程设计的组合提升；④基于 WEB 控件库、异构数据建模、页面设计与发布的组合提升；⑤基于流程组件库、流程建模、流程设计与发布的组合提升；⑥基于数据质量管理、规则设计、"血缘"分析、监控告警的组合提升；⑦基于数据资产管理、数据安全管理、报表与报告设计的组合提升；⑧基于 AI 算法组件库、数据挖掘组件库、算法训练模型的组合提升。通过技术中台赋能实现转型，可以大幅提升信息技术中台集成的信息技术服务能力，包括异构数据建模与可视化分析展示能力；智能设备控制与视频信号集成能力；智能设备状态信息采集与监控能力；业务数据清洗与数据质量管理能力；大数据资产运营与数据安全管理能力；调度、指挥、应急与企业运营管理能力等。

技术中台功能化模块聚合赋能路径见图 3-35。

(四) 财务中台功能化模块聚合赋能

就数据中台不可或缺的财务中台功能拓展来说，目的是形成系统的智慧财务中台，实现对企业各个层面涉及降本增效的所有类型数据进行集中采集与分析，对用户端各类消耗进行细分和统计，以直观的数据和图表向公司管理人员或决策层展示各类资源消耗情况，同时提供能效分析、设备管理、降本、计量收费一体化、运维、市场拓展与交易、企业和行业数据增值等服务。同时，通过科技赋能使系统支持大屏、PC 端、手机 App（智能终端）访问，提升财务中台的数据整理、归集、分析、量化、预测能力，并提供多种对外访问接口，方便和第三方系统进行数据交互，从而引导企业管理方式变革，促使企业提高总体管理水平。

智慧财务中台系统建设能够促进管理系统延伸，解决持续分析和设备能耗问题，给设备运行优化提供有效的工具平台支持，保证企业资产和设备在监控平台的稽核和管控下安全、稳定调度运行。因此，在智慧财务中台系统的模块聚合赋能之下，应用资产管理平台、技术支持服务平台的量化针对性和有效性，给企业带来的间接经济效应可能大大超过给企业带来的直接经济效应。

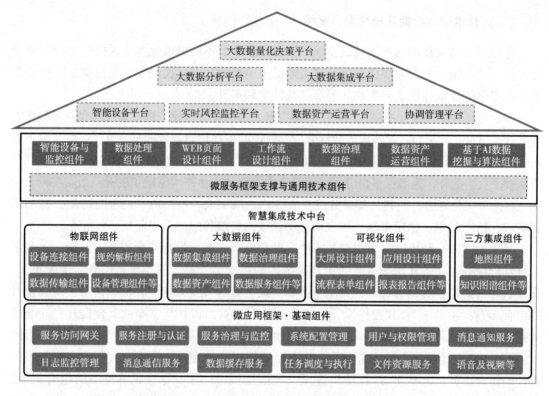

图 3-35 技术中台功能化模块聚合赋能路径

智慧财务中台功能化模块聚合赋能路径见图 3-36。

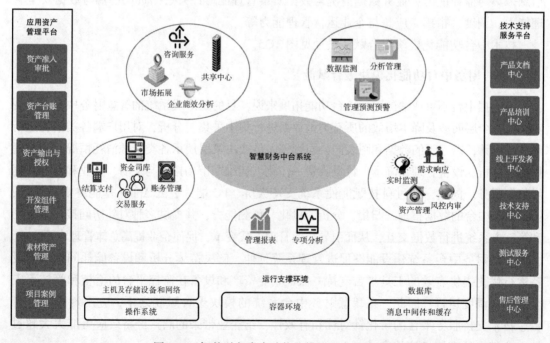

图 3-36 智慧财务中台功能化模块聚合赋能路径

第四节 案例与思考

一、中国建设银行：数据中台的直播中台 + 云模式

中国建设银行为了增强直播平台的使用效率，推动人才培养和业务的有效开展，实现平台价值，决定升级建行大学直播平台。

为了提升建行大学网络平台的直播能力，中国建设银行建设了"直播中台"模块，实现了建行大学对直播发布、运营、监控全流程的统一管理。除直播中台外，为了改善用户体验、提高直播质量，中国建设银行还开发了"直播云"模块。"直播云"提供一站式 SaaS/PaaS 直播平台服务，用行业内一流的视频直播技术赋能产品，实现端到端的直播采集、编码、推流、分发、传输、播放，可以容纳 10 万人以上的高并发，也可保证直播的稳定性。

"直播中台 + 直播云"有效降低了终端使用者——包括平台管理员、主播、助教、学员等角色的操作难度，成为建行大学提升培训能力的最有利的工具。中国建设银行通过深耕底层技术、拓展应用场景，释放了网络直播" + 力量"。

二、海尔日日顺物流：数据汇聚和大数据中台

海尔日日顺物流结合物流行业的业务特点和趋势，应用了业界最新的 KUDU（秒级查询数据仓库技术），成功打造了全新的大数据平台和实时响应式数据仓库。依据该物流企业的业务逻辑和原有数据库建设基础，共涉及三大业务系统的数据能力改造，包括 OMS（订单管理系统）接单、TMS（运输管理系统）配车、SQM（供应商质量管理）客户投诉和索赔的历史数据迁移，从原来的 Oracle、MySQL 数据库迁移到现在的 Hadoop 大数据平台，构建实时响应式数仓能力，并对"6·18"促销相关业务 16 套报表进行迁移开发。

海尔日日顺物流提出了完整的实时响应式数仓方案：提升数据端到端实时处理能力（毫秒级/秒级/分钟级延迟），打造数据计算的实时性能力，让业务人员在几秒钟甚至几百毫秒内获取最近几分钟内的数据计算结果，以最大的灵活度应对千变万化的业务挑战。

海尔日日顺物流解决了原有平台存在的问题：①通过大数据完成报表平台迁移，解决了数据准确性和及时性、平台稳定性等问题；②提供高效的数据处理能力，通过前端报表工具的更换及数据平台的搭建与优化，打造业务自主分析平台，提高了报表开发效率和展示效率，支持大促高并发及高数据量处理；③满足技术与行业发展趋势，结合大数据发展趋势，对现有数据进行深入挖掘和分析，辅助企业做出业务决策。

三、厦门航空：大数据运营分析和运营成本优化中台

厦门航空有限公司（简称"厦门航空"）通过汇聚数据进行全方位数据治理，输出高品质的数据成果，完成不可预期燃油分析、最优进近轨迹分析等，同时优化燃油分析算法，进一步丰富和完善燃油分析体系，建设指标管理和自助分析功能，提供更加灵活、自主的分析服务。

厦门航空赋予业务部门灵活自主的分析能力，实现燃油数据分析效率数十倍提升；构建完善、丰富的燃油分析体系，辅助业务部门进行全方位精确节油，大幅降低机组运行成本；全面剖析航班各航线、航路、飞行阶段及飞行高度层等燃油消耗，提供节油策略建议，进一步提升燃油使用效率，实现低碳绿色飞行。

四、问题与思考

（1）如何构建企业数字化中台？如何建立财务智能中枢？构建数字化中台进而建立财务智能中枢具有哪些重大意义？

（2）人工智能正在快速颠覆人类社会秩序，科技促进了模式创新、财务战略转变、流程重组及标准化发展。在此背景下，企业如何有效实现财务的"智能化""共享化"？

（3）在基于企业财务"智能化"的目标，成本驱动、连接驱动、创新驱动等因素，构建业务财务、战略财务、共享财务过程中，如何实现业财融合和业财一体化的管理会计人才培养？

（4）在业财一体化建设关键要素中，企业如何实现成本控制，充分利用现有管理系统及资源避免重复建设；如何根据需要分步实施，优先实现最急需的财务管理职能；如何解决后续业务和财务管理模块的开发或与其他管理系统的集成问题，进而实现一体化的集成效果。

（5）在数据中台分类模式中，如何有效定义业务中台与财务中台？如何确定两者的功能？如何在实现功能的同时，实现业务中台输出与财务中台输出的有效协同？

第五节　本章小结

互联网时代，企业前端应用与后端管理严重脱节，中台应运而生。企业通过数据中台数智化来嵌套财务智能化。在业财一体化的发展过程中，企业先顶层化、数智化，之后借助数字化转型实现数智化、业到财，最后融合业务与财务，甚至跨界发展，实现业务到财务的一体化。这分为3个阶段：首先业务一体化；其次财务一体化，这个阶段的重要标志

是财务共享；最后业财一体化，这个阶段的重要标志是数据中台的设立和运营。

业财一体化前台功能，也就是面向客户市场的生态系统，需要获得后台系统有力支持来确保实现。从技术支持的生态系统角度来说，要保证前台与后台的链接效率和效果，就要获得中台的有效支撑。因此，中台不断成为承接前台市场和后台管控系统的桥梁。一方面，中台重点把企业核心能力进行集成、沉淀、优化，实现企业业态的聚焦；另一方面，中台借助企业IT架构的"复用式""共享式"，打破企业内部各部门间的壁垒，解决后台资源的"单体"孤岛化问题，实现前台服务的效率化、规模化，并承载前台服务创新模式快速、有效迭代任务。因此，从财务角度看，借助企业业务中台和数据中台的"双中台"模式，在模式升级与架构转型层面嵌套财务信息化的"共享式"，将有效推动财务"共享"智能化的发展。

第四章

业到财，一体化：财务集成与共享

上一章主要阐述在数据中台的数字标准输出和系统支撑下，业务一体化推动业务端转型，通过业务模式和业务共享中心找到了业务端的发展路径，但尚未解决财务的支持与服务问题。本章解释企业推动业财一体化之前需要解决的财务集成问题，分析财务集成共享原理、特征，并解读财务集成共享的工具层面和财务应用层面。在推动企业实现业务标准化和财务一体化升级与转型上，财务集成的共享原理有助于财务共享的发展。在财务集成的顶层设计上，RPA、API、OCR、NLP、KG、AI等技术的赋能，给财务集成共享实践带来很多组合与路径选择，进而给很多企业带来财务管理的新机遇。企业财务通过财务的功能集成推动财务共享，在不同模式和服务范围的组合下实现财务系统标准化、模块化和专业化，从而在共享、复用的功能方面实现与中台的无缝链接，发挥对业务系统的支持作用，最终实现财务共享的升级演进。

第一节 财务集成实现共享原理

一、财务集成共享原理与内涵

营利性企业发展的目标是持续性盈利，以实现股东财富持续最大化，并不断承担社会责任等。因此，降本、增效、提质、增收是企业经营永恒的主题。在财务集成的通路上，企业要做到财务持续性降本并提升服务质量。企业财务数字化转型的降本提质目标可以分解为场景、内容、要素3个层面。企业需要建设财务数字化的特定应用场景，并且特定的应用场景决定资源配置模式，通过有效的资源优化配置来优化企业发展战略支撑场景；需要优化用以持续降本增效的财务运营场景，进而优化基于企业整体闭环、实施预测分析的业务经营场景。因此，财务集成共享的逻辑是在满足企业财务降本增效的刚性需求前提下，通过财务系统组织转型和科技创新赋能来实现发展目标，尤其是借助财务集成共享，针对公司战略发展目标完成全面预算、财务标准化与精益运营、业财融合等重点内容建设。

（一）财务集成共享原理

由于新科技的赋能，企业在数字化趋势之下，业务不断集成一体化，同时线上线下一体化融合也推动企业商业模式不断迭代。在新商业模式的驱动及业务模式的不断标准化和快速迭代下，财务职能的模块深度加大，各个职能板块的边界逐渐清晰，且内容越来越复杂，财务支持性工作不断丰富，需要实现的整合功能越来越多。在整合功能之前，企业需要对模块化进行细分定义及不断优化。财务的职能战略解决的是如何通过有效整合企业内部资源来制定总体战略和业务战略问题。因此，在企业财务功能实现的目标和路径上，财务系统通过战略规划、标准制定、风险管理、创新管理、资本运作等推动价值创造落地，并针对重要环节实施有效管控，发挥战略决策支持作用，推动业务结构转型升级和合作协同，成为企业价值的管理者；通过参与并为业务发展提供系统的财务支持，通过投融资、资产管理、税收筹划、成本管理、供应链管理、资金理财、全面预算、财务决算等直接创造降本、增效、提质的量化价值，成为业务财务层面的价值创造者；通过标准化管理输出、重复性基础业务处理，实现基础管理的优质高效，成为企业共享管理的实现者。在这些目标的引领之下，企业基于共享财务的服务模式，就需要重构财务职能，按照战略财务、业务财务、共享财务模式进行划分。战略财务解决企业层面的控制管理问题；业务财务解决基于企业财务目标实现全价值链财务管理支持的量化管理问题；共享财务解决企业财务重复性、同质化的基础业务统一处理的统筹管理问题，见图4-1。

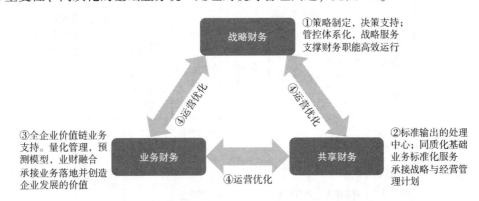

图4-1　基于企业战略的财务支持服务模块路径

全盘思考和开展战略财务工作时，要以数字化思维定位财务管理职能，并以数字化逻辑确认的企业价值指标来评估企业价值。与此同时，企业财务管理本身的内容需要结合业务的需要不断转变，并加深对业务的参与程度。通过充分挖掘和利用大数据技术，不断提升财务工作的标准化和流程化水平，不断针对业务需求将财务工作进行模块化分解并组合，在不断快速提升财务人员管理技能的同时，提升企业基础财务工作效率和工作质量，积极促进参与企业间财务管理交流，共享资源。因此，从基于企业战略的完整财务支持服务框架来说，财务的集成并模块化分解，链条式服务，对完整提升财务功能具有重要作用。

基于企业战略的财务支持服务框架见表4-1。

表4-1 基于企业战略的财务支持服务框架

流程	类型	传统财务功能		司库	税务	管理会计			财经管理研究	领域
		财务核算系统				经营决策支持	预算控制	成本管理		
		财务运作	财务报告	资金管理	税务管理	经营绩效管理	预算与经营预测		专家拓展服务	
决策	战略财务	会计政策	合并报表管理	现金流筹划	税务规划	管理报告体系	预算制定流程及规则	成本战略	汇率研究	政策指导决策支持
		会计流程	法定财务披露要求	资金调拨	税务合规性政策及流程	KPI考核流程及规则	战略规划及战略目标的设定	成本核算及管理准则	税务研究	
		会计分录审批	审计要求	资金统一支付			预算模型设计		商务模式研究	
		财务核算稽核	财务报表合规性管理	资金解决方案	税务知识库	激励政策	预算组织	成本激励	财务管理模式	
控制	业务财务	授权及权限管理	财务报表合规性管理	现金流平衡	国家商务模式	业绩预测	预算编制及申报	设计成本控制	专家服务建议执行控制	聚焦深入服务
								项目成本控制		
		财务运营协调	财务报表内部检查		合规性管理	业绩分析及跟踪	预算过程控制	生产成本控制		
		财务制度	财务报表调整	汇率控制			预算分析考核	费用控制		
执行	共享业务	销售及应收流程	定期关账		税务核算	管理利润报表	预算执行数据加工	成本核算	专家服务建议	基础业务统一处理
		采购及应付流程	财务报表制作	银行对账		责任现金流报表				
		固定资产流程			税务报表		预算执行标准			
		工资流程								
		费用及报销流程	内部往来清理		发货报表					
		项目流程		下达支付指令	税务检查	费用分析		成本报表		
		特殊事项流程	财务报表自查报告			库存报表				

由于新商业模式的驱动和业务模式的快速迭代,财务不断被赋予新时代的特征。除了

支撑业务前台，为企业后台的数据中台提供系统的数智化转型技术和标准，也使得财务量化及资产确认功能成为数据中台的核心部分。在双重赋能和驱动下，新时期的企业财务具有丰富的集成性功能，一方面实现了财务业务的集成化、重复业务的标准化、流程化；另一方面，借助信息系统和互联网科技，具备了业务执行、业务审批、财务执行、预算管理、会计核算、风控合规等集成共享特征。

财务需要达到的集成共享特征，是在科技赋能之下，实现网络计算机技术理念与管理工作的融合，以及对财务与业务进行统一管理的信息管理体系的融合。在数字资产化推动下，财务、业务及顶层规划呈现快速融合态势，且从顶层设计阶段到执行落地阶段形成同步。因此，构建数字资产库和信息数据库，将产生的各项数据信息汇总到数据库中，加快企业财务与业务各项数据信息的传递共享，已经不是能否做的问题，而是如何实现的问题。

在财务集成共享模式之下，财务工作以项目数据为核心，除传统的系统自动生成凭证，经过财务人员制证处理之后传输至核算系统生成总账信息，继而实现报表取数、生成财务报表的过程外，更多的是基于人工智能的财务机器人等实现基础重复业务的自动化。企业财务通过财务云的赋能，实现云服务支撑平台的集成，以及网上平台报账、业务平台操作、运营平台支撑、运营管理平台、资金结算平台的功能集成。

通过大数据的赋能，企业财务实现针对总账报表的编报及时性、准确性，解决企业全面预算管理的落地问题，并针对报表及预算需要，呈现多维度的报告，达成智能分析结果的可视化。针对报表的类型，借助平台系统的集成共享，实现报表的个性化，基于法定报表，进行经营生态分析、经营板块分析、投资项目分析等不同层级的分析。通过物联网等技术，解决数据抓取和分析的有效性问题。因此，随着企业各个环节的不断标准化，业务和财务的接口也逐渐标准化。从参与者的角度看，内部财务会计常规工作实现了分类和模块化，并将部分财务非标准化模块或效率较低的财务标准化模块外包出去，解决财务工作效率低下的问题。

从根本上说，财务集成共享是将企业的业务、财务及管理有机结合起来，建立基于业务驱动的财务一体化信息处理流程，使财务数据与业务融为一体。在集成融合模式下，企业财务的核心业务按照财务共享平台及财务业务平台2个层次进行模块化，包括将财务共享平台的财务核算系统、资金管理系统、费用报销系统、资产管理系统进行模块化，将财务业务平台的税务管理系统、管理报表系统、转型报表系统、法定报表系统等连带基础支持系统、管理决策系统一并进行模块化。

按照这种标准化和模块化设计思路，不断对数字进行整理、加工和整合，落实通路和集成方案，快速解决业务端出现的问题。

财务的应用层端口的重点是解决在此模块之下集成、推动财务管理价值转化的问题。在基础支撑和数据中台赋能的标准化输出之下，不断实现战略财务提供策略指导和决策支持；对业务和财务的聚焦深入业务和执行层面，共享业务的基础标准，对基础业务进行统一处理，最终实现财务在运营系统层面、价值管理赋能层面和数字赋能层面的有效性。企业财务集成共享一体化平台见图 4-2。

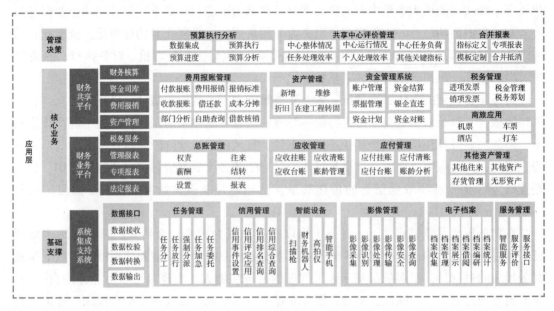

图 4-2　企业财务集成共享一体化平台

由图 4-2 可以看出，财务集成共享一方面需要财务中台的支撑；另一方面在科技赋能之下，将企业项目和运行所需要的人、财、物结合起来，通过资金、物流、管理链接来形成整个环境的集合，真正意义上实现共享，告别以往的"孤岛"形式。因此，财务集成共享的基本逻辑是，在财务中台的赋能之下，实现数据的复用、标准化，并将财务业务进行自动化，在网络、数据库、软件平台实现企业财务管理的业务处理流程、财务核算流程、财务管理流程、资产确认及量化流程等的有机融合，从而构建能够集中体现企业运营活动状况的全局化、直观化、可视化数据分析预警系统。

通过建立针对业务驱动的整个系统的支持落地系统，实现财务集成共享化，使由业务驱动的企业战略在财务端口得到及时、完整、准确的处理，使业财有效融为一体。

系统可以根据企业的业务事件不同来合理筛选数据，满足不同的使用需求与使用动机。当业务事件发生时，系统利用预先设定好的事件驱动流程执行业务需求，记录并上传数据；系统根据业务事件的单据类型，遵循流程信息处理规则，将企业不同类型的数据集中于一个后台数据库，当需要信息时，具有数据使用权的各类"授权"人员，可通过系统引擎自动获取经系统整理后的各类信息。这种方式能在满足自由度与高效性的基础上实现数据共享，实时控制企业经营业务，让系统的财务控制职能真正发挥出来。

在数据中台的赋能之下，财务中台实现了财务系统的标准化、流程化并使复用机制得以有机落实。在财务中台的支撑下，财务后台的集成化优化迭代也得以快速、有效达成。因此，财务集成共享功能，既是业务发展快速迭代的需要，又是财务系统支撑企业战略落地的需要。

在这个层面上，财务的集成性体现在数据中台的数据集中性支撑方面。由于数据中台的数据系统是企业、部门、人员、项目、客商等信息的集成中心,以数据中台标准化输出的数据为基础,可以推动财务集成共享平台的管理架构及信息要素在全企业范围内的标准统一、维度一致。

从预算的管控角度看,财务全面预算管控落地涉及的全环节、全周期管理,是通过预算管理控制平台的嵌套和集成,形成集目标制定、预算编制、预算管控、预算分析、滚动预测、考核评价的全封闭、循环式控制系统为一体的预算管理系统。在统一标准化层面,系统实现了年度预算指标在集成之下的预算系统平台的业务控制;在共享模式之下,预算管理系统有效达成了财务管理工作前端化和事前管理的目标。数据中台业务处理平台的集成共享路径见图4-3。

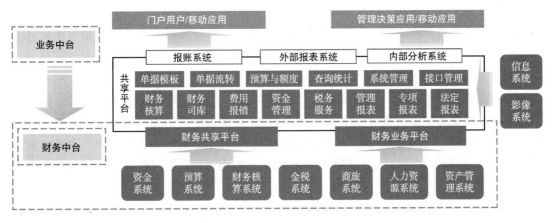

图4-3 数据中台业务处理平台的集成共享路径

在数据中台系统体现的财务中台业务上,业务处理系统涵盖财务共享平台的资金、预算、财务核算、金税4个业务子板块,以及财务业务平台的商旅、人力资源、资产管理3个业务子板块。中台系统是集成共享的重要的模块化应用体现,也是日常经济业务记录、处理和交易经济信息生成的中端系统。

数据中台的作用也体现在数据汇总和分析的平台性方面。业务端产生的经济交易信息在财务中台系统处理完毕后,通过集成共享的推动,可以传达至共享平台,解决报账、外部报表、内部分析系统的输出问题。因此,在信息系统影响系统的输入和支撑下,共享平台解决了年度预算、部门预算信息的智能化导入问题,使得企业能够在任何不同时间段,对阶段性预算执行情况与预算计划进行全方位比对,完成偏差原因分析并给出预警提示。

财务管理人员可以对企业上一阶段的产品销售情况进行调查分析,完成下一期产品经营计划的编制任务,利用财务系统的集成共享能力,针对数据模型的资产量化和业绩评价,做好资产价值权属确定、资产性质快速量化、数字资产价值及时量化工作。

因此,财务集成共享可以对数据进行模拟测算,按照财务模型进行新产品采购、费用、销售计划与资金应用方法的设计,并运用得出的量化指标结果进行绩效考核,便于企业及时进行预算计划的调整与各项资源的优化调配。

(二) 财务集成共享内涵

财务系统是企业财务的数字承载部门。企业财务对数据进行收集、加工、存储、管理、分析后，使其标准化，并进行标准化输出和分享，实现财务的数字化赋能，以及财务组织重构、流程优化、运营模式创新。基于财务中台的建设思路，财务集成共享通过财务共享服务，借助财务共享的专业化、标准化、流程化、信息化，保证财务中台系统的完整性，推动企业以数据为纽带的管理转型落地。

业财融合的主要思想是，在建立网络、数据库、软件管理平台等要素的环境下，通过采取一定的措施，将企业的财务、业务管理流程进行有效结合，然后建立一种以业务事物为基础的财务一体化信息管理应用流程。在这一过程中，IT 在业财融合实施机制的构建与落地中起着重要的支撑作用，由资源共享数据库及会计动态处理平台、专家系统来设计业财融合管理平台。

企业要想更好地实现业财融合，需要保证顺利推进 2 个关键步骤：其一，企业需要对全部业务流程及财务数据的处理过程进行严格规范，也就是对内部业务流程进行重新组合；其二，企业需要重新布置会计实际工作流程，在推进业财融合过程中，最能体现价值的就是会计部门。从最开始收入及支出凭证的编制到账本的登记，再到报表的生成，最后对财务信息进行可视处理，这些环节环环相扣、紧密相连，正是打破传统孤立型财务的关键所在，也是企业实施业财融合的重点。

企业在实施业财融合时，应当强调将业务流程作为改造的重点对象与核心，同时以满足客户需求为最终目标。

财务一体化以主数据系统为信息载体、以预算管理系统为控制端口。由数据中台赋能的财务中台实现了业务交易处理财务输出的及时性，也保障了以 ERP 及报表管理系统等为信息汇总中心的集成性，改善了财务管控的效果。共享性解决了"信息孤岛"问题，借助财务的量化赋能效果，实现了企业管理的事前、事中、事后全周期管理。

建设财务集成共享模式需要达成的目标已经解释清楚，但如何实现财务集成共享的快速优化迭代？如何有效实现一体化赋能且与业务需求有效配套？财务集成共享的转化基础在哪里？

这要从财务集成共享的特征角度及企业数据中台的赋能特征角度来解释。就财务子战略职能来说，构建财务中台，提供财务中台 2 个共享业务中台系统，以及由业财数据中台子系统支撑的数字化共享财务与数字化业务财务新型财务管理模式。

共享业务中台模式助力企业财务数字化转型架构见图 4-4。

从子战略角度看，通过财务中台的技术输出，实现中台的支持落地和财务后台实施的共享财务与业务财务执行落地，也实现经营决策支持、制定财务战略和发展规划、制定财务管理制度规范和政策、统筹预算编制管理策略、筹划资金和投融资管理、稽核风险管控和绩效管理、股权及资产管理、税务筹划的落地。

系统通过共享业务中台的输出，发挥执行、监督、服务功能，从财务业务平台和财务

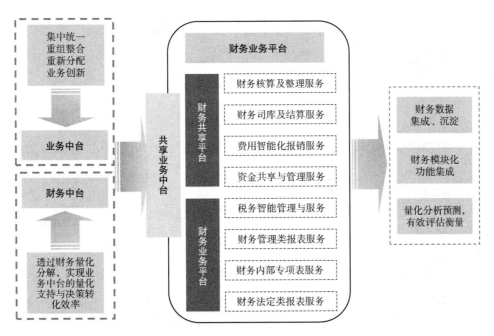

图 4-4　共享业务中台模式助力企业财务数字化转型架构

共享平台 2 个角度出发，协助建立、执行及修订会计核算标准体系和相关管理实施办法，建立与规范会计流程和操作规范，制定操作手册，组织会计集中核算，编制会计报表，进行财务分析，执行预算，实施财务监督及资金安全检查，负责财务共享服务中心信息化系统的开发、建设、运行维护与日常管理，会计档案整理装订保管，以及政策文件资料的收集汇编、对外报送和外部检查工作，开展企业内部和外部财务审计、税务等各类专项检查工作。

从财务的共享业务中台角度来说，在业务分析层面，系统可以为业务部门赋能。业财一体化系统必须以产品的形式不断迭代，持续响应业务部门变动的需求。在业财数据中台的输出转化层面，系统能够实现业务的沟通反馈，深入一线，渗透过程，为业务单元提供经营决策支持，管控业务经营过程中的风险，支持业务单元的计划、预算和预测，以及投资分析、成本费用分析、盈利性分析和其他财务分析，还负责业务资产及产权管理、业务和税务对接、专题经营管理报表编制工作。同时，系统功能包含所在地的核算财务支持，比如交易处理、税务申报、备用金拨付、证据链附件扫描等。

共享业财数据中台模式助力企业财务数字化转型整体架构见图 4-5。

由图 4-5 可知，业财一体化系统的集成、共享特征推动了财务融合、财务管理价值化。这也助力企业从财务层面到顶层设计层面的落地，对企业价值发现、财务融合与辅助业务价值创造打下了基础。通过财务的集成共享，系统解决了业财融合、财技融合、财管融合、财资融合等基于财务资金的赋能问题。

通过财务的集成共享，系统实现了财务工作循环，落实了员工费用报销流程、人力资源与薪资流程、生产流程、销售到收款流程、总账到报表流程、资金循环、管理会计循

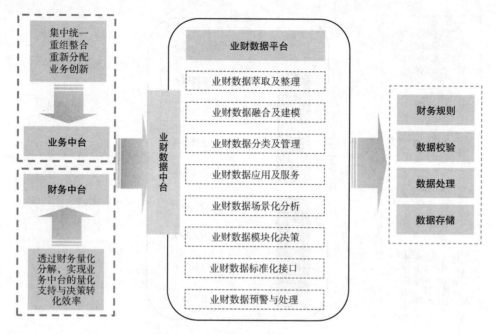

图 4-5 共享业财数据中台模式助力企业财务数字化转型架构

环、固定资产流程、采购到付款流程等全企业业务环节。

通过财务集成共享的支撑,财务管理部门可以系统地为企业各个层面提供收支服务,并为企业各个层面的人员提供分析决策支持。在企业决策层面,可以系统地实现企业提供策略指导、决策支持的战略财务的有效性;在企业业务支持的财务管理层面,可以实现财务针对业务的量化分析、统计及数据汇总,体现业务财务执行的有效性;在企业共享服务层面,按照标准化复用的支持原则,保障业务支持的准确性、及时性,提升共享财务标准化业务的执行效率与效果。

二、财务集成共享工具

随着"大智移云物"技术的不断发展,自动化、人工智能浪潮兴起,大量新兴技术在财务领域得到了应用,如 RPA、API、OCR、NLP、KG、AI、区块链、协同电子商务、ERP、微服务等,见图 4-6。语音交互、智能问答、专家系统、智能决策、OCR 识别票据、自动化机器人替代财务基础工作、经营预测、神经网络分析、风控及资金流预测、智能核算、智能报销、财务云等提供了一揽子解决方案。这些技术的应用进一步简化了财务日常工作流程,提升了员工体验,提高了财务的处理效率,将财务人力投入到更有价值和更具创造性的工作中,并辅助决策制定,促使财务管理水平提升。

良好运营的基础是良好的数据分析能力,包括数据、算法、算力和场景。数据化运营全局把控企业运营状况,平衡发展各项业务,从收集用户信息、分析用户行为到精确化营销,提供个性化服务,增强用户黏性,提高用户价值,提升用户满意度,从而提高运营管

图 4-6　新科技赋能企业战略布局的业财一体化

理水平，控制成本，保障投资收益比，加强系统监控，提升管理能力和运维服务水平。如今，日新月异的用户需求和席卷而来的技术浪潮驱动各个行业经历前所未有的变革。数字化能帮助企业各个环节提升效率，甚至产生新价值，创造新商业模式。未来，全球优秀的企业一定有科技公司，数据公司未来的商业属性一定是智能商业。

（一）RPA

机器人流程自动化（Robotic Process Automation，RPA）系统是一种应用程序，它通过模仿最终用户在计算机上的手动操作方式，提供另一种方式，来使最终用户手动操作流程自动化。在财务共享服务管理模式下，大量简单重复且易于标准化的财务业务集中到财务共享服务中心统一处理，为财务机器人创造了良好的运行环境。大多数共享服务中心管理者表示，RPA 能够为企业带来诸多好处，如提升工作效率、保证工作质量、节约工作成本、增加企业价值、及时响应业务需求等，但 RPA 的运用对于流程标准化的要求非常高。共享服务中心需要进行仔细的分析，找出适用的流程场景，才能使其真正发挥作用。企业应用 RPA 的优势见图 4-7。

随着新兴技术接连涌现，企业内部信息的互联互通不断加深，对工作效率和经济效益的要求不断提高，业财一体化的需求不断增加，各大集团企业纷纷建立财务共享服务中心，加强集中管控，从而产生大量需要集中处理的经济业务，RPA 财务机器人应运而生。RPA 财务机器人能够对规则化、流程化的重复性经济业务进行持续高效的自动化处理，未来的 RPA 财务机器人将进一步发展，具备智能化、工具化、交互化特质，不再局限于简单的规则。基于周边的扩展和人工智能的加入，RPA财务机器人将越来越像一名真实的员工。RPA在财务共享中的应用已初见成效，如德勤以RPA财务机器人为核心并由其他认知技术辅助的财务解决方案受到广泛关注，"RPA + AI"的时代正悄然到来。企业在财务转型

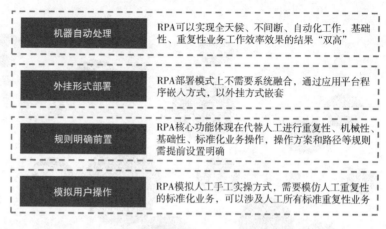

图4-7　企业应用RPA的优势

升级、推进财务共享服务中心与AI等新科技融合的过程中，技术是原动力，配套的技术创新、系统及云服务是重要支持。因此，企业要打破原有的技术限制，利用大数据、云计算等分析工具，通过"RPA + AI"逐步实现从RPA向AI的演化，努力打造立体化、多维度的管理会计新职能；可以快速集成各种数字化技术，提供数字化服务，如自动处理会计信息，使客户在任何时点都能通过人工智能得到最具时效的数据，及时、准确地了解企业经营状况及市场变动情况，为企业制定长远发展规划提供依据，帮助企业做出正确、有利的决策，使财务分析成为业务发展的增值环节，真正让企业受益，推动企业健康、快速成长。

此外，在财务共享服务中心深化应用和拓展期，企业应不断升级人工智能硬件，提高语音识别、文字识别等技术水平，构建全面智能化共享财务云及社会化连接；进一步促进财务工作的准确性、财务辅助系统应用的多样性和全面性，建立业务处理与人工智能深度融合的"AI + 财务共享"财务管理模式，让智能票夹、智能报账、智能稽核、智能信用、智能派单、智能制证、智能税控、智能报告等应用"触手可得"。RPA的应用使得单据流转方式发生改变。这将影响财务信息的质量和及时性；影响发票、财务凭证等文件的安全性；影响财务工作运营效率提升目标的实现；决定了企业与财务共享服务中心间风险转移和职责划分；将对财务共享服务中心技术平台自动化解决方案提出要求。会计档案的存储地点会影响内外部监管、审计配合工作方式和责任主体的选择。企业流程自动化，手工软件操作替代，流程效率优化，把人从低附加值的繁重工作中解放出来。

在财务系统的传统模式下，费用审核占用财务人力多，财务工作标准化水平低，财务数据无法满足管理要求，财务人员价值发挥不充分。但由于之前一般财务系统具备一定的信息基础，可以结合企业实际情况，进一步优化现有的费控、资金及总账等系统，建设智能化财务费用控制及处理中心。

RPA系统以费用智能审核和财务RPA应用为鲜明特点，针对智能化财务共享服务平台，坚持"以客户服务为导向、以科技创新为手段、以风险管控为重点、以数据管理为核心"的建设思路，全面服务于企业财务职能的战略转型，为企业高质量发展提供优质服务

和有力保障。

RPA系统在企业已有的费控系统、资金系统和Oracle总账系统等财务管理信息系统的基础上，增加费用智能审核和财务RPA模块，建设智能化财务处理中心财务系统，提高财务服务效率，降低运营成本。

在费用智能审核的设计思路和具体流程上，需要确定的主要内容包括：①费用智能审核的主体范围，包括是否适用于总部及各级分支机构；②费用智能审核的业务范围，包括是否涵盖总公司和分支机构的费用和资本性支出；③费用智能审核的人工复核范围，包括确定各类单据在下一步操作及付款前需由财务人员进行人工复核的条件，比如总公司和分支机构超出一定金额体量的费用和资本性支出，营业外支出项目和超出额度的支出审批权，智能审核后需要退单的单据（智能审核系统需对已提交单据的全要素进行审核，并在系统中标明退单原因）；④费用智能审核的时效，包括智能审核时效的时间限定要求，以及遇到需要紧急处理的事项时，在智能审核流程中加急处理单据，支持人工派单、人工审核；⑤实物单据的流转和装订要求，以及针对上述实物单据类证据链的集中存储等安排。

常规来说，单据完成业务审批流程后进入共享任务池，处理中心员工收到经办人邮寄的纸质凭证后，将纸质粘贴单连接扫描仪，进行扫描保存并自动传至智能审核平台。智能审核平台判断单据附件信息与影像扫描附件是否一致，比对结果一致的单据可生成凭证并通过，比对结果不一致的单据则拒回经办人节点，由经办人补充缺失信息并重新提交。最后，实物单据流转至总公司财务处理中心，由财务处理中心聘用的劳务外包人员在公司财务人员的指导和监督下对会计凭证进行统一装订、归档和保存。

（二）API

应用程序接口（Application Programming Interface，API）是一些预先定义的接口（如函数、HTTP接口），或指软件系统不同组成部分衔接的约定。API用来提供应用程序与开发人员基于某软件或硬件得以访问的一组例程，而又无须访问源码，或理解内部工作机制的细节。

在日常生活中，有很多类似API的场景，比如计算机需要调用手机里的信息，这时候你会拿一根数据线将计算机与手机连接起来，计算机和手机上连接数据线的接口就是API接口。但这并非其本质，想要真正理解API，必须理解API的使用场景。不妨把API的诞生过程用一个小故事展示出来：研发人员A开发了软件A，研发人员B正在研发软件B。有一天，研发人员B想要调用软件A的部分功能来用，但是他又不想从头看一遍软件A的源码和功能实现过程，怎么办呢？研发人员A想了一个好主意：把软件A里研发人员B需要的功能打包好，写成一个函数；研发人员B按照研发人员A提供的流程，把这个函数放在软件B里，就能直接用相关功能了。其中，API就是研发人员A提供的那个函数。再如，中铁大桥科研院有一个自研的信息平台，用于管理业务数据。其面临一个问题是：尽管有信息平台，却因为系统具有独立性，数据的上传和备份需要依靠人工在Excel中来回操作，造成效率很低。由于系统的开发周期长、成本高，中铁大桥科研院将目光聚焦到现成的功能软件上。后来，其通过 API 将简道云直接插入公司数据库，可将数据自动上传至信息平台并进行统一展示；再通过 Webhook 把数据推送到服务器，实现自动备份。API 将信息平台与简道云相连在这一过程中，通过简道云配备的 API 接口，可以对接外部系统，让中铁大桥科研院不用开发，直接实现了数据自动上传、备份。

API 在财务中的应用可实现开放系统间的集成，拥有丰富的应用场景。例如，通过定义标准的 API 接口进行银企互联，实现收款、付款和对账全流程自动化处理；通过调用发票查验 API 接口，可对接税务局系统，实施发票验真、查重并返回全票面信息等。如今，银行正通过实施开放计划来遵守不断演进的银行业监管法规，从而满足客户的数字化期望，适应新的技术创新。API 正是这些措施的核心，它使金融机构能够把现有资产与最新创新技术相结合，提供与合作生态圈一起快速、高效地开发新应用程序的敏捷机制。例如，在全球百强银行中，有 92 家银行每天依靠 IBM Z 来安全处理大量交易。开发人员可以利用 API，创建和使用大量大型机数据的应用程序，而无须掌握大型机技术。在大型机上使用 API 创建金融应用程序，首先需要调用一个企业银行系统，获取客户信息、银行账户信息、信用评级等。这些 API 访问了一个使用 IBM CIC、IBM Db2、IBM Machine Learning 等应用程序的银行系统。

（三） OCR

光学字符识别（Optical Character Recognition，OCR）是通过扫描、拍照等光学输入方式将各种票据、报刊、书籍、文稿及其他印刷品的文字转化为图像信息，再利用文字识别技术将图像信息转化为可以使用的计算机输入技术。通俗地说，这是一个对文本资料的图像文件进行分析、识别和处理，获取文字及版面信息的过程，亦即对图像中的文字进行识别，并以文本的形式返回。流程是：输入图像后，由系统对图像进行预处理，然后进行文字检测和识别，并成功输出文本。

从企业可持续发展角度看，完整的财务管理系统必不可少。财务系统对企业的重要作用不言而喻，事关企业的整体发展和经济效益的提升。OCR 票据识别技术则能在财务管理中起到关键性作用。

企业需要进行多项财务操作，如财务核算、成本核算、经营分析、专项分析、现金流量表、利润统计等。而发票管理作为经营单位商品销售、营业收入的重要凭证，如何高效处理大量纸质发票，成为提升财务部门工作效率的突破口。无论是增值税专用、普通发票，还是电子发票，企业都需要完整保存。而纸质发票的弊病是不仅容易损坏、占用空间，而且不利于翻阅和查找。利用 OCR 识别技术，可以对大量发票进行有效管理。

OCR 作为人工智能的一部分，正在各领域发挥越来越重要的作用。作为 OCR 的衍生识别应用方向，发票识别与财务管理系统相结合，能扫清许多管理弊端和漏洞。例如，奥普快票通可对大量纸质发票进行扫描识别，并输出便于编辑的文档。整个识别过程平稳、快速，在保证识别精准性的同时，轻松将大量纸质发票电子化。

OCR 以软硬一体相结合的形式，保证快速扫描纸质发票，同时也保证了识别的精准性。OCR 被广泛应用于互联网领域，尤其在财务工作领域，应用场景更多。在财务单据的智能识别方面，可以实现制式单据、证照类单据和非制式单据的识别。其中，制式单据包括增值税专用发票、增值税普通发票、增值税电子发票、定额发票、火车票、出租车票、行程单等；证照类单据包括身份证、车辆行驶证、快递单、保险单、营业执照等；非制式单据包括费用清单、入库单、出库单、收货确认单、签名表、预算审批表、说明、合同协议、方案、会议培训通知、缴费通知、判决调解书、OA 签报、手工签报、竣工验收单、实物与现场照片、差旅明细表、预提单、邮件截图、报税证明等。

（四）NLP

自然语言处理（Natural Language Processing，NLP）是计算机科学领域与人工智能领域的一个重要方向。它涉及能实现人与计算机之间用自然语言进行有效通信的各种理论和方法。一句话概括就是让计算机懂得人类语言。人们在生活中不知不觉已经在使用这项技术了，如讯飞的语言输入、中英互译，Siri 的智能语音助手，甚至是无处不在的垃圾邮件防御过滤、自动语音营销推广电话等。

对于财务而言，NLP 技术比较有价值的应用领域主要包括以下 2 个：

第一，对业务人员报账涉及的业务活动进行辅助检查，看是否合理合规。有的报销人员并不熟知公司的报销制度，因此会出现一些不合规的报销内容。传统的技术手段无法分辨这种行为，必须要靠人工检查。而通过 NLP 的文本分类算法，可以较好地解决该问题。通过训练 AI 算法，可使系统理解哪些行为是违规报销事项，进而自动进行分析和预警。

第二，辅助审核商务合同，发现可疑的财务风险点。当企业取得一份合同时，财务人员会对其进行审查。一般情况下，对方会提出一些比较苛刻的要求，因此必须认真阅读每一个条款，识别合同风险。比如，对方提出的付款条件十分严苛，设置了不合理的惩罚条款，缺少重要的付款账户信息等。对于这些检查事项，原有的计算机技术是无法完成的，必须靠人工进行核查。但是有了 NLP 技术后，企业就可以对 AI 算法进行训练，经过数据标注方式，让计算机学习不同的语言模式。经过大量训练后，计算机就能帮助企业对合同文本进行检查和复核，并提出相关意见。NLP 技术可以很好地辅助财务人员审核工作中涉及文本形式的内容（报账事项、合同等），有效提高财务工作效率和质量。

（五）KG

知识图谱（Knowledge Graph/Vault，KG）本质上是语义网络，是一种基于图的数据结构，由节点（Point）和边（Edge）组成。在知识图谱中，每个节点表示现实世界中存在的"实体"，每条边为实体与实体之间的"关系"。知识图谱是关系的最有效的表示方式。通俗地讲，知识图谱就是把所有不同种类的信息（Heterogeneous Information）连接在一起而得到的一个关系网络。知识图谱提供了从"关系"的角度去分析问题的能力，其具有对知识进行学习和推理的核心能力，是实现机器认知智能化的重要基石。相较于传统数据库，KG 更擅长建立复杂的关系网络，而且具有更高的关联查询效率，可以在海量的关联关系中挖掘数据价值，并可用于对供应商关联关系的智能化管理。

企业的人、事、财、产、学、研等多个方面，都急需通过现代化的人工智能技术提高产出、降低成本和优化效率，而在当前阶段，大多数企业仅完成了基本的信息化改造。知识图谱在以下典型的企业服务场景中可以产生超出预期的效果：

第一，在营销决策中，当企业生产和销售的商品面临复杂的流通环节，如通过成千上万家多级经销批发商卖到数以百万家的终端客户时，自动汇总销售流向数据，进行营销决策，存在较大的技术难题，因为这些数据中的绝大部分是非标准数据，需要大量人工进行核对，费时耗力。另外，进行营销决策往往还需要对比竞品数据、分析消费者数据，针对业务需求对这些海量的非结构化数据进行细粒度的分析和挖掘，更是非知识图谱技术莫属。

第二，在供应链优化中，企业生产商品的过程中通常要采购各种不同的原材料、辅料和半成品等，那么如何集中采购，如何找到物美价廉的供应商，如何及时了解供应商的情况，都依赖于以知识图谱技术为基础的非标准和非结构化数据分析技术。例如，自动搜集和比对每一种原材料、辅料在各个电商和渠道中的价格和销量，自动搜集和比对招投标文档，找到行业中某款产品中标最多或价格最优的供应商，甚至将不同工厂的不同 ERP 中的原材料、辅料类别体系合并，以进行集中采购。

第三，在客户服务中，无论是在售前寻找和筛选潜在客户，还是在售中与有意向的客户进行交谈，抑或在售后对客户态度进行分析统计，都可以基于人工智能理解客户的意图。这需要根据业务场景的需求，制定与品牌和产品属性相关的知识图谱，进行细粒度的语义分析。例如，搜集各大社交论坛中的用户帖子，寻找对己方产品有潜在购买意愿的客户言语，并记录客户 ID（身份标识）；对多客服呼叫中心的电话录音或门店的店员录音进行深层语义分析，检查业务人员是否按照培训进行推销，或者检查客户的需求是否得到了满足。

第四，在产品研发中，通常需要阅读海量的专利文献、用户档案、用户评价、产品说明手册等文档，并针对其中的知识点进行查找、分析和统计。基于知识图谱技术，可以很好地实现这一点。例如，在研发新药过程中，借助知识图谱，可以定义和抽取成千上万份病历中的病人信息、用药史、服药效果、症状等知识点，并进行对比分析和统计，以此开展新药研发；在研发新保健产品过程中，可以对互联网用户反馈的信息进行分析和统计，得到细分用户群体对每一种产品功能维度的态度，以此开展用户直连制造（C2M）。

第五，在财务、税务和法务中，相关环节涉及大量专业文档处理工作，并对处理精度有着极高的要求，知识图谱和认知计算能在其中发挥重要作用。例如，快速比对客户返回的合同与己方合同模版的差异，并强调重要的改动之处；快速统计销售数据，并与进销存系统数据进行核对，计算给渠道代理商的返点，以做到及时返点；根据业务合同的内容，快速在财务系统中创建相应的财务记录，自动填写相关名目并附上证据；自动搜集政府发布的政策文件，查找符合企业的税收和扶持政策。

（六）AI

人工智能（Artificial Intelligence，AI）亦称智械、机器智能，是指由人制造出来的机器所表现出来的智能。通常人工智能是指通过普通计算机程序来呈现人类智能的技术。自动化和人工智能技术的应用，使财务部门具备了强大的数据采集能力和操作处理能力，推动业财数据的聚合、贯通和应用，促进运营方式的转型、升级和突破，实现管理的智慧化转型、技术的创新化应用、数据的生命化流动，为提高企业智能化水平和实现数字化转型奠定了基础。借助人工智能，企业可以对业务流程进行彻底的思考，或者重新对业务流程进行再设计；然后基于现代化的业务流程管理手段，打破传统职能型的业务流程组织结构，在业务流程方面，最大化地实现技术上的功能集成效应。

在人工智能背景下，企业对业务流程进行重新组合，不仅能带来全新的业务处理措施，而且能为其发展提供更多全新的机遇。企业业财想要完美融合，需要结合人工智能技术，对自动化及自然语言进行深度剖析，实现财务智能化管理，并构建财务共享平台。为了更好地进行企业财务管理，可以参考和借鉴3种做法。首先，运用智能探测器探测事件。当企业发生一笔经济业务时，智能探测器就会第一时间将其交易的时间、地点、内容及交易过程中涉及的所有经济利益等相关信息，反馈到财务信息管理共享平台，从而保证了财务信息的实效性。其次，通过数据库驱动系统控制器，将现有的财务工作与实际要求进行对比，能清楚地发现财务工作是否出现了违规现象。数据库驱动控制器会推动动态的会计信息分析处理平台开展后续工作。最后，在进行财务工作时，财务人员可以通过人工智能操作指令，将财务数据信息自动生成财务报表。利用人工智能强大的数据处理功能，可以将报表之外的图形或表格共享到财务管理平台，实现财务数据实时共享。

（七）区块链

区块链是一种使用密码学保证传输安全并由多方共同维护，能够实现数据一致存储、难以篡改、防止抵赖的记账技术，具有数据安全、分布式存储、去中心化、不可篡改、可追溯等特征。基于区块链技术的业财融合优化设计，为区块链技术在业财融合中的应用创造了有利条件，在此基础上积极探讨将区块链技术嵌入业务流程、接入信息系统、融入组织转型等优化举措，从而加强企业业财融合、实现业财一体化。利用区块链技术，把每个网络端口添加到企业内部信息收发网络中，只要分公司一发生交易，就能按照区块的模式计算并传递数据信息，只要在同一区块链条上，就能马上被识别和记录。而且再下一次发生交易时，继续记录在该链条上，一块连着一块。区块链不会增加工作量，反而能解决数据量大、数据烦琐、很难完整上传到财务共享服务中心（FSSC）等问题。

企业每项业务活动的发生，一方面根据内外部凭证及时上传至FSSC；另一方面，在区块中一个链接对应一个广播传递，直至所有信息完整无误地传递到FSSC。以销售业务为例，企业的任何一笔销售业务从接受采购申请、确认购销协议开始，被加盖时间戳广播到企业内网端口（这些端口存在于企业（集团）及其在全国各地的每个子（分）公司的财务和供产销部门，数据处在完全透明的的视角下），随着收款、发货等业务的发生，多个时间戳覆盖的多区块组成分布记账的"链条"，由此，销售业务的所有信息都能被及时、完整地记录到 FSSC。因为企业每个部门的端口都在区块链条中，所以购销合同、采购销售商品的出库单都经过相应部门的流转确认，直至 FSSC。这样 FSSC 处理业务的内容就不只局限在财务部门的费用报销、总账处理等环节，而是扩大到供应商（客户）信息管理、生产成本管理等各个方面，保证业财融合中的财务信息与业务信息一致。

区块链技术的嵌入可以解决企业在建立财务共享服务中心过程中废弃现有系统、硬件置换成本过高的问题，以及财务数据交换更迭中的不安全、不完整、不对称、缓慢等问题，提高企业会计信息自动化处理水平，加快利用财务数据进行全企业生产经营管理决策的脚步。区块链技术在财务共享服务中心的进一步应用，还需要财务人员和计算机人员共同努力，实现企业的业财融合。具体体现在如下方面：

第一，区块链技术嵌入业务流程，破解业财融合的管控难题，推动业务操作全跟踪和驱动业务流程再造。企业借助信息系统虽然可以对不同业务流程产生的业务信息进行整合和集中，但是仍然较难实现处于物流配送过程中的业务信息即时精准采集。随着物联网及5G 的普及应用，企业利用物联网可以使业务流程在配送过程中实现智能化，从而具备快速、准确采集业务信息及物流跟踪等功能。由于区块链技术具有全程可追溯、不可篡改等特点，企业在此基础上将区块链技术嵌入业务流程后，可以对每个业务流程的任何操作进行无缝监控、即时记录，打造业务信息自动采集、会计账务自动处理、业务操作即时监控的智慧业务流程。智慧业务流程可以实现对不同区域、不同位置的业务操作全程跟踪。这将让业务流程的重复环节、冗余过程无处遁形，有利于精简业务流程，乃至驱动流程再造。这一过程利用技术手段实现业务信息自动采集、加工及输出，包括输入环节、加工环节、输出环节 3 个层面的再造。其中，输入环节再造是为了简化会计信息采集工作，实现无纸化传递及自动化获取；加工环节再造是为了加快会计处理，实现从会计凭证到会计账簿、报表的自动生成；输出环节再造是为了实现企业业务分析信息自动生成及展示。

区块链技术嵌入业务流程后，企业可以实现基于区块链的分布式记账模式，所有参与方只有一套相同的公共账簿，共同维护、共同记账。任何操作节点记账权限和保管权限毫无差别，任何联系不再受限、无须授权，信息通过共识机制认可后自动传入下一个节点。业务办理完毕后，只要将业务信息及原始凭证上传至会计链，经过加工即可完成区块记账行为。这样可以减少流程节点、控制沟通接口，从而严格控制业务流程在沟通中来回往复，减轻业务部门与财务部门的沟通难度，大幅提升财务工作效率。此外，在区块链上，每发生一项业务，每完成一次记账，都会产生一个区块，同时盖上时间戳并按时间排序。时间戳是一段完整的、可验证的数据，表示在某个特定时间点存在的数据，一旦出现恶意篡改行为，很快会被系统检测到，从而确保记账行为的真实性、准确性。

第二，区块链技术接入信息系统，突破业财融合的信息瓶颈。普及区块链应用，拓宽业财数据边界，是为了适应不同应用场景和需求。区块链根据参与方式、范围不同，可分为公有链、联盟链、私有链 3 种类型。企业利用公有链或联盟链等区块链技术，将内部信息系统与其他企业信息系统无缝连接、互通彼此，拓宽业务数据边界。企业既可以对内打通会计与业务的流程通道，加大会计与业务的信息整合，又可以对外延伸至外部价值链条，实现与外部供应商及其他利益相关者的信息共享。区块链内的各家企业在交易时，可将原始交易信息通过区块链节点直接更新至在线公共账本，实现企业与外部交易数据共享。这样既有利于掌握更多的外部业务信息，又可为客观评价业务部门提供数据支持。企业普及区块链应用后，任何业务操作都可在区块链节点保留交易信息等各类数据且数据不可篡改，数据分散地存储在网络中的各个角落。财务人员获得授权后，便可在计算机终端查询交易数据，无须与业务部门进行业务事项沟通，也不必与业务部门核对业务信息。

区块链加密技术有助于保证业财数据安全。根据区块链加密技术特点，区块链的隐私保护包括2个方向：一是传输网络的隐私保护；二是交易、内容的隐私保护。其中，传输网络的隐私保护通过阻止攻击者依据发现网络拓扑而获得身份隐私信息，将区块链运行在具有隐私保护特性的网络上；对于交易、内容的隐私保护，既有以混币、环签名、零知识证明等针对交易的隐私保护，又有以同态加密和安全多方计算等针对内容的隐私保护。此外，利用区块链加密技术和密码学算法，可以实现数字签名功能，既确保交易的安全性，又避免产生经济纠纷。因此，企业在信息系统中引入区块链技术，不仅能保证数据传输的安全性，而且有利于分清业务部门和财务部门对信息准确性、完整性的责任界定。

第三，区块链技术融入组织转型，重塑业财融合的信任基础。财务部门通过基于区块链技术的信息系统，可以第一时间掌握业务信息并提供决策支持，将实现财务部门与业务部门协同配合、互相支持，大大拉近彼此的距离。业务部门和财务部门不再是监管关系而是协同关系，信任问题得到有效解决，信任基础得以重塑。

（1）人人记账模式。推动业财人员融合与复式记账模式"一人记账、专人处理"的做法不同，分布式记账实现了账务处理去中心化，将核算节点由后端的财务节点移至前端的业务环节。在分布式记账模下，将实行"人人记账、众人协同"的做法，每个业务经办只要经过确认，就可以取得记账资格，履行记账职责。业务经办经过实名认证后成为分类账簿对应节点用户，通过必要的培训掌握基础财务知识，就可以既干业务又记账。若企业同步引入财务共享模式，员工既要通晓业务又要了解财务，将实现财务管控与业务运行的有机结合和紧密互动。这样既可以从业务部门的思维模式出发，持续优化业务流程，又可以积极探索业财联席会议、业财项目合作等沟通机制，创新财务驻点保障、相互挂职、岗位轮换等流动机制。

（2）智慧合约应用。建立业财信任基础的智能合约是以信息化方式传播、验证或执行合同的计算机协议。企业将区块链应用于智慧合约后，可以将基于合约规则的业务条款嵌入交易数据库并强制执行，无须经过第三方认证就可以自动完成任何约定交易，同时交易可追踪但不可逆转。企业在对外交易中推广智能合约应用，既可有效提高交易效率、节约交易成本，又可减少为了控制外部交易风险而增加的业务部门与财务部门间的沟通成本，从而有利于巩固业财信任基础。此外，智能合约的内容确定后就无法更改，将让"匿名信用"成为现实，无须进行信用调查。企业以区块链为平台，可以解决征信问题，不必通过金融机构,直接向资本市场融资,从而实现去中心化的筹资行为,不仅能缩短筹资时间、降低筹资成本,而且能大幅减轻财务部门进行融资尽职调查时给业务部门带来的额外负担。基于区块链的智慧合约应用,借助匿名信用、自动交易等功能,可大大减少财务部门在外部交易、融投资等业务上对业务部门的风控监管,有利于增进财务部门与业务部门的信任基础。

(八) 电子商务与ERP

协同财务信息系统不仅协同和集成企业内部的业务处理功能及业务范围,而且协同和集成企业外部客户、供应商及合作伙伴等相关业务处理功能及业务范围,构成扩展的协同会计集成功能。这些扩展功能包括供应链动态规划的财务业务、EDI(电子数据交换)系统及虚拟企业的会计业务等的账务处理及财务分析。虚拟企业是指能迅速聚合生成、形成核心竞争力的组织。它的生命周期可用5个阶段表示:市场机会识别、伙伴识别、虚拟企业生成、虚拟企业运作、虚拟企业终结。在虚拟企业的全生命周期中,都需要财务信息系统提供相应的财务业务功能支持,否则它将无法运作。事实上,虚拟企业是网络技术支持下的电子商务组织,其运作基础是协同财务信息系统。虚拟企业将是协同电子商务时代企业的主要组织形式,因此,虚拟企业的账务处理及财务分析等成为协同财务信息系统的核心功能之一。

在协同ERP的电子商务业务环境中,业务活动交易数据格式是依据国际标准而定的,具有及时、完整、一致、安全、保密、数字认证及数字签名等特点,这就为会计业务流程的自动化提供了充分而又必要的条件。协同ERP中,财务信息系统中的账务系统可依据电子商务的标准数据直接产生各种会计数据,如凭证、账簿和报表,从而实现会计业务流程的协同自动化。这将使传统的计算机账务系统中的会计凭证输入、会计凭证审核及记账等基本功能消失,引起会计业务流程重组(BPR)。BPR是会计业务流程自动化的客观要求,通过BPR将产生许多新的会计业务功能,同时生成的会计信息更趋于标准化、国际化、合理化及合法化,更加可靠、及时、准确及完整,使会计信息成为真正"诚实"的国际商业语言。

线性方式查阅,主要实现事后财务报告功能。超媒体技术是管理多媒体数据的有效工具,具有非线性检索功能,可提供导航式的阅读方法,十分适合于人的自然阅读思维。多媒体是集声、图、文为一体的自然信息。协同ERP中,财务信息系统将广泛使用超媒体技术及多媒体信息表达会计报表,使会计报表呈现多样化、复合化特征;同时,协同电子商务时代的网络实时经济、在线商务、会计业务流程自动化使会计报表信息实时化。会计报表多样化、复合化、实时化,使其可用文字描述财务信息,实现声音报警、图形控制分析;可实现事前财务预测、报表模拟,事中财务指标控制,事后标准财务报告生成,并提供事后层层深入的分析功能。超媒体与多媒体技术的应用,可形成随想可见、可见即可得的详细财务信息;互联网技术的应用,使得会计报表使用者无论身处何地,只要其拥有使用权限,便可通过Internet Web随地查询和获得所需的财务报告信息。会计软件可随时、随地、随想提供财务报告的功能在互联网时代变成了现实，使协同 ERP 中的财务系统成为真正体现"以人为本"理念的系统。

（九）影像管理及微服务

影像管理在平台功能扩展过程中，可以上线使用影像系统。系统通过信息化手段解决流程审批及业务核算过程中原始凭证查阅、集中审核问题，实现无纸化办公，有效支撑企业经营运转。满足报账过程中影像流、数据流支撑及电子档案管理的需求，包括影像扫描与采集、影像任务管理、影像审批任务管理、影像存储与调阅、图片处理及 OCR 识别、影像安全管理等。满足影像扫描与采集、影像任务管理，可进行影像创建、调整、暂挂、取消等操作；满足影像审批任务管理、影像存储与调阅、图片处理及 OCR 识别、影像安全管理，可实现权限管理、传输加密、数据备份等。通过与移动终端等系统对接，进行统一登录验证，实现移动化办公；与报账平台、税务系统、核算系统、扫描软件进行对接，实现单据处理流程的在线数字化；通过与电子档案管理系统对接，实现发票、单据的归档等。财务集成系统影像管理路径见图 4-8。

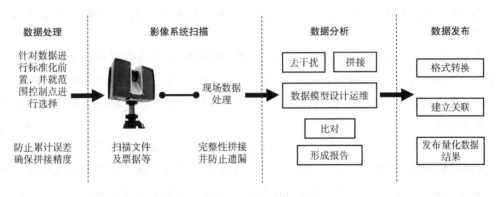

图 4-8　财务集成系统影像管理路径

微服务，或称微服务架构，是一种云原生架构方法，其中单个应用程序由许多松散耦合且可独立部署的较小组件或服务组成。其通过服务实现应用的组件化，围绕业务能力组织服务，是产品而非项目模式，具有智能端点与管道扁平化、"去中心化"治理、"去中心化"数据管理、基础设施自动化、故障处理设计、演进式设计等功能，呈现边界清晰、独立技术、独立部署、独立升级、按需扩展等特征。

传统单体应用程序的代码库庞大、复杂、不灵活，使用时间越长、内外部连接越多，维护和操作越困难。微服务架构将一个大而庞杂的信息系统拆分成多个小应用程序，每一项成熟的财务能力都可以独立成一项微服务，每项微服务具有独立的可扩展性、可升级性；微服务间实现资源和故障的隔离，确保系统稳定和安全；每项微服务的开发语言都可以不同，开发人员可以独立、快速地完成服务升级发布流程。微服务架构具有"利旧性"，可在企业已有系统的基础上独立、个性化地部署新的功能模块；各功能模块可进行积木式组合，适配不同行业、不同规模的企业财务发展特点，同时可通过接口平台实现全面连接。

三、企业财务集成路径

(一) 财务集成顶层架构通路

通过财务系统的集成，企业可以实现业务流程与财务数据的全面贯通。财务集成实现对企业业务的系统支持。从业务中台和财务中台支持财务集成功能的实现来说，集成平台应用需要嵌套与共享平台相关的必要的子系统。

因此，在财务集成模式下，必要的子系统是集成运营的核心。财务至少需要将财务数据中台系统、ERP 核算系统、合并报表管理系统、资金管控系统、财务服务中心系统等进行集成和组合，并借助中台的数字化赋能和标准化赋能，完整地整合业财的流程和数据。同时，针对财务集成的标准化模块的应用，系统需要打通平台和接口。

这些基本的集成功能使得企业在业务表单、财务凭证、财务报表层面形成有效协同，报账业务、资金业务、税务业务也可以同步关联。因此，传统的 ERP 系统也可以实现数据自动读取，生成相关会计凭证和财务报表，并基于关联的作用，实现财务汇总和分析支持功能。

就财务集成功能中最基础的核算功能来说，财务核算系统主要依靠 ERP 系统实现。财务 ERP 是基于信息技术的企业资源计划系统。在财务各项功能实现方面，财务模块化分工后，通过财务 ERP 系统进行信息系统支持，将标准化共享中心模块智能化，有助于达到财务集成效果。具体如下：

(1) 会计核算。ERP 系统通过自动生成相关的票据凭证、多维度储存和提取数据、快速便捷地核对财务信息等方式，解决了会计核算效率不高问题，通过标准化流程，减少重复性数据输入，避免了中间环节数据的失真、遗漏，确保了会计核算结果的准确性、可靠性。

(2) 财务预测。ERP 系统通过内置的多种财务预测模型，可以基于历史数据和实时动态数据等，对企业的市场环境、财务状况、资金需求、成本投入、收入利润等进行预测，并得出模拟结果，帮助企业管理者做出贴合未来运营状况的科学的管理决策。

(3) 成本控制。ERP 系统具有详细的订单成本结算操作规范流程，能够对系统中订单成本数据进行实时动态更新与比对分析，强化对订单与项目的成本监督管控，确保及时发现成本支出异常情况，保障企业各项业务活动得到高效有序执行。

(4) 资金管理。ERP 系统能准确核实资产增减变化，通过盘活存量、控制增量，融合实物资产管理与资金管理，全面提升企业资产管理的综合效益。

(5) 流程再造和优化。ERP 系统能够对企业的业务流程进行再造和优化，规范企业人员的各项业务工作行为。同时，ERP 系统中更加扁平化的组织管理模式显著提升了企业对市场环境及需求变化的反应速度，提高了组织运行的效率。

(6) 财务报表编制。ERP 系统可以随时使用报表自动生成和核对功能，得出企业的月度、季度及年度报表，减轻企业财务管理人员的报表编制负担，减少报表编制成本，提高报表的编制质量，使企业财务管理人员更加深入地开展财务报表分析和财务管理工作。

因此，财务集成系统基于 ERP 模式，将合并报表管理系统、资金管控系统和远程财务服务系统进行集成，针对共享平台进行融合，包括建立完整的流程和数据整合的应用软件。系统借助企业数字化的标准进程，通过建立完整的流程和数据整合的应用软件加强管控力度，实现基于中台逻辑的管控一体化，其中包括数据标准化下的核算一体化、流程一体化，以及由此实现的决策可视化、智能化。财务中台系统的集成模式见图 4-9。

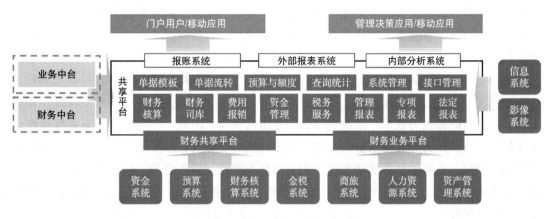

图 4-9　财务中台系统的集成模式

面对共享中心各个关键系统和模块的不断优化，每个模块的功能也需要不断完善接口标准和内容设计，落实基本功能和新增功能，改进接口和功能性。通过外部应用程序的链接，与外部门户用户等建立采购、营销等集成关系，实现采购及销售业务与财务的系统关联。因此，财务集成的过程就是针对业务中台支撑的业务前台合同系统构建第一层集成关系，在财务端口及时获取合同信息，包括付款条件和付款时间节点等信息。财务集成实现的共享平台与核算系统通过标准接口集成，解决企业在资金平台的收支集成问题，实现付款指令推送与反向获取收款信息，包括双向资金收支等关键信息。

财务中台系统通过信息系统和影像系统的集成，实现数字化影像的存储、调阅及凭证绑定，进行财务管理相关查阅，在财务集成平台中嵌套影像关联、系统派工等功能，实现财务智能化，解决上述流程效率分析报告的智能化编制问题；通过平台同步费用项目校验预算的检查，实现外部链接资金系统付款回执信息的直联和影像关联智联，锁定收支款中的关键信息，包括但不限于付款账号、付款人名称、付款金额、付款时间、付款状态等，有助于企业实施智能化财务管理和审核分析，并解决检查、审计等智能化比对纠错问题。

在财务集成模式上，针对购销业务，还可以进行税企直联，或设置相关接口，以此实现与税务机关发票信息直联和传输，做到实时真伪查验、防重校验、进项税处理、发票校验、进度校验等，激活企业财务共享平台的采购、销售、成本等相关应用子模块，实现间接校验等功能。

财务中台系统通过报销和财务共享服务的 ERP 接口实现企业票据及服务器的完整设

计；通过 ERP 系统的不断迭代和升级，优化影像服务和真伪识别认证过程、发票管控过程，进而实现采集自动化、核算自动化和档案无纸化。扫描、链接、提请全流程的落地可以促进以员工为主体的电子化方案的有效实施，最终实现发票真伪辨别和批量处理，减少重复性操作，节约人工成本，提升财务工作效率。

财务集成模式改变了费用报销模式。首先，普通员工可通过移动设备和基于网络的应用程序进行自动化操作。在审批环节，财务集成模式通过移动审批、自助查询方式，实现费用报销额度审批和业务性质审批，减少了过往发票验真和金额审核的重复性工作。报销体量大且重复性较高的人力密集型企业，还可以通过直联外部商旅平台，解决个人垫资和贴票问题。其次，审批者通过线上影像系统开展业务、财务审批工作，直接查看和比对影像材料就能处理所有业务。同时，基于系统存储的线上模式，审批者可随时随地登录系统，查阅信息并给出新的批准意见。最后，财务人员针对审核完成的业务，可自动创建支付指令，同步完成会计凭证；还能借助税务系统和发票 OCR 技术，完成发票验真、防重手续，节约时间和人力成本，系统地降低企业运营风险。因此，在将财务信息系统标准化和模块化之后，可再将其前端前置，包括费用补贴、商旅支持及采购支持，还可以做到直接关联。同时，在其他日常活动方面，如交通票务预订、费用管理、费用报表编制、企业审核及采购过程中，可以实现关联审批和业务落地，并在运行过程中追溯留痕，不断修正、转化和优化。

财务集成模式使得企业的数据标准化处在业务前台数据标准化和复用模式之下，其财务数据的沉淀、积累、分类、复用成为可能。在数据中台的赋能之下，企业财务部门记录的财务数据从汇总集成式的规范记录不断拓展到企业业务经营管理数据的挖掘和盘活。

财务集成模式通过数字化套件的持续应用，将数字化转型过程中的应用嵌套进智能管理会计及智能数据分析，再结合企业应用的管理平台（如数据库、云数据库、多维数据库），实现公有云、私有云、公私混合云基础设施的搭建，加大了智能管理会计的转化力度。如果说智能共享的服务和转化未进行有效模块化将很难搭建，那么基于数字化和模块化进行搭建，将智能管理会计嵌套关联进来后，能解决业务和财务的通路问题。这种一体化方式提升了管理效率，结合企业本身的商旅、费用报销、发票及内生式管理报表的问题，再将其嵌套进数字化转型过程，使得管理效果持续提升。在此之后，可以看到企业云服务的 PaaS 平台融合底层能力的微服务化过程，不断推动企业数字化财务管理的有效转化。

在此基础上，企业可以做一次更深入的迭代，即智能财务的扩展。除了商旅与供应商及销售商协同逻辑，还可以将单证、会计、流程、规则、知识用有效的方式嵌入财务机器人，包括 RPA。通过共享云服务，将员工、订单、凭证等依据分级授权逻辑，全部嵌套进财务共享服务中心。因此，业到财一体化实际上是一个先从主业到主辅业，再到发票、报销、报表等向智能化扩展、内生式提升效率的不断迭代的过程。这就形成了数字化业务逻辑下财务反哺业务并引导和支撑业务落地的良好平台，同时也解决了大量效率和效能不高的问题。

在费用层面,除了智能商旅,还可以通过集成,将人力从费用审核中解放出来,实现费用智能审核。

智能审核平台将企业内部规范化、标准化的审核规则写入系统,系统后台自动对同一个单据的所有信息进行汇总,自动完成比对。费用智能审核的内容包括:①报销单信息审核,审核报销单头信息和行信息,相关信息描述是否符合公司要求,是否符合交叉验证规则;②报销单信息与原始单据信息校验,支持报销单信息与原始单据信息的内控审核校验,如产品段与费用项目、增值税抵扣用途类型相互校验,费用类型与附件信息、产品段相互校验;③粘贴单规范审核,审核粘贴单规范要求,如粘贴位置顺序、报销单金额与单据张数等;④附件完整性审核,审核每类单据入账所需附件类型是否完整;⑤报销时效审核,审核报销时间是否在公司要求范围内;⑥原始单据真实性审核,审核所有单据的原始凭证,如发票、合同、清单、说明、签报等信息的真实性;⑦内控审核,审核各类事项是符合公司内部要求,如差旅标准、会议标准等;⑧合规性审核,审核各类事项是否合规合法,如发票抬头税号、支付方发票开具方合同方是否一致等;⑨合理性审核,审核各类事项的合理性,如会议人均成本、餐费人均费用等;⑩付款审核,审核支付事项的一致性和公司内部要求,如收款方与原始单据信息一致性,支付金额与发票、清单、合同金额的一致性,对私付款金额要求等;⑪各类专项审核,涉及供应商审核、费用摊销审核等;⑫发票验真和查重,满足智能化审核需求,实现纸质或电子增值税专票及普票验真功能,以及增值税专票及普票的发票连号提示及发票查重。

在实现上述功能的过程中,需要针对费用智能审核设定规则引擎。规则引擎包括:①根据不同企业的实际情况,制定企业《费用报销管理办法》《费用报销指引》《差旅费管理办法》《招待费管理办法》《广告宣传费管理办法》《租车管理办法》《劳务人员管理办法》《会议管理办法》等财务管理规章制度,要求费用标准具体设定与智能审核具体规则完成嵌套;②规则运维优化及路径设置,规则配置模块支持现有规则调整,也支持新增规则和规则取消;③差异化标准配置,在企业的政策范围内,对不同机构配置不同的费用报销标准,如对不同地市、县支机构出差补助标准可以设置不同的标准。这些规则引擎决定了支持转化的有效性。

为满足智能化审核需求,优化前端的部分报销单据,智能审核平台通过 OCR 的自我学习功能,将出入库单、会议签到表、出差审批单等常用附件作为制式单据进行自动识别,提高识别效率和准确性。智能审核平台采取监控仪表盘的可视化模式,使管理者通过仪表盘直观监测单据审核质量,并出具相应管理报表。仪表盘监控可精确到各级报销单元某时期的单据审核情况,供各级使用者掌握、分析和管理,大幅提升管理效率。借助"发票自动验真"功能,智能审核平台可在报销人上传单据图像后,通过 OCR 扫描报销单图像,提取关键信息,一键生成需填列的大部分报销单据信息,如报销部门、报销时间、费用科目、报销金额、发票信息等,大幅提升报销效率和报销体验。智能审核平台通过税企智联系统,实现与税务平台的对接,在费控系统内对增值税专票、普票、电子发票等绝大部分报销票据进行自动验真,并返回验真结果,无须报销人进行额外操作,从而提高报销效率，最大限度地保证发票合规合法。智能审核平台借助"辅助审核"功能，发现在费用审批节点可能发生的风险，以弹窗形式向审批人进行提示，在审核过程中把握风险。针对数字化赋能的模式标准化系统接口，智能审核平台通过与费控系统对接，实现与资金系统、总账系统的连接。智能审核平台通过建立稽核机制，对经智能审核、支付后的单据，定期进行人工稽核、审查，确保识别报销中的全部风险，同时校验智能审核的规则引擎是否全面、正确。

通过财务集成模式，企业实现了财务与业务全面、系统的连接，为之后打造数字化赋能企业、实现数智化转型打下了基础。借助数字中台，尤其是财务云数字中台的支撑，企业财务可以快速植入商业智能与数据分析功能，实现全流程系统支撑、全系统自动连接、全信息智能采集、全场景数据洞察，促进财务运营方式的转型、升级和迭代。

（二）财务集成架构模块方案

财务集成架构模块化的逻辑在于借助网络、数据库、管理软件平台等信息技术形成财务集成管理，具有跨地域、跨主体、多业务流程、多核算流程、多管理流程的复杂性特征。而财务集成实现总部信息高度集中管理、高效处理财务流程、将会计服务职能系统地体现出来的关键，是将财务功能进行模块化分拆。针对分拆的模块，按重要性、重复性、业务转化难易等进行标准化定义和解读，并针对模块打造标准接口，实现财务系统的一体化管控。

将财务功能分解成若干模块时，需要制定基础操作标准并内嵌在各专业模块中，再按照管理要求和流程化排序将各模块形成规范的工作流。实现财务集成架构模块化，是推动财务价值创造型一体化管控体系落地的有效手段。

企业财务集成共享支持前台与后台模块化过程见图4-10。

财务集成带来的效果是财务核算集中化，通过模块化分解和集中，以及发挥各个模块的功能优势，实现财务管理专业化，最终推动以市场为导向的企业财务和业务一体化。因此，财务集成的效果最终可以驱使企业往"战略决策支持、核算集成服务、共享服务与业务支持"的格局和方向发展。

财务活动向业务部门延伸，提供财务分析和预算管理等经营决策支持服务。从这个层面来说，通过财务集中，借助财务集中架构模块化，企业可实现核算及管控的标准化作业，进行端到端的内部控制管控和流程管理，达到降本增效的效果，提升财务针为公司战略的支持服务的有效性。这也侧面为财务人员提供了全新的发展机会，合理化并最大化利用企业资源。

财务集成除可以支持财务管理为企业战略赋能，还可以推动财务从核算型向管理型、战略型转变。而财务集成的支持系统需要分解各个子系统，并按系统支持逻辑进行模块化、标准化转换。因此，基于业务一体化和业务平台标准化，借助中台系统实现标准化链接，财务集成可以高效推动决策、控制、执行的落地。

模块化的关键在于财务中台输出标准，建立复用通路。因此，针对集成模块化的标准

第四章
业到财，一体化：财务集成与共享

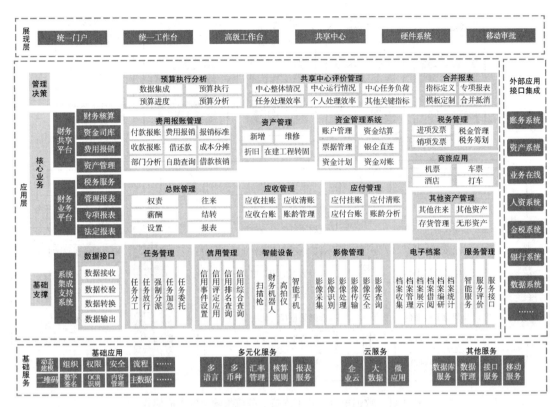

图4-10 企业财务集成共享支持前台与后台模块化

化至关重要。财务层面，涉及资产、损益各个系统模块，包括科目、政策、制度、流程等各类模块。标准化层面，需要做好数字化转型、智能管理、数据分析、税务共享、采购共享、人工智能应用、智能管理会计运行、智能会计决策分析、全面预算、报表合并、智能数据分析、专项分析及稽核、智能交互式分析等工作。

数据中台模式下支持财务成果输出的集成模式见图4-11。

财务集成模式通过集中化、标准化和端到端的流程管理，低成本、高效率地为全公司服务。在财务通过集成化服务给各项业务和客户等提供最佳体验的过程中，可以实现整合企业分散、重复的业务，利用先进的信息技术提升财务服务效率和有效性，实现财务集成和共享服务为业务赋能的转换，也为业务单位提供足够的后台支撑数据和基础处理数据。在确保财务部门和财务人员高绩效、高标准提供财务价值输出的过程中，基于科技赋能，在打造虚拟财务社区方面还可以做系统接口。

针对财务共享平台的财务核算及整理服务模块，企业可以推动平台间交易的核算标准化，并借助财务软件系统和其他费用报销、业务申请系统等所有底层支持系统，统一项目编码、统一成本中心、统一利润中心等各类核心数据，统一集团会计科目，实现业务凭证自动生成、单体报表和合并报表实时生成；进行跨地域、跨会计主体的实时核算，可统一关账、编制报表和分析报告。

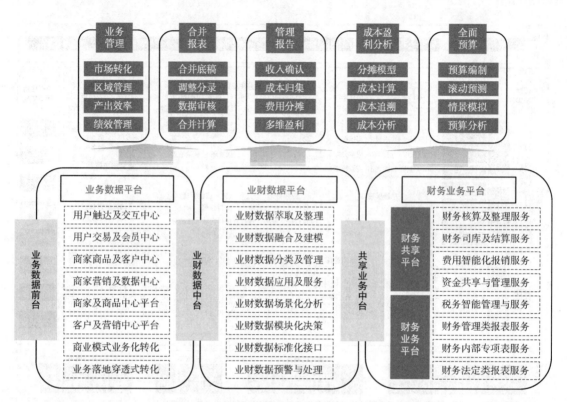

图 4-11 数据中台模式下支持财务成果输出的集成模式

针对全面预算的应用层面，企业可以推动预算系统和应用商业智能（BI）系统运行。预算系统以各类预算（财务预算、项目预算、资金计划等）指标体系为基础，以预算模型为核心，以分析控制为目标，对全面预算的编制、分解、执行、控制、预测、分析等进行闭环管理，形成贯穿一线的畅通垂直体系。应用商业智能系统，能够进行关键指标预算和实际发生的差异分析、收入分析、费用分析、利润分析、财务报表分析等，将分析结果以丰富的报表方式或图形方式展现，充分发挥预算管理的决策支持作用，为企业决策层和各级管理层提供适时、高效的辅助决策信息。

针对费用智能化报销服务模块，企业可以推动费控系统运行，搭建在线报销平台，实现管理项目预算、年度费用预算的编制和执行，对费用进行有效控制，并通过与专业资金管理系统的集成，实现银企直联下的网上支付。企业可以借助费控支付系统进行标准统一、人控变机控、无纸化流转的多语言付款管理。企业能在业务付款审核时自动实现资金余额控制和资金计划控制，在费用报销时完成预算额度控制和费用标准控制。

针对资金共享与管理服务模块，企业可以实施账户管理、银企直连、资金拨付、资金计划、投资管理等，包括建立业务虚拟账户，支持业务资金内部计息考核，激励业务部门提前做好资金计划，合理规划资金用途。企业可以针对性地在信息系统中设置关联或虚拟账户，对每个项目的收支情况进行精细化管理，实时掌握项目的资金余额，并根据项目资金的盈余或短缺状况，按日自动计算项目应享有的资金收益或应承担的资金成本，从而提升项目核算精度，强化项目资金成本意识，降低项目资金风险。

针对财务业务平台的税务智能管理服务模块，企业借助金税平台和业务系统的集成，打通税务数据与交易的关联，提升开票速度，保证销项发票信息和进项发票信息与账务的实时关联，使出口退税信息实时与海关保持一致，提高出口退税的申报效率，实现集团内税务业务的一体化申报、处理及税收筹划、税务风险的一体化管控。

第二节　财务集成之财务共享

一、财务共享服务的概念与内涵

（一）财务共享服务中心

共享服务虽然覆盖企业多个业务领域，但是由于财务流程标准化程度高、集中度高、信息化建设水平高，因此，共享服务最常见的应用场景就是财务领域，也就是财务共享服务中心（Finance Shared Service Center，FSSC）。

财务共享服务中心将企业财务业务集中起来，并对重复性高、易于标准化的财务业务进行流程再造，实现业务的标准化、流程化复用，通过集中区域来完成财务标准化任务。财务共享服务中心可以处理财务报表涵盖的各类业务，从而形成降低成本、提升客户满意度、改进服务质量、提升业务处理效率、达成企业目标的作业管理模式。这其中，财务的标准化是共享服务的前置条件，而共享服务是财务转型的首要条件，提供了财务转型的三大基础，见图4-12。

国际财务共享服务管理协会（IFSS）对财务共享服务进行了定义。财务共享服务是指依托信息技术，以财务业务流程处理为基础，以优化组织结构、规范流程、提升流程效率、降低运营成本或创造价值为目的，从市场视角为内外部客户提供专业化生产服务的分布式管理模式。

财务共享服务中心体现了业财融合思维，是企业数据中台思想落地的重要手段。财务共享服务中心除了具备财务电子化、财务线上化功能，在增值赋能的财务工厂化的顶层思维下，还能实现实物影像化、管控智能化、运营可视化、服务价值化。财务共享服务中心打破了地域、层级的限制，将分散的重复性会计业务进行集中、沉淀、优化，通过标准化分类、整合等一揽子转化实现标准化输出和快速迭代；充分、彻底地将数据中台的集成逻辑和特征做了财务端口的输出，进而使企业通过全员财务、实时管控达到降本、提质、增效的目标。

企业财务共享服务中心服务新闭环路径见图4-13。

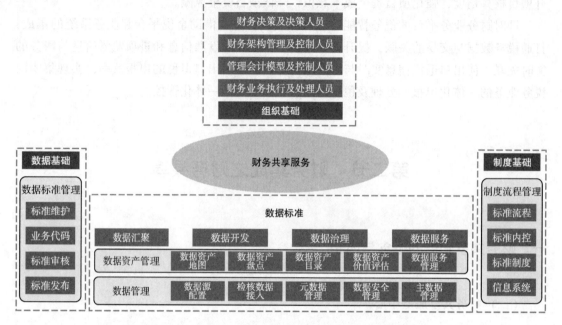

图 4-12 企业财务三大基础标准化推动财务共享服务转型

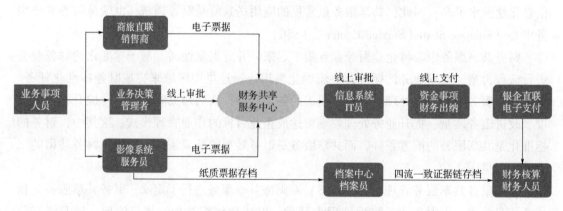

图 4-13 企业财务共享服务中心服务新闭环路径

从财务共享服务中心的发展角度来说,企业财务共享服务中心的新业务闭环路径是通过建立基于运营数据的运营管理体系,以及数据分析,对共享中心的整体运营管理进行调整与持续优化升级。财务共享服务中心形成的任务池模式可以驱动其方便、快捷地获取账务处理任务,解决管理者业务决策的线上审批问题。无论商旅直联还是纸质凭证,都可以通过影像系统扫描上线,实现业务与支持材料清单的关联,使输入匹配、输出标准化。通过信息系统和银企直联实现电子支付和财务核算,一方面解决了凭证分录动态生成问题,另一方面解决了集中存档和业务的"合同流、审批流、发票流、资金流"匹配稽核问题。

此外,通过系统化内控规则和标准化的业务模式,企业可实现档案集中、业务集中、审核集中、附件清单等证据链材料集中,从而简化人工判断程序。

(二) 财务共享价值

建设财务共享服务中心,可以帮助企业进一步从战略、价值、质量、效率和风险角度全面提升管理水平,给企业带来诸多效益,见图4-14。

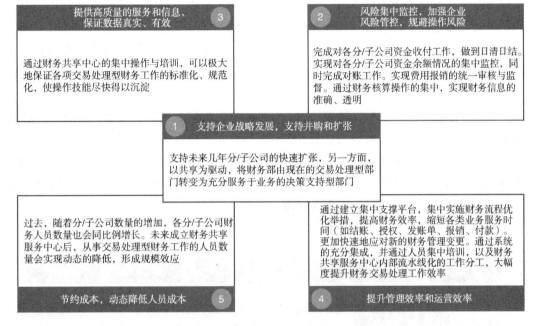

图4-14 财务共享服务中心建设带来的效益

一是支持企业战略发展,支持并购和扩张。通过组建一个通用的标准化组织,可以较快适应集团内部业务规模的变化,如并购、重组等。另外,可以让大量财务人员从以往重复的环节中抽离出来,使他们更加专注于高质量工作。

二是风险集中监控,加强企业风险管控,规避操作风险。通过标准化和规范化,以及人员的集中管理,在核算集中化的基础上有效减少、控制操作违规现象。财务共享服务中心直接向总部汇报,严格执行公司各项制度,能够提高业务操作的准确性、及时性和真实性,增加数据透明性。

三是提供高质量的服务和信息,保证数据真实、有效。由于缺乏某些具有特殊专业技能的人才,可以通过财务共享服务中心使整个企业综合利用人才,更充分地发挥其价值;通过集中管理会计人员,对其进行集中培训,进行流水线操作分工,减少错误率,提高决策所需的财务信息的质量。

四是提升管理效率和运营效率。通过建立集中支撑平台,实施财务流程优化举措,提高财务效率,缩短各类业务服务时间(如结账、授权、发账单、报销、付款),快速应对新的财务管理变更。

五是节约成本,动态降低人员成本。通过人员和组织集中实现规模效应,减少对人员的需求,达到节约成本的效果;通过优化流程,引入先进的业务实践经验,提高劳动生产率,节约成本。

二、财务共享升级演进

财务共享设计框架组建方案的关键模块包括组织、流程、系统和管理。财务共享实施阶段的关键要素包括组织人员、流程制度、信息系统和综合资源。

财务共享服务的主要业务是会计政策管理、会计核算、资金结算、财务报表编制、会计档案管理、财务核算数据提供等;总体目标是做到一体、柔性、高效,达到核算共享、资金共享、税务共享、信息共享。

财务共享服务中心建立后,管理者所面临的最紧迫的问题是如何有序、有效地减轻变革带来的业务压力。这时,财务共享服务中心必须立足于提升自身管理水平,迅速建立起完备的绩效管理体系,从而提高业务处理效率,提升会计信息质量,节约组织人力成本,满足内部客户需要。绩效管理是财务共享服务中心不断提升和优化的动力,是体现财务共享服务中心价值及实现上述目标的重要保障。

企业财务共享服务中心主要功能系统模块集成见图4-15。

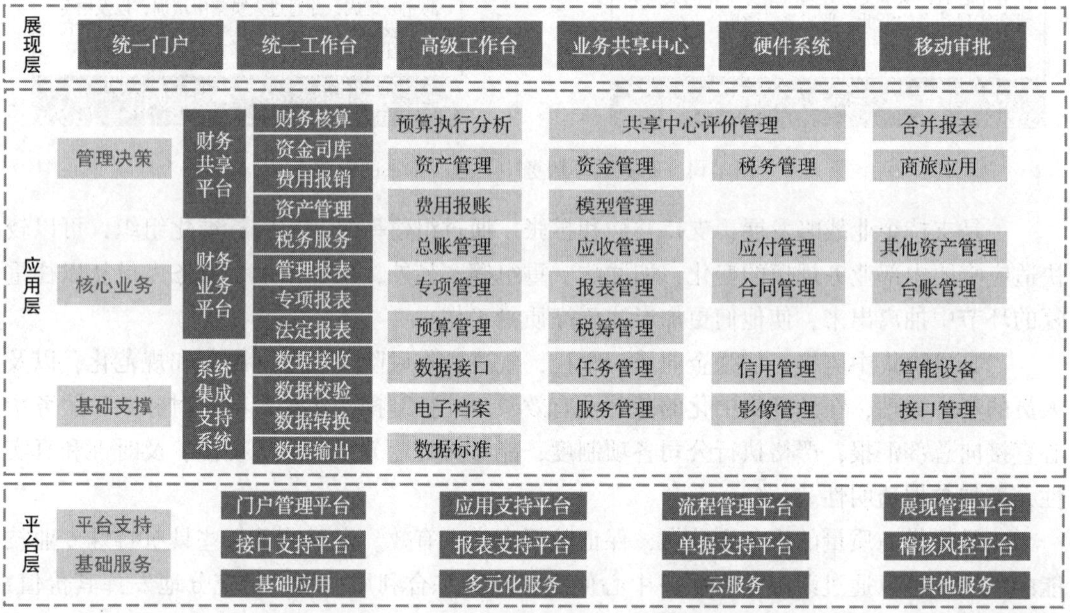

展现层		统一门户	统一工作台	高级工作台	业务共享中心	硬件系统	移动审批
应用层	管理决策	财务共享平台	财务核算 资金司库 费用报销 资产管理	预算执行分析 资产管理 费用报账	共享中心评价管理 资金管理 模型管理	税务管理	合并报表 商旅应用
	核心业务	财务业务平台	税务服务 管理报表 专项报表 法定报表	总账管理 专项管理 预算管理	应收管理 报表管理 税筹管理	应付管理 合同管理	其他资产管理 台账管理
	基础支撑	系统集成支持系统	数据接收 数据校验 数据转换 数据输出	数据接口 电子档案 数据标准	任务管理 服务管理	信用管理 影像管理	智能设备 接口管理
平台层	平台支持 基础服务		门户管理平台 接口支持平台 基础应用	应用支持平台 报表支持平台 多元化服务	流程管理平台 单据支持平台 云服务	展现管理平台 稽核风控平台 其他服务	

图4-15 企业财务共享服务中心主要功能系统模块集成

财务共享服务是基于财务中台赋能的财务数据中心功能,是对重复性高、易于标准化的财务业务进行统一处理,本质上是观念、组织、人员、流程、系统的再造。财务共享服务中心统一标准化作业流程,统一输出财务数据,统一对数据逻辑进行拆分分类、整理整合,形成了会计业务运作中心、财务数据转化中心、财务服务成果中心的集成。财务共享服务中心的数据中台赋能逻辑和迭代逻辑,使其具有信息科技属性,可以有效支撑企业类似数据中台的输出，推动流程向科学化、精简化方向迭代。

财务共享服务中心发展趋势见图4-16。

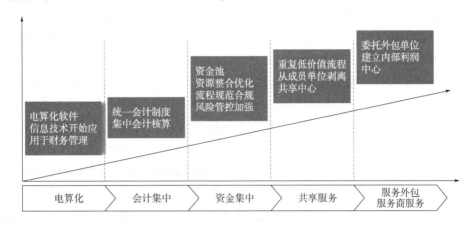

图4-16　财务共享服务中心发展趋势

财务共享服务中心的发展过程呈现循序渐进的特征。财务共享从没有共享、财务能力分散，发展到实施财务共享服务的相关战略规划、流程方案、人员方案，并形成相关的标准化建设框架，再到按照框架要求建立财务共享服务运营体系，系统地定义了流程规范、制度规范，极大地提升了财务集中服务的质量和效率；然后到形成财务共享运营体系，打造标准化输出流程，实现信息数据的高度集成，借助信息系统有效、及时地支持业务，成为业务开展的紧密链条和后台组织；最后到实现财务共享的智能化、智慧化，形成高度标准化、自动化的流程，并有效融合风控系统的管控措施，成为核心流程自我优化、管控标准一体化优化的支持链条和价值组织，以及业务系统和中台系统无缝连接的内部合作伙伴。

从发展过程看，财务共享服务中心需经历几次迭代，具体从4个方面探讨。

（一）管理转型实现财务共享从分散到集中管控

第一阶段先实现管控集中，借助影像系统，用影像结果审核替代实物审核，完成制度标准化、流程标准化、风控分解化，从而推动企业管理从粗放到精细的创新，实现复用效果和标准化效果的最大化，使企业降本增效。这个阶段挖掘的是人力资源的效率和时间，实现了人员的集中、再分工的转换和流程再造，解决了团队定位、职责、流程问题，为财务人员在专业领域发挥最大的专业价值夯实了基础。

再分工的结果，就是通过财务共享服务中心进行工作职能分工，带来的好处是专业化，而持续的专业化分工带来的好处是业务处理更加熟练，单位时间产出增加，无须在各种工作中来回切换。同时，通过长期的专业化业务处理，可不断积累经验，增强业务认知能力，为后续的价值提升奠定很好的基础。所以，专业化分工是通过提升效率来提升价值产出水平。同时，专业化分工引导企业走向流程化和标准化。这是财务共享服务中心第一次通过组织提升自身岗位的工作效率。在标准化和流程化的过程中，财务共享会对业务部门提出新要求，所以业务部门反而可能因需要配合工作而增加工作量，推动企业管控从混乱走向有序。

这个阶段的财务共享服务中心推动流程化，体现在将所有财务流程（采购与付款、销售与收款、费用与报销、入库与成本、总账与报表、员工与薪酬、税费与规费、资金与管理等）进行分解和优化，重新按照规范标准重构端到端的流程，并严格以财务共享流程方式进行业务层面的设计，系统地进行流程再造。流程再造就是财务共享服务中心体系内的再分工问题解决之后，组织层面围绕业务流程的再分工，这需要从业务层面做深度理解，并结合业财一体化的融合要求，实现财务与业务的协调配合。借此改革，企业实现端到端的业务流程改造和升级，优化业务全流程效率目标，推动人力资源效率和效果大提升。

第一阶段的里程碑事件体现在：①使企业针对外部数据的汇聚能力实现由不足到系统性增强的转变。采集契合企业不断发展迭代的经营模式需要的数据，并以互联网方式进行汇集，融合企业内部数据和外部互联网数据，将分散的数据变为集成的数据，提升数据处理效率和效果，改善信息基础设施建设的效用，降低管理难度。②消除数据处理性能的瓶颈，实现大规模数据集成和采集作业的系统化安排，及时处理和完善数据，提升技术处理能力。

这一阶段的财务共享服务中心职能赋能，将财务人员从低价值、重复性工作中解放出来，解决专业分工问题。

（二）信息技术赋能财务共享的功能集成：人机协同

第二阶段要实现信息技术赋能下的财务共享功能集成。通过功能集成，推动财务共享的集约化效益转化，同步植入风控管理，实现顶层决策在基层应用的贯彻直达。通过内控、内审、法务、合规的系统性嵌套，借助集成效果，使财务功能与辅助风控功能融合，实现人机协同，促进综合效益最大化。

第二阶段的里程碑事件体现在：①实现交互、复杂、系统的数据同步和集成，集成越来越多的各类应用程序，使不同类型的数据在系统间同步，实现系统性转换，推动异构性数据和同质性数据的转化；②借助风控系统，进行数据处理实时监控，解决业务场景过于复杂而数据监管出现真空的问题，实现有效融合，服务于监督工作。

在人机协同的状态下，自动化解放了人力，管理会计促进了业财融合，实现了人机协同的价值共享。这个阶段财务共享服务中心的信息系统，实际是一个信息集成平台，实现了员工、客户、供应商、其他利益相关者和企业紧密连接，将财务准则、制度、规范、流程等固化于人机交互的大系统中。通过将基础层、执行层、管理层、决策层等不同层级进行系统结合，实现了业务信息在财务层面的协同处理，以及管控决策的全方位支持转换。因此，这个阶段在推动人力资源能力提升的同时，实现了信息系统对企业管理赋能的价值提升。

（三）科技赋能推动财务共享的中台集成：优化人机协同流程

第三阶段要实现科技赋能下的中台集成，也就是更多地借助当下的新科技，推动企业业务与财务的一体化融合，基于复用、标准模式的中台模式，中台实现标准化并演进为业务中台和财务中台支持系统。因此，财务共享作为财务中台的核心部分，在财务和业务之间起到承上启下的作用。融入财务中台的财务共享，在实现业务流程优化、组织结构改善、价值创造实现等层面，借助标准化融合、数字量化和评价等赋能，成为中台集成后系统解决财务一体化落地的核心支撑，为系统解决财务共享服务中心本身需要实现的快速数据分析、业务管理、简化流程、量化评价等功能打下了基础，并不断获得突破。

第三阶段的里程碑事件体现在：①推动数据功能不断集成和融合，构建基于业财融合模式的一体化大数据整合平台，对大批量异构数据进行智能化挖掘、分类，并进行可视化转换，形成可视化分析、应用、决策。②厘清中台逻辑。作为企业应对竞争和业务变化的必然产物，中台成为企业财务共享的桥梁。在各个集成功能和服务智能化层面，实现持续性标准优化，以及持续性科技赋能和功能的迭代释放。

这包括统一、透明的适配器接口获取数据方式的升级，解决结构化数据和非结构化数据获取难问题，实现异构数据的抽取、转换和存储，增强标准化数据获取能力；在支持异构数据源灵活扩展的同时，确保整个架构体系的安全、稳定，将任务管理、智能调度、监控管理等统一化。具体如下：

（1）分布式处理方式的赋能。解决数据采集一体化问题，包括各种不同源数据采集、策略、质控、负载的一体化；实现并行处理框架的实时、批量、增量计算等协同；实现调度管理一体化，保障数据处理作业优化决策及智能控制；实现环境监控一体化，确保主机资源、分布式存储状态、处理作业状态等处于监控闭环。

（2）解决大数据分析技术应用问题，保障非结构化数据处理和分析的实时性、动态性。这个阶段的重点是通过基于信息化技术的流程再造来优化人机协同，挖掘流程优化空间，通过将管理会计价值融入信息化，增强财务人员的能力。以此为基础，通过优化数据价值挖掘方式，推动数据从小量到大量、从微观集成到整体系统集成的转变，提供基于价值发现的企业管理与商业融合的有效支撑。

（四）财务共享演进路径与财务数字化赋能

财务共享服务是基于复用、共享、标准化模式建设的新型财务管理模式，其处于动态发展过程中。财务共享服务通过针对人员及观念、流程及风控、组织及系统的一揽子再造过程，不断实现财务共享的价值创造和持续性价值再发现。财务共享业务变革要点见图4-17。

财务共享服务对传统财务活动进行了全方位、革命性的再造，是

图4-17 财务共享业务变革要点

财务转型的第一步。财务共享服务中心的规模化、集约化作业，不仅可使企业大幅降本增效，而且能为新兴技术提供应用场景，为企业从信息化到自动化、智能化、数字化升级奠定基础；通过专业化分工，将操作工作与管理工作分离，促使财务人员有更多精力从事价值创造工作，推动财务职能转型；通过流程再造、业务的在线互联，实现数据生产的流程化、标准化，将企业经营相关信息、数据汇集到财务共享服务中心，使财务能够进一步成为企业利益相关者的信息中枢和企业的数字神经系统；通过财务共享服务中心的持续运营，不断提升财务专项能力、信息采集能力、业务支持能力，实现财务的数字化转型，使财务在企业管理转型升级中发挥价值。

财务共享服务中心量化输出流程及反馈路径见图4-18。

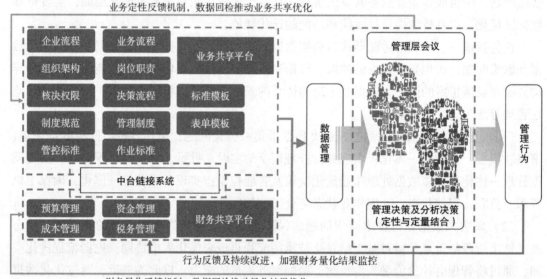

图4-18　财务共享服务中心量化输出流程及反馈路径

从企业财务共享的角度看，企业财务应用场景的智能化水平越高，一体化流程管控和预警效率就越高，财务模型的前瞻性分析信息化水平越高，企业财务共享的效果随上述功能的集成也越好。因此，企业财务数字化转型对财务共享的支撑效果也会更好。具体而言，财务数字化需要解决如下问题：

一是企业的组织转型，财务共享服务中心从处理费用资金核算等标准化业务的职能部门发展成为包括IT共享、人力资源共享、采购共享的财务共享平台，完成了从职能共享到数字化服务的组织转型蜕变。具有数字化思维和能力的综合性财务人才不断增加。财务人员不只要具备财务工作所需的专业技术能力、分析预警能力，还要具备复合式的知识体系，掌握结构化数据查询与分析的能力、结合场景的数据建模能力、数据分析软件运用的能力，以及以企业整体战略为视角、利用财务数据的前瞻性和量化结果的功能，来反哺企业业务系统的能力。

二是结合科技赋能实现技术创新。这涉及企业财务精细化和快速响应市场方面。

从企业财务应用场景的智能化角度看，财务数字化涉及以下领域：

（1）对企业战略进行系统支撑，挖掘企业战略价值，包括推动全面预算数字化，通过将数据贯穿于企业战略、企业业务计划、全面预算、预算执行控制每一个环节，形成数据产生的闭环，了解业务动因，并通过预判未来可能发生的情景反哺业务；推动资金监控、理财、资金池的数字化。

（2）提升企业运营管理质量，实现财务价值。对运营核算规则、流程的制定，制度编制，通用核算规则确定进行标准化和细分，借助数字化系统实现企业在上述层面的精益运营。通过系统性设置审核要点的细化功能，并嵌套入数字化平台系统，实现系统平台的报销合规性检查，借助系统内设算法判断并检查付款计划、合同管理甚至敏感字段，为企业提供审批建议。

（3）促进企业业务挖潜、财务融合，推动企业业财一体化，从根本上提升企业经营价值。基于企业资源禀赋的不同，构建一体化的业务前台，保持业务前台的独特性，并通过建设统一的基础数据标准、规范的数据治理项目，推动数据整合和标准化，实现"数据打通、业财融合"；针对基础数据体系尚未融合及标准化接口尚未实现的问题，可以统一企业的各个平台，端到端打通数据，实现"统一平台、业财一体"。

此外，从企业加强业务挖潜角度出发，采取闭环式经营分析方式，通过数据分析找到业务行为、业务结果、未来预测、行动改善等的路径。在财务系统分析方面，可以先记录数据的规则，使数据形成良好的基础支撑，通过端到端打通数据，依据不同主题对数据进行汇聚和连接，针对性地进行专项和全面的财务分析，以及专项前瞻性预警分析，支撑企业中长期决策目标。

第三节　财务共享服务模式

财务共享是一种成本更低、综合性更强、效率更高的财务管理创新模式。最近几年，财务共享服务中心在中国发展迅猛。越来越多的企业，尤其是世界 500 强企业等大型企业集团，将财务共享服务中心建设作为财务转型的契机。无论是选择虚拟运作模式还是选择现实的工厂运作模式，都可以提高财务管理的水平和效率。

建设财务共享服务中心，不只涉及财务共享系统建设，还包括组织、人员、流程、系统的再造变革，以及观念的改变，是利用信息技术、流程工具等手段，是一个将复杂的事情简单化、简单的事情标准化、标准的事情流程化、流程的事情信息化的过程。但由于各个企业集团所面临的约束条件千差万别，在财务共享服务中心建设中，它们面对各类决策时所依据的前提要素和判断准则不同，甚至执行效果也各有特色。

一、财务共享服务中心按集中模式分类

财务共享运营组织主要有 2 种：物理集中的财务共享服务中心、虚拟的财务共享服务中心。

（一）物理集中的财务共享服务中心

物理集中的财务共享服务中心将原有企业集团内分布在不同地点、不同财务组织中的财务人员集中到一个或多个特定地点，建立物理的共享中心。通过集中的财务共享组织、优化的业务财务流程、统一的财务核算标准、高效的财务共享平台，帮助企业集团完成财务数字化、合规化、标准化、专业化转型，降本增效。这是实现财务共享的常用方法，也是目前国内外大多数财务共享服务中心采用的运营模式。

1. 按照中心个数划分

物理集中的财务共享服务中心一般划分为"单中心"和"多中心"2 种模式，模式的选择要与企业集团实际的管理架构、财务共享服务中心运营实际情况相匹配。

"单中心""多中心"并不是一成不变的，可以从财务共享服务中心项目的可操作性、成功保障程度、运营时期、运营成熟度等多个方面进行综合判断，适时转变运营模式。比如，在财务共享服务中心建设期，可以采用更加灵活的"多中心"模式，开放地应对组织变革、人员变革、流程变革、IT 变革等带来的影响或需求变化；而到了运营成熟期，可以逐渐向一个大的财务共享"单中心"甚至企业集团"大后援中心"演进。

其中，"多中心"模式可以依据"地域""板块"或"地域+板块"方式进行融合，根据各中心之间的关系又可分为总分模式、平行模式、联邦模式等。

（1）总分模式。1 套 IT 系统集中部署，1 个管理中心、多个平级运营中心。

（2）平行模式。多套 IT 系统独立部署，多个共享中心，相互之间不存在协作关系。

（3）联邦模式。多套 IT 系统独立部署，1 个管理中心、多个平级运营中心。

2. 按照特征划分

第一种模式为大一统模式。在这种模式下，无论企业集团有多少种业态，也无论其在全国乃至更大范围内有多少个经营单位，只设立一个全集团统一的财务共享服务中心，该财务共享服务中心向集团所有成员单位提供共享服务。

大一统模式比较适合集团强管控、强执行、标准化、规范化程度较高的企业。该模式进行统一规划、统一建设、集中管理，能减少重复投入（但一次投入较高），减少不同外围系统的对接成本，最大限度地发挥规模效益，有利于更好地促进集团统一管控。建设过程应该遵循流程尽可能统一、标准尽可能集中且循序渐进的原则。

第二种模式为区域模式。在这种模式下，企业根据下级组织的区域分布情况，灵活设置多个财务共享服务中心，区域共享服务中心向一定区域范围内的组织提供共享服务。

区域模式比较适合按区域进行管理、区域分布广且区域在共享中心建设进度等方面可能存在一定差异的企业。该模式建设过程中应关注不同区域的组织权限、数据与信息权限隔离的问题。如果区域内的组织还经营多种不同的业态,还需要关注业态间的差异问题。

第三种模式为产业模式。在这种模式下,企业针对不同的产业板块分别建立多个财务共享服务中心,产业集团的财务共享服务中心向其所属成员组织提供共享服务。

产业模式适合多元化发展且产业板块业务差异较大的大型综合性集团企业。在该模式下,集团可根据条件成熟度、紧迫度等,选择或批准下属子集团先行建设财务共享服务中心,后续推动其他产业集团完成财务共享服务中心建设。因此,全集团的建设进度、风险、标准相对容易管控。这种模式在建设过程中应关注不同产业集团组织和数据级权限的控制问题。

第四种模式为项目模式。当前,海外一些重量级的大型基建项目,投资额大,项目类型复杂,涉及的专业众多,工期要求严格,通常需要产业链内多家专业公司共同参与实施。由集团内平台公司对外承接项目,集团内产业链上下游各专业子公司共同参与实施项目已成常态。为有效管理和核算项目,可建立项目化的财务共享服务中心,以统一科目、统一核算规范、统一流程、统一标准、集中管理方式进行独立的账外核算。

(二) 虚拟的财务共享服务中心

虚拟财务共享服务中心不是将所有共享中心的人员集中到一个统一的地点,而是通过标准的业务财务流程、统一的财务核算标准、高效的财务共享平台,以及先进的网络技术、通信技术(如视频会议技术)等,将不同区域的员工联结起来。虚拟的财务共享服务中心实现了将分布式管理、需求侧响应和财务资源共享统一协调控制,以及响应企业调度指令的物联网技术的应用。虚拟的财务共享服务中心模式与路径见图4-19。

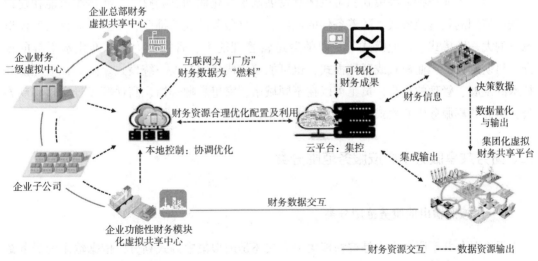

图4-19 虚拟的财务共享服务中心模式与路径

虚拟的财务共享服务中心模式下，在组织人员方面，集团财务部可以作为管理中心开展统筹共享复审、资金结算等工作，如此可以整体把控核算质量，加强风险管控；而不同区域的财务人员可负责更贴近业务实际的共享初审工作，同时负责与业务更加融合的业务财务工作。因此，在IT系统操作处理上，可以根据实际情况将共享作业池划分为多个任务池，供各区域财务人员协同处理。

对于确需建立财务共享服务中心，但由于种种原因无法集中获取相应人员配置的企业集团，这是一种比较有效的替代方案。但这种模式缺少经常性的面对面沟通，会导致不同地域员工之间合作困难，同时对于网络通信条件、人员管理方法、政策贯彻落实，以及财务制度、流程、科目的标准统一，都提出了非常高的要求。

虚拟模式是相对于实体模式而言，它不需要建设专门的、集中的物理共享服务中心，而是继续由分散在各地的人员面向多个组织提供共享服务。这种方式的核心是依赖数字技术，通过数字技术手段实现业务和财务处理的共享。类似在家里通过共享平台完成共享作业处理，本质上也是一种虚拟的工作模式。

因此，虚拟财务共享服务中心打造了一个平台、两张网络、多方应用的出口，实现了应用的有效共享。一个平台，即虚拟财务共享智能管控平台，可实现设备数据和互动财务信息的计算、存储，集成运行管理、交易、服务功能，整合优化财务共享的资源与实时交互；两张网络，即以集团化财务管理为核心的一级集团财务数据共享网络与以"云管边端"架构为核心的二级子集团功能性模块的财务数据共享网络，发挥财务共享的功能性集中和多资源汇集传输、转换利用中的财务功能分解的枢纽作用；多方应用，即企业子公司财务用户、外部生态企业用户、企业其他关联用户等。事实上，企业在建立财务共享服务中心时，如果面临人员、场地、预算、变革准备不足等问题，虚拟的财务共享服务中心模式也是一种可选的方案。

当然，企业选择何种模式，可以随其发展水平变化而动态调整。一些组织可能在建设过程中使用的是虚拟模式，随着条件的成熟、共享服务的成功推广，可能会演化成实体形态下的大一统模式、产业模式等。而随着运营管理能力、管控能力、标准化水平等的提升，早期选择的产业模式或区域模式，也可能演化成集团的大一统模式。随着社会经济和技术的发展、管理的进步，员工可以在不同城市、家里、咖啡馆、高铁等场景实现移动办公，财务共享服务中心模式更多地呈现虚拟化特征。

二、财务共享服务中心按服务范围分类

（一）按照输出的服务范围分类

无论财务共享服务中心是按物理集中方式还是虚拟集中方式划分，依据输出的服务范围进行分类，都可以分为基础服务范围模式、中级企业闭环服务范围模式、高级企业外延服务范围模式。按照财务共享服务中心是否设置了子中心，可以划分为单中心模式和多中

心模式。而按照特征划分，则可以划分为大一统模式、区域模式、产业模式、项目模式，见图4-20。

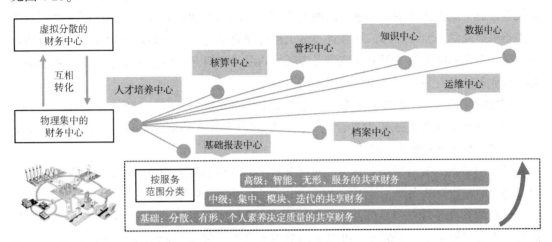

图4-20 财务共享服务中心模式分类

1. 基础服务范围模式

财务共享服务中心成为单纯的财务端流程支持方。首先是基础模式，在这种模式下，财务共享服务中心定位为单纯的财务端流程的支持方。如商旅服务公司，所有的商旅服务都是由财务共享服务中心以外的第三方来完成的。基于双方的系统对接，商旅服务的信息流和财务是能够打通的。当第三方机构完成了商旅服务后，员工也完成了差旅行为，后续的财务结算、报销、核算等一系列流程就需要交给财务共享服务中心来完成。

在这种模式下，财务共享服务中心实际上承担的还是类似传统费用报销流程的作业处理工作，可能唯一的改变是由逐笔进行业务处理转变为总对总结算后的批量处理模式。尽管交易量减少了，但是仍需要增加交易核对的处理流程。总体来说，这种模式对财务共享服务中心的要求最低，甚至谈不上什么改变和功能拓展，仅仅是对新商旅模式的一种配合而已。

2. 中级企业闭环服务范围模式

财务共享服务中心承担中台的订单处理和售后服务工作。在中级企业闭环服务范围模式下，财务共享服务中心的参与程度上升了一个水平，不再局限于在财务流程中进行财务处理，而是真正意义上"走出去"，进行功能拓展，开始涉足商旅端的业务流程。如前所述，商旅服务的处理也是一种运营的类型，和财务运营本质上是相通的。因此，这种跨界的作业处理并没有遇到较大的障碍。与后面要谈到的高级模式相比，中级模式下财务在商旅流程中呈现半参与特点，主要集中在中台的交易处理和服务处理上。

在这种模式下，财务共享服务中心需要搭建一个中台服务团队，嵌入供应商和企业内部员工，起到承上启下的重要作用。如果企业端未自建中台，通常由商旅服务商来承担这项工作。商旅服务商通常会按服务次数进行收费，且收费标准不低。例如，一些商旅服务公司通常会在非工作时间收取额外高昂的服务费，有时候打一通电话可能就要收取数十元。

财务共享服务中心承接中台服务后,替代的就是上文所提到的原本由商旅服务商提供的服务。员工通过在线系统或电话沟通提交订单,财务共享服务中心商旅团队在接到订单后进行机票或酒店预订处理,并负责与员工就特殊情况进行及时的呼出沟通。当完成预订后,员工在实际的差旅过程中可能会发生必要的退改签情况,财务共享服务中心要能够及时进行业务处理,为员工的商旅行程提供保障。

相比服务外包商,财务共享服务中心承接中台业务处理工作有以下3个优势:

(1) 从服务外包模式转为自营模式,在当前商旅服务外部成本普遍居高不下的情况下,能够更有效地降低作业成本。

(2) 财务共享服务中心自营模式对服务水平的管理及服务细节的考虑更为深入,如对内部高管的差旅VIP保障、员工发生特殊情况时的援助服务等。

(3) 财务共享服务中心自营模式能够更好地支持风险控制,针对一些差旅舞弊和违规情况、不合理的成本开支情况,可以从财务成本管控、风险控制的角度进行引导和规劝,而不是仅仅服务外包商简单的原因记录。总体来说,财务共享服务中心参与商旅中台服务,与单纯地将业务交给商旅服务商来处理还是有所不同的,因此有其存在的逻辑和价值。

3. 高级企业外延服务范围模式

财务共享服务中心承担采购端的采购及供应商管理工作。在高级企业外延服务范围模式下,财务共享服务中心彻底承担了商旅流程端到端的管理工作。与中级模式相比,财务共享服务中心增加了前端机票、酒店、用车等供应商选择、采购管理和供应商日常管理的诸多工作。而在中级企业闭环服务范围模式下,此类工作通常由企业内部的行政部门、办公室或采购部门来承担。

当然,这一角色的转变对财务共享服务中心来说,实际上是从单纯的运营管理涉足了采购管理的范畴,也会存在一定的争议。比较介意这种做法的企业认为,财务涉足采购是一种职能上的越位,它在这一领域兼具运动员和裁判员的冲突身份。而支持此种做法的企业认为,财务成为差旅费的流程属主,能够更好地发挥全流程端到端的服务和管控作用。

(二) 按照输出的服务类型分类

建立在企业管理层领导下的财务共享组织,根据输出的服务类型不同,可以将财务共享服务中心分为服务型财务共享服务中心和服务+管理型财务共享服务中心。

(1) 服务型财务共享服务中心。相关的职能范围主要聚焦在会计核算、资金结算、标准报表编制、档案管理、系统运营维护、基础会计政策及流程标准制定、数据支持等基础服务层面。重点专注的领域表现在财务效率提升上,解决的是服务的降本增效问题。服务型财务共享服务中心发展成熟后,基于成本效用原则,还可以采取外包或专业化分包模式。

(2) 服务+管理型财务共享服务中心。相关的职能范围除上述服务型财务共享服务中心涉及的职能外，还承担会计政策制定、流程标准制定、对外报送及披露、经营业绩分析及汇报的职能。重点特征在于除了内部业务，还对接外部监管机构。由于管理的赋能，服务＋管理型财务共享服务中心的功能有利于推动共享建设，也有利于提升整体财务价值。

（三）按照战略结构规划分类

不同的战略结构对财务共享服务中心的战略定位、业务复杂程度、管理复杂程度产生根本影响。战略结构规划是指财务共享服务中心的结构性定位规划。

从战略结构规划来说，按照区域服务划分，可以将财务共享服务中心分为全球中心、区域中心、全国中心、专长中心4种类型。其中，全球中心将国际化企业在全球范围内的业务流程集中到财务共享服务中心来处理；区域中心将国际化企业的全球业务划分为大区方式，将业务流程进行大区化分拆，进行区域化共享服务中心处理；全国中心将企业的国内业务全部集成到国内某个性价比最高的区域来实现；专长中心将适用于财务共享服务中心的业务流程，在全国范围内建立相应的若干共享服务中心，比如针对核算业务、资金业务、预算业务的专业中心。

（四）按照盈利模式分类

按照盈利模式分类，可以将财务共享服务中心划分为成本中心、利润中心2种类型。也就是说，财务共享服务中心从企业内部职能部门或职能部门的其中一部分，发展成为独立的运营主体，再成为盈利机构。这其中，成本中心的逻辑是，作为企业的内设独立机构，或是独立机构的组成部分，主要处理核算、报销、资金的集中处理工作，不直接对外承揽业务；利润中心的逻辑是，按照服务质量原则进行内部结算，并成为盈利组织。在服务能力得到保证且安全的前提下，通过为外部企业提供专业服务实现盈利。利润中心体现在针对内部客户和外部企业客户的市场化方面，成本中心从基本模式向市场化模式演进，并在合适的时机可以做到独立经营。因此，不同的战略职能规划将对财务共享服务中心的运作目标、原则、管理模式产生根本影响。

第四节 案例与思考

一、平安集团：智能技术驱动下的智慧共享财务

中国平安保险（集团）股份有限公司（简称"平安集团"）确立了"金融＋科技"的双驱动战略，基于财务的智能化共享原理，借助智能认知、人工智能、云和区块链四大核心技术叠加财务共享模式，推动传统金融业务快速增长，持续提升综合竞争力。

技术和专业层面，平安集团推动价值创造，为内部产业的转化提供决策支持，主导或积极参与战略和计划的确定工作，实施针对内部的资产系统管理，并协同总部的审计和风险管理。在控制和管理层面，平安集团制定集团财务发展战略，为集团领导提供决策支持，制定制度、规定和政策，确保财务信息真实、全面、完整，见图4-21。

图4-21 平安集团融合科技协同孵化产业的基础框架

（来源：根据平安集团官网资料绘制）

在业财协同之下，上述四大核心技术打通了基于底层互联互通的财务共享服务。系统的财务功能融合在具体的业务模块之中，科技同步赋能财务共享和核心业务。这使得这些核心技术广泛应用于核心金融业务的客户经营、渠道管理、客户服务和风险管控等场景中，并快速通过底层链接实现财务数据的汇总管理和共享预警。一方面提升了核心金融业务的价值；另一方面实现了财务共享的数据预警价值。通过两条线模式，企业成功孵化出一系列金融科技和医疗科技平台，且部分核心技术已对外输出服务。

二、阳光保险集团："数据+算法"的财务共享服务中心

为实现财务会计与管理会计的分离、防范风险，以及保证财务信息真实、准确，阳光保险集团股份有限公司开始探索并尝试集约化、标准化、规范化的财务管理模式，将分散的会计作业和资金业务进行集中作业和管理，并将财务职能划分为战略财务、业务财务和共享财务，形成总部财务、机构财务和财务共享"三位一体"的财务管控模式。建设财务共享服务中心，是其实施财务转型迈出的重要一步。阳光财务众包模式是把会计作业与互联网相结合，即把会计作业拆分成微任务，通过众包平台发布到互联网，由互联网大众进行处理，最后通过在平台上整合任务处理结果，形成企业记账及支付依据。阳光财务众包平台在人力资源、空间和时间上都实现了创新和突破。

三、蒙牛集团：资金共享+核算共享的数字化财务共享服务中心

内蒙古蒙牛乳业（集团）股份有限公司（简称"蒙牛集团"）将财务共享服务中心定位为集资金管理共享和会计核算共享为一体的财务共享服务平台。这种模式让蒙牛集团全部业务板块可集中进行统收统付结算，在所有业务单元中基本实现了零现金管理。与此同时，公司内部的审批授权矩阵集成在共享平台上，使每一项经营活动从审核到批准的过程自动流转，也能提高财务运营效率。在资金共享结算模式下，蒙牛集团可实现共享结算、票据池、理财业务、国际结算、掌上资金及资金支付业务的电子化流程审批，支撑蒙牛新财务、新管控、新平台的优质高效服务；同时，有助于其朝着全球化的方向发展，打造全球工厂。

蒙牛集团以财务共享服务中心为基础，积极发展业务板块、扩展共享职能、扩大组织范围，利用财务共享服务由成本中心向利润中心转变，力求打造世界顶级的财务共享服务中心。

1. 财务组织架构

蒙牛集团财务组织架构按照战略财务、业务财务、共享财务进行分类，通过3类财务协同发展实现财务功能。具体来说，战略财务牵头计划和业绩管理、资金管理和资本运作，为高层就公司战略制定及实施提供高价值的决策支持；业务财务实现了财务活动向业务部门延伸，提供财务分析和预算管理等经营决策支持服务；共享财务通过集中化、标准化和端到端的流程管理，低成本、高效率地为全公司提供财务服务。蒙牛集团财务组织架构见图4-22。

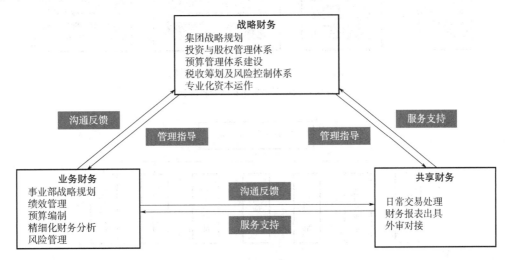

图4-22 蒙牛集团财务组织架构

战略财务分为流程、财务、资金及投资四大管理部门，在财务管理系统中负责一些专业化水平较高的工作；业务财务主要为各个业务部门提供专业的财务服务，负责各业务单元的财务支持工作；共享财务主要负责基础的标准化工作。

2. 信息平台

蒙牛集团财务共享服务中心建设之初，体现在建设业务财务一体化的ERP系统，随后又建设了"全球化+数字化"的乳业生态平台，成功实施SAP-ERP并同步实施SAP-CRM，重新整合了各个业务单元。蒙牛集团信息化平台架构见图4-23。

蒙牛集团完成财务共享服务中心建设后，设立了总账报表部、费用报销部、采购应付部、销售应收部、奶源资产部、服务支持部、综合支持部7个部门，见图4-24。

总账报表部负责蒙牛集团的总账核算，通过发票检验生成的费用、成本核算，编制财务报表等工作；费用报销部负责费用管控；采购应付部负责在采购时核算预付和应付账款、对账及报表编制；销售应收部负责在销售时发生的会计核算及对应账款结算；奶源资产部负责固定资产、无形资产等资产类科目核算，以及原材采购相关账务处理，其中包括

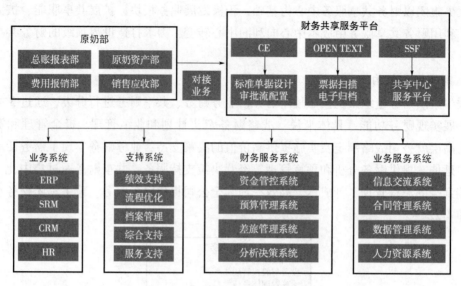

图 4-23 蒙牛集团信息化平台架构
（来源：根据蒙牛集团官网资料绘制）

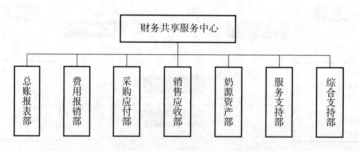

图 4-24 蒙牛集团财务共享服务中心架构及职责划分

奶款结算、往来核算等；服务支持部负责档案管理、人员培训、本部门绩效管理及客户服务；综合支持部负责财务共享服务中心的大数据维护处理、系统运营与维护工作。

四、海尔集团：物联网模式构建财务共享服务中心 + 税务数字化平台

海尔集团公司（简称"海尔集团"）"平台+生态"不断推进新商业范式，其财务战略是建立全球财务共享平台，即"财务云平台"，以"共创、共享、共治"为核心理念，直面用户真实需求，搭建共生共赢的生态圈。

为此，海尔集团首先解决财务组织职能定位问题，将财务内控制度、财务职责体系、财务人员管理的系统安排进行设计与打通，为其整体生态圈建设做好财务系统内生式闭环的顶层规划与设计工作，见图4-25。

海尔集团的生态圈将会计、税务、融资、外汇、现金池、创客、客户等社群融为一体，为其白色家电平台、服务投资孵化平台、金控平台、地产平台、文化产业平台提供高

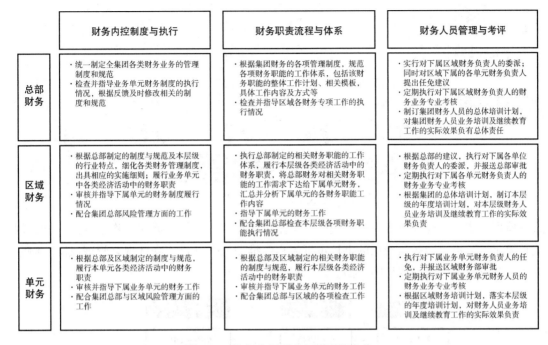

图 4-25　海尔集团财务组织职能定位

效增值服务。海尔集团推出了物联网时代社群共创、互联互通的智税通平台,搭建了税企互联互通的税务数字化工作平台。平台涵盖制造、销售、物流、金融、房地产、建安等各行业,颠覆传统税企管理模式,为企业提供全生命周期税务解决方案,赋能企业健康、高效发展。

海尔集团成立了包括 IBM 咨询顾问、内控中心、系统实施顾问等在内的项目团队,配合其全球化战略布局,并启动了海尔全球金融共享服务中心项目。海尔全球金融共享服务中心集中共享不同集团公司的交易处理和核算业务,如资金往来、结算、资产核算、费用报销等。海尔财务共享服务中心以会计流程重组为核心,完成了中心组织结构、人员和信息平台建设。

1. 组织架构

海尔集团财务共享服务设置了会计平台和资金平台 2 个模块。会计平台开展与日常交易事项有关的业务,如纳税申报、费用报销、资金收付等,包括质量管理等 14 个子平台;资金平台开展与管理现金和营运资金有关的业务,包括金融风险、资金运营、融资平台等模块。

财务共享服务下的海尔集团会计组织架构呈现二维结构特征,即流程维与职能维,见图 4-26。这种架构围绕业务流程运作,职能单元为业务流程的运作提供支持。

2. 业务流程建设

海尔集团财务共享服务中心对财务流程进行"端到端"的优化设计,将其梳理成 6 个模块,分别是总账（GL）、应收（AR）、应付（AP）、固定资产（AM）、费用预算控制和资金管控,对采购付款流程、费用报销流程、固定资产生命周期管理流程等业务流程进行

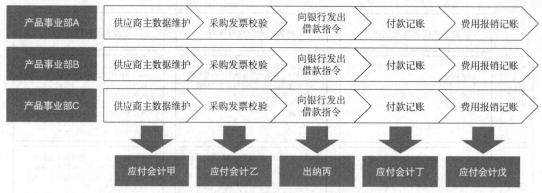

图 4-26　海尔集团流程维与职能维架构

重新梳理，建立了标准业务流程，减少了票据传递环节，使信息流和实物票据流匹配；规范和简化员工报销和各项费用的审核审批流程，推动划卡支付，降低现金管理风险。海尔集团业务及财务单据流程见图 4-27。

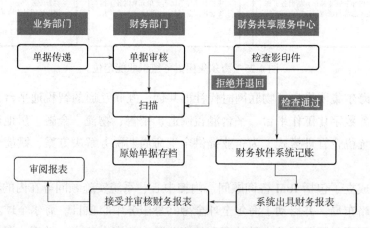

图 4-27　海尔集团业务及财务单据流程

3. 信息系统

海尔集团先后建立了多套信息系统，如全球价值信息化系统（HGVS）、员工自助费用核销系统、信息化对账系统及 MPC 资金支付系统。海尔集团财务共享服务信息化平台见图 4-28。

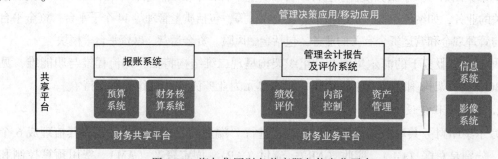

图 4-28　海尔集团财务共享服务信息化平台

（来源：根据海尔官网资料及新分类标准绘制）

4. 内部控制

在保证合法合规经营前提下,海尔集团财务共享服务中心推行了4种账务合规评价方式,分别是:①建立员工信用等级标准并嵌入财务流程;②持续优化标准透明的财务流程;③输出流程规范、风险指引、操作指导管理手册;④多维度持续输出流程案例、科目解析等财务管理报告。

在风险控制层面,海尔集团将风险控制点纳入统一的交易规则和业务流程并固化到信息系统中,通过流程穿刺、信息反馈、科目解析、风险预警等共享质量管理,规避各环节风险;定期对共享成员单位进行合规评价。

五、中兴通讯:财务共享组织的赋能服务

在财务共享模式下,中兴通讯股份有限公司(简称"中兴通讯")业财融合的路径分为两部分:一是构建财务共享管理体系;二是探索业财融合管理机制。具体来说,分别是通过优化流程管理、变革财务组织、完善信息系统设计、引用区块链技术,构建财务共享管理体系;通过构建业财融合实施保障机制、建立价值链管理体系、搭建业财融合沟通机制,探索业财融合管理机制。

1. 变革财务组织

中兴通讯提出了战略财务、业务财务、共享财务"三位一体"的财务管理组织模式,见图4-29。战略财务在集团层面对企业进行管理,制定集团财务策略,建立全面的监督及控制体系;业务财务深入业务一线,同财务部门的业务专家共同分析、计划、预测项目业绩管理;共享财务作为交易处理中心,负责会计核算、资金支付、管理数据整合等工作。

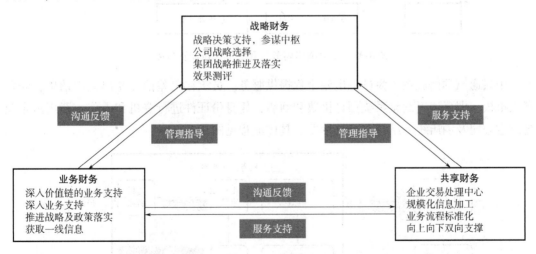

图4-29 中兴通讯财务管理组织模式

2. 信息系统设计

中兴通讯的财务核算系统由进销存系统、总账系统、应收应付系统、资金管理系统、

固定资产管理系统、工资管理系统组成。在财务核算系统中，针对访问权限、授权审批和职责分离有明确的管理规定，包括分别设立系统管理员和权限操作员；每项经济业务需经过 2 名及以上人员进行审批，严格职责分离和授权审批；每 3 个月进行一次会计岗位轮换；设置严格的访问制度。具体内容见图 4-30、图 4-31。

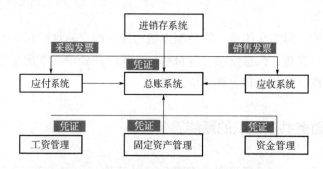

图 4-30　中兴通讯财务核算系统应用流程

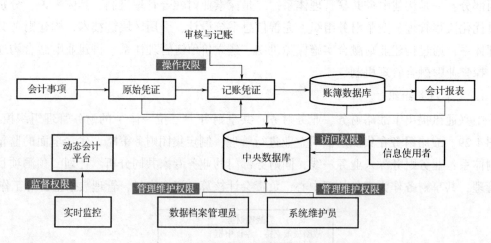

图 4-31　中兴通讯财务核算系统岗位职责权限

中兴通讯的商旅系统为员工出差全程提供服务。员工在出差前提交出差申请单，经负责人审核，即可通过商旅系统预订机票和酒店，凭身份证件进行登机和入住，费用由企业与航空公司及酒店统一结算并开具发票。具体流程见图 4-32。

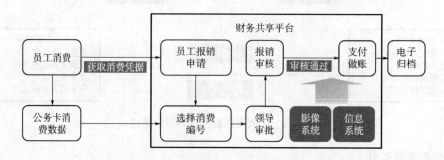

图 4-32　中兴通讯因公消费报销流程

中兴通讯设置了影像系统,该系统解决了业务在核算过程中原始凭证的流转、档案管理及后续调阅相关问题。员工在内部系统提单后,会自动生成单号,根据单号可打印单据,并将其粘贴原始凭证,递交至扫描员处。扫描员通过扫描单据二维码,自动生成图像,影像也随之上传至网上报账系统。入账后,ERP 系统会生成凭证编号,财务人员根据凭证号与票据匹配,递交至档案科。当有借调档案需求时,申请人需提交借调申请,由财务主管和部门负责人授权借阅。中兴通讯影像系统规范流程见图 4-33。

图 4-33 中兴通讯影像系统规范流程

六、中国石化: 财务共享建设

中国石油化工股份有限公司(简称"中国石化")在建设财务共享规划的初期,整合各方面资源,明确职责,将财务共享作为企业整体战略体系的有机组成部分,并与整体战略保持一致。在确保财务共享服务下,中国石化财务部门的结构由集团和下属企业 2 个层面的财务结构转变为集团总部、下属企业财务和财务共享服务中心"三位一体"结构,见图 4-34。

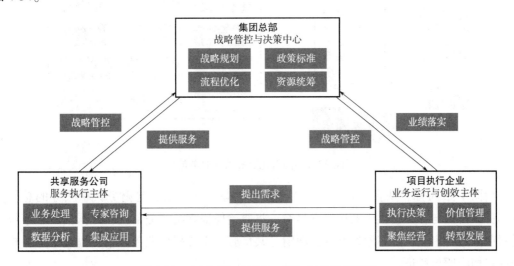

图 4-34 中国石化"三位一体"财务结构模型

中国石化财务系统的原财务架构是集团、下属企业两级财务架构。为做好系统改革,其财务系统转型经历了项目准备、信息收集与分析、设计、实施 4 个步骤,以此达成既定目标。具体如下:

(1)项目准备。安排项目工作,制订初步计划和策略;创建项目信息,确定成员;宣传培训。

（2）信息收集与分析。收集财务部门工作成本和工作量信息；收集财务人员信息、工作情况信息；信息分析及分类。

（3）设计。组织架构、业务流程、人员岗位设计；共享服务信息平台设计；服务管理设计；信息迁移计划设计。

（4）实施。共享服务组织建设；共享服务信息平台开发、集成和测试；人员迁移和培训、业务迁移；共享中心试运行。

完成上述步骤后，中国石化的财务架构系统转变为集团公司财务、下属企业财务、财务共享服务中心"三位一体"的财务架构。

中国石化是一家特大型石油化工企业，对石化行业很多方面都有所涉猎。中国石化产业链长，成员企业多并分布在全球多个国家和地区，管理层次多，风险管理难度大。实施财务共享，可以帮助企业加强不同地区业务的联系，这是中国石化内部管理体制改革、转型、结构调整和增效的重要动作。

中国石化实施财务共享，可通过信息技术和网络平台为业务单位提供远程服务。财务共享服务中心、业务部门、财务部门需要共同协作完成对业务流程的处理。中国石化财务共享服务流程见图4-35。

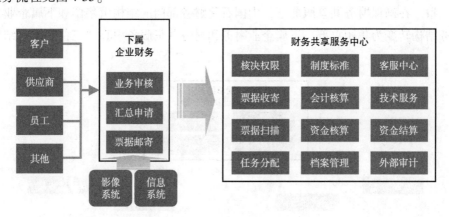

图4-35　中国石化财务共享服务流程

由图4-35可知，从客户到公司，再到财务共享服务中心，是财务共享服务的总体业务趋势。公司与客户、供应商进行交易时，将原始凭证交给财务部门，并派出专职审核人员对业务进行审核，收集原始文件，向财务共享服务中心提出业务申请，提交申请表格及统一存档的原始凭证。

业务可以被财务共享服务中心分为3个部分："前端"会计人员的主要任务是与客户通信，收集和检查发票，以及将发票扫描到电子文档中；会计"中间处理"人员承担繁重的工作，主要涉及会计业务、资产和负债等相关事宜；"跟踪服务"相关人员的主要任务是准备和管理各个公司的会计凭证，并配合进行内部审计和外部审计。

会计处理工作离不开相关支撑体系，组织与系统的整合程度决定着工作的效率和质量。财务共享服务相关系统、费用管理系统与报销管理系统相互支持,保证财务共享服务中心正常运行。

在票据管理方面,中国石化各下属单位负责原始文件的收集工作。财务共享服务中心根据现有线路向各单位派车,收集各单位的原始凭证,避免了频繁传输的不确定性,降低了单位成本。业务完成后,远程分中心可以扫描影像数据,生成、打印凭证,连接、复制、归档原始凭证。

在日常会计申请方面,公司财务人员申请开展业务的第一步是在自主服务平台上创建服务应用程序,并将带有条形码和原件的印刷服务请求表发送给财务共享服务中心的文件管理部门,然后财务共享服务中心按照流程开展工作。档案保管员收到原材料,先检查文件、发票和申请表的真实性,若信息完整且为真,则可以在系统平台上创建服务请求;发放后,相关部门人员可根据正式扫描的复印件进行记账,打印凭证;最后将涉及的原始凭证放入文件。

在报销方面,员工必须根据强制性报销流程和填写要求在线申请报销。报销表格在线获准后,可进行脱机打印,然后与原件一起发送到财务共享服务中心的文件管理部门。收到申请后,财务共享服务中心的工作人员对报销表格进行扫描和验证,然后将其提交给报告业务部门,进行初步财务审查,发出凭证和报告,并在办公室完成注册与登记。之后,财务共享服务中心为公司资金制订一个补偿计划,偿还人员所在公司准备一个偿还资金分配系统,然后该中心将补偿计划提交给第三方支付系统进行付款处理。第三方支付系统处理后,将出具付款收据并将其发送出去,以供将来作为原始凭证使用。

七、问题与思考

(1)面对科技赋能,企业如何在数字化平台迭代过程中推动财务共享的智能化赋能?

(2)从实现业财一体化的财务端来说,通过财务集成推动财务共享之前,企业普遍存在的痛点集中在如下方面:制度不完善、运营成本高、信息化水平低、岗责不明确、事后反馈慢、针对局部的目标客户或专项分析不准确、人员素质低、事前预警缺失、会计账与实际资产不匹配、权责发生制执行差、专业判断差、企业人员商旅报销复杂、财务人员工作量大。企业如何针对性地借助共享服务模式解决上述问题?

(3)企业为何要进行财务数字化?如何实现财务数字化转型?

(4)财务共享服务中心作为提升企业财务竞争力的重要手段,管控与服务职能体现在哪些方面?

(5)基于业财一体化的财务共享服务中心,能否推动企业管理模式全面变革?

(6)在驱动精益决策、助推数字化转型过程中,财务共享服务中心如何为企业商业模式下的业务运营实践提供支撑?

(7)基于财务共享服务中心模式,财务共享可能导致财务共享服务中心的相关人员与业务脱离,同时由于信息化模式带来高额系统维护费用,人员也面临去留的优化问题。企业该如何处理此类问题？

第五节　本章小结

　　财务集成共享有众多工具。各种工具的使用让财务共享服务中心可以很好地为企业服务。在这个过程中，财务共享在经济发展过程中持续优化升级，不断提高企业财务效率、防范企业风险。财务共享服务中心有多种分类，且各模式可以相互转化，要清楚地知道不同行业、不同阶段适用哪种模式。

　　从财务一体化的价值来说，企业可以建立统一的信息化管理系统，将财务工作、业务及管理等有效地联合起来，成立财务共享服务中心。财务共享服务中心需要对业务流程进行设计，目的在于明确界定企业职责划分，详细设计具体交易的内容和要求，规范共享服务模式下的财务和业务操作，并通过信息系统固化，实现内部信息共享，提高财务工作效率，并实现共享业务流程规范化和标准化。

　　实现财务一体化、达成财务共享后，企业可以很好地整合并组织各种活动，使业务管理更加规范，进而降低经营风险，实现经营效益最大化。这种业务与财务信息传递交织的状态，有助于为企业管理层制定重大决策提供重要参考依据，充分发挥财务会计的监管作用。推动财务一体化平台成为共享中心平台，以专业化分工、集中性办公为核心的财务共享服务中心建设将缩减项目层级，提升内部岗位之间的沟通效率，建立效率更高的集团总部、分公司两级扁平化管理体系。在此过程中，财务管理角色发生转变。财务一体化平台实现了业务端、财务端同台处理。为正确发起业务表单、保证财务数据质量，财务人员事前对业务部门进行财务制度、预算目标交底，事中开展表单业务培训，事后听取业务部门反馈并优化业务流程，参与生产决策和管理，实现业财部门业务开展的良性循环，推动基础会计向管理会计转型。

第五章

数智化，智能化：业财一体化赋能

本章对企业业务层面与财务层面（按战略财务、业务财务、共享财务等模式进行划分）的一体化融合赋能模式与路径进行系统阐述，并对业财一体化风控合规融合赋能进行解读。在企业业务拓展与财务支持过程中，重点对顶层战略规划设计的业务系统和支持业务量化分析的管理会计系统进行集成化融合的方法做详细解释。本章首先从顶层格局和逻辑角度解读业务战略与管理会计逻辑，探讨全集成系统化赋能方案思路；其次对智能决策量化工具、降本增效和提质增效 2 个路径进行分析；最后对风控合规层面的赋能进行解读。在解读过程中，基于业财一体化的发展路径，重点说明企业转型路径，就是先顶层化、数智化，之后借助数字化转型，实现数智化、业到财，最后融合业务与财务，甚至跨界发展，实现业务到财务的一体化价值链融合。本章在将财务系统分解为战略财务、业务财务、共享财务 3 个层面基础上，对其与业务融合形成一体化模式赋能的逻辑和路径进行系统解读，并对上述融合模式的风控合规一体化模式赋能的逻辑和路径进行说明。本章分析了业务一体化转型、财务一体化转型、业财融合一体化转型 3 个阶段的标志性业务，包括业务层面标准化、财务集成与财务共享服务中心建设、数据中台独立运营。

第一节 企业战略与战略财务一体化赋能

企业不断在基础业务层面推动管理连锁化、规范化，对标杆行业内最佳业务，开展系统化实践。企业基于规范的连锁业务模式和流程设计进行精细化经营，针对不同管理主体进行差异化经营，并对经营模式进行模块化设计，构建供应链管理、品类管理、销售链管理、生产线管理、创新研发管理、人力资源管理等新型运作模式。在管理助推业务创新层面，企业通过建设线上通路，构建线上线下一体化平台，响应市场全渠道需求，建立线上线下一体化运营机制，以客户为中心进行数字化，实现全业务环节线上线下一体化。在上述业务基础上，企业推动业务层面从数字化到智能化发展，尤其是跟随行业技术驱动节奏，基于全渠道运营数据，快速应用数字化技术，促进运营智能化。

信息技术革命推动企业商业模式不断迭代和变化，而业务功能拓展引发财务决策支持系统架构基本面改变。以行业多元创新业务为支持点，推动业财一体化转型，既要关注多元业务的协同与融合，又要关注传统业务系统的互联网化重构。在不摒弃传统业务的基础上，紧跟行业创新方向，不断完善系统对创新和核心业务的全面支持作用。

在此基础上，完善财务支持系统的无缝链接，解决财务快速反馈和量化支持工具选择问题，在管理会计有效支持企业可持续发展层面，增强管理会计的模块化智能支持力度，对管理会计在战略分解、全面预算、成本管控、绩效考核、专项分析、运营管控、全面分析、专项诊断、风险合规等模块的应用场景，进行智能化、一体化创新。

为确保达成业务与财务双线创新和融合，基于数据中台，尤其是数据中台针对业务中台与财务中台的系统性分工，发挥科技赋能作用，构建企业业财一体化的管理基础，助力企业数据积累和数据资产转化；不断前置财务及风控系统服务，实现财务系统支持服务的前置性转化，从而有效推动企业业财一体化落地，构建新型智能化企业运作模式。

通过上述转化，企业可创造全产业链各个环节优化的成本价值、项目精益运营的经济价值、风险可控的安全价值，以及创新研发和顶层规划设计体系积累的知识价值。

一、战略规划工具一体化赋能的逻辑与路径

企业战略决定其未来发展方向。因此，在企业选择进入的行业、建立竞争优势、实现可持续发展层面，战略至关重要。企业能否实现可持续发展，主要取决于其选择进入的行业和打造核心竞争力2个层面是否得当。选择进入的行业层面，重点是企业是否采取多元化策略、实施纵向整合、顺利进入和退出等，对市场进行洞察，针对客户来源和竞争者制定相应的对策，实现前瞻性规划；打造核心竞争力层面，重点是企业在特定行业制定并执行可保持竞争优势的战略。

财务共享服务中心整体架构见图5-1。

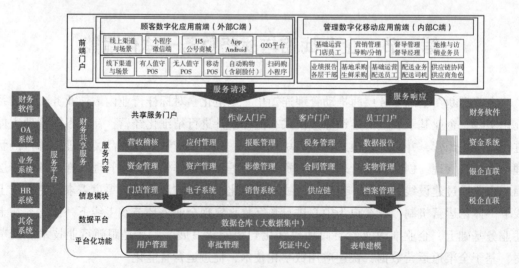

图5-1 财务共享服务中心整体架构

(一) 业务层面的战略实现路径与工具

为推动企业战略落地,需要将其分解并落实执行方案与对策。业务层面一般通过构建相应的模型和工具来分解;财务层面一般针对业务进行信息整理和量化,解决投资回报和风控、资产运营质量和投资回报模型、专项与全面预算及分析等相关问题,并提出对策建议。

业务层面,采用行业生命周期及企业生命周期模型、核心竞争力和企业能力分析模型、SWOT 优劣势与机会风险分析模型、PEST 分析模型等各类业务分析模型;财务层面,通过管理会计的响应模块发挥财务支持作用。因此,在业财一体化赋能逻辑下,财务的管理会计作用不断凸显。管理会计通过建立竞争情报系统来评估竞争者的能力,该系统能够协助企业制定、评估和修订企业目标、战略和策略。

针对企业所在市场及产品,管理会计搜集、整理相关资料并将其转化为信息,为企业管理层做决策提供参考。对获得的相关财务信息进行整理,按照量化投入和回报产出的财务模型进行匹配,对财务信息进行分析,明确企业目标与财务量化的协同,厘清企业短期目标、战略、长期目标与投入产出的关系,同步优化企业内部流程,并不断评估新业务方案带来的财务模拟结果的可靠性。企业针对各类模拟评估结果,不断改进业务模式;对内控缺陷、效率及效果进行量化评价,据此不断改进商业模式、运营方案,优化流程等。

通过上述业务工具来制定战略和执行战略,通过财务的管理会计工具来量化战略规划设计、运营、优化等方面,为企业管理层做决策提供支持意见。管理会计的财务分析技术包括成本分析模型、收入分析模型、资产运营质量模型、比率分析系统模型等。

因此,企业可借助管理会计的财务分析技术及财务模型开展其战略制定工作,并对战略执行结果进行对比分析和评价。企业依据管理会计各个模块的价值,对其业务的不同层面进行量化分析和评价,并对竞争者进行研究,从而提升自身的管控能力,落实发展方向。

(二) 财务层面的传统路径与数字化实现工具

1. 业财一体化下业务与财务的顶层逻辑和传统路径

在企业财务管理实践中,管理会计是针对企业经营管理中面临的问题,应用经济学和管理学的分析方法,利用会计表达工具,开展相关数据确认、计量、分类、汇总、解释、分析并报告的类似会计循环的管理活动,最终解决企业实际问题,优化相应的管理系统。因此,在业财融合上,财务层面的重点是管理会计的赋能,解决企业经营管理方面的问题,可通过管理会计系统开展会计活动来实现。企业可利用管理会计的模型和方法,分析经营管理中存在的实际问题,针对性地提出相关对策。管理会计是通过建立相应的会计模块,采用会计表达的方式,再利用科学的分析方法建立财务模型,分析企业经营管理中存在的问题,并提出相应的解决措施的活动、过程或体系。

这种根据企业经营管理状况不同而匹配的管理会计活动,没有统一适用的标准化管理会计系统。通过管理会计对企业个性化应用场景进行量化分析，是基于企业属性的灵活应用，从明确问题、构建管理会计的分析模型，到建立管理会计体系，进行全方位、系统的现状评价，再到对企业发展的外部环境变化和内部情况进行系统性了解，可对企业发展进行前瞻性预测，并采取妥善、科学的方式，针对地进行持续改进。

管理会计需要沉淀较多的财务系统知识，并针对经营预测进行量化分析，所以除了需要针对企业外部环境和内部情况进行因素分解和系统考虑，还需要具备应用丰富的财务知识进行转化的能力。管理会计相关知识与应用在个性化企业中有机融合，通过设定严谨的假设条件，达到科学预测的效果，用逻辑化的预测模型得出的量化结果对未来的不确定性进行管理，根据问题导向和目标导向"创造"数据，变企业发展目标为未来实现的可能性。在这个复杂的过程中，只有确保数据无误、逻辑清晰、依据充分、集体智慧、全员协同，才能获得令人满意的结果。

2. 财务量化预测等转化并支持业务发展数智化落地

从顶层逻辑和财务管理赋能角度看，传统模式下管理会计工作实现了对财务数据的量化分析、前瞻性预测，并可提供完整的反馈结果。但由于业务数据与财务数据的衔接接口没有打通，业财一体化更多地停留在顶层规划层面。同时，业财一体化支持系统缺失也导致财务系统和业务系统无法全面融合。面对这种情况，企业只有借助数字化赋能，推动智能管理会计转化，解决人力因素不可控及计算结果偏差问题，才能有效保证管理工作高效运行，确保达成价值创造效果。

二、全集成的智能化赋能方案

（一）前中后台全集成系统化赋能方案

在专业化分工基础上，基于底层逻辑的变革实现数字化转型，使业财一体化得以快速发展。

从全集成系统化逻辑来说，其最大的作用就是降低交易费用，提高整体协同性。业财一体化往往带来系统边界的扩张，并实现系统结构的优化。通过优化系统内部结构，打破内部壁垒，解决内部协调性不足问题，对系统边界可以再次进行交互。内外交互的效果就是实现有效的扩张，这也要求系统与企业上下游形成相互链接，通过接口和业务逻辑模式的磨合，推动企业及其上下游形成链条，实现外部性内部化。这将外部环境的一部分纳入企业运营系统，增强企业内部系统与外部环境的协调性，直至形成生态系统。四网协同＋业财一体集成化赋能模式体现了前中后台全集成系统化赋能结构，见图5-2。

业财一体化实现了企业的作业协同，这正好符合企业业财一体化的整体要求。

具体来说，企业的业务前台与财务后台形成供需融合和统一的价值理念，借助中台支持系统的衔接，推动企业与用户开展直接交互的价值创造活动。业财一体化的转变，推动企业的市场化激励和共享机制建设，形成全员自驱动模式，协助企业组织形态进化，转向

第五章
数智化，智能化：业财一体化赋能

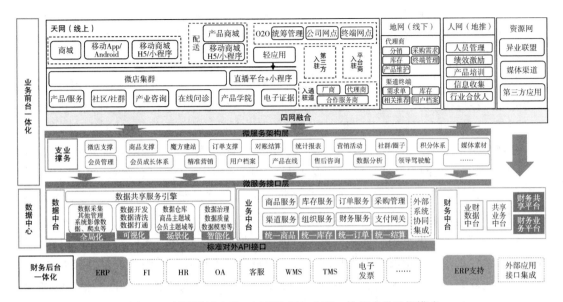

图 5-2　顶层设计方案：四网协同 + 业财一体集成化赋能模式

分布式的组织形态，并在此过程中达到人客合一的状态。人体现在员工、组织、渠道商的协同；客户体现在用户需求及价值的协同。具体内容见图 5-3。

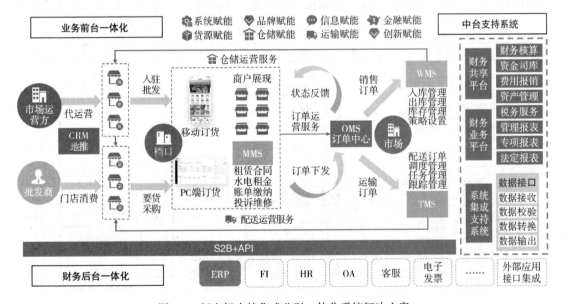

图 5-3　新市场支持集成业财一体化系统解决方案

业财一体化主要体现在可形成企业生态链，通过生态链再形成企业的价值链管理。所谓生态链形成的价值链管理，就是融合了企业供应链及需求链的组合，通过合作形成协同的战略定位，成为高效运作、相互关联的企业组织。价值链管理以虚拟价值链和价值网的连接方式，实现了企业组织的法人界限，借助数字化技术赋能，将企业组织上下游的相关方紧密连接起来，实现平台化联系。

这实质上形成了超出单一企业、集团企业及价值链管理的平台化思维，借助平台网的企业生态组合，形成一个包括核心企业、分销商、供应商、合作伙伴、竞争对手的介于公域与私域之间的价值网。

从企业追求可持续发展诉求角度来说，实现平台化合作协同，可形成同一价值链上各个节点企业的各自利益诉求与总体利益诉求的协同；形成生态链上所有成员企业整体价值最大化的协同。这种业财一体化的集成模式和带动效应，实质上可以推动全系统网络的融合。

从物理角度来说，价值链融合系统涉及天网、地网、人网、资源网，也就是"四网融合"。具体来说，天网包括线上平台、友店主、大网（50+）等；地网包括线下门店、产品品牌店、连锁机构、社区等；人网包括地推团队、独立经纪人、微店主、线上营销等；资源网包括渠道商、供应商、异业联盟、各个协会等。

价值链管理是借助业财一体化的逻辑，推动企业聚合、创新、赋能、共享的协同。具体来说，聚合是指把分散的各方聚集到一起，网络用语中指对互联网各种信息的集合，用共同的事业梦想聚合各方资源，实现产品、服务、渠道、精英人士、生态产业等的聚合。创新是指人类为了满足自身需要，不断拓展对客观世界及自身认知的活动。企业通过上述融合模式，实现商业模式创新，通过天网、地网、人网和资源网，更快更好地服务每一位顾客。赋能是指通过共同创造，如事业共创、价值共创，让生态链上的所有企业都能实现价值最大化。共享是指共同分享，让每位参与产业生态链价值创造的供应商、客户、员工等，都能公平、公开和公正地享有其创造的经济价值和社会价值。具体内容见图5-4。

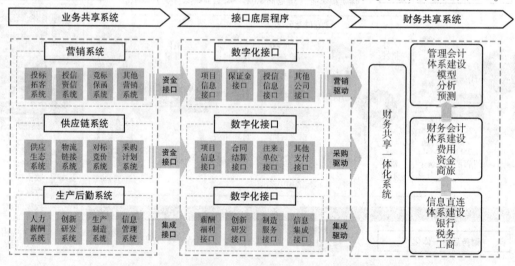

图5-4　企业业财一体化共享形成价值链管理路径

业财一体化带动了基于财务支持的业务形态的"四网融合"，由此形成的业财一体化系统是价值链系统的固化、延升、转型。因此，业财一体化价值链带来了企业组织的信息流、物流、作业流的业务与资金流的业财融合的协同合作。

就价值链管理的财务体现来说，从价值角度实现对整个链条的财务支持和量化管理，通过对各项活动的分析、优化和协调，强调企业业务流程的优化，在满足客户需求的同时，推动企业降本增效，提升企业竞争优势，助力企业健康发展。

业务集成共享推动标准化，通过数字化打造底层接口，打破"信息孤岛"，共享数据资源，落实标准，实现互联互通，推动价值提升。财务一体化共享中心功能分解见图5-5。

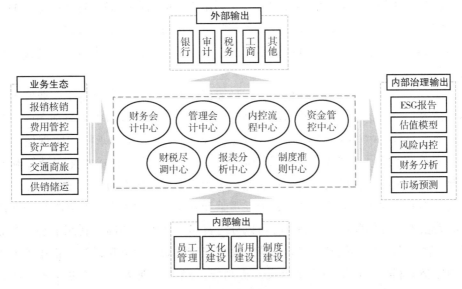

图 5-5　财务一体化共享中心功能分解

（二）前中后台的全集成智能化赋能方案

体现一体化思想的价值链管理首先要求以职能为重心的运作模式向以流程为重心的运作模式转变。会计人员必须走出财务部门，与其他部门进行沟通和融合。财务部门必须重新构建扁平化的组织结构，扩大管理力度，减少管理失误，提高管理效率，增强组织的快速反应能力；同时必须加强协作，向业务管理范畴延伸。对于一个会计组织来说，最低限度要实现信息共享和业财融合。业财一体智能集成化赋能模式见图5-6。

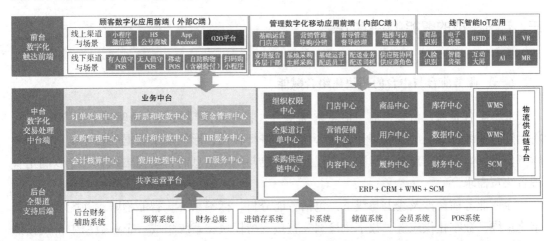

图 5-6　顶层设计方案：业财一体智能集成化赋能模式（前台＋中台＋后台）

价值链管理需要通过业财融合实现业务和财务的一体化。一方面，可以通过财务与业务融合，推动财务向业务前端（包括采购、供应商、客户）延伸，打通财务与业务、财务与外部利益相关者的界限，实现信息集成与实时控制；另一方面，财务与业务融合需要会计部门关注业务链条中的不增值环节和节点，利用生成的信息数据及时将信息反馈给各利益相关方的管理层。价值链管理还要求财务部门自身进行革新，基于流程再造思想，利用信息化与智能化消除会计核算流程中的不增值部分，不断降低核算成本，提高会计信息生成的效率与有用性。

通过前台、中台、后台的一体化融合，形成价值链管理模式，有助于企业实现价值创造的不断前置，明晰企业成本中心向利润中心转化的通路。从成本中心与利润中心的特征来说，成本中心是指中心的直接控制人只对该生产的成本或费用承担相应责任的责任中心；利润中心是指既发生成本，又能取得收入，还能根据收入和成本配比计算利润的单位。因此，利润中心责任层级更高，它还通常包含若干不同层次的下属成本中心。

利润中心业绩评价和考核的重点是边际贡献和利润，而这些考核要素都与企业的收入及成本有着密不可分的联系。利润中心可以分为自然利润中心和虚拟利润中心。在业财融合背景下，由于全系统强化成本与效益匹配性和完整性的认知不断提升，企业各个环节均需要从顶层格局和全公司格局角度出发，提高资产经营管理水平。量化评估企业的预算时，企业目标绩效更具挑战性。结合目标管理制度，推行利润中心，可使企业优化组织构架，不再缺乏达成公司目标及评估各利润中心绩效的管理方式，从而促进企业不断提升市场竞争能力。因此，借助一体化融合和价值链的转化，企业可将成本中心转型为利润中心。此项工作的重点在于专业化分工，推动流程和效率的集成，对非核心业务进行集约式外包，实现价值链外部赋能；推动智能仓储和智能物流管控，将库存控制在最低水平，实行零库存运转；通过集成化技术，推动企业与供应商形成一体化产业生态圈，以及各供应商之间形成基于生态合作的链式关系。当有库存时，企业可以通过链式关系将信息及时反馈给供应商，以避免库存堆积，从而大大提高企业仓库利用率，进而提高企业利润。

三、部分集成的智能化赋能方案

（一）业务前台与中台的模块化组合赋能

业财融合是通过流程再造与信息系统整合，将相互割裂的业务管理与财务管理打通，将上述企业数据信息的生成路径在前台与中台进行转化，形成复杂数据的转化出口，解决财务信息和非财务信息链接问题，实现业务信息与财务信息的自动归集和融合，以满足管理者决策需求。

企业业务前台涉及线上与线下，包括智能分析、标签系统、智能物联，并配套相关数字化运维、数字化供应链、数字化检测等直接支持模块和系统集成。企业数据中台则按照前台需求，完成统一数据共享服务引擎在取数、推荐、预测、标签、画像等方面的相关接口设置和支持，并提供报表或自助报表系统。为此，中台需要建设完成系统的数据模型，包括标签体系、画像引擎、推荐引擎、路线规划和经营分析；按照涉及的领域，完成客户、商品、营销主题域模型的建设，同步完成财务主题域建设。两网协同＋业财一体模块化组合赋能模式见图5-7。

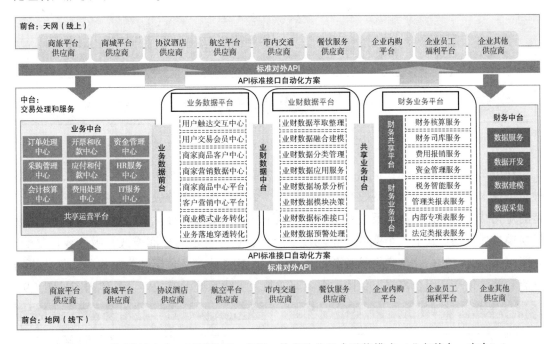

图5-7　顶层设计方案：两网协同＋业财一体模块化组合赋能模式（业务前台＋中台）

为实现系统化的组合，并提供持续性支持与服务，在数据汇聚集成、数据治理管控、数据集成开发、自主机器学习等层面，还需要通过上述模型的支持性建设进行挖掘和优化，提供套件性支持与服务；实现数据的系统性、标准性服务，发挥数据价值，解决数据人员取数问题，推动数据中心从成本中心向利润中心转化。从组合角度来说，业务前台的数据通过业务中台沉淀，业务数据进入数据中台得到体系化加工，再以服务化的方式支撑业务中台上的应用程序；业务中台快捷地为业务前台提供支持，最后这些应用程序产生的新数据又流转到数据中台，形成循环不息的数据闭环。基于数据闭环不断产生的数据，企业能增强数据洞察能力，实现对数据的系统管理，推动数据自动化、智能化采集、汇聚和融合，以及实时数据与离线数据融合，从而深度挖掘数据价值。通过将数据服务应用于各业务场景，企业还能实现数据资产化和资产价值系统量化。

（二）业务前台＋财务后台模块化组合赋能

业务前台发挥市场支持作用，需要财务管理模式进行革命性转变，实现由业务伙伴财务到专家型财务的转型。在这个过程中，企业需要确保财务的支持作用具有前瞻性，可以服务不同专业和地域，降低财务业务处理成本，提升信息系统集成效果，加强对信息的管理与利用，紧密结合业务，以促进价值创造，保障财务与业绩信息的准确性，有效管控业务风险。企业依托内部流程黏性，可实现供应链上下游在线协同，见图5-8。

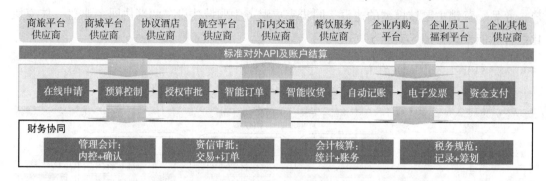

图5-8　企业依托内部流程黏性实现供应链上下游在线协同

在市场营销突破层面，提供面向营销的业务前台市场营销技术集成解决方案，包含多种营销技术能力，并叠加资源整合、数据管理、数据应用等细分领域的支持。落实财务支持的量化结果，快速、实时反馈线上电商与线下实体的绩效指标达成情况考核结果。在流量换销量的营销模式下，企业基于市场成交金额，选择合适的分润方式，吸引客户复购，并通过私域会员转化，落实会员长期增长策略，尤其是针对平台端和商家端的精细化市场导流和精益化产品组合模式，保障财务共享支持及量化系统的有效性。具体内容见图5-9。

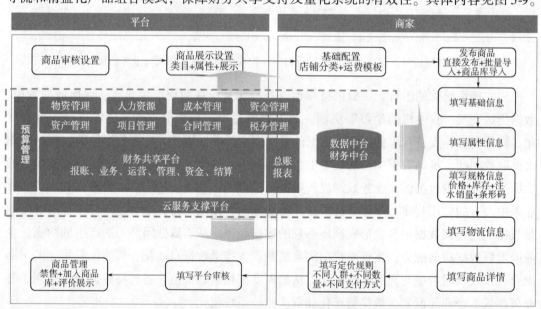

图5-9　顶层设计方案：两网协同＋业财一体模块化组合赋能模式
（业务前台＋财务后台）的线上支持融合全系统

此外，企业为做好市场营销前台与财务中台和后台的链接，可以按照营销云方式进行业务集成，重点是保证标准接口及量化结算准确性。同步改善客户关系管理，并进行客户转化，借助私域运营营销技术等方法，基于运营逻辑，推动项目有效落地。通过电商交易系统的客户私域运营系统挖掘，制订基于长期客户形成的会员深度运营计划。在这个过程中，重要的是实现全渠道触达与财务触达量化的匹配，使客户交互与财务市场转化结果、盈利转化结果、量化评价结果、达成预警的效果统一，实现会员中心与财务用户消费流量预测的有效衔接，解决财务预测前瞻性问题。具体内容见图 5-10。

图 5-10 顶层设计方案：两网协同 + 业财一体模块化组合赋能模式
（业务前台 + 财务后台）的客户关系功能精益化融合管理

企业针对不断形成专属会员的私域会员池进行专项营销，通过财务管理会计的各种模型、数据工具进行测算，通过营销技术进行引导，利用社交传播裂变等方式带入新客户并换取增长。

营销云模式的运作可以推动业务市场的领域转化，以及财务交易的银企直联，并实现与营销集成的营销云协同，然后逐步开放，针对客户不断实现交易系统化、内部化，使数据从孤岛式向集成化转换，最终获得对现有或潜在客户的持续引流和复购，形成企业可持续商业模式的闭环。

因此，营销层面的业务前台端，首先通过交易数字化增强销售能力，解决市场营销的获客问题；其次推动从公域到私域的转化，围绕私域运营服务客户进行会员精准营销；最后深化客户全生命周期的售前、售中、售后服务的数字化。

有效的服务是最应该被重视的。企业可通过同步的量化系统和财务支持系统，提升潜在客户的转化率及客户复购率，做好品牌传播工作。财务支持业务前台的集成效果，推动了数字化转型的网络空间在企业商业模式层面的转化，促成了企业现实与虚拟世界的链接，加大与企业商业模式的结合。借助大数据平台的赋能，实现了客户历史数据的迭代升级，并结合当下数据实时交互提升了适配性，发挥企业与客户互动的能动性，在实现客户拓展的同时，为企业商业模式创新积累新的数据方向。

企业通过客户、商家、平台的衔接，基于数字量化，制定开放、科学的产业转型目标；通过全生命周期的平台化管理、业务的有效支持、财务的量化支持，减少量化信息不足或理解偏差带来的消费者个体与企业整体之间的信息不对称。在客户或消费者不断增强的个性化目标和维权目标之下，实现企业与终端客户和消费者有效的数字化互动，提高客户或消费者需求转化与锚定的效率，借助数据化技术锁定客户；基于内生式需求的市场价值节点，把客户或消费者潜在的隐性需求、个性化目标结合起来，与公司终端产品嵌套；实现企业数字化赋能营销之后，加速企业产品灵捷制造，并将产品快速推向终端市场，实现精益生产、快速对接、精准推送、便捷送达；在供、产、销各个环节，使创新研发、及时设计、快速生产、市场推广相结合，基于企业全价值链各环节的迭代，为终端客户提供精准的优质服务与高质量产品。具体内容见图5-11。

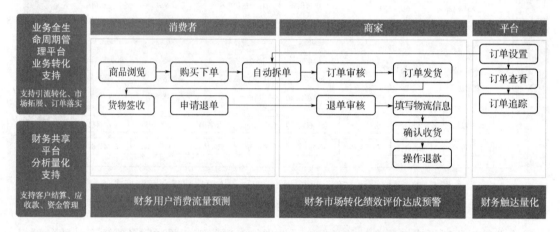

图5-11　顶层设计方案：两网协同＋业财一体模块化组合赋能模式

在数智化赋能的流量精细化运营阶段，企业实现精准营销闭环并采取开放的模式，确保在消费市场流量红利期已经过去且消费者越来越多元化和碎片化背景下还能实现持续的业绩增长，压力巨大；同时仅加强数字经济与实体经济的融合，通过精益化管理的商场化线上模式进行市场拓展，难度越来越大。因此，企业更需要利用财务的系统支持和预警功能，加快实现高质量、可持续、可拓展式发展；通过流量精细化运营，以及数据源获取、数据策略分析、数据场景应用、数据结果分析等，解决消费者市场从流量到存量、从公域到私域的持续转换问题。具体内容见图5-12。

（三）采购前台＋财务后台模块化组合赋能

数字化赋能之下，供应链和财务管理的融合体系不断进行组合。数字技术不断迭代升级，应用场景持续丰富，区块链、联盟链的建设呈爆发式增长。通过集成，数字化的采购平台可以集成区块链、产业链等功能，并在采购的降本增效、商业上下游信任体系中构建合适的采购生态系统。

数字化赋能之下，供应链金融科技系统的建设成了"蓝海"，各个领域也都在从不同角度参与进来。所谓供应链金融，是指从供应链的整个产业链出发，运用金融科技手段，整合物流、资金流、信息流等信息，在真实交易背景下，推动供应链中占主导地位的核心

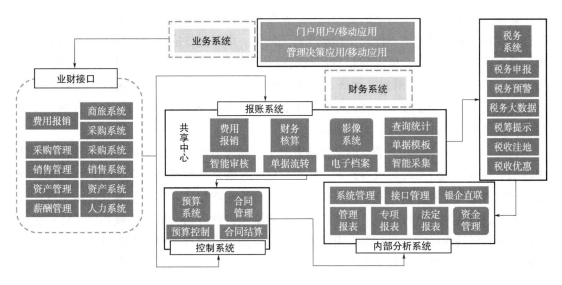

图 5-12　顶层设计方案：两网协同 + 业财一体模块化组合赋能模式

企业与上下游企业形成集成一体化的金融供给体系和风险评估体系。通过供应链企业集成一体化，提供系统性的一揽子金融解决方案，快速响应产业链上企业结算、融资、财务管理等综合需求，并降低企业成本，提升产业链各方价值。

核心企业通过金融科技赋能，一方面获得整体供应链的主导权；另一方面利用数据资产洞察全供应链链条，增强内外部协同能力，提升供应链流转效率，打破产业链各环节的信息壁垒，形成一体化集成，实现供应链生态系统中所有链路企业数据全览和可追溯，从而快速量化业务体量、提升风险甄别能力、实现客户全方位洞察、找到采购最优通路、控制采购成本、提高行业前瞻性预判水平等。具体内容见图 5-13。

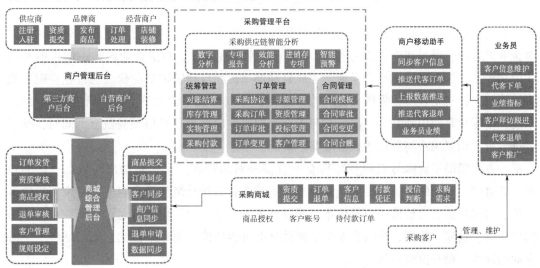

图 5-13　顶层设计方案：两网协同 + 业财一体模块化组合赋能模式
（采购业务前台 + 财务后台）的供应链 + 客户管理

过去，产业链上、中、下游各个端口，从生产制造到商业服务，再到代理服务、电商服务等，存在商业诚信度不佳及交易成本高等问题。而通过供应链集成线上线下的供应渠道、叠加区块链技术等，可保障信息的真实性、透明性，并嵌套"共享机制、智能合约、可追溯"，确保对采购、研发、生产、销售、增值服务等节点的全流程追溯，有效把控企业各个源头，推进企业证据链建设并完善证据链，完成业务、财务、税务及信息的一体化建设，规避各项商业及税务层面的风险。

因此，处于供应链各个节点的企业各有分工，品牌方承载上游生产环节，销售方承载中游销售环节，通过系统集成等方案，保障对终端采购客户的产品供应。一方面，可以打造渠道商的供货商城；另一方面，可以赋予渠道商面向终端采购客户的独立商城系统。渠道商可在供货商城进货订购，终端客户可在渠道商城进货订购，渠道商城亦可将终端客户采购订单一键转为进货采购订单，由品牌商或品牌加盟商通过平台订单安排直接发货，实时同步物流信息。具体内容见图 5-14。

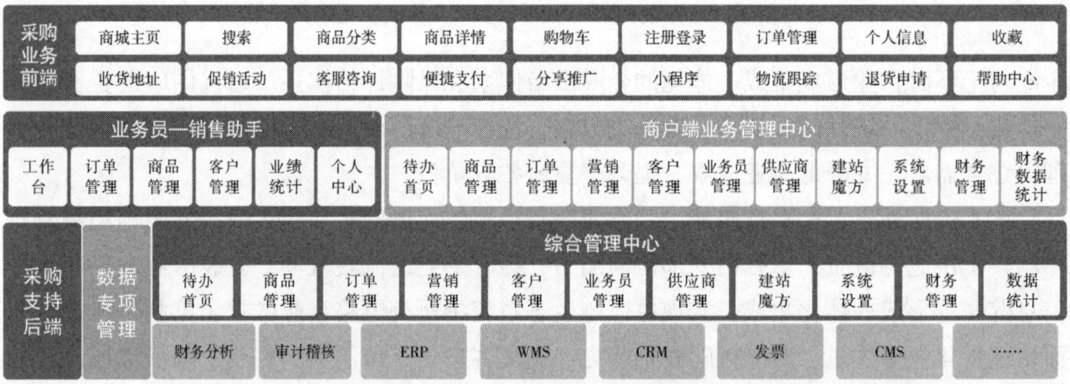

采购业务前端	商城主页	搜索	商品分类	商品详情	购物车	注册登录	订单管理	个人信息	收藏
	收货地址	促销活动	客服咨询	便捷支付	分享推广	小程序	物流跟踪	退货申请	帮助中心

	业务员—销售助手					商户端业务管理中心							
工作台	订单管理	商品管理	客户管理	业绩统计	个人中心	待办首页	商品管理	订单管理	营销管理	客户管理	业务员管理	供应商管理	建站魔方	系统设置	财务管理	财务数据统计

采购支持后端	数据专项管理	综合管理中心									
		待办首页	商品管理	订单管理	营销管理	客户管理	业务员管理	供应商管理	建站魔方	系统设置	财务管理	数据统计
		财务分析	审计稽核	ERP	WMS	CRM	发票	CMS	……		

图 5-14 顶层设计方案：两网协同 + 业财一体模块化组合赋能模式

在这个过程中，财务的预算管控匹配供应链协同流程，借助系统来实现有效转化；针对企业类客户，通过建立主账号和分/子账号体系实现共享，打造企业内统一的采购和询比价功能，并接入供应链平台企业，完成自动询比价和自动锁定最优价。通过企业财务预算的管控，针对企业直接采购设定月度、季度、年度在线采购预算，并结合实际的月度、季度、年度预算使用和结余情况，按照指定时间段生成报表和分析预警数据。同时，基于数据分析，积累用户与数据等企业战略性资源。

一方面借助平台账号权限使零售企业直接面对消费者，实现对用户与数据资源的积累。针对产品应用的数据，促进企业及其上下游企业不断升级产品和服务，实现用户价值增值，构建对企业有价值的数据体系。通过财务支持系统的转化，打通企业电商和实体店的供应链、仓储、数据，推动企业全部商品品类价值增值、服务个性化，同步增强上下游企业的黏性，提升价值品牌。

另一方面，实现企业服务价值增值，推动供应链技术和物流相互融合、供应链和服务链一体化整合，以及结算与预警量化的财务服务一体化融合，使商品和消费者实时互联，提升服务的归属感和品牌价值，发挥财务预测及模型的有效量化支持作用，促进企业向制造商、零售商、服务商的综合角色一体化转型升级，实现企业平台化生态升级。

基于财务支持服务的供应链集成与平台化商城融合模式见图 5-15。

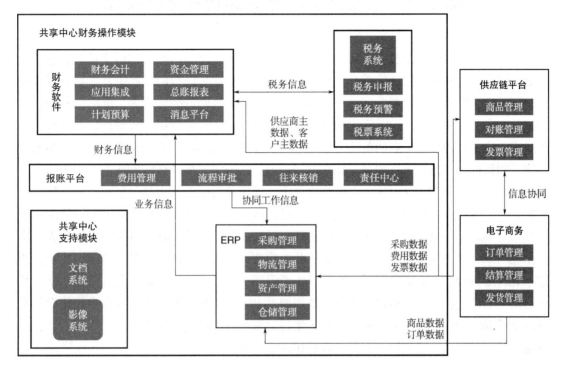

图 5-15　基于财务支持服务的供应链集成与平台化商城融合模式

针对采购系统，也就是供应链系统，借助数字化工具和财务量化工具，打通供应链的各个触达端口，实现库存数据多渠道同步；建立线上与线下库存系统，实现线上与线下库存同步，达成库存同步机制，确保多渠道库存一致；完善库存分配调度机制，实现客户端与企业端的互通直连。根据来源、发货方式等不同依据设置好规则，确保门店或总库库存的准确性；改善总部与各分/子公司库存系统预警机制的有效性。通过安全库存的设置与实物存储的关联，解决库存冗余或库存不足 2 个极端问题。

在这种模式下，企业的供应链升级带动了财务共享服务中心的支持升级，共享财务切入业务财务，提升决策支持作用，促进人员转型及能力发展。通过供应链支持系统的强化，实现企业财务价值服务的延伸，助力企业在总体战略下落实采购供应链的业务子战略。通过供应链端的价值创造，实现供应链财务系统全集成资源的共享化支持，在供应链端融入发票管理、税收筹划、成本管理等功能，直接创造价值。

财务层面，通过供应链升级，推动企业财务管理零库存管控模式和预警功能的动态化，提升企业财务管理预警能力与议价能力，以及供应商寻源比价能力，推动供应链的业务结构转型升级，并通过与财务系统的合作协同，促进供应链端的财务支持融合，达成供应链端降本增效。

第二节　企业业务与业务财务一体化赋能

就决策涉及的智能量化工具而言，首先需要完成企业核心问题的挖掘及量化，也就是穿透式直达企业核心问题，完善企业的量化机制，并在优化内核的过程中升级企业管理模式。通过挖掘和锁定企业相关问题，针对核心问题查看准确的经营数据，推动经营分析的重点从"数据通报"转向"问题诊断"和"问题解决"，保证数据的时效性、准确性。其次是在量化聚焦及梳理问题的解决方案后，建设相关落地体制，找到实现路径，并通过构建完善的指标体系进行分析预警，针对数据分析结果，实施从经营结果到业务过程的全过程穿透式管理和溯源，从而梳理企业管理思路，促使数据驱动管理量化落地。最后是结合聚焦锁定，使指标跟踪模式不断迭代升级；通过迭代交互方式，推动移动端等提供面向企业各个层级人员并直接送达企业决策层的数据应用服务，形成自动、及时的推送预警。借助量化结果和自动预警功能，让数据贴近各级管理人员和相关执行人员。同时，基于企业数字化转型进程，企业数字资产不断形成价值资产，业务流程不断标准化，财务共享服务中心对重复性业务统一、标准、快速的处理能力也不断增强。财务共享服务中心建设系统地改变了部门职能，促进了企业内部业务流程的简化、优化及标准的统一，提高了企业整体运行效率和效益。这也使得智能决策量化模式不断完善。

一、智能决策流程化与量化支持

确定企业战略后，需要通过业务实施和财务管理协同来落实。就企业顶层设计要求来说，需要针对企业发展战略细化业务发展和资金需求。企业战略、资源与流程之间建立了一种系统联系，形成综合管理流程，同步借助量化系统确定目标达成进度，并采取妥善的对策改善相关过程。

企业通过业务与财务的系统链接量化结果、流程改善，确保其发展方向正确，从而达成战略目标。在这个过程中，企业结合对前台市场和供应商层面的拓展，建立持续改进机制，不断寻找最佳实践方案，不断进行量化分析，达到市场拓展与财务协同的效果。从数字化赋能的财务支持体系来说，数字化中台系统的模块化组合，突出某个节点模块或集成模块，实现集成迭代，帮助企业创造自身的智能化融合管理模式或工作模板。通过智能化的量化支持，企业可进行管理创新，并持续提升智能化水平，最后围绕量化结果，不断超越、螺旋上升并同步迭代智能化功能和集成效果，形成良性循环。

智能决策流程化与量化支持路径见图5-16。

从推动业务拓展角度来说，企业的财务配套服务有助于投资决策量化，在业财融合节点上比较关键，包括测算企业各项投入的产出效果，如通过投资可以获得多少回报和回收

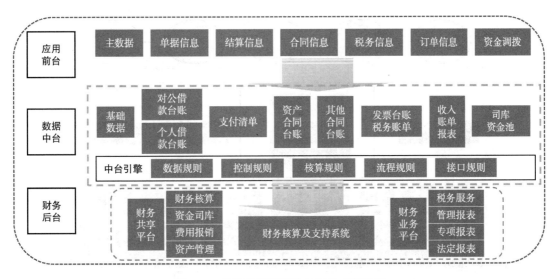

图 5-16 智能决策流程化与量化支持路径

期多长等。在按照上述准则进行判断时,对有关因素的考虑应该遵循相关性原则。而为了使财务量化结果及模型预测结果更准确,有助于企业管理层进行有效决策,数据收集和分析层面还需要分层分类,借助智能化推动力,运用敏感性分析模型,对安全边际进行预警,使财务达成有效、实时、动态的量化效果。

二、智能管理会计战略转化赋能方案

大数据背景下,企业可借助数字化手段推动管理会计信息赋能。这一过程可分解为数据输入、数据整理、数据存储、分析建模、报告输出 5 个步骤,通过智能化方式对企业管理进行赋能。

在这个过程中,企业需要基于智能终端的需求,结合管理会计信息应用路径,借助基础设施系统、服务器和智能终端等的支持作用,推动从主数据到接口服务的一揽子转化,实现以信息的产生及流动为基础的分析评价及前瞻性预测。从业务、资金、信息、利益相关者层面出发,结合企业数字化转型的进展,构建大数据背景下的管理会计通路。具体内容见图 5-17。

第一阶段,数据输入。该阶段解决管理会计信息输入问题,是一个管理会计信息搜集过程。企业财务系统对企业管理所需的数据信息进行多渠道、多方位搜集,包括但不限于采购、生产、研发、质量、销售、竞争者、行业状况等相关信息。在此过程中,企业借助数字化赋能,使管理会计信息流与业务信息流形成有效匹配。这有助于企业把控业务活动涉及的交易合同进展、交易状态变化、生产采购流程改进、业务订单执行等相关情况,实现原始数据信息按照管理会计信息形式输入。

第二阶段,数据整理。这个阶段解决管理会计信息记录问题。通过财务系统,企业记

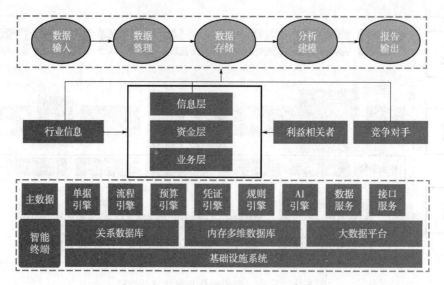

图 5-17　大数据背景下管理会计信息应用

录已收集到的基础、原始的数据信息，对数据信息进行标准化转换，并按一定规则进一步使其标签化和分类化。

在把基础、原始的数据信息进行记录和标准化转换过程中，通过数据中台对各类结构化数据和非结构化数据进行集中化处理和整理，并将这些数据在所有系统中共享，解决数据标准化问题，提高业务和财务协同效率和效果。具体来说，通过针对所有系统建立标准化接口，实现信息自动传输、及时共享，从而推动业务信息与财务信息的无缝对接，数字科技的管理会计基础信息的转换。

第三阶段，数据存储。这个阶段解决管理会计信息转化及存储问题。企业基于战略执行要求，从财务系统层面进行管理要求转换，对第二阶段完成的标准化数据和分类数据再次进行筛选和整理，之后按照类别、性质、服务方向等对数据进行清洗并存储于数据库。

这个阶段的重点是根据企业的管理要求，对整理后的数据进行筛选，并按照一定规则存储于数据库的相关模块中。数据存储很重要，它是企业之后进行数据分析的基础，也是数据模型构建的基础。数据存储涉及的业务数据和财务数据，分别存储在相应的业务数据存储子模块和财务数据存储子模块中，再按照相互关系和逻辑进一步细分和优化，为之后的精细化数据管理打下基础。数据存储就是企业选择本地硬件或云盘等线上方式存储数据，并对既有数据进行优化、更新、迭代、拓展、丰富的过程，最终实现数据的资产化。因此，这个阶段是数据分析的前置条件。

第四阶段，分析建模。这个阶段解决管理会计信息分析处理问题。通过对已分类并归类存储和集聚的数据进行分解，基于企业管理目标，锁定相关大数据的量化分析方向，筛选合适的分析方法，进行量化分析，同时按需要建立多维度的量化分析多组模型，来支持、验证分析结果。

具体来说，完成数据存储后，标准化、分门别类的数据就有了分析价值。企业基于管理目标，筛选相关平台上的一揽子分析方法，匹配合适的分析方法和分析模型，完成计算、加工、建模和分析。一方面，依据历史信息，结合市场环境变化，对信息进行标准化，并进行前瞻性模拟分析，结合模型应用进行比对，筛选对企业管理决策有价值的信息；另一方面，针对数据的关联性，运用回归分析和时间序列分析等各类分析方法，借助数学模型，对海量数据进行快速处理及专项分析、综合分析，挖掘数据集聚之后的规律和价值。

第五阶段，报告输出。这个阶段解决数字化平台出具的管理会计报告输出问题。也就是说，借助智能化手段提交管理会计报告的产出成果。报告输出阶段可以结合数据分析结果，生成多维度的业财一体化管理会计报告体系。

这个阶段主要将分析建模阶段得出的结果呈现出来。管理会计报告提供的数据分析结果要求具备多维度、可验证、专业化、全面化等优势。企业管理层依据报告的意见，结合专业能力和管理经验进行规划和决策。由于应用报告的底层逻辑是拥有数据资产，报告输出更加及时、准确、全面、可视。这也使得管理会计报告多维度、可验证、专业化、全面化等优势可以按照管理要求达成。基于大量数据信息，管理会计可针对过去的数据，结合当下外部环境，模拟未来发展外部环境和企业内部情况，从而把握现状，提高未来预测的有效性、科学性。在报告输出结果上，企业多维度输出业财一体化管理会计报告。具体内容见图5-18。

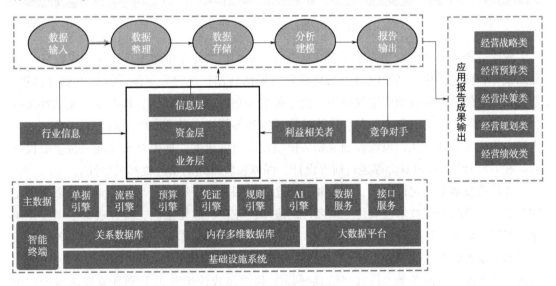

图5-18 大数据背景下管理会计信息应用成果输出

三、财务共享税收风险量化集成赋能

企业税务筹划的主要目标是，在合理合法的前提下，通过"税收优惠区域"或"税收洼地"，以及合理利用税务纳税区域和主题变化等方法，达到少缴税或延迟纳税的效果，从而最大限度地节税降费。获得节税利益的关键是企业节税方式科学、合理，规避简单粗暴的逃税引发企业税收风险，以此推动企业税后利润最大化，实现企业价值最大化。业财税一体化集成平台见图5-19。

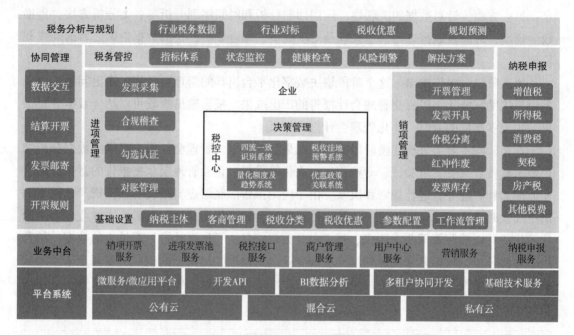

图5-19 业财税一体化集成平台

税收筹划需要结合企业的发展战略来进行，从全盘统筹角度考虑，针对"税收链"的通路设计，实现低税负区域的转入与高税负区域的转出，把税收风险管控提升到新高度，解决企业价值链上税收的严肃性问题。由于税收筹划设计的主观性、条件性、无偿性及税法具有官方认定的不对称性问题，传统的合规税收筹划模式随着时间、地点、企业性质的不同而产生实质性变化，税收筹划需要从顶层设计角度出发，加强企业管理，对企业设立的"税收洼地"、人员身份等进行前置设计，保障税收筹划的适应性和灵活性。

在经济发展不确定性增加、税收共治理念不断深入、区块链税收场景应用越来越丰富的背景下，税收征管技术也取得了革命性的进步。在税收监管层面，税务机关不再仅使用独立方案，而是采取系统化联合稽查方式，实现了对企业一体化平台生态系统中各个链条的穿透式稽查转型，使第三方平台对纳税对象信息进行立体式采集和分析，从而完善税收治理。基于此，全国各地的税收"信息孤岛"和"税收洼地"的筹划乱象逐渐减少。税收过程实现记录上链，并可以由税收监管机构进行详细评估，税务稽查呈现立体化与穿透式特征，使企业税收筹划方式面临技术化、专业化、全局化、价值链的整体转型升级现实。因此，业财一体化中企业税务子模块建设及税收筹划方面的应用建设就显得很重要。

企业进行全面、系统、立体式的降本增效，需要持续挖掘潜力。但在税务方面，降税需要考虑企业的合规性，通过企业业财一体化系统的标准化，实现业务数据和财务数据统一标准且互联互通。在财务共享平台上植入税务模块，将业财一体化税务的开票、缴税等基本功能向税收筹划模式扩展，将税收筹划模式也纳入业财一体化平台，一方面增强税收筹划的合规性；另一方面完善税收筹划的一体化系统运作模式。

财务共享服务中心税务管理子系统建设，需要达到为企业提供面向全税种的管理支撑，满足对税务全方位的管理诉求；需要解决企业对组织机构多层级、多业态的管理，确保企业实现自上而下纵向或横向管理。建设内容包括基础设置、税务筹划、发票管理、计税管理、纳税申报、统计分析等基础应用功能，实现针对企业不同区域和不同税负的全税务服务的全生命周期管理。同时，还需要将税务管理系统进行税企直联，并与报账系统和开票系统进行无缝集成，完成采购报销付款、销售开票收款的业财一体化集成建设。具体内容见图5-20。

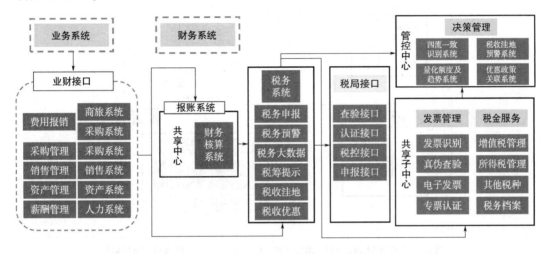

图5-20　顶层设计方案：两网协同+业财一体模块化组合赋能模式的业财税云系统

在此模式之下，企业财务共享平台的税务子模块系统，由内生式税务共享平台向票、税、风险一体化的外生式税务共享平台转型。通过税收筹划、总部经济、股权交换、灵活用工等系统性安排，用人力资源转换、总部经济的"税收洼地"税收返还、灵活用工模式落地等合法合规的方法解决企业安全性税收筹划问题。

第一，财务共享总部经济。在"税收洼地"层面，主体公司、销售或采购公司、园区纳税合法享受税收返还政策，可以获得一级财政留存园区的税收返还。企业成为主体公司后，享受一级财政留存园区的税收返还政策，获得增值税和所得税两方面的优惠。财务共享税收筹划平台是个人独资企业、个人及其他机构开展合作的渠道。促进业务发展时，企业可以在税收筹划平台上进行合同、资金和发票的结算。同时，再与个体进行另一次结算，实现个人独资企业及个人层面的税收优惠，从而节约交易成本，推动个人和企业之间的利益分配和重构，使企业获取真实利益。由此可以看到，业财一体化可以将财务共享总部经济、财务共享税收筹划平台一起纳入，对企业降本很有效，集成的效果也能使企业降税增效。

从企业层面看，企业的采购中心和销售中心有效植入税收优惠区域或税收筹划洼地，使得财务共享服务中心的税收子模块增加了业务和利润的赋能效果。由此使企业实现节税。降本节税的额度往往可以回补到平台化的建设上来。同时，还需要解决金税系统"四流一致"监管问题。具体内容见图5-21。

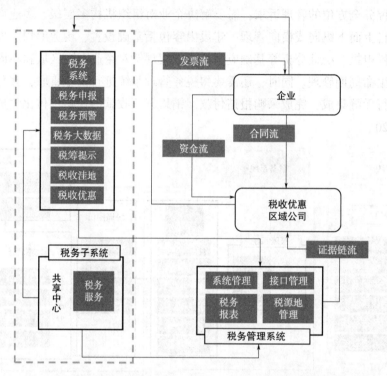

图 5-21　税收筹划的财务共享子模块"四流一致"智能化流程路径

第二，财务共享灵活用工平台。企业将灵活用工的真实需求与五险一金的有效筹划、员工薪酬的筹划、利润及各方面服务费的筹划结合起来，通过灵活用工平台保障证据链的完整性，解决员工五险一金不规范问题及个人服务的发票证据链不完整问题。这3种筹划方式的嵌套能够有效通过平台管理规避企业风险，使企业合规经营。

因此，财务共享服务中心的税务子模块通过税务从内而外的延伸，可使企业财务以有效的税收筹划方式实现节税赋能。需要注意的是，由于税务筹划处于敏感地带，有其风险性，业财一体化平台融入税务模块，有助于保证税务信息的真实性、合规性、合法性，可以此权衡思想来解决企业有没有必要实施税收筹划及如何实施税收筹划的问题。

业财一体模块化组合业财税云系统支持证据链路径见图5-22。

税务子模块需要具备生态连接、税务自动化、数据精算等核心能力，促使内外连接，打造包括流程自动化、数据流转自动化、政策匹配自动化在内的税务智能化和自动化功能，以及算税引擎、多维度分析等针对证据链的比对、稽查、风控挖掘功能。构建完整的证据链，需要推进应用架构及产品功能在销项发票、进项发票、企业税务、个税应用、税收优惠、专项高新等应用场景中的持续开发与转化。

在转化过程中，企业需要通过软件集成和智能化链接，系统地解决各个模块的节点优

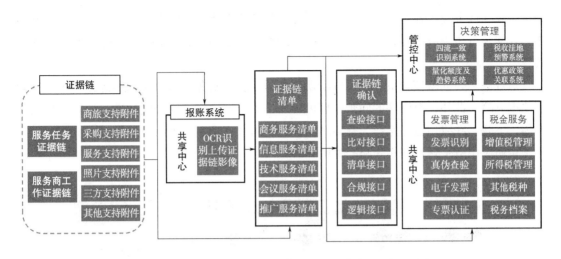

图 5-22　业财一体模块化组合业财税云系统支持证据链路径

化问题。这包括：①优化销项发票的智能化应用场景，打造对接开票、导入开票、申请开票等场景，并确保可追溯等功能的实现；②保证进项发票的收票全流程管控应用场景可控，确保平台具备多票种扫描识别能力、增值税发票认证抵扣能力及税企直联相关功能，解决企业接收发票的系统问题；③解决企业税务计算问题并发挥企业税务智能化应用功能，实现企业全视角的统一管理、批量操作，为批量算税时的多企业、多税种操作提供便利，通过聚焦操作、管控权限推动数据采集一体化；④打造企业个税管理、个税核算、个税申报等个税应用功能，解决企业个税数据分散、个税核算申报差异、跨地区个税专项采集难、个税申报成本高等问题；⑤解决企业税务智慧检测分析与服务问题，对企业税务解决方案中的各个环节进行深度检测和分析，辅助企业进行各种维度的数据分析和判断，并智能化地提出税收优惠转化、税收风险预警等一揽子解决方案，立体式、复合式地涵盖企业增值税、所得税、个人所得税、收入、成本、费用、往来款项、存货、抵扣等方面的分析预警，实现核心财税指标预置模型的大数据分析和云计算智能风险预测功能，并完成多维度的风险分析报告。

四、数字化档案流程与战略赋能

在企业国际化、信息化发展和经营规模高速增长的背景下，共享服务成为企业管理控制活动的创新要点并不断普及，这系统地改变了传统分散型档案管理环境。由于档案管理是日常的、共性的、重复性的、可标准化的事务性活动，在共享服务中心模式之下，企业有必要通过电子文档管理和影像扫描管理来解决跨区域管理问题，以及实物流、信息流、业务流、合同流的并行问题。

实务票据在业务发生地产生，而实际票据需要在共享中心所在地进行归档。这种"点对点"的实务票据归档模式，容易使物理层面的票据与使用层面的需求产生空间距离。因此，需要在业务发生地对票据进行影像扫描并使其线上化，后续在共享服务中心实现同步线上查阅及分析决策。得益于资料调阅和管理线上化，审批模式得以简化并提升了整体效率。

通过嵌套票据稽核体系，还可以实现对电子信息与实务票据信息的溯源，从源头上识别票据风险。此外，对原件的同步管理可确保集中管控的安全性和便捷性，针对原件进行上传、下载、在线预览等操作，提高对原件的利用及管理，方便用户查找与使用原件。

企业应用数字化档案模式路径见图5-23。

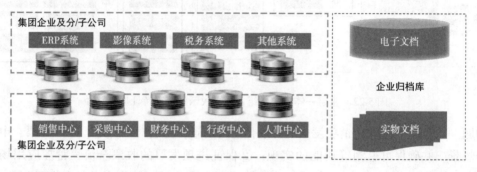

图5-23　企业应用数字化档案模式路径

数字档案管理方面，结合影像技术的应用，将纸质档案转成电子档案并对其进行管理，涉及电子档案生成、调阅、查看、归档、销毁的全生命周期管理。首先要实现档案的电子化，电子档案服务通过对云端对象的存储、档案管理系统、税务资料采集系统，实现企业内外部零散税务资料的归集和云端低成本、高安全性存储。

一方面，要满足电子会计资料归档的强制性政策要求；另一方面，通过会计资料的电子化，大大提高财务处理效率，降低档案管理成本。电子档案服务结合其他税务应用，为客户提供附件的云存储空间，以及专业的档案电子化管理系统。

从应用功能层面看，解决文件存储（电子发票和税务档案）、文件分类及元数据管理问题，确保文件间关联性可追溯、文件安全管理。在服务场景方面，实现针对税务档案的附件存档，包括电子元件、影像文件的集中云存储；针对附件进行分类管理及元数据检索查询；追溯税务档案文件间的关联性；增强税务档案文件集中收集能力；保障档案电子文件安全管理。

总体来说，数字化档案模式有助于企业提高业务拓展和内部商旅效率，针对传统模式之下实物单据传递环节多、周期长、成本高、效率低等问题，通过建立电子影像系统找到了审批和查看单据扫描图像的路径；解决了企业业务闭环流程中各个环节的信息采集完整性问题，针对传统模式之下信息采集效率低、采集不规范、档案多、信息不完整、下属公司多、公司项目多、档案数量大等问题，以及实物档案传递、调拨、接收、借阅过程中缺少系统管理和跟踪督导问题，通过建立电子影像系统，保障了实物影像资料采集和查阅的及时性和完整性，降低了企业的管理成本；解决了企业档案管理因子公司众多或项目众多而出现的档案系统管控不足、分布零散等问题。尤其是业务共享中心与财务共享中心等均涉及不同口径的档案管理、传递、调拨、收阅等事项，存在重要单据管控困难、管控成本高、利用效率低等问题。应对方法就是通过建立电子档案系统，实现跨地域、跨公司层级、跨公司各类共享服务中心的电子档案统一管理。

由证据链流支持的"四流合一"档案管理路径见图5-24。

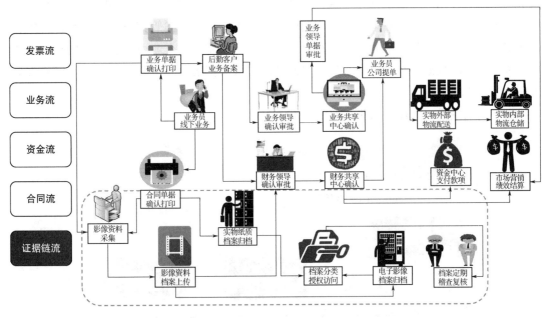

图5-24 由证据链流支持的"四流合一"档案管理路径

得益于电子影像系统的落地及流程的重新转型和优化，企业形成了从业务市场到商旅流程，再到绩效结算、档案归档的完整闭环，推动企业各个管理层面向模块化与集成化转变。基于业务流、合同流、资金流、发票流"四流一致"问题，借助证据链流的线上与线下并行，最大化地提升企业管理的全闭环效率。此外，提高实物纸质档案和影像资料档案审核的匹配性，由纸质审核转变为线上影像识别单据审核，按业务性质和财务支付类型对业务进行分类，可细化到类型、专业、科目等，不仅能提高审批效率和支付效率，而且能为扫描文档自动分组和命名提供最佳路径。

在实体档案集成化管理模式下，档案著录实现了自动收集、接口录入和扫描上传，以及档案归档、档案信息调整、智慧检索、原件管理、档案鉴定和销毁。此外，针对企业实际需要，还可以设置虚拟档案馆，进行档案管理和多级联动的库房分类管理，解决电子档案移交管理、接收方式管理、档案借阅管理等相关问题，对档案开发利用和统计分析、档案编研等进行线上管控；同时实现对实体档案馆的线下智能管理，包括库房温湿度管理、档案馆监控管理等，解决远程监控、形象宣传、资料保存、检索、功能扩展等相关问题，推动档案管控转型。

档案的库房实体管理层面，需要加强实体库房安全性管控。会计档案传递模式从过去分散的属地延伸至了财务共享服务中心，使得会计档案管理和内部控制链条拉长，内部控制风险节点增加。此外，受预算成本约束，全面档案集中管理也可能无法实现。会计档案的收集、影像化、审核、传递、稽核、归档、整理、成档等整个过程的节点发生了实质性改变。风险集中体现在财务共享服务中心指定档案库房的安全性上。

虽然档案集中管控存在隐患，但是集成大数据、云计算、物联网等技术，结合影像扫描系统及电子合同或电子票据系统应用的组合，再配套线上应用端口，进行设计和集成，解决各个端口，尤其移动端口的开发应用问题，能大大提升档案管控效率。同时，将所有单据统一保管在财务共享服务中心所在地，且结合实际需要，企业可自建实体档案中心或选择统一外包的数据档案服务中心模式。此类影像服务档案中心可以使企业有效保管大量凭证，实现档案信息存储和利用。

数字化档案系统的流程与集成路径见图5-25。

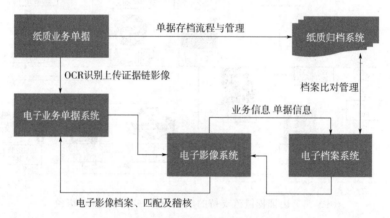

图 5-25　数字化档案系统的流程与集成路径

因此，基于财务共享服务中心的会计档案管理，企业能够实现会计档案管理与财务流程、战略相匹配。

第三节　业务共享与财务共享一体化赋能

从达成企业目标角度来说，智能化财务管理赋能，首先是采取顶层设计模式。顶层设计主要涉及数据化管理体系，采取可视化的决策大屏，分析看板支持，穿透至精细化报表。通过体系建设，形成企业数据应用闭环，使数据输出端与监控端链接，保障决策可执行和落地，以可视化大屏为媒介，直观呈现决策桌面，提升决策效果。其次是解决中层设计问题，通过业务分析体系建设，对市场业务规模和区域等进行实时、快速分析，针对性地采取有效的激励措施和拓展方案，在建立企业多维化分析体系的同时，构建企业各业务系统特有的分析指标体系，形成个性化的企业分析体系，最大化地挖掘数据价值，为企业各层面的信息获得者提供有效的支持服务。最后是解决基础的底层设计问题。通过数据自动化体系建设，实现最基础的数据源上报、获取；落实数据转换、清洗工作，借助数据中台集中输出标准化后的数据。通过上述业务的开展，可释放业务人员生产力，合理使用企业数据资源，将业务人员从日常整理数据、清洗数据、合规化数据行为等重复性基础工作中解放出来。

一、智能化财务管理推动企业提质增效

通过科技赋能，企业业务逐步向价值链管理转型。而管理会计对业财一体化具有重要作用，在此基础上也不断向一体化价值赋能转型。

业财融合体现在日常经营管理控制的一体化价值链赋能上，包括预算管理、成本管理、流程管理、客户价值管理等，并最终在成果输出端呈现企业价值链的财务结果。这一财务结果体现在企业管理层依据管理会计一体化价值链的顶层逻辑实现综合降本增效端上，也体现在精益化管理价值的成本转化上。

具体来说，就是借助科技打通企业管理层面，实现融合；还需要结合企业价值链确定功能，把企业的预算管理、精益管理、成本管理、流程管理等进行系统化、流程化嵌套，推动企业智能化管理价值链落地。具体的智能化嵌套和数字化赋能说明如下：

（1）针对企业预算管理，借助信息系统，对未来经营活动和相应财务结果进行充分、全面的预测和筹划，并通过对执行过程的监控，将实际完成情况与预算目标不断对照和分析，从而及时指导经营活动的改善和调整工作，以帮助管理者更加有效地管理企业，最大限度地实现企业短期年度目标和长期战略目标。

（2）针对企业精益管理，根据市场的客户实际需求来定义企业生产产品的类型和提供产品的方式，按照价值流组织全部生产活动，使要保留下来的、创造价值的各项活动有序和最优化流动，最终让客户的持续性需求拉动企业的价值转换。用外部客户需求推动企业持续生产产品，以个性化定制方式使企业获得与可持续发展目标相匹配的收入。

通过智能化的精细化管理，将企业管理价值链中隐性的成本消耗进行系统性优化；解决企业降本问题，使企业在为客户提供合适的产品过程中，降低产品制造、生产管控、配送管控等送达成本，把生产成本控制在最优状态。

通过智能化的系统集成和预警，系统地解决企业可能存在的产品质量问题，产品滞销导致的积压问题，生产制造过程中的人、财、物过度消耗问题，流程冗余问题等，并将企业核心优势资源聚焦，使生产能力和核心能力释放出来，从而使企业缩短生产准备时间，提高产品和服务质量，增强盈利能力，降低存货水平，提高竞争地位，协调战略营销与经营决策，持续改进供应链层面。

精益管理的智能化和自动化，可促使企业聚焦资源、降本增效，提升固定投入及资源利用效率，从而增强盈利能力。因此，原本需要管理会计人员进行优化判断，企业会计人员应用精益方法对流程进行会计核算优化的工作，通过财务共享服务中心平台，即可解决并消除从交易流程到形成财务报表的内部管理消耗问题，实现财务会计流程聚焦业务量

化,评估为客户创造的综合价值,并聚焦基于企业整体价值贡献的评价。

通过数字化赋能,最终推动企业管理会计生态平台为企业发展赋能,使企业财务针对整个企业的价值链创造提供管理输出服务,对企业业务与财务实施平台化管理,打造一体化职能价值流团队,从而实现价值创造和风控强化,达成最优内部控制,解决流程管理难点。

(3)针对企业成本管理,财务智能化模式通过将成本管理的各种模式进行程序化和固化,嵌套在系统中,并结合数据的流动进行系统分析,基于智能化的数字量化分析,确保成本核算方法准确、核算过程有序、生产过程和流程评估最优,从而提出优化方案,推动企业生产优化迭代,不断降本增效,使企业成本结构达到最优,获得较强的市场竞争力。为此,企业财务管理部门可以将企业产品成本进行结构化分解,确保所有成本环节最优化、管控效果最佳、最终产品的总成本性价比最高。在这个过程中,经过数字化赋能的财务中心可以对成本分析和工具模型进行分解,把量本利模型、边际贡献模型、边际成本模型、成本核算优化模型进行嵌套,实现作业成本法、标准成本法、产能成本标准化、目标成本法、生命周期成本法、供应链成本法、售价倒推成本模型等的集成,并在智能化成本管理中多角度进行数字化分析,确保成本管控处于最佳状态,实现有效融合。

(4)针对企业流程管理,智能化转换的方式是规范每个节点,找到以企业端到端的业务流程为中心、以持续提高企业业务绩效为目的的系统化方法。结合企业战略目标,对企业执行的战术措施进行节点控制,按照节点控制做好流程衔接,按照流程衔接进行系统固化,按照系统固化的每个流程节点,决定流程管理执行措施的标准,在管理过程中不断对实施战略举措涉及的流程进行智能化分析、整合和管理。将企业不同部门、不同客户、不同人员、不同供应商进行流程化协同,并采取数字化赋能方式,将流程中产生的相应数据进行标准化和标签化,推动产品或服务提供过程中涉及的项目、任务、人员、客户、资产等所有经系统确认的信息进行流转,实现企业的战略目标,达成企业战价值链链条的最优化,打造流程体系接口并实现价值最大化。

综上所述,企业财务管理智能化带来价值链赋能。可以借助信息化手段达成价值链会计管理,以市场和客户需求为导向,并结合企业自身的资源禀赋,以企业整体价值最大化的价值链增值和持续性发展为根本目标,推动企业财务管理智能化。通过系统地提高企业财务管理的价值链一体化水平,增强企业财务管理的智能化价值链赋能能力,快速针对企业业务发展提升竞争力、市场占有率、客户满意度和市场渠道转化率,从而实现企业可持续发展。通过企业财务管理与业务市场的智能化链接,以协同电子商务、线上线下市场竞争、生态链互利共赢和多赢的原则,改善企业的智能化运作水平和高效运作模式,借助科学技术,从销售和供应两端确保合同流、业务流、资金流、票据流的一致性,从根本上解决企业风控问题。

二、RPA+费用智能化赋能方案

财务RPA解决财务业务重复、烦琐、量大等问题,基于银企直联、税企直联,减少财务基层人员工作量。把复核、比对、追溯等功能用在自动化校验和流程检查中，可以低成本方式高效优化财务费用支出模式，帮助企业与银行进行资金收付，开展税费缴纳工作，解决自动化费用数据处理问题，从而优化财务整体流程，改善财务与业务沟通路径，实现智能化费用报销和结果确认，确保财务核算的准确性。因此，这个过程能从根本上解决企业的资金收付问题。

智能商旅费控管理"六位一体"系统集成路径见图 5-26。

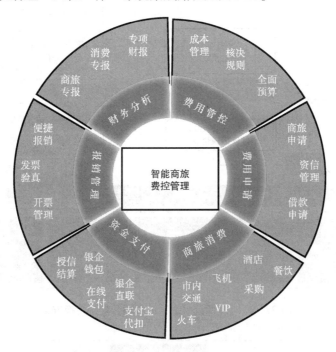

图 5-26　智能商旅费控管理"六位一体"系统集成路径

为确保企业的智能化赋能有效落实，从发展角度解决费用报销瓶颈和效率低问题是比较容易实现的领域。通过推动合同流、发票流、资金流、业务流"四流合一"，确保财务核算准确性和风控有效性，同时企业嵌套"证据链流"协同，拓展并保障费用管理合规的深度。

通过企业预算管理智能化，实现预算导入、预算调整、预算控制和预算分析；通过费用申请智能化，实现申请预算、费用标准、差旅标准、关联报销单、关联借款单、关联项目和关联合同；通过消费预订智能化，推动企业商旅预订、第三方消费的转化。

双向"四流一致"的费用智能化转换方案见图 5-27。

为确保费用得到有效管控，首先对预算管理模块的额度进行比对，之后对财务共享平台的 6 项相关管理业务进行集成和比对，确保企业智能化支出业务得到准确记录，解决发票扫描识别、验真防重、第三方消费订单手工输入等问题，发挥服务成果证据链的支持作用，并通过对这些证据链和业务凭证进行比对，分析多角度输入的数据。信息化提升带来费用管理整体效率提升，具体内容见图 5-28。

219

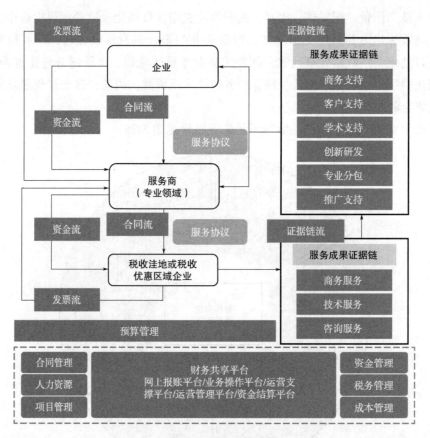

图 5-27 双向"四流一致"的费用智能化转换方案

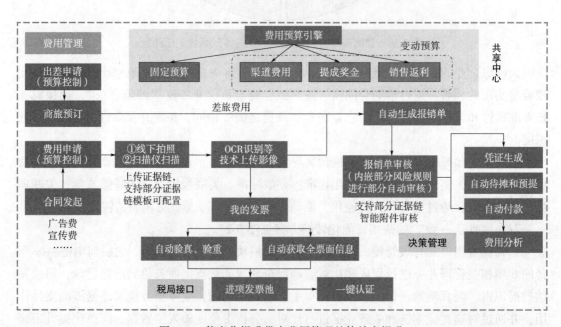

图 5-28 信息化提升带来费用管理整体效率提升

为确保发票真实性,在提交和报销环节,结合数字化赋能,实现自定义模板、核算与预算科目分离、费用分摊、标准控制、预算控制、强制填写、借款核销;通过上级主管的审批,实现自定义审批流程、加签会签、预算执行可见、超标提示;通过智能化的财务记账,实现凭证自动生成和一键推送、凭证修改与冲销作废、预提待摊等,基于智能化核查比对完成资金的智能化支付,顺利对接资金系统接口,实现支付建议、智能化生成凭证、联查单据;最后,在可视化分析展现环节,进行预算执行分析、费用对比分析、消费习惯分析等相关分析对比。

为确保渠道合作商等类似中间服务机构的执行有效性和合规性,通过智能化费用管理模块,打通企业申请、消费、报销、支付、入账、税务的全流程,贯穿事前、事中和事后的全费用控制环节,把合规管理嵌入信息系统,落实企业合作服务商渠道透明化、商业伙伴合规化、费用管理合规化的智能转化方案。借助平台系统,实现企业与合作商的协同一体化;借助平台的链接和赋能作用,构建"1+N"的企业生态链条。

随着"金税四期"、科技赋能监管系统、数字化监管系统等复合、多维的监管系统,以及银行系统对资金管控的溯源机制的不断落地,企业费用管控的合规化压力越来越大,外部监管及内部发展拓展的平衡压力也不断加大。在业务渠道透明化、商业伙伴合规化、费用管理合规化、分析系统市场化和标准化、防火墙穿透后合规化等各项符合时代特征的监管压力之下,企业内部费控升级时不我待,这也是企业风险积聚并不断释放的过程。在企业衔接费用管理与费控终端转换上,业务标准转换引擎和防火墙穿透内测引擎有助于企业实现业财一体化,并结合业务模型和财务支持系统的前瞻性预判和模拟结果,推动实际业务管控有效、合规。具体内容见图 5-29。

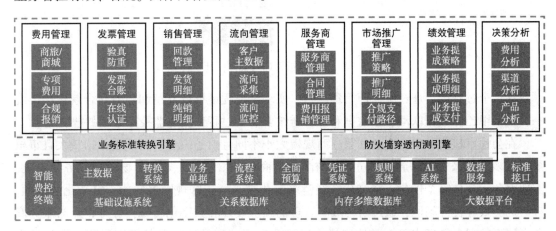

图 5-29 费用管理合规化的智能转化功能模块

在解决上述费用和收支问题方面,通过智能化财务处理中心系统,能进行费用审核、资金拨付、税费缴纳等,从而实现降本提质,强化一体化管控和风控能力,使费用审核可视化、智能化,提升企业运营效率,减少人为差错,有效管控财务合规风险与差错风险,增强各项分析能力,为企业提供多维度、精细化数据和决策支持;推动财务系统从日常核算转向前瞻性预测,以及管理会计量化分析、智能税务筹划与合规化嵌套,实现财务管理的系统化升级与转型。

业务流程方面,企业在与上下游企业合作中,借助服务商进行产品销售的业务有很多,需要解决企业与服务商的协同作业问题。在企业与各类线上与线下服务商的合作过程中,需要提交证据链,确认业绩后进行资金结算,而通过线上一体化融合证据链平台,可以将服务商推广服务协议、证据文件、发票以系统方式提交给企业。企业财务共享服务中心负责做财务证据链审查的合规岗位人员完成对服务商推广服务协议、证据文件、发票的审核后,企业再安排付款,服务商需定期(季度)将完税证明复印件随发票一并邮寄至企业财务审核的相关合规组,作为下次付款的前提条件。具体内容见图5-30。

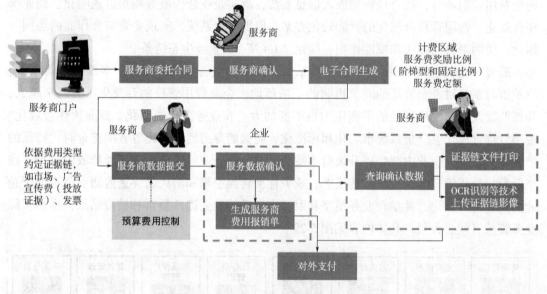

图 5-30　合规营销管理云架构设计逻辑

在这个过程中,通过服务商管理平台,实现全流程证据链支持和服务商合规化标准统一,推动甲乙方数据联动、主数据和证据链结合、全过程证据链监控及处理的智能化。

在会计审核业务中,企业和服务商规模大小不同且财务人员多,纸质单据量大且审核规则较多,记账规则复杂,合同涉及的个性化商业条款较多,导致市场前端业务复杂化,需要财务后台核算个性化、精细化,经营多元化带来了记账规则多样化、复杂化的瓶颈。针对此类效率提升问题,通过财务战略管理的顶层设计和数字化转型,提升企业与服务商各个层面的财务管理水平。具体来说,通过全过程证据链监控及处理智能化方案的标准化,以及财务共享服务中心推动解决方案的流程化、个性化,系统地降低运营成本。

针对营销环节端的复杂性,通过提升企业智能化识别能力,提高企业的智能化审核水平,解决系统自动化审核及基于全闭环模式确保企业业务与财务匹配的完整性、准确性、时效性问题,同步解决财务风控合规需要的证据链支持等问题。借助多种数据部署方式,实现数据交叉自动复核,通过数据标准化推动数据资产化,提升数据分析、风险防控能力，从而提升数据本身的价值。借助财务共享嵌套的智能财税技术，实现 AI 的深度融合，从而构建企业智能财税服务生态体系。具体内容见图 5-31。

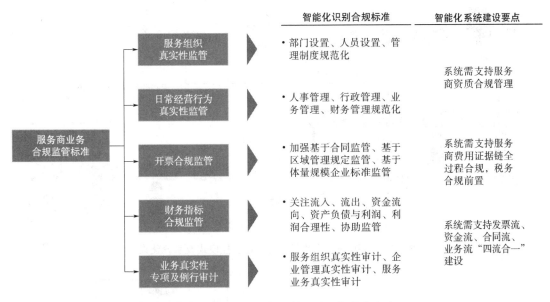

图 5-31　全过程证据链监控及处理智能化方案

在确保企业安全层面，企业通过业财一体化智慧销售模式及系统建设实现单据的数据化；通过智能识别模式解决财务纸质单据结构化数据问题；通过全部规则自动化审核模式，对企业全部财务审核节点进行标准化和量化，实现复杂审核逻辑的智能化，使多维复核要求的规则由 RPA 机器学习模型替代。通过流程自动化控制，以及将基本的财务审核和财务管理规范要求作为推动财务审核的核心，把智能识别和数据处理等技术通过技术中台进行转化，实现业务流程化、流程自动化，并通过 RPA 程序进行智能化审核与实时化监控。借助智能识别技术、微服务架构技术等各种技术的赋能逻辑，实现解决方案的多维化涵盖。

通过这些业务节点对企业应收账款进行有效管控，提升智能化效率，解决销售与收款环节需要匹配支付的销售费用，实现企业财务支持系统的智能化。

在财务场景中应用 RPA 技术，优化审核方案，推动传统会计人员转型，通过影像系统、费控系统等核对数据信息的真实性，改手工为自动或映射生成方式。通过创新模式，利用智能识别技术提取标准化的财务票据数据；部分外包的，则通过众包平台完成全部数据的补充；对于结构化数据，则采取规则引擎校验和转入数据，通过 AI 技术自动生成会计凭证并记录，完成所有针对企业业务场景的财务会计科目的转化与处理，并获取审核、记账需要的全部数据，以实现智能审核。具体内容见图 5-32。

基于企业采取的顶层设计方案，实现业财一体模块化组合业财税云系统支持证据链内部规范稽核，见图 5-33。

首先，将证据链清单标准系统上传，为证据链在管控中心和共享中心进行确认与决策

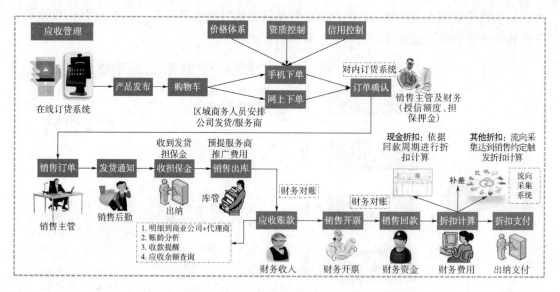

图 5-32　业财一体化智慧销售费控管控模式及系统建设

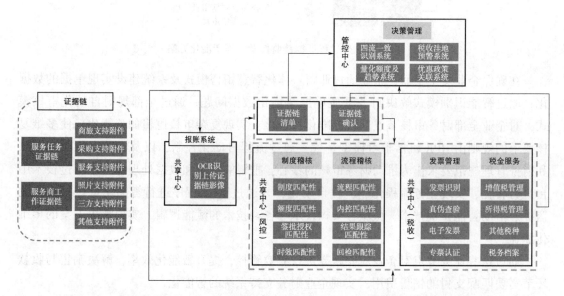

图 5-33　顶层设计方案：业财一体模块化组合业财税云系统支持证据链内部规范稽核

打下基础。解决发票的真实性审核问题，实现发票验真、事项描述相互校验、企业内外部信息校验等；解决发票和业务的完整性审核问题，实现"四流一致"的业务信息完整性校验、原始单据完整性校验、签字完整性校验等。

其次，通过系统的风险审核，进行发票连号校验、违现事项入账校验、同一供应商多地业务发生校验、大额销售费用和折扣比率的预警提示等，从而在收付审核层面进行收款方与发票盖章方、合同盖章方等校验，支付金额与发票金额、合同金额、采购单金额校验，收款凭证信息与经营事项校验等。

最后，采取妥善措施确保企业在营销端的合规与受控，使审核符合准则条款、税务条款、行业监管要求等，通过企业内控标准审核，确定差旅费标准、人均餐费、单次酒水限额、摊销折旧规则、各类补贴标准等。

在上述过程中，通过企业流程机器人 RPA 工具，对自动化流程的场景应用进行标准化定义，并借助 RPA 提供费用智能化服务，包括：①银企对账，即银企直连提取企业在银行的流水账单，从企业内部财务软件中采集内部账务信息，月末对比当月每日支出总金额及收入总金额；②电商订单对账，即对比企业和银行接口平台与电商订单平台的订单，结合退货退款情况，分别算出 2 个平台的合计金额，筛查出订单号相同而金额存在差异的数据，供业务人员核实；③企业收付款对账，即企业内部应收款和应付款与银行流水账单比对，按照收款方式、收款日期、账户名称、金额等信息进行匹配，匹配上的自动审批通过，匹配不上的筛查出来，供财务人员核实；④企业信息采集、发票查验、发票开具、报销自动审核，即采集报销信息，发送至费控平台，费控平台返回审核结果和提示语，再发送至第三方平台自动审核；⑤报表数据分析，即根据企业每年的财务报表，计算和分析企业的盈利能力、偿债能力、营运能力、成长能力等相关指标。

因此，通过费用智能化审核赋能及 RPA 模式的应用，可提升企业工作效率，降低企业票据风险，减少财务人员的基础工作量，以及重复记账和核对工作量；业务的相关付款、报销均可实现线上审批和智能化，提升了审批效率；通过报账系统自动导入账务系统，进行账务处理，可明显减少财务部门的核算工作量，并提高核算的准确性；保障预算管理的及时性、准确性，使得预算管理兼具刚性与柔性，保证了预算管理的严肃性与灵活性；节约企业管理成本，尤其是推动人力资源转型，将有限的人力投入管理精细化、业务价值化的价值链工作。

三、商旅叠加积分模块化组合赋能演进

在财务共享服务中心的标准化作业中，商旅报销是最基本的标准业务。商旅报销具有重复性、标准性、易识别性等特征，使得这类工作量最大的传统业务之一成了最容易获得财务工作转型升级绩效的领域，也是各类公司升级财务共享服务中心的基本配置。

财务共享服务中心的商旅报销子中心有 3 个渐进式的转化层面，分别为初级阶段、中级阶段和高级阶段。

（1）初级阶段。

在初级阶段，企业建立内部财务共享报销服务机制。这个阶段的标志是"商旅平台 + 财务共享"两重集成模式，重点解决传统财务报销模式下，垫支、审核、批准、领款等一系列内部管控流程耗时长、成本高、发票真伪识别难等问题，见图 5-34。

通过电商线上集成，财务共享服务中心打通标准化接口，在商旅层面平台化转换并集成电商的各类服务，使商旅平台上的供应商与企业内部商旅报销链条对接，发挥财务共享在数据、标准、链接、智能方面的处理作用，达到数据标准规范、自动处理及时高效、智能输出及时准确的转型效果，从而优化财务服务并支持业务运营流程。

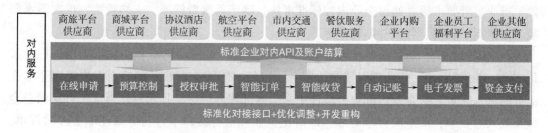

图 5-34　依托企业内部流程黏性，实现供应链上下游在线协同的内部服务阶段

因此，"商旅平台+财务共享"模式应运而生。通过商旅业务行为流程标准化、数据共享的标准化、线上线下行为的标准化、商旅电商平台的接口嵌入化、询比价系统的智能化，形成从申请到结算的统一完整闭环。通过统一结算、统一采购、统一开票形成"四流一致"的业务链条，解决供应链内控中涉及的商旅全流程内控的自动稽核与全链条服务问题，推动从询比价到采购全智能化的转换。更进一步的集成效果还体现在从市内交通到火车、飞机、轮船交通，再到宾馆住宿系统的一体化链接。

智能供应商与企业商旅对接的智能财务报销新模式见图5-35。

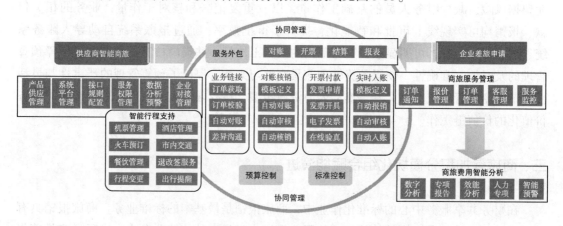

图 5-35　智能供应商与企业商旅对接的智能财务报销新模式

在智能供应商与企业商旅对接的智能财务报销新模式的初级阶段，企业智能化规范了差旅费报销流程，解决了纸质发票扫描后与报销单自动匹配问题，并实现了跨界及异地报销与集中审批，形成了完整的"四流一致"证据链条，成为财务可采纳的有效依据。

这个阶段的财务共享商旅集成服务体现在电商平台渠道的合作洽谈需要人员投入上，同时需要解决各种系统和流程对接问题，以及植入的各类酒店、交通等平台合作及结算对接问题。涉及端到端的全流程商旅后台管理与财务对接工作复杂性从原来的员工端转到企业管理服务的后台端，是这个阶段财务共享商旅集成服务的难点。

（2）中级阶段。

在中级阶段，企业内部的财务共享报销服务叠加其他功能性辅助模式建立，包括各类企业提升效率的辅助系统。这个阶段的标志是"商旅平台+财务协同+辅助模块"的多重集成模式，见图5-36。

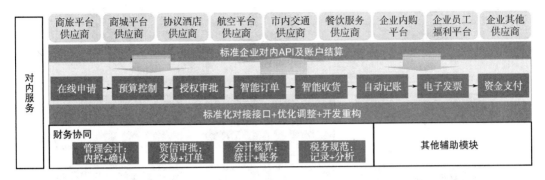

图5-36 依托企业内部流程黏性，实现供应链上下游在线协同+辅助支持集成阶段

在这个阶段，企业的商旅服务除了运用传统的结算模式，还可以链接标准化转置的内部积分等，通过内部积分等辅助子系统的应用，打通企业与平台的接口链接，构建统一的企业内部用户中心、积分中心和权益中心。支持对接多方外部供应链服务，解决外部商品资源化服务的资源标准定价和积分兑换模式的自动识别与转置问题，设置支持多商城管理的接口，以及针对不同前端商城业务的个性化和差异性统一处理功能。

企业商旅+积分对接的中级智能财务共享结算模式见图5-37。

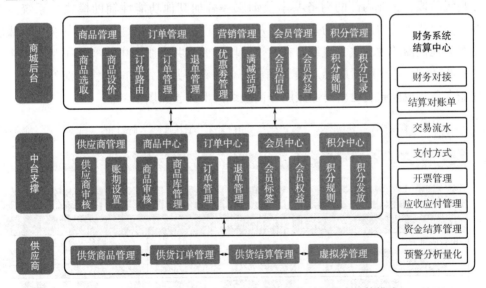

图5-37 企业商旅+积分对接的中级智能财务共享结算模式

这个阶段的商旅共享服务平台，在以积分为代表的系统嵌套下，可以实现多商城的嵌套模式，并加上更多外部接口。这使得企业与外部供应商的电子商务系统的项目系统架构更加立体、丰富。同时，通过积分结算，企业内部能实现与电商平台外部渠道的积分互认，在开展资金结算的同时，能支持针对会员的渠道识别、积分认证、积分交易、个性化业务，提升了商旅共享平台的服务效率，优化了企业数智化服务的数字赋能效果。积分推动证据链的业财融合业务流程见图5-38。

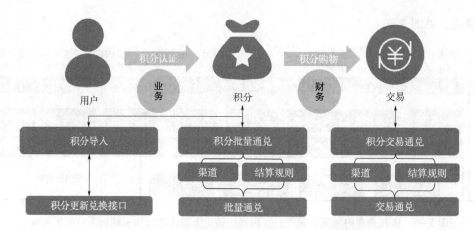

图 5-38　积分推动证据链的业财融合业务流程

在这个阶段，商旅共享服务中心这个子中心再次被拆分和模块化，实现了共享领域接口的扩展、延伸。结合业务共享、财务共享等完成多个中心的建设，侧面推动了订单中台的演进，加强了商旅共享服务中心在各个终端的业务订单数据的整合展示和结算准确性，推动了业务与财务的深度融合。

（3）高级阶段。

在高级阶段，企业内部的财务共享报销服务叠加其他功能性辅助模式并系统运营之后，在原高效化支持内部服务的基础上，从企业的财务共享服务中心的内部组织升级转型为商旅服务提供商的独立法人组织。在这个阶段，商旅共享服务中心实现了从成本中心向利润中心的转型。这个阶段的标志是"商旅平台+财务共享+辅助模块+对外服务"的独立运作兼多重集成模式，也就是商旅服务商组织的形式，见图5-39。

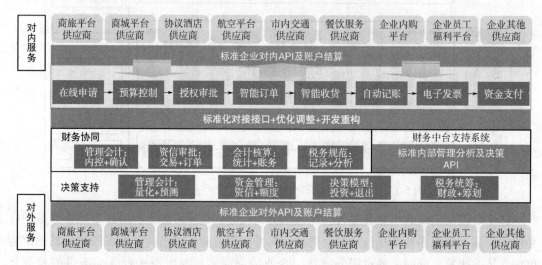

图 5-39　依托企业内部流程的黏性，实现供应链上下游在线协同的内外协同服务阶段

在这个阶段，商旅共享服务中心实现了以品牌为核心、以用户为纽带、以中台为支撑，构建独立服务子公司，建设私域流量池，并整合内外部资源推动聚合服务，为内部员

工和外部用户提供更加全面、系统、精细化的商旅集成服务。

通过提升公司内外相关用户的消费体验，形成了商旅平台应用的集成子平台，通过效率和平台的转换，构建了跨界用户之间积分通兑、权益互换、服务共享的独立运作组织，保障了专业化分工模式下效率最大化带来的利益最大化、权益服务化和数据统一化。

两网协同＋业财一体＋外部拓展模块化组合赋能模式（商旅服务商）见图5-40。

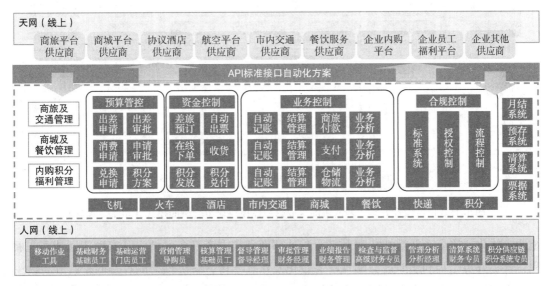

图5-40　顶层设计方案：两网协同＋业财一体＋外部拓展模块化组合赋能模式（商旅服务商）

由图5-40可知，商旅服务商模式提升了财务服务的要求，只有服务水平、服务标准、服务效率都实现质的飞跃，才能确保在获得客户认可与满意基础上，实现企业内部服务模式和内部利益链条重塑和转型。

四、员工福利模块化组合赋能

基于业财一体化模式，解决员工薪酬与福利相关问题，通过积分管理的辅助模块提升员工的内部体验作用和意义重大。作为企业全面薪酬战略的一部分，员工福利是企业吸引、保留和激励人才的重要手段。企业员工福利平台的建设类似商旅电商平台的嵌套，不同的是该事项主要在企业内部进行。随着国内职场的进一步多元化，在兼顾整体福利安排的同时，员工的个性化福利需求进一步增加，对同步财务内部结算和支持的及时性要求也不断提升。随着移动科技、社交平台和电子商户在工作与生活领域的广泛应用，员工对于福利的体验具有更高的期望值，对结算便捷性也有了更高的要求。

两网协同＋业财一体模块化组合赋能模式（员工＋福利）见图5-41。

企业福利计划在内涵和执行手段上的灵活性与多样性，使其具有比现金薪酬更广泛的操作空间。作为整体薪酬的重要组成部分，福利计划在吸引、激励、保留人才方面的作用正日益受到关注并被深入挖掘。因此，融合财务服务，实现内部票据系统和证据链支持系

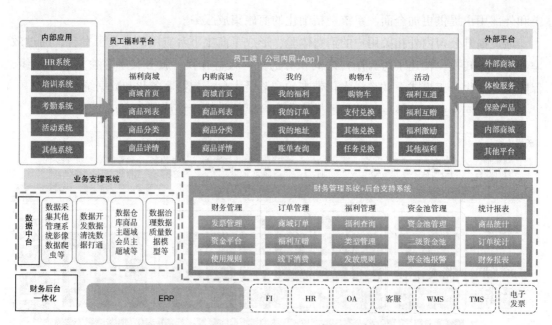

图 5-41 顶层设计方案：两网协同 + 业财一体模块化组合赋能模式（员工 + 福利）

统的一体化，嵌套企业数智化福利平台与外部商品类电商平台的植入，有助于达成员工福利，并提升员工福利满意度，实现财务量化及核算支持，解决预警测算及调整调节问题。

在智能化层面，企业业财融合系统重点在于针对不同的员工群体（职级、业绩、岗位族群等），制定差异化的预算标准，配置不同的福利产品包，从照顾不同群体的特殊需求升级到充分发挥福利的激励性作用，在企业福利限额内，通过员工福利模块功能的实现，采取精神鼓励与物质支持融合方式，传递企业对员工的认可度；在财务量化及总额可控范围内，提升福利发放的多元化与个性化，从而间接实现员工对企业文化的认可与传承。这种业财融合的员工福利模式可以帮助企业吸引和留住人才，解决人力资源端的管理问题。

在数智化福利平台上，企业可以在既定福利预算额度框架内，通过不断丰富可供选择的福利项目来提高员工的体验值。同时，企业还可以通过与员工共担福利成本的方式，设计员工自费福利计划，帮助员工享受到团体福利的实惠。例如，企业可以安排一些高标准的福利产品。在这种个性化设置之下，企业福利甚至可以拓展至员工家属。由于是企业统一安排，员工既可享受团购的实惠，又可以省去大量时间投入，且在企业内部结算系统中可以充分应用货币资金和积分的复合模式。为提升福利效果，企业可以增加类似特别奖模式或择机免单模式，再加入员工福利支付时间等原因形成的资金沉淀让利，直接降低采购物品的价格，提升福利物品的优惠力度和竞争力，从而提升员工福利感知，使福利成本最优，使员工福利效果最大化。

在数智化福利平台上，企业可采取核心福利 + 自选福利的模式。其中，核心福利更多地强调企业从风险防范角度强制性安排福利项目，一般要求员工在预算额度内将其作为必选项目。员工在决定个人福利产品组合时，通过对必选项目的了解，可以提高对风险的认识,加深对福利基本功能的理解,扭转片面地将福利等同于变相的现金收入的误区。这种模式也解决了财务系统传统的福利报销模式的各种问题,实现了集中式报销与集成化处理,大大提升了财务处理效率和福利结算的快捷性。

转型模式的好处体现在:

(1)发放端。人力资源需要解决以分/子公司、部门为单位,最终到个人的福利发放模式问题。通过使用数智化福利平台,企业打破了福利发放耗时耗力的瓶颈,节约了时间。企业确定预算后,通过为员工发放等值积分方式,由员工自己选品购买,并在填好地址后,由物流快递到家或自提。

(2)集采端。企业和个人均可达到节约的效果。根据国家颁布的企业所得税法及相关条例,允许按照规定的范围、标准在税前将部分费用扣除,额度分别是工资总额的一定比例。例如,职工福利费(14%)、职工培训费(8%)、补充医疗(5%)、企业年金(5%)、工会经费(2%)累计占比达34%。因此,从企业成本费用筹划角度提升了企业和个人的积极性。

(3)降本增效端。企业个性化的数智化福利平台可集成丰富的服务类型,开具多种发票,也更容易一次性满足企业需求,实现一次性结算和对账,解决了过往的重复性支付等问题。与发放现金相比,这种弹性福利可以大大节约成本。对企业而言,发放现金方式有2个劣势:一方面,国家政策对企业取现有限额规定,操作复杂;另一方面,会增加税收筹划难度,提升企业所得税的税基,加大社保缴纳基数计算的难度。

(4)接口端。接口的标准化解决了供应商的一站式服务问题,推动了一站式配置管理福利计划的落地。

五、研发费用数字化流程及管控赋能

在创新研究方面,企业通过研发费用数字化配套的流程及过程管理,实现基于研发费用数字化转型的融合。具体体现在:

(一)业财融合与研发费用数字化

企业研发费用数字化管理在业财融合的基础上,通过财务资源与业务集中化管理,实现票据与资金的一体化控制,从而有助于建立合规管理机制。

基于业财融合的研发费用数字化管理,需要以企业全业务和财务流程信息化为前提,结合行业行为准则的要求,并联合财务、税务、法务等合规要求建立平台。企业研发费用数字化管理平台,基于全业务链精细、合规、费控可追溯的云系统,通过相应的计算机端、手机App、小程序等终端应用,实现业务的精细化、研发费用的合规化、财税的合法化管理。企业研发费用数字化管理平台主要由研发费用预算管理子系统、研发活动业务采集子系统、研发费用控制化财务管理子系统3个部分构成。

第一,企业根据研发需求和预算情况,建立精细化的研发费用预算管理子系统。首先,企业应根据新产品和服务的研发需求及资金状况确定研发预算总额。若委托中介服务机构,则要审核服务商的内容安全策略(Content Security Policy,CSP)和公司资质内控。其次,企业应根据财务状况和经营情况设定财务标准,完善内控与审计机制。最后,企业应明确财务部门的职责,结合业务流程和研发需求制订相对详细的预算计划,或者与中介服务机构签订电子化委托协议。

第二,企业基于研发项目和计划,建立合规化的研发活动业务采集子系统。首先,企业应设计具体的研发活动流程,建立时间轴,确定需要安排的研发人员,或者制订"产学研"合作研发方案,按任务的用途与金额来规划研发费用。其次,企业通过各类终端应用跟踪研发过程,设定内嵌的定位装置和签到系统,保证研发活动业务流程的真实性,并通过实时的调研、问卷、实验等方式采集数据,保障研发活动的有效性。最后,企业应建立智能审计和自检数据体系,保证审计研发费用支出的合法性和合理性,并检查研究数据的可靠性,自动汇总研发活动的证据文件。

第三,企业基于研发业务和费用发生情况,构建研发费用控制化财务管理子系统。首先,企业应根据财务计划,进行周期性的研发费用额度管理,及时管控和调整研发费用支出金额。其次,企业应通过数字化技术进行研发费用发票的真伪查验,通过业务链与财务链一体化结合的业财融合体系,建立证据与发票的强关联。最后,企业应根据发票检验、梳理证据链的真实性和有效性,通过付款信息便捷导入,自动形成费用台账,实现便捷化的财务管理。企业基于业财融合建立的研发费用数字化管理平台见图5-42。

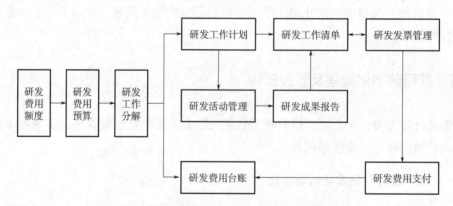

图5-42 基于业财融合的研发费用数字化管理平台

企业建立基于业财融合的研发费用数字化管理平台,能够克服传统方式存在的缺少真实业务证明、证据链不完整等缺陷,建立合规风险管理体系。

首先,平台能够契合企业现有业务规划及整体架构,在不改变企业原本宏观业务规划、研发活动计划的基础上,直接进一步细化业务流程,规范业务环节。同时,自然人和区域代理商各自承担法律风险与合规责任,企业风险得到有效防控。

其次,平台通过将各种终端应用于内嵌系统进行研发活动、业务流程技术留痕,通过定位、拍照、在线签名、智能审计等技术手段,保证调研、问卷、实验等方式获取的证据的真实性和合理性，记录日常服务的碎片化痕迹，形成可追溯的合规证据链。

最后，平台通过智能数据自检，在保证业务真实、安全的基础上，按照合理性量化规则对各项研发费用对应的证据文件进行自动审核，保证财税安全；与企业信用信息、增值税发票信息对接，直接获取企业工商信息和发票信息，节约审核人员资源投入，降低合规审核成本。基于"四流合一"（合同流、业务流、资金流和发票流），核查企业的研发费用，满足税务稽查要求。

（二）研发费用合规管理机制

企业研发费用数字化管理平台通过信息化手段，加入合规管理相关功能，固化和管控研发活动业务流程，并真实记录和还原研发行为痕迹，如首营资料备案、电子化协议合规审查、研发工作计划检查、研发结果报告勘误等，使其回归研发活动业务事实，构建基于业财一体化的合规管理机制。

企业研发费用数字化管理平台的合规管理机制构建，主要基于企业基础信息、行业主要数据、管理规范和系统管理，通过费用预算管理、研发活动痕迹管理、技术清单管理和研发成果报告管理实现。

第一，费用预算管理。企业基于研发活动需求和业务流程，合理编制研发费用预算。费用预算主要包括技术服务费（案例企业、调查对象、拜访汇总等）、商务服务费（企业库存数据集、产品使用数据汇总、基础服务数据汇总、产品开发汇总、服务开发汇总、商业渠道围护服务汇总等）、市场调研费（针对用户访谈问卷、零售商信息调研、竞品信息调研、区域政策信息收集等）等。

第二，研发活动痕迹管理。企业利用研发费用数字化平台的终端应用，随时记录研发活动业务痕迹。业务痕迹主要包括拜访详情（拜访对象、拜访产品、拜访用户、拜访时间等）、调研详情（企业名称、实际控制人性质、市场范围、产品种类、服务价格等）、会议详情（会议主题、承办单位、参会成员、会议议程、会议内容等）等。

第三，技术清单管理。企业基于研发目标和研发活动，设计研发工作清单，审核工作计划的可行性。工作清单主要包括综合商务工作清单、拜访汇总清单、专业问卷调研总结报告等。

第四，研发成果报告管理。企业基于研发活动业务流程过程中采集的各项信息和数据，通过数据分析与处理软件自动汇总形成研发成果报告。成果报告主要包括问卷统计结果报告、调研访谈信息分析报告、会议内容汇总报告等。

企业研发费用数字化平台的合规管理机制见图5-43。它具有五大优势：一是符合现实研发活动业务管理层级和业务事实；二是通过各类终端应用及其他信息工具可减少研发证据链形成的工作量；三是真实研发活动的业务票据，可以在税负上层层抵扣，降低综合税负成本；四是企业被税务稽查和处罚的风险大大降低；五是可以对一线研发活动业务实现精细化管控，有利于企业长期规划和发展。

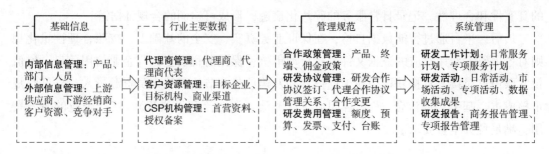

图 5-43　研发费用数字化平台的合规管理机制

(三) 研发费用数字化流程及管控模式的应用

1. 企业研发费用合规管理的要求

在科技赋能的数字化转型大背景下，企业营销费用合规管理受到了极大的挑战。不少企业针对专业化分工需要，建立服务外包新模式，通过全证据链的研发费用数字化合规管理，弥补销售费用管理缺陷，并增强科技创新能力。

不少企业为适应科技转型发展的要求，转变传统多层级营销方式，建立服务外包新模式，同时涉及传统代理商的转型或复合服务模式的迭代升级，需要转型为服务商。然而，企业营销服务外包模式容易引发 2 个问题：一是代理商资金监管和合规、税前费用抵扣"虚开"导致的低价转高开和营销费用较高问题；二是服务商缺乏资质资格能力、缺少服务过程证明导致的产品营销推广违法违规和财务税务筹划问题。

企业需要通过全证据链的研发费用数字化管理，弥补销售费用管理的缺陷。企业可以通过开展"销售流通线"和"委托服务商"的"双线模式"业务，满足销售和研发费用的合规管理要求。"销售流通线"是从企业到商业配送，再到终端机构或个人用户的销售渠道。"委托服务商"包括 4 种业务渠道：一是通过渠道管理、终端维护实现的劳务服务；二是通过终端专家支持、用户服务实现的技术服务；三是通过市场管理、准入事务实现的市场服务；四是通过调研咨询、非药服务实现的智慧服务。服务商基于全证据链的数字化研发费用管理，为医药企业开具服务发票，并提供整个研发过程的留痕证据及研发结果报告，通过数字化平台的客户资源管控、服务商资质审核等保障服务合作的安全性和有效性。

2. 企业研发费用数字化合规管理机制

企业基于业财融合的研发费用数字化转型，不但能够更便捷地获得研发活动业务的全证据链信息，又能增强研发投入和研发活动的积极性，完善企业合规管理机制，并提高合规管理水平。

企业独立部署各类研发数据采集与分析应用程序，合作对象覆盖全国多级代理商，能够实现精细合规费用控制管理，并集成企业信用和金税信息，实现数字化业财融合赋能。

首先，企业根据研发费用预算，将研发活动委托给专业的服务公司完成。服务公司负责整合商务事务、客户服务、市场管理、学术支持、政策准入、项目管理等资源,形成研发活动业务全流程证据链。

其次,专业的服务公司可以根据研发项目的类型和所需要的资源,对接各分包服务公司,并按照服务类型签订商务服务、技术服务、咨询服务等分包协议,支付服务报酬,获取研发活动涉及的服务或劳务发票。

最后,企业获得由专业服务公司整理的研发活动业务全流程证据留痕证明、研发成果报告、相关研发费用发票,并支付服务费用。

综合来看,企业研发服务外包模式的合规管理,主要通过企业本身、服务商全业务链管理与审计统计开展。企业研发费用数字化流程与管控模式见图5-44。

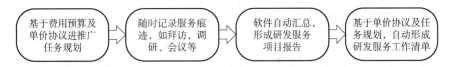

图5-44 企业研发费用数字化流程与管控模式

企业委托专业的服务公司进行研发费用数字化合规管理。首先,服务公司基于基本的企业数据,合规的标准制定,精准真实的行为记录,审核机制的智能校验,业务、票据、资金的"三流合一"等,通过各种终端应用的系统采集方式,使得当前推广服务模式的落地更加安全、高效;其次,服务公司在基本数据的基础上,辅以行业大数据、工商信息、发票信息的关联查询及对接,使得系统更加便捷、易用;最后,服务公司为企业及服务商提供精细化研发费用管理,提供合规落地服务及规范企业财务流程的闭环信息化云平台。

在创新驱动发展的趋势下,企业基于业财融合的研发费用数字化赋能,有利于降低违规风险,促进形成合规管理体系,从而提升企业开展研发活动的动力。企业研发费用的数字化合规管理平台涵盖财务、税务、法务等综合信息和规范,旨在通过信息化手段,固化和管控研发活动业务流程,并真实记录和还原研发活动行为痕迹;通过数据处理和分析形成研发活动完整证据链,同时与业务的增值税专用发票相对应,实现研发费用的合规管理,降低企业的综合税负,保障企业研发活动安全、合法。

六、司库管理从初级形态到高级形态的智能化赋能

面对愈发不确定的外部环境,企业的财务管理尤其是资金管理的难度加大。从传统企业财务端的资金管控痛点来说,企业财务一般存在以下问题:①银行账户众多,资金管理分散;②成员单位资金独立管理,集团监管查询难;③资金使用效率低,资金整体成本高;④集团内部调剂难,支付审批效率低,资金计划效果差;⑤成员单位独立支付,结算成本高;⑥平台选择多,验证周期长,应用扩展要求高,持续投入高。企业资金管控模式和风险应对策略也亟待转型升级。

在当下的数智化赋能企业财务时期,企业资金管理面临提高资金使用效率、提升资金

收益回报、严控风险等方面的任务。也正因为如此，流动性风险管理和财务风险管理是企业资金管理的 2 项重要任务。

企业共享资金管控系统平台路径见图 5-45。

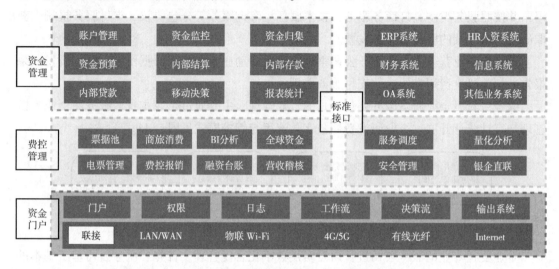

图 5-45　企业共享资金管控系统平台路径

企业资金管理普遍面临的主要阻力是缺乏有效的财资管理系统基础设施。从资金管控角度看，建设共享中心统一的结算平台，集中进行报销支付、合同付款、无合同付款、薪金支付，通过与银行、非银金融机构和企业内部各类资金系统集成，可以统一管理各项支出和收入。

从企业资金管理实践来说，通过账户梳理与体系搭建，并借助收支两条线或统收统支方式，实现资金集约化管控。具体包括：①实现资金的集中归集，解决企业资金沉淀问题，从顶层视角完成企业的资金管控；②落实资金收支计划，融入企业的全面预算管控，从而控制资金收支，实现数据共享的便捷性；③通过企业控制或控股下属企业的资金内部结算计价体系建设，解决下属企业的资金内部计价问题，实现基于一体化资金管理的灵活控制；④通过集约化的管控模式和收付管理，解决资金周转问题，实现企业系统内结算快捷高效的拨付，借助一体化集成系统获得安全保障；⑤通过企业内部结算的灵活设置，解决内部周转资金占用和管理问题，实现资金结算的省钱省力。企业通过上述资金的共享模式，能够掌握资金实际状况，确保决策的及时性、准确性，同时借助流程化的管理手段，控制资金管理和支付的决策风险。

但外部环境的不确定性及企业内部业务的变化，给企业财资管控提出了更高的要求。资金集中管理、风险报酬统筹及存量流量管控是上述传统模式下财务共享服务中心在服务环节所无法解决的问题。

企业通过升级资金管理模式，构建并加强司库体系建设，能够优化资源配置、提升竞争优势，同时实现由被动变为主动、由事后变为事前，让资金管理真正成为支撑企业战略落地、应对财务风险的强有力保障。

因此，企业需要通过司库与资金管控平台建设重构内部金融资源管理体系，为经营决策和战略部署提供强有力的支撑，同时推动管理创新与变革，促进业财深度融合，全面提升价值创造能力和抗风险能力，加快推进世界一流企业建设。

司库是指企业内或金融机构内负责资金管理职能的机构。作为主要负责资金存放、支付、汇集并进行风险控制的机构，司库推动了企业资产负债的管理，并实现了对全部资金及其利率、流动性、汇率风险等一揽子事项的管理。智能化司库中心的支持中台及司库中心建设路径见图5-46。

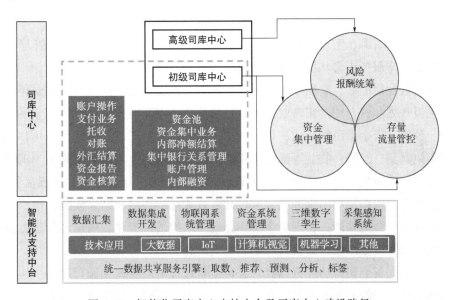

图5-46　智能化司库中心支持中台及司库中心建设路径

从交易处理、集中管控到优化服务，再到卓越运营与数智经营，在资金管理、司库建设运营过程中，企业需要运用数智化赋能的手段，平衡资金计划调拨管理与资金集中管理之间的关系，突出资金管理在价值创造中的作用，并推动资金管理向战略服务转型，真正实现数字化、生态化、智慧化的新时代业财一体化创新。司库的管理系统借助智能化支持，充分整合内部资源，利用先进技术管控资金，并辅助资金决策，实现智慧化。司库实现了对财务共享服务中心资金模块功能的深化、拓展和加强。标准的传统财务共享服务中心的重点任务是资金收付和流程处理，而智能化平台集成、数字化赋能后的司库除了能自动处理这些基础业务，还具备智能化风控、资金池调节等功能。

司库分为初级司库中心和高级司库中心。初级司库中心实现了资金业务具有的账户操作、支付业务、托收、对账、外汇确认和结算、资金报告、资金核算等业务，增加了资金池管理、资金集中、公司内部净额结算、集中银行关系管理、账户管理、公司内部融资等业务。司库的高级形式则体现在顶层风险模型模拟后的预警和采取的一揽子行为上。司库的智能化转型方向和路径见图5-47。

智能化的司库集成了初级形态和高级形态。2种形态均可以从初级阶段迭代，不断集

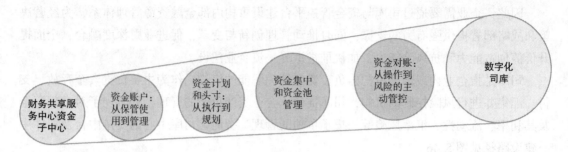

图 5-47　司库的智能化转型方向和路径

成应用，融合各类资源，实现司库智能化，解决资金账户从保管、使用到管理的相关问题，推动财务共享服务中心从保管者、使用者到管理者的身份转变。

司库在智能化赋能后，解决了企业从简单的资金收支、资金预算管控到具体的资金预测、资金项目规划和资金理财实现收益的全过程管理。司库模式通过针对资金的融资、投资、理财、预算、资金渠道的集成，针对资金应用同步嵌套资金测算模型，可以实现从基础应用到资金预测、预警、收益等高级应用的落地。借助资金理财和利用效率的模型，按企业业务流程推动量化分析，还能针对采购、销售、托收、资金流入、薪酬福利、对冲、内部债务、股息等资金流动因素开展顶层设计＋智能化的预测和结果模拟工作。

司库的共享资金池功能，实现资金集中路径与风控的智能化、资金池管理差额收益分配的智能化，以及资金结余理财模式与结算周期的智能化。

更进一步说，资金司库功能可以针对公司运营过程采取妥善的银行融资、银行票据使用，理财线上风险与收益平衡的多模型、多模式安排。同时，为解决企业资金缺口，资金司库还可以针对性地与一系列外部资金渠道接口实现链接，如银企直联、商企直联等。企业借助与外部金融机构的链接，及时响应项目资金的动态安排需求，解决临时项目资金效率瓶颈问题，避免失去新项目拓展机会，甚至规避可能出现的资金链断裂带来的管理危机。

因此，资金司库的功能落地与不断转型提升，可以实现企业资金共享服务中心的智能化，推动企业从资金对账的基础职能向资金投融资及理财收益管控转变，从而确保企业资金提升收益率与操作风险管理最小化之间的平衡，保障企业战略落地的顶层设计和资金配套的顶层决策的有效性。

第四节　风控合规融合业财一体化赋能

新时期企业风险管理愈发重要。对企业而言，防范和化解重大风险依然是需要跨越的关口。任何外部经济环境的变化都会使企业面临不确定性。对风险的预防、控制与应对已成为一项相对独立的企业管理职能。因此，企业需要结合风险管理策略，根据自身条件和外部环境，围绕发展战略，确定风险偏好、风险承受度、风险管理有效性标准，选择风险承担、风险规避、风险转移、风险转换、风险对冲、风险补偿、风险控制等适合的风险管理工具，并确定风险管理所需人力和财力资源的配置。企业应制定战略并将其贯穿于发展始终，旨在识别可能会影响主体的潜在事项、管理风险，使其处在该主体的风险容量内，为主体目标的实现提供合理保证。企业数字化风控合规系统模块化分解见图5-48。

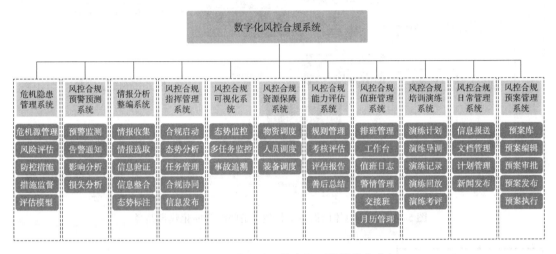

图5-48 企业数字化风控合规系统模块化分解

一、贯穿战略到结果全过程风控融合的一体化

（一）风险管理三道防线的业财融合赋能模式

企业推动业财一体化，很有必要嵌入风险管理三道防线的系统化建设。但从风险防范角度看，此项工作的落地必须有公司层面的组织结构予以保证。按照公司治理的要求，常规建设风险管理的三道防线。第一道防线是核心业务部门。开展采购、制造、销售和提供对外服务的核心业务部门，是风险管理的第一责任机构。第二道防线是支持职能部门。该部门除了承担风险管理专职职能，还包括重要的财务管理系统、法务合规系统、人力资源系统、质量安全系统等所有可以协助一线核心业务部门进行风险管控的职能部门。第三道防线是保证职能部门，主要是指审计部门，包括审计委员会、内部审计和监察部门、外部审计部门等。

从企业总体层面和业务单元层面来说，风险管理三道防线建设均具有实质性推动的必要性。具体内容见图5-49、图5-50。

为实现风控的有效落地，企业一方面要实现业财一体化的标准化数据存储；另一方面要推动基于审计风控需求的数据准备。

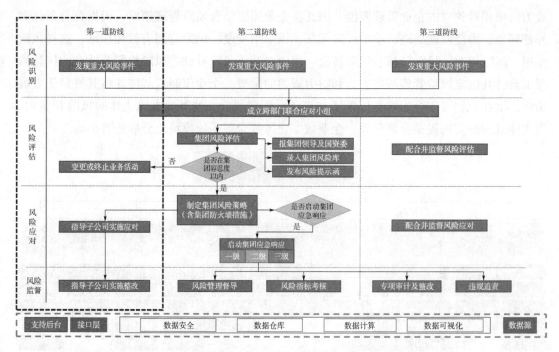

图 5-49　企业总体层面风险管理三道防线智能化建设路径

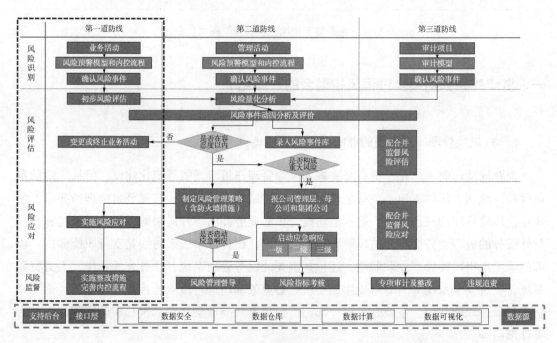

图 5-50　业务单元层面风险管理三道防线智能化建设路径

在科技赋能之下，企业数字化转型不断落地和转化。因此，企业风控内审的三道防线不断拓展，数据中台驱动的业务前台与后台不断实现数字化积聚，并形成数字化资产。因此，数据资产引发的数据治理需求也需要采取三道防线来满足。从工作职能划分角度看，实现路径见图 5-51。

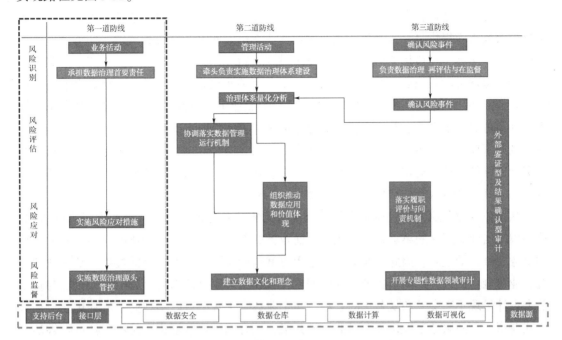

图 5-51 数据治理层面三道防线智能化建设路径

企业针对三道防线进行标准化，确保审计风控人员掌握相关的应用知识和技能，同时推动制定风控模型，并基于细化的模型开发应用程序。

企业利用云计算的理念和技术来构建审计服务平台，实现审计数据的云储存和审计资源的协同共享。在上一步完成后，进行系统的云融合，将审计所需要的数据和程序都储存在"云"里，推动公共云审计中心为整个审计过程中的企业服务，甚至外延拓展至企业关联的相关生态企业的外部服务。

通过具备处理海量数据能力的云服务支撑，解决企业资产物证等资源贴上电子标签问题。借助审计专用设备连接到云审计平台的方法，基于物联网，利用无线射频识别技术对被审计单位的实物信息进行实时跟踪，最终实现审计数据的及时共享。

为更高效地建设三道防线的最后一道防线，可以通过风控审计人员应用信息技术来进行远程访问，将审计人员从数据中解放出来，并从人力资源角度专注于信息的分析和报告，提升风控审计三道防线的有效性。

（二）资金路径融合业务路径的风险防控融合路径模式

在业财一体化管理过程中，除风控内审等本身职能外，智能化财务的管理会计赋能也使得财务服务渗透到业务领域的方方面面。业财一体化模式下，企业应当从各自为政的风险管理升级为整合的风险管理。

这么做的原因在于企业的业务活动需要资金，业务所在的领域就是资金使用的方向。

企业商业模式的优化过程就是企业业务实现闭环、资金实现净流入的过程。而随着外部竞争环境的变化，企业在发展过程中需要结合外部环境的监管要求提升业务管理标准，为多元化的市场需求提供复合式服务。企业的业务业态也因此不断融合和发展，使得企业的主营业务不断丰富。在市场拓展过程中，生产制造型企业很可能出现融合商贸、信息、经济、产业管理类的其他公司及其他自然人的复合、多元化业态经营模式。这类企业尤其以民营企业居多。一家企业往往需要通过几十家企业业务的多维度复合模式提供产品和服务，并通过其他很多企业与个人提供资金通道和背书增信服务。如果是民营企业，企业董事长及其家属往往成为资金融通方式的连带责任人。而针对产品提供和服务支持，有关企业资金通路的设计和运作，往往是客户、合作企业、合作个人、增信机构、银行、其他金融机构、其他企业综合的结果。具体内容见图5-52。

从企业的业务流程和管控流程看，企业的业务发展与企业的资金流动形成高度协同。这种情况使业务无法脱离资金链的瓶颈，而业务的瓶颈往往取决于企业可应用并放大杠杆的财务资金量的上限。因此，业务拓展过程也就是针对资金放大需求的过程。从企业角度看，业财融合的过程，就是各项业务处理流程不断呈现资金需求的过程。业务设计与资金需求设计呈现不断交叉和复杂化的态势。而企业数字化转型可以实现业务流程优化、用人方式变革、产品服务个性化等全面的转型升级，也有助于资金量化和使用杠杆可行性的预测模拟。

企业在业财融合过程中也面临"互联网+"产生的各种新型合规风险。因此，企业在推动业财融合时，在资金管控逻辑上，一方面应加强合规风险防控意识，识别流程自动化、弹性业务、动态员工、信息安全和企业声誉等数字化转型过程中可能存在的合规风险；另一方面，应积极防控，加强合规风险管理。通过推动企业数字化到智能化进程、建立合规风险识别与预警机制、构建信息管理云平台安全防护网、完善与零工平台和工会的合作、培育合规文化等措施，加强对企业合规风险的管理，保障企业数字化转型安全、平稳地进行。

（三）风险数据库量化分析防控融合路径模式

从企业风险防控角度看，建立风险数据库风险量化分析框架，持续推动针对数据形成、数据资产、数据结果等的一揽子数据审计，是非常有必要的管理手段。特别需要在系统的设置设计上注意可审性，确保每一个审计单元都具有明确的机构范围和业务范围；注意矩阵架构，从企业产品的多样性与经营机构的多层次性2个维度进行综合考虑；注意可评估性，确保原来的业务内容系统性上线，且每一个审计单元都具有可识别的风险要素；注意风险特性，在智能化的审计框架、矩阵式的审计单元架构下，将各类审计单元按照固有属性或风险特性进行分类或分层。

风险审计的智能信息化平台可以有效赋能，风控内审的数字化和智能化体现在提质增效、精准锁定风险上。企业的风控稽查应用程序可以实现持续审计、审计数据分析、机器人流程自动化审计的协同。在对企业的全部数据及外部信息进行风险识别和证据收集，实

第五章
数智化，智能化：业财一体化赋能

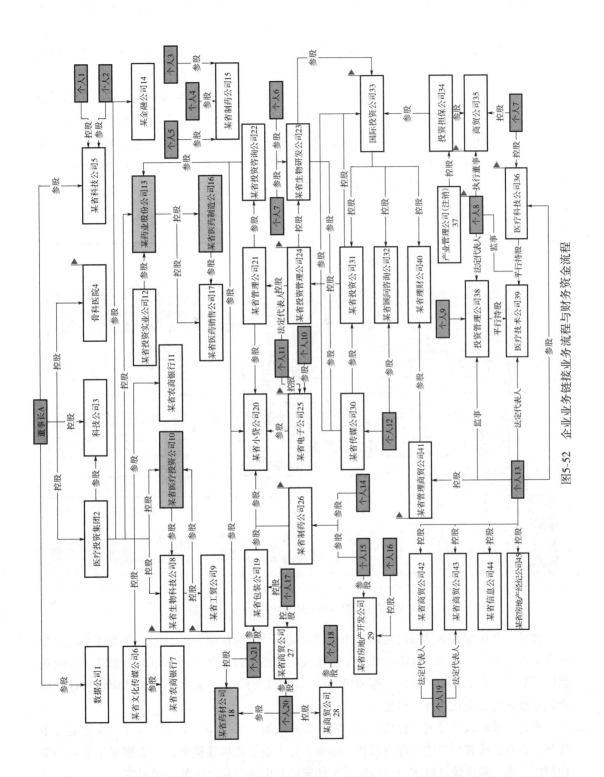

图5-52 企业业务链接业务流程与财务资金流程

现审计程序自动化的同时，风控审计系统的取数及自动比对功能，可以将执行审计的频率从每年或每季度更改为接近实时。为进一步利用工业 4.0 技术，特别是打通物联网（IoT）、服务互联网（IoS）、网络物理系统（CPSs）和智能工厂的技术接口，可以实时从组织及其关联方收集财务和运营信息，以及其他与审计相关的数据。

如果经济条件允许，企业在风控审计端口还可以应用数字孪生模式解决审计结果模拟和技术过程数据重新融合设计问题。企业可以通过持续传输条件、位置、周围环境等，将物理世界链接到"镜像世界"，将组织中的每个对象及其业务合作伙伴映射到价值链的虚拟模型中。审计员随后可以依据在"镜像世界"中收集的信息来构建用于异常识别的分析模型，并自动执行各种审计过程，如远程库存、现金余额评估、实时故障和异常检测等。

基于业财一体化的风控核心应用转化路径见图 5-53。

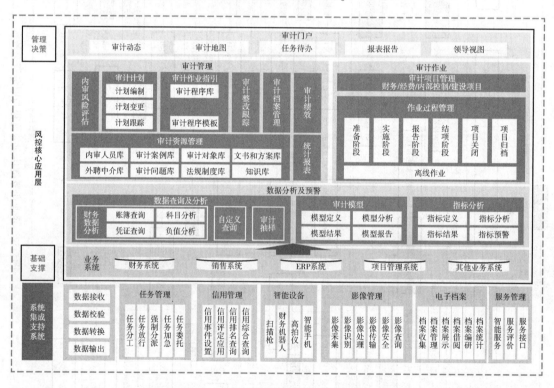

图 5-53 基于业财一体化的风控核心应用转化路径

此外，企业相关审计部门可以采用类似持续审计智能即服务的技术。此类技术可以帮助审计人员在经验和知识有限的情况下操作复杂业务平台。此类持续审计及服务，一般是借助云服务、人工智能、数据挖掘和机器学习相结合的方式，来实施全面的审计数据挖掘和风险聚焦的智能化审计平台建设。

审计人员可以通过该平台捕获和传输其客户数据，自动构建审计模型并生成智能应用程序，在自己或客户的站点进行部署。如果审计人员不能构建模型，或者想要探索新的应用程序，则推荐系统可以进一步帮助其在特定项目中部署最合适的应用程序。

审计人员随后根据审计或业务逻辑对这些模型进行细化,并用于构建智能应用程序。这些应用程序会被部署在审计人员的计算机上,以收集证据,或者被部署在客户的网站上,以实时监控交易。这些应用程序还被存储在云市场中,以供将来使用。审计人员的负担大大减轻,可以专注于根据智能应用程序给出的审计结果做出审计判断工作。

企业还有必要在业财融合过程中嵌套智能化稽查检查的应用模块或系统,推动风险管理的智能化,从传统模式下各自为政的风险管理向全面企业风险管理转型,从而为经营管理者提供企业风险管理框架和流程方面的专业知识和经验;协助经营管理层分析和量化企业对各经营单元的风险偏好和风险容忍度;开展用于风险确认的标杆管理;协助确认和估计各种风险化解方案的成本和效益,指导管理者应对风险;支持涵盖企业风险管理的公司治理完善工作等。

积极参与企业的经济活动,将风险管理整合进企业持续的管理活动中,完善基于证据链的风控集成决策和实施体系,改善并推动证据链完整(提质增效实现业务与管理协同和风控协同),都对企业可持续发展具有实质性贡献。具体内容见图5-54。

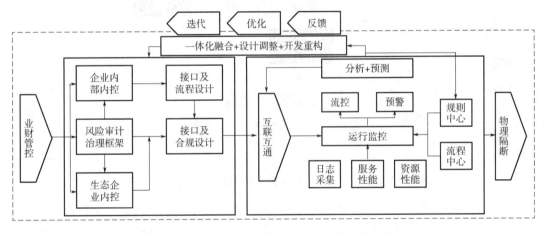

图5-54 企业业财一体化下风控三道防线路径

二、业财一体化的合规风险识别赋能

在企业业财一体化过程中,智慧风控融合一体化运营平台或类似功能一体化平台的建设对提升合规风险识别水平非常重要。企业需要在合规风险识别过程中,从顶层端看清业务逻辑,看见潜在威胁,看懂安全风险并始终保持合规,针对风险加强上下协同。就一体化运营平台模式而言,基于网络安全态势感知的持续合规监控和分析,可以提升并整合各类风险识别及安全预警的能力,通过合规及风控运营团队的有效组织,从标准、预测、检查、锁定、响应等维度,为企业风控识别系统构建一个顶层设计,动态实时、可防范、可预测的一体化风控融合运营体系,全面提升企业的风控锁定及对策制定的快速应变应对能力。

为此，建立一体化运营平台的动态风控管理体系，可以提升对各板块项目资产和风险的管理水平，及时发现并消除合规风险，解除安全隐患。建立系统化一体化合规运营管理体系，可以实现针对信息网络安全威胁、攻击行为的风控监测与预测分析，同时提高锁定风险的协同处置效率，减少风险事件对企业生产的影响。建设基于业务与财务融合的风险识别与应急指挥系统，则可以实现基于财务量化数据的大数据集成及可视化，展示各级项目的量化成果与风控结果，推动企业总部及各下属企业多级协同的风控系统建设，解决人力资源及规章制度指引不足引发的效果偏差等问题。

企业业财一体化下智慧风控融合一体化运营平台路径见图5-55。

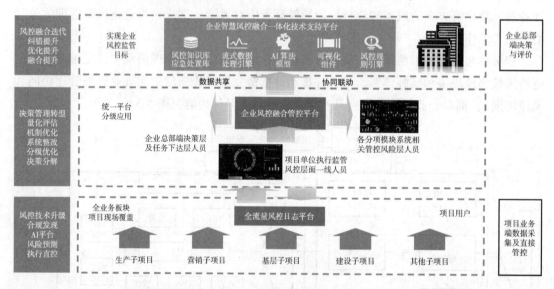

图 5-55　企业业财一体化下智慧风控融合一体化运营平台路径

在企业业财融合过程中，针对合规风控识别层面，按嵌入式方式提升流程自动化、弹性业务、动态员工、信息安全、企业声誉等方面的识别能力，并以模块化方式将其集成融入相关企业风控的全过程识别系统。

企业业财一体化下全过程风控识别合规领域见图5-56。

基于上述系统合规领域的分解模式，从实现层面看有以下5种方式：

（一）流程自动化中的合规风险

企业数字化转型是通过数字化、集成互联、智能协同等技术，推动业务化集成、业财一体化等变革，实现线上线下联动、业务一体化、财务共享化、业务模块化、业财一体化等目标。由于互联网、大数据和云计算等数字化技术支撑的企业经营与传统线下经营方式存在巨大差别，为企业合规管理带来全新的挑战。其中，企业首先面临的就是流程自动化带来的合规风险。

业务流程自动化中的合规风险主要来源于企业数字化转型信息交互过程中数据可靠性、规范性与模型迭代适用性、优化分析合理性等因素。企业进行数字化转型，需要在整

图 5-56　企业业财一体化下全过程风控识别合规领域

个业务流程的各个环节、节点处设定数据采集点,通过数据收集与大数据处理技术,优化现有库存、物流时间、订单量、人员配比等要素。然而,业务流程自动化可能出现数据缺失和算法异常问题,引起企业计划和预算不准确,进而导致供需失衡、生产冗余或延误,各部门相互推诿,难以确定责任主体,增加了风险管理的复杂程度。一方面,大数据、人工智能、物联网和其他流程自动化技术,通过信息系统记录业务数据,进而利用数据分析和挖掘方法,解决业务流程中的问题,帮助企业优化业务流程,合理配置财力和人力资源,极大地降低成本,并提高生产和经营效率;另一方面,自动化技术依赖数据与算法支撑,其稳定性依赖经验数据和软件程序,处理问题缺乏灵活性,安全性难以得到保障,使企业面临较大的合规风险。

(二) 弹性业务中的合规风险

企业数字化转型能够直接面向终端用户提供定制化、个性化的产品或服务,要求企业以项目式的工作方式、模块化的任务实现弹性业务制,但同时也会引发合规风险。

弹性业务中的合规风险主要来源于企业数字化转型中的云端业务场景和工作环境,以及为客户提供的多元化选择与个性化服务等的业务需求。企业数字化转型可以通过云端的智能性、敏捷性技术,捕捉客户行为与需求的偏好和变化,提供模块化的服务和产品,满足不同客户的个性化需求,从而使各项业务具有弹性。然而,由于云端网络的可靠性和安全性需要强大的服务器作为保障,要求网络架构足够灵活和敏捷,否则存在较大的网络崩溃风险,可能导致业务瘫痪。因此,一方面,企业数字化转型可以通过互联网直接与终端客户进行沟通,采集用户数据并进行统一管理与分析,有利于企业从供给侧满足客户需求,实现供需平衡;另一方面,企业数字化转型中存在的网络安全隐患也是企业合规风险的重要来源,由于企业在云端储存了大量客户资料,一旦遭到"黑客"入侵,造成资料泄露和用户信息被贩卖等后果,都会让企业承担巨大的合规风险。

(三) 动态员工中的合规风险

企业数字化形成的弹性业务制,需要以相应的动态员工来匹配,从而满足人才需求,降低人员成本,但同时也会导致税务、劳务纠纷等合规风险。

动态员工中的合规风险主要来源于企业数字化转型,以项目和业务为核心的企业员工梳理、工作种类、工作时间等灵活匹配的新型用工模式。企业动态员工的工作模式越来越多样化,包括合作用工、兼职人员、外部顾问和平台用工等,能够实现人员的使用权与归属权分离,并通过互联网云办公技术,突破办公的空间和时间限制,降低企业的用人成本,从而更加有效地利用市场上的高技能化、高知识化人才。然而,企业数字化转型的动态员工制度同时也会带来人员管理难度大、员工缺乏福利保障、非雇佣关系劳务等风险。因此,一方面,动态化的员工队伍呈现出较好的灵活性,能够根据企业项目和业务需求组建团队,并基于软件程序按工作需求派发相应任务,从而降低人员基础成本,提升用人弹性;另一方面,动态化的员工队伍具有不稳定性,员工时间和信息碎片化会导致思维和行为碎片化,工作质量有时难以得到保证,并且非合同制员工的归属感不强,存在社保劳动纠纷和个税等相关合规风险。

(四) 信息安全中的合规风险

在互联网不断开放的背景下,企业数字化转型往往需要构建完善的内部信息管理体系,实现信息的共享、传递与调用,但同时也面临巨大的信息安全风险。

信息安全中的合规风险主要来源于企业数字化转型的内部信息建设和共享,信息壁垒导致的信息不对称,无用、劣质信息造成的信息污染,以及软硬件缺陷、系统集成缺陷等。企业数字化转型必须建立完善的信息共享体系,并通过合规风险控制保障企业内部信息安全、可靠和稳定,从而提升其整体信息传递与使用效率。然而,企业内部的信息内容复杂,覆盖全部业务环节,从而为信息安全风险合规管理带来难度。因此,一方面,大数据和云计算为企业共享信息带来了便利,能够将生产、采购、管理和销售等信息储存在云端,有助于信息在内部各部门之间传递,减少了信息搜索所使用的时间,提高了各项工作的效率;另一方面,企业信息安全管理需要较高水平的技术与措施作为保障。现代网络技术越来越发达的情况下,信息的来源渠道和获取方式不断增加,内部信息的传递与调用面临越来越多的安全隐患,给企业信息安全合规风险防控带来了挑战。

(五) 企业声誉中的合规风险

声誉是企业重要的信息资源和无形资产,能在企业数字化转型过程中为其带来效益。企业数字化转型过程中若释放出违规信号,会通过互联网上各种平台和应用程序迅速传播，给其带来巨大的声誉风险。

企业声誉中的合规风险主要来源于企业数字化转型中不合规的经营、管理等行为或外部事件致使其受到处罚或负面评价，并随着互联网广泛传播而导致利益相关者信任危机。网络声誉信息的传播通过媒体排名、专家认证等方式，影响利益相关者对企业的感知与判断。良好的声誉能够为企业数字化转型提供有利的舆论环境与客户资源，从而增强其竞争优势，扩大市场份额。然而，由于企业在数字化转型过程中的数据治理体系还不完善，存在较大的数据和隐私泄露的违规风险，若不能恰当处理这些风险因素，就可能引起外界的不利评价，并通过网络迅速传播，进而使企业面临巨大的声誉风险。因此，一方面，企业数字化转型所表现出的产品创新能力、个性化服务和成长性能够为其带来良好的声誉资源，借助网络媒体的信息传播优势，巩固和提升利益相关者对企业的有利评价，增强企业影响力并吸引更多客户；另一方面，企业通过"互联网＋"进行数字化转型，也会扩大其不利信息的影响范围和力度，极大地提升不合规行为的成本，降低合规风险。

三、企业数字化转型的合规风险防控对策

基于上述企业数字化转型过程中的合规风险识别和合规管理问题的探讨，企业合规风险防控角度见图5-57。

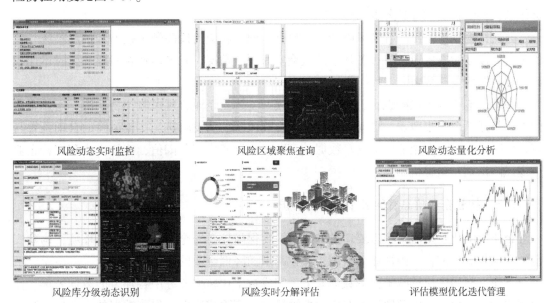

图5-57　企业业财一体化下风控系统对策实施（截图）

基于上述系统可视化对策方案，从实现层面讲有以下5种方式：

（一）推动企业数字化到智能化进程

企业数字化转型以业务流程的数据化与自动化为基础，通过大数据、云计算与机器学

习等技术，最终实现管理控制的智能化，从而科学优化企业合规风险管理。

首先，基于企业内部数据库，构建机器学习的模型和算法，实现业务流程智能优化。在业务环节安装智能化数据采集终端设备，自动筛选和采集所需要的数据，并上传到云端。通过大数据分析，维护自动化业务流程的安全运行，合理配置企业资源和员工。

其次，推动企业资金管控、业务流程优化、市场拓展等层面的智能化升级。通过信息采集与大数据分析，自动识别客户的个性化和多样化需求，并通过数字赋能，迭代优化业务模式和产品服务，精确各部门和人员的责任与职责，提升合规管理效率。

最后，基于人工智能技术，不断优化企业数字化业务流程系统，将各个"信息孤岛"互联互通，通过数字化精细操作，规避流程风险和业务弹性风险，实现企业数据赋能的风险评估、风险预警与风险应对，减少合规风险产生的不利影响。

（二）建立企业合规风险识别与预警机制

在数字化转型过程中，为了防范各类合规风险的发生，企业应建立健全合规风险识别与预警机制，全面剖析业务流程各环节存在的合规风险，并根据其发生概率和潜在后果进行预警。

首先，识别企业数字化转型过程中的流程自动化、业务弹性、动态员工、信息安全和企业声誉等相关风险，并建立包含风险发生可能性、影响程度、潜在后果等因素的评价指标体系，科学识别和评估各类风险。

其次，根据识别出的各类风险和经验数据，建立相应的风险预警模型和信息系统，使管理者可以随时查看业务流程各环节的风险实时预测情况，并且能够在问题发生时迅速找出引发问题的关键环节。

最后，基于合规风险识别、评价和预警模型，建立企业合规风险预警系统。通过企业内部大数据平台收集数据，自动采集并整理合规风险的诱发轨迹，实现风险的自动预警与警报解除，并通过在企业内部共享数据，不断修正预警模型与阈值，持续优化和完善企业合规风险识别与预警机制。

（三）构建企业信息管理云平台安全防护

企业数字化转型过程中需要通过构建云平台保障信息安全，并基于网络环境，构建安全的自动化业务流程与弹性业务机制，从技术层面降低企业的合规风险。

首先，利用区块链技术保障数据安全，完成数字化转型业务中各环节的数据采集、储存和同步，避免企业内部数据及客户数据被篡改、删除或窃取，保障数据的完整性、真实性和安全性，提升企业内部数据共享效率、智能化水平和可审计性。

其次，建立企业内部信息云平台安全管理体系，加强工作人员身份认证、应用场景打造、业务范围确定等程序，通过"防火墙"降低外网病毒和"黑客"入侵的风险，保障企业内部数据传递和共享的安全性和私密性。

最后，完善企业合规风险的评估标准，对外部市场和内部环境的合规风险进行评估。

通过分析违规案例，完善风险评估体系，及时调整云平台安全管理规范，使得企业能够对潜在合规风险问题进行判断和预警，进而采取科学、合理的规避措施。

（四）完善企业与零工平台的合作

在数字化转型过程中，企业通过与零工平台合作，将动态员工直接聘用转换为同平台企业的合作，降低企业的税务、劳动争议等合规风险，完善动态员工聘用与管理制度。

首先，分级管理企业员工，并确定动态员工的岗位。通过与零工平台的合作，筛选适合的员工并进行信息安全培训。通过平台向动态员工发放薪酬，并签订相关保密协议，由平台公司担保，降低企业信息泄露、信息失真等风险。

其次，通过与零工平台的合作，保障动态员工的权益并提升企业声誉，督促零工平台提升合规意识，建立内部风险管控体系，完善零工福利发放机制，促进社保缴纳改革等，降低企业数字化转型灵活用工中的税务、司法等相关风险。

最后，建立企业"云技术+动态员工"数据库与安全保障平台，根据企业数字化转型的弹性业务用工需求，匹配有经验的、适合的员工，并确保线上办公的网络环境与数据安全，提升企业合规风险管理水平。

（五）培育企业合规文化和合规意识

在数字化转型过程中，企业要进一步加强合规风险控制意识，建立全员合规行为规范和文化理念，根据相关法律法规动态调整内部规章制度，避免违规事件发生。

首先，建设企业合规文化并制定全员合规行为规范，建立合规行为与信息安全工作奖励机制，加强对数字化转型业务流程的重点环节可能出现违规问题的合规教育，对积极参与、认真执行合规行为规范的员工进行奖励，并健全合规审查机制，对项目运营管理、投融资决策制定、规则制度制定等重要事项进行严格的合规审查和监督。

其次，落实合规管理制度与合规文化建设，设立企业专门的合规管理和审查部门，确保各项业务的数字化流程得到有效监督。定期培养工作人员的合规意识，并在各重点业务流程窗口进行合规风险提示。通过合规尽职调查和合规报告，定期汇总企业的合规状况并上传到内部数据库。

最后，健全企业内部的违规行为问责和处罚机制，明确数字化业务流程中的责任范围。对于企业管理层和员工出现的违法、违规、违纪等不合规行为，要严格按照规定进行问责和处罚，并畅通违规行为举报通道。针对反映的问题和线索，及时开展调查和问责，避免外部处罚使企业遭受声誉风险。

四、全流程业财一体数字化智能风控赋能

企业针对全流程业务数字化与合规管控问题，借助一体化的数字化风控赋能的模块化合成，实现全流程的数字化转型，并嵌套全流程的业务合规管控模式，解决企业合规风控

4个层面的问题：

首先，综合性的风控合规与监管。实施综合性风控合规模式，实现面向政府机构/第三方监管单位在企业端的监管数据的全景展示功能。具体包括被监管企业地理分布、主要监管指标、监管规模及趋势分析，业务体量规模的区域分布、企业产能执行体量规模及趋势分析，企业产品创新及创新转化生产趋势、生产产能利用处理能力、企业质量管控和采购流程的智能化处理能力分析等数据。

其次，基于企业下属工厂或制造基地的厂级风控合规与监管。面向企业的监管数据提供综合展示功能。具体包括企业基本信息、处理规模、主要设备运行状态、主要监管指标，从产能设计、运营实时计量、耗材消耗、产品质量等维度进行年度和月度趋势分析。

再次，基于企业系统化的日常数据管理的风控合规与监管。面向不同企业用户，提供日常运行数据的在线导入、审核、发布及对比分析功能。这个过程包括：①实现数据的动态化监管。面向政府机构、第三方监管单位、被监管企业用户，提供监管数据的综合查询及对比分析功能。根据用户群体不同，动态展示数据。②实现数据量化分析与个性化查询的监管。通过提供企业监管数据的多维度查询及分析功能，实现包括产能、产量、质管、研发、用水指标、耗材、预警报警信息、现场问题等维度分析功能的合规化对标管控。③实现企业风控预警及报警管理系统监管与同步。通过提供企业报警信息的集中填报、管理功能，实现从审计数据模块或相关集成系统中自动采集报警信息。

最后，结合上述过程，呈现分析报告的结果。输出多维度和多角度的风控合规报告，实现成果的有效转化；提供按区域、监管机构划分的监管报表的在线生成、手工填报、审核及发布、下载等功能。

企业业财一体化下风控系统架构模式见图5-58。

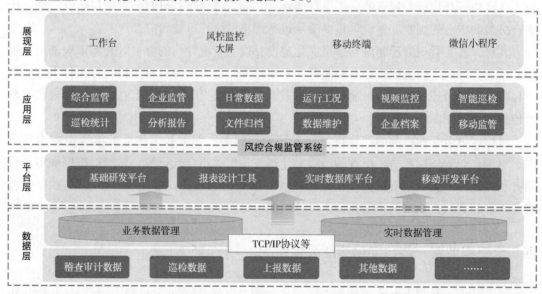

图5-58 企业业财一体化下风控系统架构模式

基于上述系统架构方案，实现层面的合规化全流程转型主要体现在以下 2 个方面：

（一）企业全流程业务数字化转型

企业将数字化技术应用到业务流程中，有助于基础业务模块标准化、系统化、程序化，为顶层规划类、战略发展类、宏观设计类业务的数字化转型奠定基础。企业数字化技术的应用，使得价值链不断从传统的"微笑曲线"转到创新研发、个性化设计、赋能型营销、复合拓客挖掘等新价值链的工作上来，有助于价值链集成化作用的叠加。企业全流程业务数字化转型推动价值链重塑，将实现企业岗位更迭、架构升级，与外部机构实现突破式互联互通，使价值链与供应链平台化，并通过利益机制共享获得提质增效。

企业将数字化技术运用到研发、生产和销售等环节，可实现全流程业务的数字化转型。

首先，利用数字化技术可以推动精益化生产层面的实质性转变，实现生产制造环节的一体化集成与精准控制。精准的生产管控与量化统计分析，可将传统滞后的数据进行实时结果量化与同步数字化呈现，实现精准生产数据与精益管理的同步，以及生产决策与营销接口的无缝衔接。

其次，利用数字化技术可以借助市场需求带动产品拓展，推动企业新品研发与新品赛道的规划，提升研发转化的时效性，实现市场先导型的产品研发设计，避免生产不能满足市场需求的产品。针对市场需求的变化，企业通过数字化技术推动产品的个性化研发与生产的协同性，实现研发创新到生产转化的一体化，并进行有效渗透，降低研发周期，提升新品产出率，加快新品迭代率，提升产品销量及实现销售爆品的可能性。

最后，利用数字化技术可以推动营销端口的商品与客户消费场景的数字化。企业实现一线业务移动化，推动业务线下升级，为数字化赋能的线上线下融合一体化模式进阶奠定基础。企业能够推动营销端的批量和运营数字化转型，实现正规军（员工、导购等）、非正规军（兼职、关键意见领袖、会员等）并存，进而形成社会化营销体系下的利益共享机制，把正式员工融入类似合伙人制度，把非正式员工融入类似分销分拥制度。通过有效的系统转化，实现价值链的系统集成。

（二）企业数字化全流程业务的合规管控

企业数字化转型是通过数字化、集成互联、智能协同等技术，推动业务化集成、业财一体化等变革，需要相应的合规管控体系与之配合，保障财务共享化、业务模块化、业财一体化等目标的实现。由于互联网、大数据和云计算等数字化技术支撑的企业业务流程和模式与传统线下业务存在巨大差别，为企业合规管理带来全新的要求和挑战。

从管理流程、核心流程和支撑流程来看，企业通过数字化赋能的价值链集成，能够有效实现供应链协同，将生产、采购、仓储运输系统集成至供应链体系中，实现全渠道的销售体系一体化作业，从而有利于合规管控的可视化与规范化。企业的数字化与规范化赋能，推动产供销、研发质量等系统的集成，实现以数字化底层为基础的"四流一致"（合同流、业务流、资金流、发票流），提升了业务流程的运行效率与可靠性。

全流程业务网络平台中的合规风险管理，需要控制信息交互过程中数据的可靠性、规范性、模型迭代适用性与优化分析合理性等因素。首先，企业合规管控需要检查企业的生产、经营、信息服务等许可证及销售产品的注册证等资质是否齐全，并且确认企业是否具备专业技术人员、证书和证件是否正规、专业生产和销售背景是否丰富，并进行数字化整理备案。其次，企业应建立全流程业务的信息追溯系统。采购流程方面，应核查供应商信息、采购记录、随货同行单、验收记录等信息的完整性与真实性；入库出库方面，应检查入库记录、出库复核、检查养护记录、报损记录等信息有无缺失或遗漏；销售流程方面，应核查商品信息记录、供应商信息记录、购买用户信息、收货信息等的准确性。最后，企业应进行合规信息展示，包括必要信息、参数规格等信息公开展示，以及合规风险管理控制流程信息展示，进行合规风险控制方案规划，依管理办法、实施细则优化合规管控流程模拟演练、系统调整，做到实时监控。

企业数字化全流程业务的合规管控体系见图5-59。

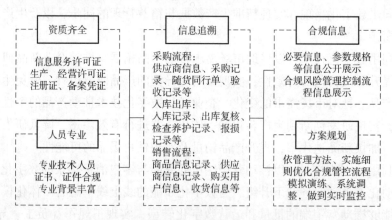

图5-59 企业数字化全流程业务的合规管控体系

第五节 案例与思考

一、中国电科：业财一体化支持平台

为实现信息融合和资源共享，切实提升企业管理效能和业务工作效率，提高一体化项目管理水平，推动企业数字化转型，中国电子科技集团有限公司（简称"中国电科"）以经营管控的数字化建设为试点，建设一体化项目管理平台。

管理平台整体架构包括五大板块的能力建设：业务中心、数据中心、集成服务中心、企业智能、企业门户。其中，业务中心是整个平台的核心，包括销售管理、项目管理、合同管理、采购管理、库存管理、资产管理、财务管理、质量管理、人力资源管理、OA及门户管理等;数据中心存储所有业务数据,供企业智能分析应用;集成服务中心的数据/服务整合能力为平台提供业务整合的服务化架构;企业门户作为最终用户的访问入口,提供统一的用户管理、权限控制、个性化服务等。

中国电科通过一体化项目管理平台建设,统一业务管理规范,贯通各个业务管理系统流程,实现企业风险全面管控;打通数据壁垒,提升管理效率,积累知识经验,为领导决策提供科学支撑,助力企业数字化转型;数据共享、业务协同,充分发挥企业战斗力。

二、宝钢集团:作业成本法 + 品种法的财务系统创新模式

中国宝武钢铁集团有限公司(简称"宝钢集团")的成本信息系统分为两部分:成本核算系统和内部管理特别设计的管理会计系统。"数出一门,就源录入"是宝钢集团成本核算的大原则。宝钢集团构建了完整的企业管理信息系统,涵盖了采购、生产、销售、财务、人事、科研、设备、能源、运输等全部业务流程,这些系统均建立了与成本核算系统的接口,实现了数据同源共享,自动向成本核算系统抛账。

随着企业战略的不断变化和业务的转型升级,财务转型成为当今企业的必选项。因此,业务与财务融合成为企业价值管理的重要途径之一。宝钢集团也开始了业务转型之路。

(1)形成三角稳定的财务管理架构。

宝钢集团的财务转型自 2005 年开始筹备,伴随着 2009 年全球金融危机的发生而逐渐深化,其转型效果显著,形成了集团、财务共享服务中心、下属财务部门"三足鼎立"的财务管理架构。

在稳定清晰的三角架构财务管理体系下,宝钢集团的财务事务安排得井井有条,从每个层面到每个人都拥有自身价值,企业办事效率大大提高,企业战略也得到有效推进和落实。宝钢集团会计管理流程见图 5-60。

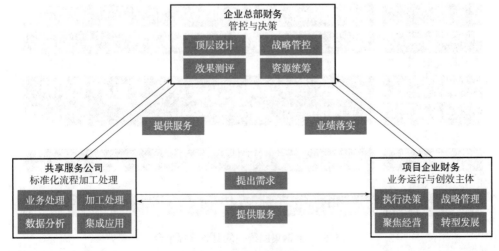

图 5-60　宝钢集团会计管理流程

(2) 精简财务人员。

目前,宝钢集团拥有约 2 300 名财务人员,其中约 1 300 名主要从事核算、报表分析,约 1 000 名从事管理会计相关工作。而集团财务层面,财务人员精简到只有 20 多名,其中会计管理、资金管理等每条财务生产线配备 4 名,避免了财务员工冗杂。

(3) "6+6" 板块分布。

宝钢集团的板块分布模式以 "6+6" 为主:6 家主要上市公司支撑钢铁主业,其中包括宝山钢铁股份有限公司、宝钢集团新疆八一钢铁有限公司、宁波钢铁有限公司、韶关钢铁有限公司等;实行多元化经营,形成主营铁矿石进口贸易的宝钢资源有限公司、主营钢材延伸加工的宝钢金属有限公司、主营工程技术方面服务的宝钢工程技术集团有限公司及金融投资板块等 6 个主营业务板块。"6+6" 板块分布以钢铁主业为中心,紧密配合,形成多元化板块,构成了宝钢集团的整体组织架构。这个组织架构以宝钢集团为战略管控中心,各个板块形成自己独立治理的董事会运作机制。这个组织架构为宝钢集团的业财融合做了良好的铺垫。

(4) 推行 FSSC 财务管理流程建设。

首先,宝钢集团优化了公司组织结构,统一了管理制度,并统一集团财务部门建设,实现了财务系统组织结构的优化。

其次,宝钢集团基于实现集团和分/子公司间的信息共享的目标,针对财务信息集中信息化方面进行了系统性摸底和链接接口标准化建设。通过集成方式,实现了财务信息系统运营有效性的提升。

最后,宝钢集团在共享层面推动了统一的财务管理平台建设,尤其是模块化建设。各个模块基本全面涵盖了财务核算、财务管理、财务业务一体化衔接、财务数据推送与支持、财务数据应用及分析的系统建设工作。

宝钢集团统一的财务管理平台见图 5-61。

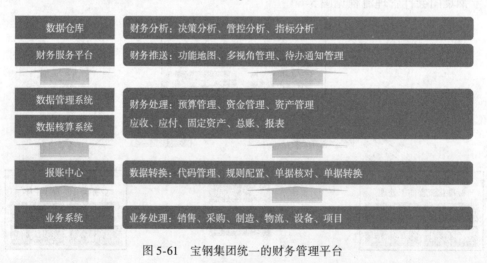

图 5-61 宝钢集团统一的财务管理平台

总体来说,宝钢集团的成本核算是传统的逐步结转品种法和作业成本法的有机结合,在作业中心（成本中心）设立、成本动因确定和收集、成本费用归集和分配、结转等方面很好地融合了作业成本法的做法，并且在设计信息系统时考虑了业务变化需要，灵活地开展规则维护工作，如增删作业中心、动因变更维护、分配关系维护等。宝钢集团管理会计核算突破了传统成本核算的范围，在数据收集、核算对象细化、分摊方法等方面已与业务系统、信息系统紧密结合。

三、强生出租：财务共享服务中心

为满足公司改革后对业务管控的需要，上海强生出租汽车有限公司（简称"强生出租"）开始着手打造财务共享服务中心。据统计，系统分散与安全事故处理难、财权分散是财务共享服务中心建设过程中遇到的难点。其中，安全事故处理作为强生出租的重点事项，因各营运公司业务层面的考核系统不一致，考核与管理难度较大。因此，强生出租需要打造一个统一的财务共享中心，将各营运公司的应用系统、安全事故系统、财务核算系统等通过一整套数据标准连接起来，通过统一的信息技术平台复制一套跟企业有形资产并行的数据资产，并进一步挖掘数据价值，赋能管理层经营决策，推动企业高效运营，降低企业风险。

强生出租财务共享服务中心建立以后，通过对驾驶员及安全事故付款业务的规范化管理，每个业务环节进行专业化分工，从而使大量基础财务工作标准流程化，提高了财务工作效率。

通过打通业财一体化与前端业务，强生出租实现了数据的实时传递及会计凭证的自动化。自运行以来，强生出租凭证自动化率已达到了80%左右，有效提升了财务工作质量和效率，降低了财务体系运作成本。企业实现互联、共享、智能，财务管理信息化步入新阶段。

四、步步高超市：模块及集成财务共享

步步高超市构建了财务共享服务中心，进行统一核算和统一支付，增加了统一财务核算报告和标准化的财务分析，以及财务大数据分析、运营绩效分析、战略计划的预算支持、投资并购支持。

（1）信息系统建设。

步步高超市财务共享服务中心的信息系统主要包括决策系统、管控系统、业务系统、数据系统。这4个系统相互联系，共同组成了步步高超市的财务中台。财务中台将集成办公平台、资金支付系统、影像系统、流程引擎、财务系统、费控系统、人事系统、移动终端应用等进行整合。

决策系统为企业预算和绩效决策提供管理支持，包括全面预算、绩效管理两大模块；管控系统是步步高超市财务共享的核心系统，分为人力资源软件和财务软件，涉及员工薪资核算、职员考核和培训及财务软件的使用；业务系统分为非商品的公共业务支撑、超市

事业部、零售业务系统、置业公司；数据系统负责对公司组织、人员、供应商、客户等信息数据进行管理。

步步高超市财务共享服务中心信息系统见图5-62。

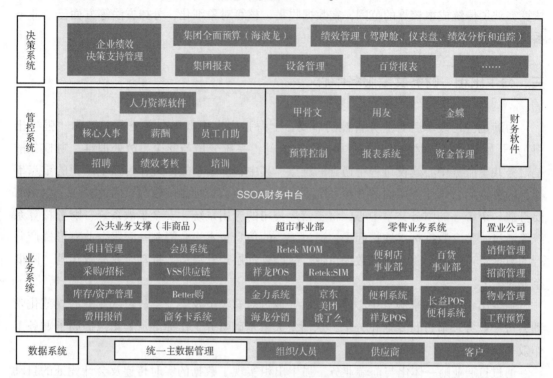

图5-62　步步高超市财务共享服务中心信息系统

（2）财务共享服务中心人员梯队建设。

步步高超市的财务共享服务中心由业务人员和管理人员构成。业务人员负责处理简单重复的工作，管理人员负责处理一些复杂、综合的分析工作。根据财务共享服务中心建设的需要，步步高超市设立了一套人才建设体系，针

图5-63　步步高超市财务共享服务中心人才梯队建设体系

对不同层级的财务人员培养相应的技能，并使其对商业环境有一定的认知，可及时识别风险，对整体运营进行统筹管理。另外，步步高超市采用一定的手段对人才进行管理。步步高超市财务共享服务中心人才梯队建设体系见图5-63。

五、华为：业财融合模式

华为技术有限公司（简称"华为"）的国际化业务实现了跨越式发展。在此过程中，华为开展了一系列财务变革。华为的业财融合分为形式融合和实质融合 2 个层面。形式融合是利用财务变革，开展财务与业务制度、流程、组织体系的嵌入与连通工作，属于业财融合的具体措施；实质融合是在形式融合的基础上，财务利用管理活动发挥对业务专业服务与密切监督的作用，与业务达到协同作战、真正融合的效果。

华为的业财融合大致分为 3 个阶段：

（1）2006 年之前为后向集中化的初步融合阶段。华为开展财务"四个统一"变革项目，整合财务制度、会计处理流程、会计编码等相关资源，实现统一标准化。随后，华为开展国内账务共享，在深圳建立了财务共享服务中心。从 2005 年开始，华为在马来西亚、阿根廷等地建立多个财务共享服务中心，实现了全球财务共享，开始推动业务与财务实现形式上的初步融合。

（2）2007—2013 年为前向集成化的正式融合阶段。为了推动财务及时有效地为业务单元提供服务与监督，实现业务发展，提高盈利水平，华为开始建设 CFO 体系，针对不同的业务运作单元，建立相应的财务业务伙伴（简称"财务 BP"）。华为选拔财务人员并将其嵌入各业务运作单元，逐步建立起投资型、平台型、区域型和业务部门财务伙伴，为业务运营提供更及时的服务和更有效的监督服务。华为财务 BP 的类型与职责见图 5-64。

华为通过编制责任预算，建立各责任中心的绩效考核指标，在核算时区分责任中心的可控和不可控费用，定期编制业绩报告，评价并考核责任中心绩效。华为责任中心分类见图 5-65。

企业在战略规划与项目运作体系中嵌入全面预算管理方法，能够实现机会牵引和资源配置之间的

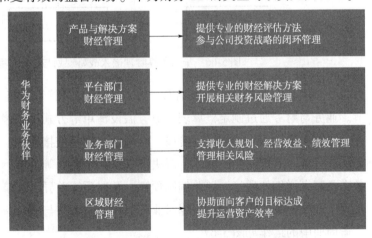

图 5-64 华为财务 BP 的类型与职责

平衡。按照组织层级和运作方向，华为将公司战略目标逐步分解为各层级、各单位的业务计划和绩效目标。在战略执行和业务实际运作过程中，华为财务协助业务开展预算与实际经营状况差异分析。华为预算管理嵌入战略规划与执行体系的过程见图 5-66。

华为的业务流程包括集成产品开发、从线索到回款、从问题到解决三大主要流程。其中，"从线索到回款"业务流程是华为面向客户开展项目全生命周期运作的主要流程。华

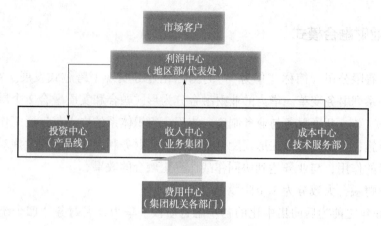

图 5-65　华为责任中心分类

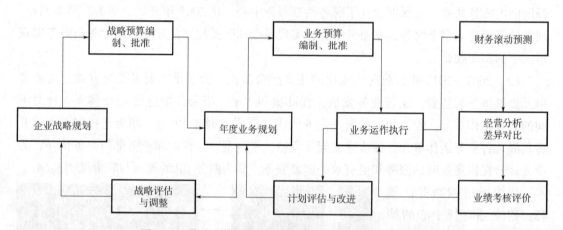

图 5-66　华为预算管理嵌入战略规划与执行体系的过程

为将预算闭环管理嵌入该业务流程，依次包括线索管理、机会点管理和合同管理三大环节。业务与财务通过制定概算表、业务假设清单等方式确定经营目标、支撑决策。运算核算及决算主要运用于合同管理阶段，合同管理包括交接合同、确认和接受客户订单、管理合同或订单、管理开票、回款、解决争议、评价合同等环节。在签订合同之后，业务与财务需要制订详细的项目计划并编制预算，开展预算差异分析。在项目交付验收、开票回款过程中开展核算，同时利用决算对业务运作实施考核与评价。预算闭环管理方法在项目全生命周期中的运作见图5-67。

（3）2014年至今是协同一体化的高度融合阶段。经过前2个阶段的变革、优化和巩固，华为形成了"标准核算、多维报告、远程监控"后向统一集中化和"预算管理、决策支持、近距离监控"前向集成化的财务运作管理模式。

在高度融合之前，华为主要实现了业务运作层面的业财融合，通过财报内控制度的建立，从制度设计层面推动业务与财务开展有效的监督控制与风险管理。在该阶段，从内控制度体系设计到具体风险监控运作，从宏观经济趋势预测到微观项目运营控制，从外部风险预测到内部风险管理，华为财务逐步形成对业务活动全方位、一体化的监控运作惯例。在承担共享财务、业务财务和战略财务职责基础上，华为财务开始向降低运作成本、规避运营风险、提高资源配置效率、实现业务机会洞察的价值整合者转变。新形成的协同一体化风险监控运作惯例，帮助华为财务增强了风险管理能力，实现了业务从上到下、由内及外的风险监督与控制，促使业财实质性融合。

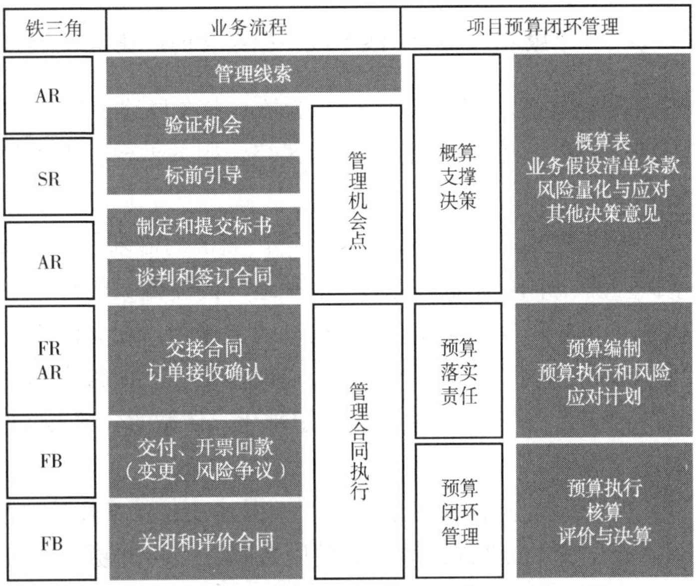

铁三角	业务流程		项目预算闭环管理	
AR	管理线索	管理机会点	概算支撑决策	概算表 业务假设清单条款 风险量化与应对 其他决策意见
SR	验证机会			
	标前引导			
AR	制定和提交标书			
	谈判和签订合同			
FR AR	交接合同 订单接收确认	管理合同执行	预算落实责任	预算编制 预算执行和风险应对计划
FB	交付、开票回款（变更、风险争议）		预算闭环管理	预算执行 核算 评价与决算
FB	关闭和评价合同			

图 5-67　华为预算管理嵌入项目全生命周期运作流程

在此过程中，业务与财务经历了后向集中化的初步融合—前向集成化的正式融合—协同一体化的高度融合的演化路径。这一演化过程是财务充分发挥监督功能的过程：初步融合阶段的远距离监控主要实现了对业务的事后监督；正式融合阶段的近距离监控主要实现了对业务的事中监督；高度融合阶段的全方位监控主要发挥了财务的事前监督作用。

六、乐杭康健：业财融合与风控模式

在"健康中国"成为我国现阶段发展核心理念的背景下，探索培育"医养结合"健康服务新业态、推动"康养+医疗"融合发展已成为现阶段康养企业的主流趋势。

我国大中型城市基本实现了网络全覆盖，为"互联网+康养"的发展提供了客观条件。其中，5G应用推动智慧养老服务转型，健康管理和初步诊断将家居化，个人、家庭、机构实现更高效的分配和对接。同时，基于"康养+医疗"的智能产品技术不断革新，如适用于智能健康养老终端的低功耗、微型化智能传感技术，适用于健康管理终端的健康生理检测、监测技术，适用于健康状态实时分析、健康大数据趋势分析等智能分析技术，都有了突破性进展。

北京乐杭康健国际医药技术有限公司（简称"乐杭康健"）是智慧养老社区服务平台建设的引领者和践行者，是基于医养结合的中医健康养老服务体系缔造者。通过建立"互联网+"健康大数据云平台，乐杭康健实现了线上线下相结合的康养医疗服务，并通过联合建立国际产业学院等方式为康养全产业链提供人才培养与解决方案。乐杭康健数字化服务平台构建与风险防控具体操作模式如下：

（一）"康养+医疗"线上线下相结合的产业布局

乐杭康健以"康养+医疗"为核心，布局线上线下产业链，构建"医、康、养、教、产五位一体"的产业智慧养老社区综合服务平台，提供线上预约、线下服务的智慧康养服务。

乐杭康健围绕"康养+医疗"产业链的需求，广泛布局综合性医院、康复医院、老年护理院、中医药特色技术师承基地、高端健康管理中心和快捷诊室等康养医疗机构和产业。上述康养机构和产业，通过线上预约、在线问诊和诊后指导等流程，节省用户的问诊时间，帮助用户实现足不出户就可获得便捷诊疗和健康指导；进一步通过点到点和上门的诊疗、护理，为用户提供定制化、体贴的各项康养医疗服务，提升居家老人的养老体验。

线上平台为用户建立健康档案，技术支持档案建档率及完整度分析，并通过各种物联网设备、一体机设备自动采集健康数据，完善并更新健康档案信息。线下服务支持多门店、外部合作服务商一体化服务管理，支持护理级别、护理计划、护理任务执行、护理情况跟踪完整的流程，业务覆盖药品药房管理、医护科室管理、医生排班、就诊管理、治疗管理、护士排班、照护管理、护理任务、医护小程序等多方面，实行全面的医养结合管理。

（二）康养人才全产业链培养与输送

乐杭康健通过人才引进、共建产业学院、海外培训等方式，建立中国高端康养人才培训中心、评测中心和储备中心，搭建康养人才"高地"，努力实现康养产业人才的年轻化、专业化和标准化目标。

乐杭康健通过培养高水平管理中坚力量、高水平培训与运营管理团队、人才梯次结构与储备等业务，为产业链各环节企业提供康养人才解决方案。途径包括：一是建立混合制康养产业学院和产教融合基地。企业集团通过与高校合作招生与培养、教师进企业挂职锻炼、学生进入康养产业培训等方式，进行康养人才储备和教学研发。二是实施国际管培生委托培养计划，为企业集团培养或其他康养企业代培亟须的核心骨干人才，培育高水平的康养人才中坚力量，建立国际康养产业学院，推动国际校企合作及产教融合。三是柔性引进海外专家。企业集团与政府、高校、企业合作，打通康养企业高管、产教研专家、产业顾问的交流渠道，实现国内产业、医护高校、海外产业的产教融合与人才互联互通。

（三）健康管理大数据云平台构建

乐杭康健着力打造面向政府、个人和企业的可信赖、连锁化、标准化的智慧康养运营服务体系、人才培养体系、大数据产业发展体系和新金融融合发展体系，搭建了 LBS（Location Based Services，基于位置的服务）社群全龄健康管理的互联网大数据云平台。

乐杭康健引入国际先进的医康养技术与运营服务理念，依托"互联网+"与大数据运营服务平台，打造健康智慧康养工程，通过智慧康养云平台，开展大健康医康养产业服务、人才培养、康养示范基地运营等业务，构建国际化康养产业生态圈，实现"产城融合"发展，打造全国新康养"养生和养心"产业品牌。

乐杭康健建立的健康管理互联网大数据云平台，通过大数据采集和分析技术建立用户健康档案，并进行精细化的健康管理。集团通过医养结合服务与大数据动态分析模型，精准定位全龄段每位用户的身体状况和需求，个性化拟订用户医疗照护方案，根据需求派遣相应的医疗照护服务组，并迅速开展工作。智慧康养云平台将各类仪器智能化，共同连通在一个具有扩展性的智能技术平台上，进而构建即时反应环境，对被服务者的身体状态、行为、起居饮食、服药、治疗等各类检测对象进行大数据分析，并通过人工智能立即做出判断与反应，从而实现康养医疗各板块快速联动和无缝衔接。乐杭康健的健康管理互联网大数据云平台运行机制见图 5-68。

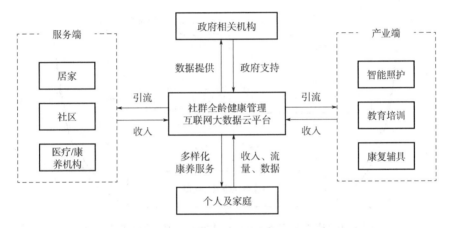

图 5-68　乐杭康健的健康管理互联网大数据云平台运行机制

康养医疗企业数字化服务平台的合规机制构建层面如下：

1. 合规风险防控

健康管理互联网大数据云平台的合规风险防控，是保障康养医疗企业数字化服务平台高效、有序运行的关键。

健康管理互联网大数据云平台的合规风险防控需要从风险监测监控、风险预测预警和风险智能防范与处理 3 个方面系统进行。风险监测监控方面，社群全龄健康管理数据采集所涉及的主体较多、范围较广，不仅包括个人性别、年龄、住址的基本信息等静态数据，还包括地理位置、身体状况指标设备传感等动态数据，需要从技术和管理角度保障数据采集的真实性、可靠性、安全性。风险预测预警方面，云平台以社群全龄段用户健康管理的历史数据为基础，分析并识别各类风险隐患因素及相应的数据指标，建立风险预警阈值库，进而结合实时监测数据进行比对分析，反馈至大数据平台处理。风险智能防范与处理方面，通过社区、家庭、个人的数据分析与模型建立，信息共享、传递、应用，并进行风险信息分析，通过数据采集安全、数据储存安全、数据处理安全、网络系统安全等管理,保障大数据云平台的合规良好运行。康养医疗企业互联网大数据云平台风险防控系统见图5-69。

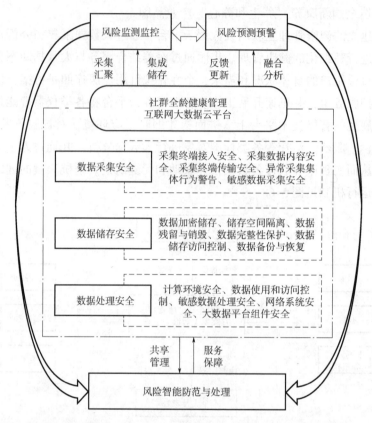

图5-69 康养医疗企业互联网大数据云平台风险防控系统

2. 数字化服务平台的合规机制构建

康养医疗企业的数字化服务平台需要根据合规风险防控措施建立合规机制,从而实现"互联网+康养+医疗"线上线下相结合的康养医疗服务,保障健康管理互联网大数据云平台安全、有效运营。

康养医疗数字化服务平台的合规机制构建主要包括统一的前台窗口,合规数据融合分析,大数据采集、分辨、传输、共享安全技术等部分,并通过规范化的大数据管理技术保障合规机制的有效运行。

首先,通过统一的前台窗口汇聚各类康养和医疗服务机构,集成各类健康产品和服务,通过互联网大数据赋能,在云平台实现运营。统一的前台窗口有利于集合产业链优势资源,进行规范化、标准化管理,进而面向用户提供个性化的康养医疗服务,使商家、机构和用户共享收益和服务、共担风险和损失。

其次,社群全龄健康管理互联网大数据云平台的前台汇聚大量商家、机构和用户数据,将不同时间、空间的商家和机构同社区、家庭和个人联系起来,进而统一到同一时空坐标进行多源异构大数据分析,实现风险数据的收集与监测。合规风险数据融合分析能够将不同来源的风险数据进行汇聚,进而集成、共享、传输、规范化,实时采集、反馈、传输和分析合规风险数据。

最后,通过大数据采集、分辨、传输、共享安全等相关技术,构建社区、机构和家庭数据合规风险识别图谱,以及个体数据交互合规风险识别图谱,全维度进行合规风险管理。大数据技术能够及时检查社区、家庭和个体数据的质量与缺失情况,进行多来源数据相互验证,实现数据修正和更新,以保证数据安全、合规、有效和真实。康养医疗企业互联网大数据云平台的合规机制见图 5-70。

随着人口老龄化的加剧,政策措施将着力促进"康养 + 医疗"重点领域朝着标准化、规范化发展。康养医疗企业应通过与用户的协同创新,构建互联网健康大数据云平台及相应的合规风险管理机制,针对居民的实际需求建立合理高效的医养结合服务模式,精心打造专业的医养服务体系、一体化的医养管理体系、健全的医养服务体系、完善的合规风险管理系统,为构建医养结合的服务新模式做出努力和贡献。

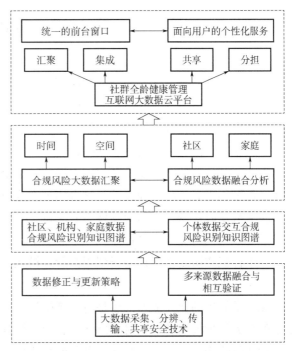

图 5-70 康养医疗企业互联网大数据云平台合规机制

七、问题与思考

(1)企业推动业财一体化实施,顶层设计层面是最关键一环,需要考虑哪些因素?

(2)业财一体化因科技进步而不断发展,对财务人员提出了哪些新要求?在此背景下,企业如何创造机会让财务人员转型?

(3)企业面临多支付平台、多银行接口、多业务场景、多分支机构时,财务共享服务中心如何支持业务发展,进而实现降本增效?

(4)企业财务系统作为企业管理的资金管理部门,如何在业财一体化发展的过程中解决控制风险的难题,实现财务系统的风控合规管理升级?

(5)"大智移云物区"时代,信息技术如何嵌入财务系统的管理过程才能让财务管理更加数智化、便捷化?

(6)从企业资金集中管理、资金池管理到系统的司库建设,企业财务系统内部的资金管控模式如何进行全生命周期现金流管理?

第六节 本章小结

业务与财务实现系统性融合,解决了业务前台的触达与市场挖掘问题,推动了数据中台作为一个技术体系的支撑转化。企业通过数据中台建设,在业务层面和财务层面调整策略,在各个层面寻找有价值的业务场景,围绕业务的价值量化及演进式的架构,不断推动战略和实施层面迭代,以此达成战略目标。

因此,有价值的业务场景涵盖方方面面。从全集成模式、部分集成模式到决策相关的智能决策量化工具,从管理会计的融合实现企业目标到风控合规层面三道防线的智能化防控,在大数据时代可以应用的领域不断丰富。企业秉持"创新驱动"经营理念,持续推动科技赋能下的运营模式、产品、服务、技术和管理不断创新。费用智能审核和财务 RPA 应用、审计三道防线智能化是新型创新管理模式,其本质是借助信息技术推动应用管理模式的变革与创新。

无论是简单的业务链条,还是财务基础核算,不管是复杂的线上线下业务拓展,还是复杂的财务管理模型带来的财务决策,企业管控都逐步呈现一体化的快速融合趋势。作为一种创新的管理模式,企业业务与财务的智能化不断与时俱进,与先进的信息技术和管理理论相结合,通过持续迭代确保与时代同步。总的来说,只有不断为市场和客户提供高质量的产品和服务,快速推动财务支持的系统化落地,业务的智能和财务的智能才能协同融合,形成支撑企业发展的一体化协同状态,确保企业可持续发展。

第六章

结论与展望

本章针对全书业财一体化转型进行了总体概括。当下处于信息化时代向数字化时代转型的当口，新时代引发企业推动业财一体化，进而实现数智化转型。企业通过融合数字科技等技术，基于商业模式，结合发展战略，做好数字化蓝图的顶层设计工作。企业通过数智化转型，实现平台化发展的目标。企业借助数字技术特有的性质，对业务形成链接赋能后，可以达到万物互联、跨界融合、无边开放、高度智能的效果。企业通过持续化的数据改进，结合数字化架构发展趋势，实现基于中台职能释放的架构中台化、中台模块化、中台输出微服务化，借助中台业务模块与财务模块的协同融合，快速响应市场需求。企业借助共享服务模式，实现业务的模块化共享服务中心建设，同步实现财务共享服务中心建设，并通过接口标准模式打通业财共享服务中心。企业借助共享数字化的成果，在业务层面，通过科技赋能打通壁垒，共享智能化应用，实现业务的自动化、一体化、在线化、智能化；在财务层面，实现财务工作的自动化、智能化。最终，企业实现数字化的劳动力赋能，以及数字化的集成一体化赋能，促使网络、应用、界面、流程、数据、影像、实物、财务的链接，实现业财融合、万物智联。

第一节 企业业财困境与问题

一、业财一体化痛点与瓶颈

放眼当下，前所未有的万物智联、数字引领、技术驱动的大变革正不断推动经济发展转型。牵涉其中的各行各业均争先恐后地从传统的信息化建设向数字化建设转型。

随着"大智移云物区"等新技术的不断发展，基于数字化运用场景不断丰富，数字经济产业链得到不断延伸与跨越，数字经济快速实现了1.0版本的"数据化"、2.0版本的"信息化"、3.0版本的"数字化"、4.0版本的"数智化"。企业实施数智化战略，社会不断呈现数字化特征，数字经济成了企业发展的重要引擎。

这导致传统财务管理模式无法满足企业发展的需求。基于可持续发展的企业量化业绩与快速通过模型量化决策的财务核心功能，正在不断受到新技术的挑战。企业内部的矛盾越来越突出，新技术带来的便捷度不断冲击企业按照传统模式构建的内控加流程的闭环管理模式。冲击主要体现在：一方面，业务持续性发展需要的量化支持财务数据无法有效、及时、准确获得；另一方面，财务通过软件快速出具财务报表和管理报表的个性化决策支持数据，无法从业务部门快速、及时、准确获取。

数字化全面推动了各行各业的企业管理变革，这些新技术的确改变了企业的组织架构、业务流程、生产模式、营销模式、商业模式，并给企业做了赋能。但人、财、物层面的安排，供、产、销层面的规划，并没有因为数字化就解决了企业根本的发展问题。在各项技术不断跨界运用和转化背景下，通过几十年摸索出来的传统业务和财务协同与博弈的体系，塑造了一大批率先尝试并以顶层设计、优化流程与内控为手段，获得成功的优秀企业，但这依然改变不了不断被新技术冲击的现实。因此，在企业推动业财一体化过程中，信息化和数字化解决的是商业模式实现路径和模式问题，以及重复性、标准化、智能化推动的效率与效果层面提质增效问题。从根本上说，信息化和数字化本身不能解决企业根本的战略方向、目标实现等管理问题。

二、业财一体化转型压力与趋势

如果说拥抱数字化是时代的需要，那么业财一体化发展就是企业管理数字化不断演进的结果。企业管理数字化呈现出基于业务数字化引发财务数字化的过程。不少具有前瞻性的卓越企业在业财一体化方面已经取得了丰硕成绩。这些企业通过财务数字化，有效实现业务优化、标准化，在不断迭代的过程中，快速量化并建模，预测业务可行性，实现商业模式的优化迭代。一方面，通过业财一体化，业务驱动财务不断智能化，使得企业财务从传统核算不断向"大管家"、业务合作伙伴、战略赋能者的职责演进；另一方面，通过业财一体化，智能财务不断向纵深发展，提升了企业财务转型升级的速度和质量。

通过新技术落地不断推动企业数字化转型，业务数字化的标准化水平越来越高，基于数字化需求的后台支持决策效率也越来越高。而通过财务共享实现的财务标准化，智能化也越来越呈现从不断淘汰基础财务到不断加强管理财务职能上来。随着新技术的不断落地，传统财务工作比较难实现的全面预算、作业成本法、本量利分析法等各类管理会计方法，落地难度不断降低，甚至能实现从三维到五维层面的新嵌套式报表，实现基于个体的行为预算模式的新预算模型方案，实现基于多维作业中心的费用赋能模式核算并分配期间费用与制造费用等。在数字技术的帮助下，智能管理驾驶舱与智能管理数字赋能系统，解决了过往数据量化及反馈滞后的"事后诸葛亮"模式问题，对数据进行实时整理和归纳并得到实时结果，实施"事前诸葛亮"模式。

第二节 业财一体化闭环链接

就业财一体化痛点与瓶颈、转型压力与趋势而言，信息化和科技进步加速了企业业态的转型，尤其是针对业务和财务在流程和管控层面形成链接，实现企业管理闭环的转型。企业业财一体化下业财融合共享协同闭环路径见图6-1。

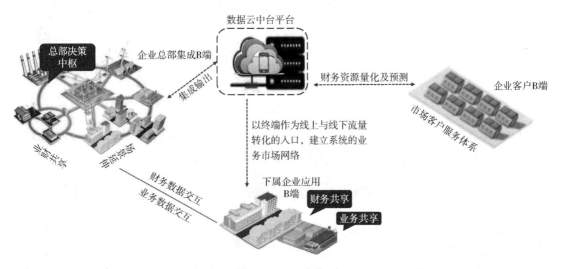

图 6-1　企业业财一体化下业财融合共享协同闭环路径

业务层面，企业的业务流、工作流、信息流通过计算机链接，以中央处理器的方式形成了业务与工作的融合协同；财务层面，企业的资金流、发票流、核算流通过计算机的相关核算及量化软件形成了财务支持的融合协同。业务系统与财务系统通过办公自动化、人力资源系统、企业资源管理系统、客户关系管理系统、资产管理系统、费用管控系统的建设，各自形成了工作协同，实现了信息互联，大大提升了企业管理效率。缺点是：由于系统标准不同、流程定义不一、建设主体不同，"信息孤岛"问题严峻。这一度导致企业发展面临资源和人力消耗过度问题，甚至引发企业可持续发展危机。企业业财一体化下业财融合系统路径见图6-2。

在技术进步等一系列因素推动下，企业从数字化加速向数智化演进。在传统信息化发展的新阶段，企业借助"大智移云物区"等技术，尤其是大数据等技术，推动整个信息系统向提供全部标准化接口和标准化数据的数字集成、融合、链接等相关系统转型，并在不断迭代后持续向智能化发展。数据集中、数据融合、数据链接和数据治理最终体现在整个产业环境不断朝着业务数字化、数字业务化、财务数字化、数字资产化的业财融合方向前进。数据形成数据资产，数据资产赋能产业业态，知识和信息应用于企业经营，并通过数据进行系统量化确认，实现了企业的业务洞察与财务洞察，实现了业务通过利用数据价值

图 6-2　企业业财一体化下业财融合系统路径

实现企业流程优化，实现了财务管控的智能化，解决了企业降本增效、风险管控的根本问题。企业业财一体化下业务、财务集成与接口路径分别见图 6-3、图 6-4。

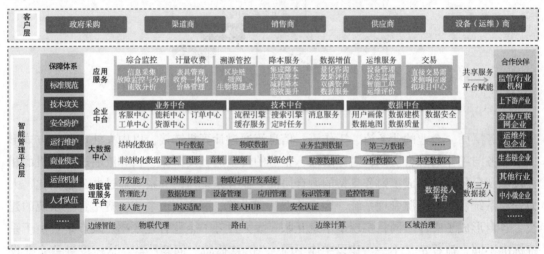

图 6-3　企业业财一体化下业务集成与接口路径

基于商业模式推动业务运行是企业发展的根本目的。作为构成数字化业务领域最底层的"原子"材料，数据是数字化的基础。数字化技术重塑业务，使得业务推动企业商业模式转型。数字化弥补和改进了传统信息化的功能，解决了局部支撑和业务改良问题。通过数字化转型，企业确定了实现在线全链路的转型基础。也就是说，企业打通了连接能力、处理能力、存储能力、计算能力、展示能力、可视化能力的转型基础。通过智能化，企业实现了智能识别、智能分析、智能预测、智能学习、智能决策。

在这个转型过程中，有3个方面发生改变：一是科技赋能使得管控模式发生革命性变化；二是共享模式的标准化方式推动企业共享模块不断优化，形成了重复性业务和基础性

第六章 结论与展望

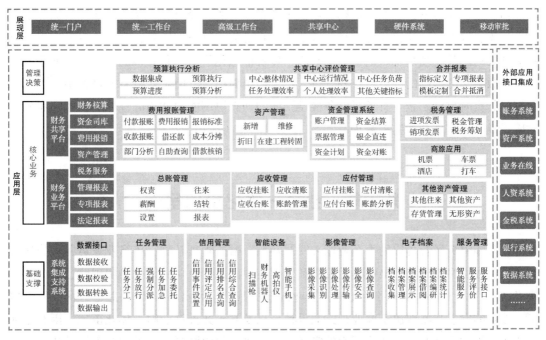

图 6-4 企业业财一体化下财务集成与接口路径

业务共享化，以及资源内部共享接口打通的数字化协同，为企业业财一体化落地打开了不断升级和转化的前景空间；三是通过数据中台实现的业务中台与财务中台的链接和数据输出，打好了数据标准化和数据资产化基础，以及前台及后台应用程序的快速转化基础。企业业财一体化下业务和财务前端融合路径见图 6-5。

图 6-5 企业业财一体化下业务和财务前端融合路径

借助数字化转型，企业的业财一体化闭环得以形成。通过各个系统的业务数据和财务数据积累，以及打通覆盖业务系统并链接财务系统的完整数据链条，企业可以形成以计算机为核心的闭环管理系统。这个系统解决了传统信息化下的"信息孤岛"问题，使企业实现了以数字化为基础的人、财、物、供、产、销全面结合，使企业在管理过程中可以依据数据进行实时反馈。企业具备了财务模型预测的动态协调能力和前瞻性能力，能够做到及时降低成本，实施全面监控管理。

第三节　业财一体化价值呈现

业务和财务融合可以助力企业业务模式转型、财务管理转型、市场业务运营、快速进行决策、数据中心打造，最终推动流程和数据实现同源。业财一体化的实现路径和方式并没有统一的标准。就常规路径而言，企业的业务战略、财务战略都为企业的发展战略服务。企业的发展战略取决于商业模式的设计，以及基于此推动业财一体化落地。因此，业务优先原则在实现业财一体化层面的实践较多。本书的原则是优先做到业务标准化、标准共享化，再实现业务一体化；同步做到财务标准化、标准共享化，再实现财务一体化；之后推动业财融合，实现业财一体化。在业财一体化过程中，实现业财一体化的数字化转型和复用、共享的快速迭代，需要引入数据中台的引擎功能与承载功能。这相当于由数据中台对业务一体化和财务一体化之间的数据进行整理、加工并进行价值化。在数据价值化后将数据资产化，在数据资产化之后将数据标准化，在数据标准化之后再进行集成运营并持续优化。企业业财一体化价值实现路径见图6-6。

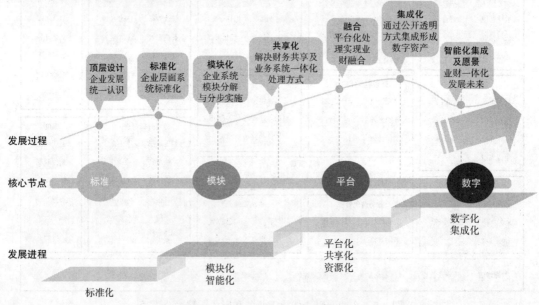

图6-6　企业业财一体化价值实现路径

第六章 结论与展望

业务一体化设计先行，在设计时需考虑整体架构的设计。搭建业务应用是第一步。搭建业务应用时，将企业、业务、商业模式等用一种模块化、集成化的线上方式进行分解。企业生存至关重要的是销售和业务现金流的回流，因此需合理建设销售业务体系。与此同时，完善供应链体系，在建设时留足接口，确保财务作为后台可以及时、有效地植入，并在设置完成后迅速呈现信息。这是通过数据中台这个"无形的手"，将业务一体化和财务一体化进行关联的过程。

因此，移动高质量的管理数据应当呈现出一种结果，即可以快速、实时、有效地将企业财务管理中传统的报表、作业成本法、本量利分析等相关管理理念，通过信息化平台和业务的精准诉求，不断呈现出以标准化运营为结果的转变。这是业财一体化过程中需要重点关注的问题。

在业务一体化和财务共享化、业财共享的过程中，数字化中台赋能管理系统的作用至关重要。其相当于在企业标准化过程中实现多数据整合并对数据进行整理。之后对数据进行可视化分析，最终实现多渠道数据呈现。有诸多业财一体化及信息化公司可以为该体系提供有效服务。数字化中台是推动业财一体化，最终实现系统管理、有效决策和快速决策的具有重要意义的"无形的手"。尤其是其将数字大屏、自定义分析、热力图及应用监控呈现出指标数据，并为管理决策部门服务，是构建数字化中台的一种非常必要的方法。因此，前台、中台、后台数据的不断呈现成为必然趋势。企业业财一体化过程中台支持下的数据资产实现路径见图6-7。

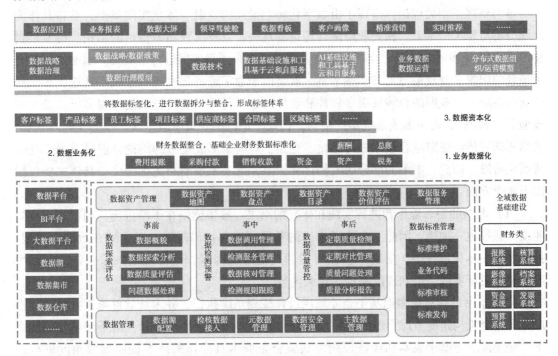

图6-7 企业业财一体化过程中台支持下的数据资产实现路径

这个发展阶段的特征是企业管理模式系统转型。它是基于企业的顶层设计，借助以数字技术为代表的科技的赋能，实现整个产业的价值转型，以及财务管理模式和方式的转型。简单来说，业财一体化主要体现在3个方面：顶层化、数字化、价值化。

（1）顶层化是在顶层逻辑上进行系统化决策，将业务的商业模式嵌入线上系统，并基于企业可持续发展战略，将财务核心支持的管理战略有效地嵌套进企业的职能战略。

（2）数字化是指将业务进行数字化转化和呈现，构建一个前台、中台、后台数字化一体化平台，并将平台持续标准化和模块化，循序渐进地迭代优化。

（3）价值化是平台化之后的价值处理，包括业务赋能、财务赋能，以及业财一体化边界扩围赋能。业务和财务在各自赋能过程中实现有效的支撑，形成互相依赖、功能边界清晰、互联互通和数据同源的转化。

这3个方面的问题较为突出，也是各企业难以做好数字化转型工作的原因所在。在采取有效方式后，以上问题将会迎刃而解。具体体现在：整合顶层化、数字化和价值化的思维，解决业务问题、管理问题和财务问题，并将这三者有效衔接，形成一体化的目标。

第四节　不足与进一步努力方向

本书整理了相关理论，呈现了由数字化转型推动的业财一体化实践案例，并将其作为问题分析与思考的基础。相关业财融合理论的延展，以及实践归纳得出的结论，借鉴了自2019年起3年多的大量素材及相关材料，并通过诸多项目实践进行了验证。虽然本书结合了最新的国家宏观政策意见和实践案例，但是由于数字经济转型依然处在不断迭代和赋能产业的道路上，业财融合涉及很多软件和硬件问题，科技赋能的尝试使得很多场景处于突破前的"蓝海"，尚未形成系统推广格局，仍处于小范围测试阶段。从实践的实际内容看，虽然不断对传统业财融合理论进行优化、更新，但尚未形成统一的结论，前进方向也处于待明确阶段。因此，本书的部分研究仍存在局限，需要未来不断优化迭代。具体主要包括以下4个方面：

（1）本书的编写是作者进行实践和研究的结果。鉴于创新在不断进行，项目迭代和商业模式迭代也在加速，因此，企业所推进的项目可能存在局限性；企业处在数字化转型、推动业财一体化过程中，受制于企业发展的其他客观因素，亟待继续跟踪企业的实际情况，以此更新实践结果和理论路径等相关内容。

（2）本书的编写更多地基于企业顶层设计规划角度执行，并未从软件施工方或软件推广方等中介机构角度考虑，也并非完全依据会计准则严丝合缝的要求，而是在科技赋能之下，企业需求方基于成本和经济原则，从契合企业本身操作的降本提质增效角度进行探讨。因此，本书更多的是对顶层设计和执行层面的反馈验证。软件推广方多以选择的载体实现模式和路径落地方式进行阐述。也正因为如此，本书对有关软件落地层面的描述较少，融合科技赋能的成熟应用和创新应用，给予顶层设计和落地路径说明较多。

（3）本书受制于案例研究视角与数据可获得性和持续性，以及企业多方面的限制，包含 2 个层面的案例。一个层面是作者及作者实施团队实际参与及主导的案例。这个层面的案例出于项目实施企业保密考虑，按照保密协议约定要求并未将公司名称列示，但实际操作均已经实施且大部分已完成，处在更新阶段，以章节模式列示。相关理论归纳层面均结合作者实践感受，并按照相关规定和规则并结合实践总结得来。另一个层面是每章节之后的案例与思考。这个层面的案例均根据网络公开信息整理而成，因此可能存在一定的差异。无论是作者实际参与的项目案例还是网络公开的案例，在具体指标数据的获取上均存在数据不全的问题。目前，不少企业的阶段性成果尚在实践检验阶段，不少阶段性成果尚存在优化和迭代需求。一些阶段性成功进行数字化线上赋能的企业，可能因其他战略规划、顶层规划、资金投向等问题而失败，甚至出现生存危机，但并不妨碍本书针对性进行系统分析。此外，由于案例的时间延续性和样本量不够大，需要在将来的研究中进一步完善样本数据。

（4）本书政策制度类资料截止时间为 2022 年 3 月 31 日，为国家及各级政府部门发布的正式文件的相关内容。尤其针对财务类政策资料，结合了国际通用会计准则、美国会计法规、中国会计准则等；借鉴了中国内部控制管理规范和条例。因此，政策支持类资料涵盖国家层面、会计行业层面的相关数字化转型和财务发展方向类的内容，但未来仍需进一步努力。

参 考 文 献

[1] 陈新宇，罗家鹰，邓通，等．中台战略：中台建设与数字商业［M］．北京：机械工业出版社，2019．

[2] 陈瑛，刘强，刘豆豆，等．一种新型智能健康管理模式探讨［J］．中国医院，2021，25（6）：94-96．

[3] 财政部．企业会计信息化工作规范：财会［2013］20号［A/OL］．(2013-12-06)［2021-12-10］．http：//www.gov.cn/gongbao/content/2014/content_2640865.htm．

[4] 丁煌，马小成．数据要素驱动数字经济发展的治理逻辑与创新进路：以贵州省大数据综合试验区建设为例［J］．理论与改革，2021（6）：128-139．

[5] 郭永清．管理会计实践［M］．北京：机械工业出版社，2018．

[6] 付登坡，江敏，任寅姿，等．数据中台：让数据用起来［M］．北京：机械工业出版社，2020．

[7] 冯俏彬．加快构建新发展格局的财税制度与改革研究［J］．地方财政研究，2021（10）：4．

[8] 傅为忠，刘瑶．产业数字化与制造业高质量发展耦合协调研究：基于长三角区域的实证分析［J］．华东经济管理，2021，35（12）：19-29．

[9] 韩龙河．数字经济背景下税务人员执法能力转型的路径［J］．税务与经济，2021（5）：1-8．

[10] 胡新华．"业财融合"系统在A保险经纪公司的应用［J］．财务与会计，2019，（7）：69-72．

[11] 郝德强，张旭辉．基于"四流合一"的企业成本控制研究［J］．财会通讯，2021（10）：116．

[12] 贾成海．管理会计［M］．北京：电子工业出版社，2013．

[13] 贾小强，郝宇晓，卢闯．财务共享的智能化升级：业财税一体化的深度融合［M］．北京：人民邮电出版社，2020．

[14] 纪峰．互联网背景下企业财务管理体系完善研究：评《互联网+时代下的财务管理》［J］．科技管理研究，2021，41（20）：247-248．

[15] 郭倩茹．经典案例：十大领域企业数字化转型启示［EB/OL］．(2020-10-23)［2021-10-20］．https：//baijiahao.baidu.com/s?id=1681336201500943374&wfr=spider&for=pc．

[16] 刘永宏，张苓，武亚丛．业财资税一体化的生态共享平台建设［EB/OL］．(2020-11-12)［2021-09-12］．https：//www.sohu.com/a/431392992_717472．

[17] 刘明霞，申驰．网络信息传播与电商企业的声誉管理［J］．经济与管理，2015，29（2）：41-46．

[18] 刘鑫．电信企业业财一体化下的流程融合浅析［J］．财务与会计，2016（12）：64．

[19] 刘向东，何明钦，米壮．全渠道零售系统：基于中国的实践［J］．北京工商大学学报（社会科学版），2021，36（3）：1-13．

[20] 李华民，龙宏杰，吴非．异质性机构投资者与企业数字化转型［J］．金融论坛，2021，26（11）：37．

[21] 李桂荣，李笑琪．H公司财务共享平台下的业财融合成效、问题与对策［J］．财务与会计，2020（1）：25-28．

[22] 李健．全球价值链数字化转型与中国的战略选择［J］．新疆社会科学，2021（5）：27．

[23] 李辉，梁丹丹．企业数字化转型的机制、路径与对策［J］．贵州社会科学，2020（10）：120-125．

[24] 李伟霞，李忱．大系统视角下"互联网+老年康养体系"的构建［J］．系统科学学报，2021，29（2）：52-57．

[25] 梁毕明，郭婧．新时代特征下公司财务问题研究：中国会计学会财务管理专业委员会2018学术年会述评［J］．会计研究，2018（7）：94-96．

[26] 廖子锐，田雪晴，关天嘉，等．第三方机构参与健康医疗大数据共享模式探讨［J］．中国公共卫生，2021，37（7）：1173-1176．

[27] 廖夏，石贵成，徐光磊．智慧零售视域下实体零售业的转型演进与阶段性路径［J］．商业经济研究，2019（5）：28-30．

[28] 吕铁．传统产业数字化转型的趋向与路径［J］．学术前沿，2019（9）：13-19．

[29] 秦荣生．企业数字化转型中的风险管控新模式［J］．中国内部审计，2021（1）：9-11．

[30] 裘益政，彭思佳．国企绩效考核演进与业财融合：基于意义建构理论的分析［J］．会计研究，2021（5）：67-81．

[31] 马鸿佳，肖彬，王春蕾．大数据能力影响因素及效用：基于元分析的研究［J/OL］．南开管理评论，2021：1-19［2021-10-22］．https：//kns.cnki.net/kcms/detail/12.1288.F.20211022.1029.004.html．

[32] 马广奇，张保平，沈李欢．研发投资、舞弊风险与审计费用［J］．南京审计大学学报，2020，17（3）：1-12．

[33] 马晓玲，朱丽娟，吴永和，等．教育数据中台系统模型及其应用研究［J］．现代教育技术，2021，31（11）：63-71．

[34] 裴长洪，倪江飞，李越．数字经济的政治经济学分析［J］．财贸经济，2018，39（9）：5-22．

[35] 戚聿东，褚席．数字经济发展、经济结构转型与跨越中等收入陷阱［J］．财经研究，2021，47（7）：18．

[36] 覃龙飞，万克勇．基于业财一体化的新型财务信息化系统构建路径及实践［J］．中国注册会计师，2021（5）：96-99．

[37] 孙湛．管理会计：业财融合的桥梁［M］．北京：机械工业出版社，2020．

[38] 孙政春，刘小平，田宗梅．健康医疗大数据信息安全保护刍议［J］．中国卫生事业管理，2021，38（7）：518．

[39] 宋丹霞，谭绮琦．工业互联网时代C2M大规模定制实现路径研究：基于企业价值链重塑视角［J］．现代管理科学，2021（6）：80-88．

[40] 史金易，王志凯．加强数字经济认知，推动经济社会迭代创新［J］．浙江大学学报（人文社会科学版），2021，51（5）：149-156．

[41] 童元秀，张桂清．"互联网＋"时代汽车营销模式的问题及策略研究［J］．科技资讯，2019，17（28）：240-241．

[42] 常莹，李金丹，李丽影．业财融合赋能的高校财务管理转型升级［EB/OL］．（2020-09-17）［2021-11-15］．http：//www.tjkjxh.org.cn/xshd/5233.htm．

[43] 唐大鹏，王伯伦，刘翌晨．“数智”时代会计教育重构：供需矛盾与要素创新［J］．会计研究，2020（12）：180-182．

[44] 韦影，宗小云．企业适应数字化转型研究框架：一个文献综述［J］．科技进步与对策，2021，38（11）：152-160．

[45] 王勋，黄益平，苟琴，等．数字技术如何改变金融机构：中国经验与国际启示［J］．国际经济评论，2022（1）：70．

[46] 王楠．市场营销如何下好大数据"先手棋"［J］．人民论坛，2020（15）：182-183．

[47] 王斌，任晨煜，卢闯，等．论管理会计应用的制度属性［J］．会计研究，2020（4）：15-24．

[48] 王亚星，李心合．重构"业财融合"的概念框架［J］．会计研究，2020（7）：15-22．

［49］王永贵，汪淋淋．传统企业数字化转型战略的类型识别与转型模式选择研究［J］．管理评论，2021，33（11）：84-93.

［50］吴文学．管理会计那点事儿［M］．北京：清华大学出版社，2017.

［51］吴勇毅．传统百货零售业的数字化战略转型［J］．销售与市场（管理版），2018（11）：62-66.

［52］谢志华，杨超，许诺．再论业财融合的本质及其实现形式［J］．会计研究，2020（7）：3-14.

［53］谢莉娟，庄逸群．互联网和数字化情境中的零售新机制：马克思流通理论启示与案例分析［J］．财贸经济，2019（3）：84-100.

［54］徐晨阳，王满，沙秀娟，等．财务共享、供应链管理与业财融合：中国会计学会管理会计专业委员会2017年度专题研讨会［J］．会计研究，2017（11）：93-95.

［55］夏义堃．数据管理视角下的数据经济问题研究［J］．中国图书馆学报，2021，47（6）：105-119.

［56］尹国平．业务财务一体化的难点与对策［J］．财务与会计，2016（23）：43-44.

［57］余东华，李云汉．数字经济时代的产业组织创新：以数字技术驱动的产业链群生态体系为例［J］．改革，2021（7）：24-43.

［58］于海波．基于业财一体化的企业财务信息化建设分析［J］．商讯，2021（21）：48-50.

［59］袁见，安玉兴．产业政策对中国新能源企业成长影响的实证研究［J］．学习与探索，2019（6）：151-155.

［60］余应敏，黄静，李哲．业财融合是否降低审计收费？基于A股上市公司证据［J］．审计研究，2021（2）：46-55.

［61］杨雄胜，缪艳娟，陈丽花，等．仰望会计星空 静思会计发展［J］．会计研究，2020（1）：67-76.

［62］杨卓凡．我国产业数字化转型的模式、短板与对策［J］．中国流通经济，2020（7）：60-67.

［63］易加斌，张梓仪，杨小平，等．互联网企业组织惯性、数字化能力与商业模式创新：企业类型的调节效应［J/OL］．南开管理评论，2021：1-27［2021-11-15］．https：//kns.cnki.net/kcms/detail/12.1288.F.20211111.1430.004.html.

［64］周文成，倪乾．零工经济下平台型灵活用工人力资源管理问题及对策研究［J］．经营与管理，2021（9）：139-143.

［65］甄杰，谢宗晓，林润辉．治理机制、制度化与企业信息安全绩效［J］．工业工程与管理，2018，23（3）：171.

［66］曾德麟，蔡家玮，欧阳桃花．数字化转型研究：整合框架与未来展望［J］．外国经济与管理，2021，43（5）：63-76.

［67］邹静，张宇．数字金融的研究现状、热点与前沿：基于CiteSpace的可视化分析［J］．产业经济评论，2021（5）：133-146.

［68］邹玉坤，谢卫红，郭海珍，等．数字化创新视角下中国制造业高质量发展机遇与对策研究［J］．兰州学刊，2022（1）：38-52.

［69］翟伟峰，张学文．供应链管理对制造业企业数字化投入的影响［J］．中国流通经济，2021，35（10）：82-92.

［70］朱双龙．后疫情时代出版人融合能力提升的路径思考［J］．中国编辑，2021（11）：86-90.

［71］赵剑波．企业数字化转型的技术范式与关键举措［J］．北京工业大学学报（社会科学版），2022，22（1）：94-105.

［72］赵丽锦，胡晓明．企业财务数字化转型：本质、趋势与策略［J］．财会通讯，2021（20）：14-18.

[73] 赵婷婷，张琼，李俊，等．数字化转型助力企业外循环：影响机理和实现路径［J］．技术经济，2021，40（9）：159-171.

[74] 庄旭东，王仁曾．市场化进程、数字化转型与区域创新能力：理论分析与经验证据［J］．科技进步与对策，2022，39（7）：44-52.

[75] 张永珅，李小波，邢铭强．企业数字化转型与审计定价［J］．审计研究，2021（3）：62-71.

[76] 张庆龙，董皓，潘丽靖．财务转型大趋势：基于财务共享与司库的认知［M］．北京：电子工业出版社，2018.

[77] 张志学，赵曙明，施俊琦，等．数字经济下组织管理研究的关键科学问题：第254期"双清论坛"学术综述［J］．中国科学基金，2021，35（5）：774-781.

[78] 张兵．体育产业数字化转型背景下西方职业体育运营转向与中国应对［J］．天津体育学院学报，2021，36（6）：666-673.

[79] 张泽洪，熊晶晶．5G赋能全流程医疗服务链及其关键支持要素探讨［J］．中华医院管理杂志，2020，36（10）：841-845.

[80] 张爱琴，张海超．数字化转型背景下制造业高质量发展水平测度分析［J］．科技管理研究，2021，41（19）：68-75.

[81] 张金昌．智慧企业：背景、特征、逻辑和理念［J］．企业经济，2021，40（10）：24.

[82] 张旭．数据中台架构：企业数据化最佳实践［M］．北京：电子工业出版社，2020.

[83] 张能鲲．数字化转型推动员工福利升级［J］．当代电力文化，2021（10）：60-61.

[84] 张能鲲，邓一波．万物智联，线上数字：数智化转型升级理论与实战［M］．北京：中国财政经济出版社，2021.

[85] 张能鲲，沈佳坤．企业数字化转型中的合规风险识别与防控对策探讨［J］．国际商务财会，2022（1）：22-26.

[86] 张能鲲，沈佳坤．企业数字化营销中的合规路径探索［J］．国际商务财会，2022（2）：3-7.

[87] 张能鲲．创新理念在数字化转型中的价值［J］．当代电力文化，2022（2）：55-57.

[88] 张能鲲，沈佳坤．新能源企业合规风险管理体系构建［J］．国际商务财会，2022（11）：71-75.